KB071506

학교폭력 예방 및 학생의 이해 2판

정여주 · 선혜연 · 신윤정 · 이지연 · 오정희 · 김옥미 · 윤서연 · 박은경 공저

School Violence Prevention and
Student Understanding (2nd ed.)

학지사

2판 서문

『학교폭력 예방 및 학생의 이해』 초판은 그동안 교직과정을 듣는 학생들에게 가장 많이 활용되는 교과서 중 하나로 사랑받아 왔습니다. 학교폭력 예방을 위한 실질적인 이론과 방법들과 함께 초·중·고등학교 학생들의 발달적 특징 및 문제를 이해하는 데 필요한 다양한 지식을 담고 있는 책이기에 예비교사들에게 도움이 될 수 있었습니다. 그러나 지난 5년간 시대가 변화하면서 학교폭력의 양상도 변화하고, 관련 법도 변화하였기에 이를 반영한 개정판(2판) 작업을 하게 되었습니다.

이번 2판에서는 크게 다음의 3가지 관점을 반영하고자 하였습니다. 첫째, 학교에서 진행되고 있는 폭력 예방 및 대응의 실제 체계를 반영하고자 법규, 절차 및 어울림 프로그램 예시 등을 제시하였습니다. 둘째, 정보통신 발달로 인해 활발해지고 다양해지고 있는 사이버폭력을 새로운 장으로 구성하고 사이버폭력 유형과 개념 등을 포함하였습니다. 최근 사이버폭력의 현황과 이에 대한 대응을 고려해 볼 수 있는 생각을 해 보기 위함입니다. 마지막으로, 학교상담의 특성을 고려한 다양한 상담기법, 특히 매체를 활용한 상담기법 등을 제시하는 장을 새롭게 구성하였습니다. 영화, 사진, 저널, 독서를 활용한 상담방법을 소개하여 예비교사들이 학생들에게 창의적인 방법으로 상담을 진행할 수 있도록 하고 있습니다.

이에 기존에는 학교 폭력, 학생의 이해, 학교폭력의 예방 및 상담, 학교폭력의 개입과 대처라는 4개의 틀을 뼈대로 하였으나, 이 책에서는 학교폭력, 학생의 이해, 학교폭력 예방 및 대처, 학교폭력 상담을 큰 틀로 하여 세부 장들을 보강, 확대하는 방식으로 개정하였습니다.

제1부는 학교폭력의 이해로, 정여주, 오정희, 윤서연 선생님이이 담당하여 개정하였으며, 1판에서 초점을 맞추었던 학교폭력의 이해, 유형, 법규에, 사이버폭력에 대한 내용을 추가로 구성하고 이러한 문제를 다룰 때 생각해 볼 부분들을 제시하였습니다. 제2부는 학생의 발달적 · 정서적 · 문화적 특성을 통해 학생을 이해할 수 있도록 하였으며, 신윤정, 김옥미 선생님 개정 작업을 진행하였습니다. 제3부는 학교폭력 예방 및 대처로 학교폭력 처리 절차를 최신의 내용으로 수정하고 예방 방법을 개정하였고, 이지연, 김옥미, 오정희 선생님이 이를 진행하였습니다. 제4부는 생활지도 및 학교폭력을 예방 및 대응할 때 필요한 상담이론을 보강하고, 다양한 상담 매체를 활용하는 최근의 흐름을 소개하면서 그 방법을 제시하였습니다. 선혜연, 박은경 선생님이 이 부분을 담당하였습니다.

학교폭력은 피해자, 가해자뿐만 아니라 방관자를 포함한 주변 학생들, 교사, 학교 관계자, 부모 등 다양한 사람이 연관된 문제이며, 누구 한 명이 피해자라고 보기 어려운 복잡한 사례들도 존재하므로 상담자와 교사들이 매우 다루기 어려운 문제이기도 합니다. 따라서 학교폭력에 개입하기 위해서는 학교폭력이 일어나는 사회적 현상, 개인 내적 문제, 시스템적 문제 등 다양한 방면의 이해가 필요합니다. 교사가 되고자 하는 학생들에게 이러한 다양한 관점에서 학교폭력을 이해하고 학교폭력의 최근 변화 양상과 대처방법을 익히는 데 있어서 이 책이 조금이나마 도움이 되기를 바랍니다.

이처럼 개정판에서는 최근의 학교폭력의 양상과 학생의 변화, 그리고 이에 맞게 변화된 법과 제도, 상담 방법을 골고루 담고자 노력하였습니다. 이를 위해 애써 주신 모든 저자분들에게 감사를 전하고 싶습니다.

　또, 언제나 상담과 교육 분야의 좋은 책들을 내기 위해 노력해 주시는 학지사 김진환 대표님, 개정판이 나올 수 있도록 늘 응원하고 자극을 주신 한승희 부장님, 개정 과정 내내 소통해 주시고 일정에 맞추어 진행될 수 있도록 도움을 주신 이세희 선생님께도 감사의 말씀을 전하고 싶습니다.

2024년 2월
교원대학교 연구실에서
정여주

차례

제1부

학교폭력의
이해

제 **1** 장

학교폭력의 정의와 유형

학습목표

- 학교폭력의 개념을 파악할 수 있다.
- 학교폭력이 얼마나 나타나고 있는지 실태를 파악할 수 있다.
- 학교폭력의 유형을 살펴보고, 각 유형의 특징을 이해할 수 있다.
- 학교폭력의 유형별 사례를 읽고, 문제의 심각성을 파악할 수 있다.
- 학교현장에서 학생들이 겪을 수 있는 폭력의 위험성을 이해할 수 있다.

학습흐름

1. 학교폭력의 정의

학교는 학생들이 자라나면서 지적·정서적·육체적으로 발달해 나가야 하는 소양을 배우고 대인관계 속에서 관계적 자기(relational self)를 확장시켜 나가도록 돕는 공간이다. 영국의 정신분석학자였던 리비에르(Joan Hodgson Riviere)는 인간의 자아에 대해서 다른 사람의 영향을 전혀 받지 않는 사람은 없으며, 모든 인격체는 자기 안에 하나의 세계를 구성한다고 보았다. 즉, 자아는 복합적인 구조로 자기와 타인 사이의 지속적인 영향을 주고받으며 형성되고, 우리 인간들은 모두 연결되어 있으므로 사실상 타인은 자기의 일부라고 말하였다(Riviere, 1972). 또, 정서중심치료를 만들었던 그린버그와 존슨(Greenberg & Johnson, 1988)은 인간은 관계적 자기를 가지고 있으며, 사람들과 만나면서 자기를 변증법적으로 계속 변화시켜 나간다고 하였다. 이러한 관점에서 볼 때, 학교는 인간관계 속에서 학생들이 자기를 발견하고 만들어 나가는 아주 중요한 장소가 된다.

하지만 오늘날 청소년들은 과연 이 공간 속에서 건강한 자기를 만들어 가고 있을까. 이 질문에 자신 있게 '그렇다'라고 대답할 수 없는 현실이 가슴 아프다. 그 이유는 학교폭력은 이제 더 이상 우리나라에서 놀라운 용어가 아니기 때문이다. 학교폭력에 관한 뉴스들이 점점 더 험악해져 가고 있지만 그 대책과 실질적인 상담은 제대로 이루어지지 못하고 있다. 따라서 학교폭력이 무엇인지 먼저 정확하게 정의 내리고, 그 실태를 살펴본 후, 유형별 사례를 이해해 보는 작업은 학교폭력의 해결책으로 가는 첫 번째 단추가 될 수 있을 것이다.

1) 괴롭힘과 학교폭력의 정의

그동안 많은 학자들이 학교폭력에 대해 책을 쓰고 연구를 거듭해 왔지만, 가장 많이 언급되는 사람은 노르웨이의 심리학자 올베우스(Dan Olweus)다.

올베우스는 학교 안에서 일어나는 괴롭힘(Bullying)에 대해서 정의 내리고 그 원인과 영향에 대해서 지속적으로 연구를 진행하면서 이를 예방하고 개선하기 위한 대책을 책으로 저술해 왔다(Olweus, 1978; 1993). 올베우스(1993)가 정의한 괴롭힘은 "한 학생이 반복적이고 지속적으로 다른 한 명 또는 여러 명의 학생들이 가하는 부정적이고 폭력적인 행동에 노출되어 피해를 입는 것"이다. 이러한 괴롭힘의 개념은 지금까지도 학교폭력 현장에서 많이 사용되고 있다. 한편, 미국심리학회(APA)는 각종 정신건강 및 정서행동 문제에 대해서 정의 내리고 그 개입 방안에 대한 연구들을 진행해 오고 있는데, 이들은 괴롭힘을 "어떤 사람이 의도적이고 반복적으로 다른 사람에게 상처나 불편감을 주는 공격적 행동의 한 형태"라고 정의하면서, 괴롭힘은 물리적인 접촉뿐만 아니라 언어나 더 교묘한 행동으로 일어날 수 있다고 하였다. 또한, 괴롭힘을 당한 사람들은 전형적으로 자기 자신을 방어하는 데 어려움을 가지며 괴롭힘이 일어나는 원인에 대해서 아무런 대응도 하지 못한다고 밝혔다(APA, 2017).

학교폭력이라는 용어가 널리 사용되기 전에는 앞에서 설명한 것과 같은 Bullying이라는 용어를 괴롭힘 또는 집단따돌림이라는 용어로 번역하여 사용하여 왔다. 그러나 점점 폭력의 수준이 강해지고 학교 안에서의 문제가 많이 나타남에 따라 Bullying이라는 용어도 괴롭힘이라는 용어보다는 학교폭력이라는 좀 더 광범위한 용어로 번역되어 사용되기 시작했다. 또, 멕케이브와 마틴(McCabe & Martin, 2005)과 같은 연구자들은 violence라는 개념으로 폭력을 바라보면서, 총격사건, 살인사건 등 심각한 범죄를 폭력으로 보기도 하였으며, 토머스(Thomas, 2006)는 신체적 · 심리적 상해나 재산상의 피해를 가지고 오는 의도적 행동으로 보아 좀 더 심각한 폭력의 개념을 차용하기도 하였다. 또, 페링턴(Farrington, 1993)은 괴롭힘을 잠재적 학교폭력 가해자와 잠재적 학교폭력 피해자 사이에서 일어나는 것으로 바라보면서 학교폭력의 하위 영역에 괴롭힘이 들어갈 수도 있다는 부분을 시사하였다.

한편, 우리나라의 학교폭력 관련 법률에서는 학교폭력을 어떻게 정의 내리고 있을까. 다음의 〈표 1-1〉은 최근 개정된 최근의 「학교폭력예방 및 대책에 관한 법률」(학교폭력예방법) 중 1조 목적과 2조 정의를 정리해 둔 것이다. 이 법에서는 학교폭력을 학교 내외에서 일어나는 학생을 대상으로 하는 다양한 폭력행위라고 정의하고 있으며, 따돌림이나 사이버 따돌림까지도 포함시켜서 설명하고 있다.

표 1-1 「학교폭력예방 및 대책에 관한 법률」상의 정의

「학교폭력예방 및 대책에 관한 법률」(약칭: 학교폭력예방법) [시행 2023. 9. 15.] [법률 제19234호, 2023. 3. 14., 타법 개정]
제1조(목적) 이 법은 학교폭력의 예방과 대책에 필요한 사항을 규정함으로써 피해학생의 보호, 가해학생의 선도 · 교육 및 피해학생과 가해학생 간의 분쟁조정을 통하여 학생의 인권을 보호하고 학생을 건전한 사회 구성원으로 육성함을 목적으로 한다. 제2조(정의) 이 법에서 사용하는 용어의 정의는 다음 각 호와 같다. 〈개정 2009. 5. 8., 2012. 1. 26., 2012. 3. 21., 2021. 3. 23., 2023. 10. 24.〉 1. '학교폭력'이란 학교 내외에서 학생을 대상으로 발생한 상해, 폭행, 감금, 협박, 약취 · 유인, 명예훼손 · 모욕, 공갈, 강요 · 강제적인 심부름 및 성폭력, 따돌림, 사이버 따돌림, 정보통신망을 이용한 음란 · 폭력 정보 등에 의하여 신체 · 정신 또는 재산상의 피해를 수반하는 행위를 말한다. 1의 2. '따돌림'이란 학교 내외에서 2명 이상의 학생들이 특정인이나 특정 집단의 학생들을 대상으로 지속적이거나 반복적으로 신체적 또는 심리적 공격을 가하여 상대방이 고통을 느끼도록 하는 모든 행위를 말한다. 1의 3. '사이버 따돌림'이란 인터넷, 휴대전화 등 정보통신기기를 이용하여 학생들이 특정 학생들을 대상으로 지속적, 반복적으로 심리적 공격을 가하거나, 특정 학생과 관련된 개인정보 또는 허위 사실을 유포하여 상대방이 고통을 느끼도록 하는 모든 행위를 말한다. 2. '학교'란 「초 · 중등교육법」 제2조에 따른 초등학교 · 중학교 · 고등학교 · 특수학교 및 각종 학교와 같은 법 제61조에 따라 운영하는 학교를 말한다. 3. '가해학생'이란 가해자 중에서 학교폭력을 행사하거나 그 행위에 가담한 학생을 말한다. 4. '피해학생'이란 학교폭력으로 인하여 피해를 입은 학생을 말한다. 5. '장애학생'이란 신체적 · 정신적 · 지적 장애 등으로 「장애인 등에 대한 특수교육법」 제15조에서 규정하는 특수교육이 필요한 학생을 말한다. [시행일: 2024. 3. 1.] 제2조

이렇게 학자들이 정의한 학교폭력의 개념과 국내의 법률상에서 제시하는 정의를 함께 살펴보면서 학교폭력의 개념에 들어갈 수 있는 고려 요소들을 다음 [그림 1-1]과 같이 정리해 볼 수 있다.

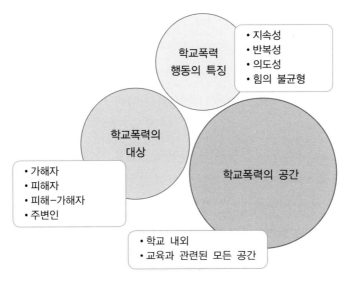

학교폭력
행동의 특징
• 지속성
• 반복성
• 의도성
• 힘의 불균형

학교폭력의
대상
• 가해자
• 피해자
• 피해-가해자
• 주변인

학교폭력의 공간
• 학교 내외
• 교육과 관련된 모든 공간

그림 1-1 **학교폭력의 개념에 포함되는 요소들**

2) 학교폭력이 일어나는 장소

어디에서 일어나는 폭력까지를 학교폭력이라고 볼 것인가에 대해서는 오래전부터 논란이 있었다. 처음에는 학교라는 물리적 공간 안에서 일어나는 폭력만을 학교폭력이라고 규정했기 때문에 여러 가지 애매한 문제들이 발생했다. 학교라는 공간 내에서 일어나는 폭력만을 학교폭력으로 규정하게 되면 학원이나 등하굣길에서 일어나는 폭력은 학교폭력으로 규정하기 어려워지기 때문이다. 그러나 현재 「학교폭력예방 및 대책에 관한 법률」에서는 학교폭력을 '학교 내외에서'라고 하여 학교 내의 공간뿐만 아니라 학교 외부 공간에서 일어나는 폭력까지도 학교폭력에 포함되는 것임을 명확하게 하고 있다.

하지만 학교 내외에서라는 공간 지정은 결국 모든 곳에서 일어나는 폭력을 의미할 수 있다. 그렇다면 학생이 외국에 여행 간 동안 당한 폭력 피해도 학교폭력으로 규정할 수 있을 것인가? 아니면 학생이 자퇴한 후에 당한 폭력 피해는 학교폭력에 속하지 않는 것인가? 문용린 등(2006)은 학교폭력의 장소를 학교 안에만 한정하지 않고 교내, 주변, 등하굣길, 집 주변, 학원 주변 등과 교육과 관련된 장소와 현장에서 일어나는 모든 폭력으로 설명하면서, 학교 외의 공간에서도 교육과 관련된 곳이면 모두 학교폭력의 공간으로 볼 수 있다는 것을 주장하였다. 따라서 이러한 논의들을 종합해 볼 때, 학교폭력이 일어난 공간이라는 것은 폭력이 일어난 정황과 상황에 따라 다르게 정의될 수 있을 것으로 보인다.

실제로 올베우스는 공간에 대해서 전혀 언급을 하지 않고 괴롭힘을 정의했으며, 이후 학자들도 학교라고는 공간에 대한 언급 없이 학생들이 당하는 폭력이라고 생각한 경우가 많았다. 즉, 학교폭력이란 학교라는 공간이 중요한 요소가 된다고 보기보다는 어떤 대상이 폭력에 노출되었는가가 더 중요한 요소라고 볼 수 있다. 이 부분에 대해서는 다음의 대상에 대한 언급에서 좀 더 생각해 보자.

3) 학교폭력의 대상

올베우스를 비롯한 서양학자들과 국내의 많은 학자들은 학교폭력의 대상을 학생으로 규정하고 있다. 즉, 학생이 지속적이고 반복적인 폭력에 노출되거나 따돌림을 당하는 등 학생에게 일어난 폭력을 의미하는 것이다. 좀 더 구체적으로 정의한 학자 중에는 스티븐슨과 스미스(Stephenson & Smith, 1989)의 연구에 따르면 학교폭력이란 "가해자가 피해자에게 공격적 행동을 하는 것"이라고 정의하였다. 이러한 내용들을 살펴볼 때, 학교폭력에서 주요한 인물들은 가해자와 피해자라고 볼 수 있다. 그러나 이후 피해-가해자라는 폭력의 피해와 가해 모두 경험하는 학생들인 피해-가해자와 학교폭력에 동조하거나 방관하는 등 주변에서 역할을 하는 학생들인 주변인에 대한 연구도 지속적으로 이루어지고 있다. 다음에서 학교폭력의 주체가 되는 가해자, 피해자, 피해–가해자, 주변인의 개념에 대해서 살펴보고자 한다.

(1) 가해자

학교폭력의 가해자는 폭력을 직접적으로 제공하는 학생이다. 올베우스(1991)는 이 학생들이 공격적이고 폭력에 대해 긍정적인 태도를 가지며 충동적이고 다른 사람들을 지배하고 싶어 하는 욕구가 강한 학생들이라고 보았다. 이 외에도 다양한 학자들이 학교폭력 가해학생의 특징에 대해서 연구하였는데 대표적인 특성들을 정리해 보면 다음과 같다.

- 공격적 성향이 강함
- 충동적이고 분노 조절이 어려움
- 권력(힘, Power)에 대한 욕구가 매우 강함
- 남을 정복하고 통제하는 것을 즐김
- 폭력을 긍정적으로 바라보며, 공격행동의 결과에 대한 긍정적 기대를 가짐
- 신체적으로 강인함
- 타인의 의도를 지나치게 적대적으로 해석함
- 폭력이 가시적 보상을 가져다준다고 믿음
- 폭력으로 인해 자아존중감이 높아지고 있다고 믿음
- 공격적 행동에 대한 허용적인 신념을 가짐
- 가정문제를 가지고 있음
- 부모가 폭력에 대해 허용적인 태도를 가지는 경우가 많음
- 부모가 자녀에게 심한 체벌이나 폭력을 가한 경우가 많음
- 부모가 비민주적 · 비일관적 양육태도를 보이는 경우가 많음
- 교사나 학교가 폭력에 대해 무관심하거나 대책을 세우지 않는 경우가 많음

(2) 피해자

학교폭력의 피해자는 학교폭력을 당하는 대상이 되는 학생이다. 오무어 (O'Moore, 1989)는 피해학생이 자존감이 낮고 자기 자신을 하찮게 여기며 불안이 높고 덜 행복해하는 경우가 많다고 보았다. 물론 최근의 연구에는 이유가 없이 학교폭력의 피해를 당하거나 원래는 친한 친구들 사이에서 갈등이 생기면서 학교폭력을 당하기도 하고, 학교 안의 익명의 학생들에게 이유를 모르고 사이버폭력을 당하기도 하는 등 다양한 피해학생이 존재한다. 우선 전통적으로 연구된 자료들에서 많이 보고하고 있는 피해학생의 특징들만 나열해 보면 다음과 같이 정리할 수 있다.

- 자아존중감이 낮음
- 스스로를 귀찮고 하찮은 존재로 생각함
- 자아개념이 낮음
- 불안이 높음
- 행복감이 낮음
- 인기가 없다고 생각함
- 학교를 기피하고 집에만 있고 싶어 함
- 대인관계 능력, 사회성이 떨어짐
- 자기파괴적 행동을 하기도 함
- 환경을 통제할 힘이 없다고 생각함
- 자신에 대한 부정적 평가에 대해 과도하게 불안해함
- 또래에게 수용되지 않는 경우가 많음
- 부모가 과잉보호하는 경우도 존재함
- 우울, 불안 등 다양한 심리적 문제를 가지고 있는 경우도 있으며, ADHD 등의 문제를 가지고 있는 경우도 보고됨

(3) 피해-가해자

피해-가해자는 말 그대로 피해학생이면서 동시에 가해학생이기도 한 경우를 가리킨다. 올베우스(1993)나 롤랜드(Roland, 1989) 등은 피해학생 중에서 피해를 당하는 데 머물지 않고 이를 벗어나기 위해서 가해행동을 하는 경우들이 있다고 보았으며, 이 경우를 피해-가해자로 정의하였다. 올베우스(1978)는 이러한 피해-가해자를 공격적 피해자(provocative victim)라고도 불렀는데, 이런 학생들은 일반적인 피해자와는 다른 특성을 보인다고 생각하였다. 피해-가해자의 공통적인 특징을 정리하면 다음과 같다.

- 학교폭력 피해에 대해 불안과 공격 반응이 함께 나타남
- 전형적인 피해자보다 외향성이 높은 편임
- 전형적인 피해자보다 신체적으로 강하고 자기주장을 하는 편임
- 쉽게 화를 내고 다른 사람을 화나게 하기도 함
- 가해자와 비슷한 수준의 우울과 피해자와 비슷한 수준의 불안을 보임
- 복수의 대상에게 파괴적 행동을 보이기도 하며, 다른 약한 학생에게 공격적 행동을 하기도 함
- 부모가 비민주적 · 비일관적 양육태도를 보이는 경우가 많음
- 교사들이 지지하거나 보호해 주지 않는 경우가 많음
- 또래나 교사와 관계가 좋지 않음
- 말썽꾸러기로 낙인찍힌 경우가 많음

(4) 주변인(bystanders)

마지막으로 학교폭력의 대상에 해당하는 것은 피해자와 가해자 어느 쪽에도 속하지 않는 주변인(bystanders)이다. 학교폭력에서 주변인이란 학교폭력 상황에 속하여 가해자와 피해자 등의 영향을 모두 받지만 가해자, 피해자, 피해-가해자 등에 속한다고 보기 힘든 학생들을 모두 통칭하여 부르는 용어라고 볼 수 있다. 이러한 주변인에 대한 연구를 진행한 트웨로우 등(Twemlow,

Fonagy, & Sacco, 2004)은 학교폭력 상황 안에 수동적으로 목격만 하고 있는 사람들도 있고, 가해자에 대한 지지 또는 반대, 무관심 등의 다양한 역할을 하는 주변인들이 존재한다고 하였다. 주변인이라는 용어는 이전에 방관자, 동조집단, 비관여자, 주변 또래 등의 다양한 용어로 사용된 바 있으나 최근에는 오인수(2010)에 의해 주변인이라고 정리가 된 편이다.

살미발리 등(Salmivalli et al., 1996)은 학교폭력 주변인에 동조자(assistant), 강화자(reinforcer), 방관자(outsider), 방어자(defender)가 존재한다고 보았다. 그 각각에 대한 정의는 다음과 같다.

- 동조자: 학교폭력을 목격하고서 가해자에게 동조하고 가해행동에 함께 참여하는 학생들
- 강화자: 학교폭력이 일어날 때 주변에서 가해행동을 더 부추기는 식의 욕설이나 말들을 함께 하면서 간접적으로 가해행동을 강화시키는 역할을 하는 학생들
- 방관자: 학교폭력을 목격했지만 아무 일이 없는 것처럼 이를 무시하고 상관없다는 듯이 행동하는 학생들
- 방어자: 학교폭력이 일어날 때 적극적으로 피해자를 도와주고 방어해 주며 가해행동을 막기 위해 노력하는 학생들

또 다른 주변인 연구자 중에는 서튼 등(Sutton et al., 1999)은 동조자와 강화자를 구분하기 힘들다고 보고, 학교폭력 주변인을 가해동조자, 방관자, 피해방어자로 구분하기도 하였다.

이처럼 주변인도 다양하게 분류될 수 있으며, 학교폭력에 속하는 것이 단순히 피해자와 가해자만이 아닌 거의 모든 학교폭력을 알게 되고 목격한 학생들이라는 점을 알 수 있다. 이러한 주변인 중에서 동조자 또는 강화자, 방관자보다 방어자가 늘어날 수 있도록 학교에서 교육을 실시하고 노력하는 것이 학교폭력 감소에 중요한 역할을 할 수 있다.

(5) 학생 이외의 대상

한편, 학교폭력의 대상에 학생 간의 폭력뿐만 아니라 교사에 대한 학생의 폭력과 같은 범위도 포함시킬 수 있을 것인가에 대한 문제도 생각해 볼 수 있다. 실제로 미국에서는 학생이 가해자이고 교사가 피해자인 경우도 학교폭력에 포함되는 경우가 많다. 그러나 우리나라에서는 이러한 상황이 법률에 명확하게 규정되고 있지는 않으며, 이러한 문제를 다룬 판례들이 존재하고 있다. 앞으로 학교폭력의 대상을 어느 범위까지 포함시킬 것인지에 대한 논의는 더 필요할 것으로 보인다.

4) 학교폭력 행동의 특성

학교폭력의 행동적 특성에 대해서 올베우스(1989)나 APA에서는 의도적이고 반복적으로 다른 사람에게 상처나 불편감을 주는 공격적 행동을 강조하고 있다. 이는 학교폭력이 우연히 실수로 일어난 일이 아닌 피해자에게 상처를 주고 해를 끼치기 위한 목적을 가지고 나타나는 행동임을 의미한다. 그러나 이러한 의도는 겉으로 잘 드러내지 않고 숨기게 되므로 어떠한 행동이 의도적이었는지 아닌지로 쉽게 판단할 수 없다. 이러한 이유로 우리나라의 「학교폭력예방 및 대책에 관한 법률」에서는 정의에 의도성에 대한 언급을 하지 않고 학생을 대상으로 일어나는 모든 폭력 행위를 학교폭력으로 간주하고 있다. 또 학교폭력은 반복적으로 일어날 경우에 해당한다고 볼 수 있는데, 법적으로 보면 반복성을 증명하지 못하더라도 그 폭력의 수준이 심각한 경우 처벌을 하는 것이 타당하므로 「학교폭력예방 및 대책에 관한 법률」에는 반복성에 대해 따로 언급하고 있지 않다. 마지막으로, 올베우스는 힘의 불균형 문제를 제시하였지만, 오늘날 학교폭력은 반드시 힘이 센 학생이 약한 학생에게, 상급생이 하급생에게, 다수가 소수에게만 일어나는 양상은 아니므로 힘의 불균형 문제를 현대의 학교폭력에 무조건 적용시키기는 어려울 것으로 보인다.

그러나 이 부분에 대해서는 논란이 있을 수 있다. 실제로 이러한 법률상의 정의 때문에 학교에서 어떤 학생이 조금이라도 피해의식을 느끼고 친구들이 함께 놀아 주지 않는다고 생각하면 그 부모가 학교폭력위원회를 열어서 해결하라고 학교에 요구하는 사례가 늘어나고 있기 때문이다. 학교폭력 피해자를 보호하는 것도 중요하지만, 학교폭력이라고 보기 어려운 실수나 학생들 사이에 자연스럽게 나타나는 관계의 갈등까지도 학교폭력으로 간주하고 신고하는 문제는 앞으로 학교교육 환경에 부정적인 영향을 미칠 수도 있을 것으로 보인다. 그러므로 우리는 어느 정도까지의 반복성과 지속성, 의도성을 학교폭력으로 볼 것인지를 고민해 볼 필요가 있다. 또 강도 높은 신체적 폭력의 경우와 심리적 폭력의 경우 등을 구분하여 정의하고 그것에 어떻게 접근할 것인지도 고민해 보아야 할 것이다.

2. 학교폭력의 유형

학교폭력 유형에는 크게 신체폭력, 언어폭력, 따돌림, 강요, 금품갈취, 성폭력, 사이버폭력 등이 존재한다. 각각의 유형은 그 특징이 서로 다른 경우가 많으므로, 먼저 각 유형의 특징을 알아두고 학생들에게 어떻게 상담하면 좋을지에 대해서 고민해 보아야 한다.

1) 신체폭력

신체폭력이란 가해학생이 피해학생에게 직접적인 신체적 공격행동을 가하거나 물건을 빼앗고 위협하는 등의 간접적 공격행동을 가하는 것을 의미하며, 상해, 폭행, 감금, 약취 등이 여기에 속한다. 각각을 구체적으로 살펴보면 다음과 같다.

- 상해: 피해학생의 신체를 손이나 발로 때리거나 고통을 가하는 행위를 통

해 생리적 기능을 훼손시키거나 육체적·정신적 병리 상태를 만드는 것을 의미함. 신체에 찰과상, 출혈 등 상처를 입히거나, 치아, 머리나 손톱 등을 박리시키는 것, 성병을 옮기는 것, 수면장애, 식욕장애 등의 생리적 기능에 장애를 일으키는 것 등이 포함됨.

• 폭행: 구타, 밀치기, 잡아당기기, 침 뱉기, 흉기를 휘두르기, 신체의 일부를 절단하기, 마취약이나 마약 사용하기 등이 모두 폭행에 포함됨.

• 감금: 어떤 장소에 피해학생을 가두고 나오지 못하게 하는 것으로 신체 활동의 자유를 침범하는 것을 의미함. 자물쇠 채우기, 포박, 마취 등이 다양한 방식이 여기에 포함되며 옷을 숨겨서 나오지 못하게 하거나 차에서 못 내리게 하는 것도 감금에 포함됨.

• 약취: 강제로 어떤 장소로 데리고 가는 것을 의미하며, 그곳에서 가해학생 또는 제3의 인물에게서 힘의 지배를 당하도록 하는 경우가 많음.

글상자 1-1 신체폭력 사례

승호는 중학교 1학년이며, 키가 작고 수줍음이 많은 성격이고, 교실에서 친하게 지내는 친구가 하나도 없었다. 중학교에 올라와서 친구를 사귀지 못한 승호는 늘 혼자 밥을 먹고 집에 가곤 했다. 4월쯤 될 무렵 승호에게 네 명의 친구들이 다가왔다. 처음에는 그 친구들이 함께 밥을 먹어 주고 집에도 같이 가 주는 것이 고마웠다. 그래서 그 친구들과 성격이 잘 맞지는 않았지만 같이 다니곤 했다. 그러던 어느 날, 친구들이 PC방에 가서 게임을 하자고 했지만 승호는 학원에 가야 한다며 따라가지 않았다. 친구들이 학원을 한 번만 가지 말라고 했으나 승호는 부모님에게 미안하다는 생각에 PC방을 가지 않고 학원을 갔다. 그날 저녁 학원에서 수업 끝나고 나오는데 그 친구들이 함께 몰려와서 승호의 머리를 툭툭 치며 욕을 하기 시작했다. 승호는 친한 친구 사이에서 할 수 있는 정도의 행동이라고 생각하며 그냥 넘겼다. 다음 날이 되자 이 친구들은 머리를 치고 배를 치는 행동을 더 많이 하게 되었고, 일주일 뒤 이 친구들은 단체로 승호를 때리기도 하고 욕을 하기도 하며 놀았다. 승호는 이제는 더 이상 맞고 있을 수 없다고 생각했지만, 이 친구들이 때리는 것을 막을 힘이 없었다. 담임선생님이나 다른 사람들에게 얘기를 해 봤자 소용이 없다는 생각에 그냥 맞고 있었다. 네 명의 친구들은 처음에는 장난으로 치는 듯했으나, 날이 갈수록 때리는 강도가 심해지고 점점 포악해져 갔다.

2) 언어폭력

언어폭력이란 가해학생이 피해학생에게 위협하거나 모욕적인 말, 비아냥거리거나 조롱의 말 등을 하여 명예를 훼손하거나 상처를 주는 행위를 말하며, 협박, 명예훼손, 모욕 등이 여기에 속할 수 있다.

- 협박: 피해자에게 공포감을 유발하는 언어를 활용하여 상대를 강제적으로 위협하는 것. 협박을 통해 무엇을 얻어내는 경우도 많이 있음.
- 명예훼손: 피해자에게 모욕적인 언행이나 욕설을 하고 많은 사람들 앞에서 조롱하는 말 등을 하여 피해자에게 창피를 주고 피해자의 명예를 훼손하는 것.

글상자 1-2   언어폭력 사례

수진이는 고1 여학생으로 얼마 전 3개월 동안 사귄 남자친구와 헤어졌다. 남자친구가 사귀기 전에는 매우 친절하고 따뜻하다고 생각했지만, 사귄 이후부터 너무 막대하는 것 같은 느낌을 받았기 때문이었다. 그런데 헤어진 남자친구는 갑자기 포악하게 돌변해서 수진이에게 욕설을 퍼붓기 시작했다. 학교 앞에서 기다리고 있다가 수진이가 나오면 마구 욕을 하기도 하고, 사귀면서 알게 된 수진의 남동생이 ADHD라는 것을 주변 사람들에게 떠벌리기도 했다. 수진이네 가족은 나쁜 피를 가지고 있고, 수진이도 아무 남자에게나 몸을 주는 걸레 같은 X이라며 사람들 앞에서 욕을 하고 화를 냈다. 하루 이틀이 지나면 괜찮아질 것이라고 생각했지만 전 남자친구는 점점 더 심하게 언어폭력을 행사했다.

초등학교 4학년 성수와 6학년 정수는 두 살 터울의 형제다. 평소 우애가 깊었던 형제였는데 동생 성수가 친구들과 다투고 온 날이면 형 정수는 같이 화를 내주면서 위로해 주었다. 어느 날 성수가 친구들과 축구를 하다가 축구공에 얼굴을 맞아 멍이 들었다. 이를 알게 된 형 정수는 누가 이렇게 얼굴을 만든 거냐며 화를 냈다. 다음 날 성수의 교실로 가 누가 내 동생에게 공을 찼냐며 큰 소리로 으름장을 놓았고 큰 소리에 놀란 친구는 울면서 잘못했다고 하였다.

• 모욕: 피해자의 정체성, 성별, 성정체성, 인종, 국적, 종교 등에 대해서 반복적으로 공격, 언급, 희롱하는 등의 말을 내뱉은 것.

3) 따돌림

학교 내외에서 2명 이상의 학생들이 특정인이나 특정 집단의 학생들을 대상으로 지속적이거나 반복적으로 신체적 또는 심리적 공격을 가하여 상대방이 고통을 느끼도록 하는 일체의 행위로 「학교폭력예방 및 대책에 관한 법률」에서 정의하고 있다. 집단따돌림이란 좀 더 구체적으로 학급이나 어떤 그룹에서 많은 학생들이 한명의 피해자를 소외시키거나 공격하는 것을 의미한다. 따돌림은 올베우스가 정의한 괴롭힘과 같은 의미로 해석되는 경우가 많으며, 반복성, 지속성, 힘의 불균형, 고의성의 요소를 그대로 적용할 수 있는 학교폭력의 한 유형이라고 볼 수 있다.

> **글상자 1-3　따돌림 사례**
>
> 중2 화영이네 반은 카톡으로 단톡방을 만들어서 선생님이 준비물이나 과제 등을 공지하고 있었다. 그 단톡방에서는 선생님뿐만 아니라 친구들이 수다를 떨기도 하고 재미있는 이야기를 하기도 했다. 그런데 학기가 시작하고 한두 달이 지나가면서 화영이와 학교에서 대화를 하는 친구들이 점점 줄어들고 화영이가 가서 말을 걸어도 시큰둥하게 반응하는 친구들이 많았다. 화영이는 좀 이상하게 생각하긴 했지만 친구들이 바빠서 그런가 보다 생각하면서 넘어가려고 했다. 그러던 어느 날 화영이는 화장실에 가다가 앞에 걸어가는 반친구 세 명이 열심히 카톡을 하는 모습을 보았다. 뒤에서 힐끔 보니 화영이가 들어가 있는 단톡방이 아닌 다른 단톡방이 열려 있었고, 그 방 인원수는 화영이를 제외한 모든 아이가 포함된 인원수였다. 너무 놀란 화영이는 친구의 휴대전화를 다음 쉬는 시간에 몰래 보게 되었는데, 그 단톡방에서 화영이가 수업 시간에 조는 모습을 찍은 사진, 화영이를 함께 욕한 글들, 화영이와 같이 놀지 말라는 글들을 보게 되었다.

4) 강요

강요란 폭행을 통해서 피해자의 권리행사를 방해하거나 하고 싶지 않은 일을 억지로 하게 만드는 것을 의미한다. 서로 싸워 보라고 억지로 시킨다든가 최근 유행하고 있는 빵셔틀, 와이파이 셔틀 등 다양한 방면에서 강제 심부름을 시키거나 원치 않는 일을 시키는 것 등이 포함된다.

> **글상자 1-4 강요 사례**
>
> 중1 철호는 늘 학교에서 휴대전화를 아이들에게 빼앗긴다. 원치 않았으나 자신이 휴대전화를 주지 않으면 함께 놀지 않겠다는 친구들의 말에 무서워서 휴대전화를 넘겨주었다. 친구들은 철호의 휴대전화로 유료 게임을 하고, 게임 아이템을 구매하기도 하며, 유료 성인 사이트에 들어가 마구 자료를 다운받기도 했다. 철호는 한 달 휴대전화 요금이 30만 원 넘게 나와서 엄마에게 혼나게 되었지만 친구들 때문이라는 얘기를 할 수 없었다.

5) 금품갈취

금품갈취란 공갈, 협박 등을 통해서 재물과 재산상의 피해를 보도록 만드는 것을 의미한다. 즉, 가해학생이 피해학생의 돈을 빼앗거나 물건을 빌려 간다고 가져가고 돌려주지 않는 등 피해학생의 재산을 갈취하는 것이다. 또한, 빼앗아 가는 행위 외에도 물건을 망가뜨리거나 돈을 걷어가는 행위도 모두 포함된다.

> **글상자 1-5 금품갈취 사례**
>
> 중학생이 되어 새로운 친구를 사귀게 되어 즐거웠던 경수는 학교가 끝나면 친구들과 함께 편의점에서 좋아하는 간식을 사먹으며 시간을 보냈다. 어느 날 친구 서준이가 돈이 없다며 컵라면과 음료수를 값을 한 번만 내 달라고 부탁하였다. 때마침 돈이 있었던 경수는 서준이의 간식 값을 내주었다. 다음만 서준이는 동네 친한 형을

데리고 와 서준이에게 간식을 사달라고 했고 동네 형은 반에서 회계를 담당하고 있던 서준이는 친구들에게서 소풍비를 걷는 역할을 하였다. 친구들에게 돈을 걷은 후, 힘이 약한 친구들에게는 돈을 받지 않았다고 우기면서 여러 번 돈을 뜯어냈다. 그러나 그 친구들은 폭력을 행사하는 서준이가 무서워서 자신들이 이미 돈을 냈다고 주장하지 못했다.

6) 성폭력

성폭력이란 폭력이나 협박 등을 통해서 성행위나 유사성행위를 피해학생에게 강요하고, 또는 이물질 등을 피해학생의 성기에 집어넣는 등의 다양한 성적 폭행을 말한다. 또한, 성적인 언행과 접촉, 성적 모멸감을 주는 말과 행동이 모두 성폭력에 해당한다. 성매매를 통한 착취, 강제추행, 강제 성행위 과정에서의 상해 등도 모두 성폭력에 해당할 수 있으며, 음란행위의 노출도 모두 포함된다.

성폭력의 경우 가해학생과 피해학생이 서로 다른 상황을 보고하는 경우가 많고, 서로의 입장에서 다르게 상황을 해석하는 경우가 많기 때문에 그 법적 분쟁조정과 학교에서의 적절한 처벌, 훈계가 매우 쉽지 않은 상황이다. 그러나 최근 들어 점점 학교폭력에 성폭력이 포함되는 경우가 많으므로 이 부분에 대한 개입 방안에 대해서 깊이 고민해 볼 필요가 있다.

표 1-2 「성폭력범죄의 처벌 등에 관한 특례법」에서의 성폭력의 정의

「성폭력범죄의 처벌 등에 관한 특례법」(약칭: 성폭력처벌법) [시행 2023. 10. 12.] [법률 제19517호, 2023. 7. 11., 일부 개정]

제2조(정의) ① 이 법에서 '성폭력범죄'란 다음 각 호의 어느 하나에 해당하는 죄를 말한다. 〈개정 2013. 4. 5., 2016. 12. 20.〉

1. 「형법」 제2편 제22장 성풍속에 관한 죄 중 제242조(음행매개), 제243조(음화반포 등), 제244조(음화제조 등) 및 제245조(공연음란)의 죄

2. 「형법」 제2편 제31장 약취(略取), 유인(誘引) 및 인신매매의 죄 중 추행, 간음 또는 성매매와 성적 착취를 목적으로 범한 제288조 또는 추행, 간음 또는 성매매와 성적 착취를 목적으로 범한 제289조, 제290조(추행, 간음 또는 성매매와 성적 착취를 목적으로 제288조 또는 추행, 간음 또는 성매매와 성적 착취를 목적으로 제289조의 죄를 범하여 약취, 유인, 매매된 사람을 상해하거나 상해에 이르게 한 경우에 한정한다), 제291조(추행, 간음 또는 성매매와 성적 착취를 목적으로 제288조 또는 추행, 간음 또는 성매매와 성적 착취를 목적으로 제289조의 죄를 범하여 약취, 유인, 매매된 사람을 살해하거나 사망에 이르게 한 경우에 한정한다), 제292조[추행, 간음 또는 성매매와 성적 착취를 목적으로 한 제288조 또는 추행, 간음 또는 성매매와 성적 착취를 목적으로 한 제289조의 죄로 약취, 유인, 매매된 사람을 수수(授受) 또는 은닉한 죄, 추행, 간음 또는 성매매와 성적 착취를 목적으로 한 제288조 또는 추행, 간음 또는 성매매와 성적 착취를 목적으로 한 제289조의 죄를 범할 목적으로 사람을 모집, 운송, 전달한 경우에 한정한다] 및 제294조(추행, 간음 또는 성매매와 성적 착취를 목적으로 범한 제288조의 미수범 또는 추행, 간음 또는 성매매와 성적 착취를 목적으로 범한 제289조의 미수범, 추행, 간음 또는 성매매와 성적 착취를 목적으로 제288조 또는 추행, 간음 또는 성매매와 성적 착취를 목적으로 제289조의 죄를 범하여 발생한 제290조 제1항의 미수범 또는 추행, 간음 또는 성매매와 성적 착취를 목적으로 제288조 또는 추행, 간음 또는 성매매와 성적 착취를 목적으로 제289조의 죄를 범하여 발생한 제291조 제1항의 미수범 및 제292조 제1항의 미수범 중 추행, 간음 또는 성매매와 성적 착취를 목적으로 약취, 유인, 매매된 사람을 수수, 은닉한 죄의 미수범으로 한정한다)의 죄

3. 「형법」 제2편 제32장 강간과 추행의 죄 중 제297조(강간), 제297조의 2(유사강간), 제298조(강제추행), 제299조(준강간, 준강제추행), 제300조(미수범), 제301조(강간 등 상해·치상), 제301조의 2(강간 등 살인·치사), 제302조(미성년자 등에 대한 간음), 제303조(업무상위력 등에 의한 간음) 및 제305조(미성년자에 대한 간음, 추행)의 죄

4. 「형법」 제339조(강도강간)의 죄 및 제342조(제339조의 미수범으로 한정한다)의 죄

5. 이 법 제3조(특수강도강간 등)부터 제15조(미수범)까지의 죄

   ② 제1항 각 호의 범죄로서 다른 법률에 따라 가중처벌되는 죄는 성폭력범죄로 본다.

글상자 1-6 성폭력 사례

　중2가 된 지연이는 초등학교 때 친하게 지냈다가 다른 중학교를 간 친구 미수 생일잔치에 초대받아 가게 되었다. 미수가 그 중학교에서 날라리가 되었다는 소문을 듣기는 했지만 초등학교 때 단짝 친구였기 때문에 미수가 그럴 리가 없다며 오랜만에 친구네 집에 가게 되었다. 미수네 집에 부모님은 계시지 않았고, 남자아이들만 10명가량 몰려와서 놀고 있었다. 지연이는 좀 무섭긴 했지만, 그 남자아이들이 같이 게임을 하고 놀자고 해서 게임을 같이 하게 되었다. 게임에서 지연이가 지자, 남자아이들은 지연이에게 옷을 하나씩 벗는 벌칙이 있다면서 옷을 벗으라고 하였다. 너무 무섭고 떨렸지만 친구 미수가 그냥 겉옷만 벗으면 되는데 뭘 유난 떠냐고 난리를 쳤고 분위기에 휩쓸려 티셔츠를 벗게 되었다. 남자애들은 계속 지연이가 게임에서 지도록 유도하면서 옷을 벗기려 하였다. 또 그것을 원하지 않으면 랜덤으로 걸린 사람과 키스를 하라며 요구했고, 지연이는 억지로 처음 보는 남자애와 키스를 하게 되었다.

실습

앞에서 제시한 〈글상자 1-1〉~〈글상자 1-6〉까지의 사례를 읽고, 이 학생을 상담하게 된다면 어떤 말을 해 줄 수 있을지 조별로 함께 이야기 나누어 봅시다.

주요 용어

괴롭힘, 가해자, 피해자, 피해-가해자, 주변인, 지속성, 반복성, 의도성, 신체폭력, 언어폭력, 따돌림, 강요, 금품 갈취, 성폭력

제 **2**장
사이버폭력의
정의와 유형

학습목표

- 사이버폭력의 개념을 파악할 수 있다.
- 사이버폭력의 유례, 정의 및 특징을 이해할 수 있다.
- 사이버폭력의 유형을 사례별로 살펴보고, 각 유형의 특징을 이해할 수 있다.
- 학교현장에서 학생들이 겪을 수 있는 사이버폭력의 위험성을 이해할 수 있다.

학습흐름

1. 사이버폭력의 정의
   1) 사이버폭력 용어의 유례
   2) 사이버폭력의 정의 및 특징

2. 사이버폭력의 유형
   1) 사이버폭력 내용에 따른 유형 분류
   2) 사이버폭력 공간에 따른 유형 분류

최근 전 세계적으로 ICT(Information and Communications Technologies: 정보 통신기술)의 발달이 급속도로 이루어지고 있으며 우리 생활 곳곳에서 이를 체감할 수 있다. 집 밖으로 나가 보면 기계화, 자동화된 편의시설 또한 쉽게 만날 수 있다. 눈으로 보고 만져 보아야 소비가 촉진된다는 말이 옛말이 된 듯, 온라인 상점이 대형 마트만큼이나 활성화되고 있으며, 무인주문결제 키오스크가 활성화되면서 무인 상점, 무인편의점 등 또한 우리 주변에서 쉽사리 마주할 수 있다. 식당의 서빙로봇, 드론 택배와 자동차 자율주행 등의 생활 속 자동화 시스템은 단순히 기계적으로 작동하는 것이 아니라 빅데이터, 인공지능, 클라우드 등의 ICT 혁신 기술에 따라 우리 일상생활의 순간순간마다 서비스 이용자들의 욕구에 맞추어 사용되고 있다(박지영, 배진경, 원서현, 2023). 한 학생으로서 이와 같은 변화를 체감할 수 있도록 일상의 모습을 그려 보자. 우리는 스마트폰을 통해 어디에 있든지 인터넷에 접속하여 새롭게 접한 용어나 개념을 검색할 수 있는 것이다. 유명 강사의 강의를 인터넷을 통해 원하는 시간과 공간에서 학습할 수 있게 되었다. 여행을 갈 때는 여행 관련 애플리케이션에 들어가서 호텔과 비행기를 예약하고, 가는 길과 갈아타는 교통수단 및 배차 간격을 마치 직접 가 본 것처럼 사전에 모의로 확인하는 것이 가능해졌다. 병원을 이용할 때에도 진료 과목별 전문의의 전문 분야 및 예약 가능 일정을 온라인상으로 예약 가능하며, 진단받은 병명만 검색을 하여도 관련 증상, 일상생활에서 시도해 볼 수 있는 건강한 식습관 관리 방법, 약물 효능 및 부작용까지도 찾아볼 수 있게 되었다.

아동·청소년의 스마트폰 보유율 및 인터넷 이용률은 해외 연구에서도 증가 추세에 있으며(Vogels, Gelles-Watnick, & Massarat, 2022), 국내의 경우, 아동·청소년의 인터넷 이용률이 95.7%에 달하였으며, 스마트폰 보유율은 99%를 넘어서고 있다(박지영 외, 2023; 한국정보화진흥원, 2021). 여러 장점들에도 불구하고 정보화 역기능의 하나로 사이버 공간에서 이루어지는 사이버폭력은 발생빈도나 파급효과를 고려할 때 심각한 사회문제로 고려할 필요가 있다.

게다가 가치관 형성 이전의 아동·청소년은 자신의 불안한 심리를 학교, 학원 친구들에게 투영하기도 하고, 다수의 아동·청소년에게 부정적인 영향을 미칠 수 있다. 심각한 경우, 통합적이고 안정감 있는 자기감 및 가치관을 형성하지 못하거나, 스스로 목숨을 끊는 경우까지 나타날 수 있다.

학교폭력의 유형 중 사이버폭력이 차지하는 비중이 점차 높아지고 있으며, 학교폭력의 사이버화도 급격하게 진행되고 있는 현실에서 학교폭력과는 유사할 때도 있고, 다른 양상으로 진행 및 결과를 초래하기도 하는 사이버폭력을 이해하고 실생활에서 예방 및 대응할 수 있는 능력을 키우는 것이 필요하다(대전광역시교육청, 2017).

1. 사이버 폭력의 정의

1) 사이버폭력 용어의 유례

사이버폭력이라는 용어는 cyberbullying을 번역한 것으로 올베우스(Olweus, 1993)가 말한 bullying(괴롭힘)이 cyber 공간에서 일어나는 현상을 의미하는 것이었다. 초기에는 이처럼 올베우스가 주장한 bullying의 특징인 힘의 불균형, 반복성, 고의성이 사이버 공간에 나타나면서 가해학생이 피해학생에게 폭력을 가하는 것을 의미했으나, 점차 사이버 공간의 익명성이 사이버폭력의 주요 특징으로 드러나면서(Kowalsky & Limber, 2007; Ybarra & Mitchell, 2004) 다른 측면을 고려해야 한다는 논의들이 제기되었다. 다시 말하면, 학교폭력에서 나타나는 고의성, 반복성, 힘의 불균형 등의 특징들이 사이버 공간에서도 동일하게 일어나기보다는 다른 양상으로 나타나며, 이때 고려해 볼 부분들 또한 추가 및 변경되어야 한다는 주장이다. 이에 사이버폭력에서의 특징을 구체적으로 살펴보고자 한다.

(1) 사이버폭력에서의 고의성

학교폭력이 상대를 해하기 위한 고의성에서 시작되었듯이, 사이버폭력 또한 명백한 고의성을 가지는 경우가 많다. 상대를 알고 있으면서 사이버상에서 여러 가지 나쁜 소문을 낸다든가 원치 않는 사진을 유포하는 등 사이버폭력을 가한 경우, 상대에게 상처를 주기 위한 고의적 행동으로 볼 수 있다. 그러나 이와 다르게 사이버폭력은 학교폭력에 비해 고의성이 확연히 드러나지 않는 경우도 존재한다. 사이버폭력의 가해자로 지목된 많은 아동·청소년을 인터뷰하였을 때 자신이 사이버상에서 한 말이나 행동이 상대방에게 그렇게 큰 상처가 될 줄 몰랐다고 이야기한다. 온라인 공간에서는 상대방의 표정과 반응이 보이지 않기 때문에 자신이 한 행동이 상대방에게 얼마나 강한 상처를 주는 가해행동이 될지 더 알기 힘들었다고 볼 수 있다. 재미나 농담으로 던진 말이 상대방에게 해를 끼쳤다면 이 부분을 고의적인 행위로 볼 수 있을 것인지에 대해서는 좀 더 생각해 볼 필요가 있다. 물론 피해자 입장에서 상처를 받고 힘들어한다면 이 행동은 명백한 사이버폭력으로 볼 수 있지만, 100% 고의성을 지닌다고 설명하기 어렵기 때문이다.

이처럼 사이버폭력이 일어난 상황과 가해자와 피해자의 심리적 상태, 상황적 조건에 따라 고의성의 영향이 다를 수 있어 좀 더 고려할 것들이 있다. 그러나 사이버폭력이 아무런 고의성 없이 일어났다고 보기는 어렵기 때문에, 사이버폭력 또한 고의성의 특징을 가진다고 할 수 있을 것이다.

(2) 사이버폭력에서의 반복성

학교폭력은 그 폭력이 지속적이고 반복적인 형태로 일어날 때 규정하게 된다. 이러한 반복성은 사이버상에서 훨씬 심각하게 일어날 수 있다. 사이버상에서 나타나는 반복성의 특징은 가해자가 행동을 반복적으로 한다는 의미만 포함하는 것이 아니라 가해 상황 자체가 끝나지 않고 익명의 다수에 의해 반복될 수 있다는 의미도 포함된다. 사이버폭력은 가해자 입장에서는 단회의 폭력일지라도 그 정보의 확장이 매우 빠르고, 의도치 않은 범위까지 쉽사리 전

파될 수 있기 때문에 치명적인 가해가 되기 쉽다.

예를 들어, 중학교 2학년인 한 남학생은 자신과 싸운 친구 지우(가명)에 대한 비방글을 다음 아고라 게시판에 올렸다. 이 남학생은 한번 글을 올리고 속이 시원해지면서 더 이상 글을 추가하지도 않았고, 댓글이 어떻게 달렸는지 궁금하지 않았다. 그러나 이 학생이 올린 글이 의도적으로 주변 사람들에게 알리려고 시도하지 않았는데도 베스트 글이 되었다. 그 글에는 지우를 비방하는 댓글이 3만 개 이상 달리게 되었고, 그 글을 읽게 된 지우는 자신이 살고 있는 지역 내 알고 있는 친구들에서부터 전혀 모르는 사람들까지 포함된 다수의 사람들이 본인을 공격적으로 바라보고 위협을 가한다고 느낄 수 있다.

이처럼 사이버폭력의 반복성은 우리의 상상을 초월할 정도로 파급력이 매우 크며, 가해자의 의도보다 심각한 피해를 입힐 수 있다. 이런 경우 가해자는 반복성을 가하지 않았다고 주장하지만, 익명의 수많은 가해자의 반응이 덧붙여지면서 피해자에게는 엄청나게 반복적이고 다수의 사람들이 동시에 폭력을 가한 것 같은 느낌을 줄 수 있다.

(3) 사이버폭력에서의 힘의 불균형

일반적으로 학교폭력은 체격이 좋고, 힘이 세거나 주변 아이들을 움직일 수 있는 주도성이 있는 아동 · 청소년이 그렇지 않은 아동 · 청소년에게 폭력을 가하게 되면서 일어난다. 그러나 사이버폭력의 경우 힘의 불균형을 직접 눈으로 보고 경험할 수 없기 때문에 다른 상황을 고려해 볼 필요가 있다. 사이버상에서의 피해자는 어떻게 보면 가해자와 동등한 환경에 놓인다고 볼 수도 있기 때문이다. 피해자가 가해자에게 사이버폭력을 당했다면, 피해자 또한 똑같은 방식 또는 더 강력한 방식으로 복수하는 것이 가능하다. 현실 세계에서 육체적으로 왜소하고 힘이 약한 아동 · 청소년의 경우에는 이러한 복수가 어렵지만, 사이버상에서는 새로운 자기의 모습을 만들어 낼 수 있기도 하고, 가상의 자기 모습을 다양하게 생성할 수 있기 때문에 힘의 불균형이 있다고 보기 힘들다고 주장하는 경우도 있다.

즉, 사이버 세계에서는 힘의 불균형이 발생하지만 실제 현실과는 다른 모습으로 나타날 수 있다. 실제 세계처럼 가시적으로 확연히 보이는 육체적 힘의 불균형은 아니지만, 사이버 세계 속에서 영향력을 가진 사람이나 사이버 세계를 좀 더 쉽게 자신의 편으로 움직일 수 있는 사람들이 존재한다. 예를 들어, 친한 친구들과 단체 채팅방을 여러 개 가지고 있는 사람, 수만 명이 드나드는 커뮤니티를 운영하는 사람, 다른 사람들을 비방하는 것을 좋아하는 무리와 함께 손을 잡고 계획적으로 행동할 수 있는 사람들은 좀 더 쉽게 사이버폭력을 가할 수 있고, 자신에게 그러한 폭력이 가해졌을 때 좀 더 쉽게 복수할 수 있을 것이다. 한편, 사이버상에서 교류하거나 자신을 표현하는 활동을 자주하지 않고, 그 안의 커뮤니티에 가입되어 있지 않은 사람은 사이버폭력에 있어서 약자가 될 수밖에 없다. 이처럼 실제 세계와는 또 다른 형태이지만 사이버 세계에서도 힘의 불균형이 존재하고 있으며, 이러한 힘의 불균형으로 인해 일어나는 폭력을 사이버폭력이라고 볼 수 있다. 이와 같이 익명성을 강조하며, 익명성 그 자체가 힘의 불균형이라고 해석하는 학자도 있다(Smith, 2019).

2) 사이버폭력의 정의 및 특징

사이버폭력이라는 단어는 해외에서 처음 사용되었다. cyberbullying이라는 단어가 최근에 일반적으로 사용되고 있으나, 이전에는 cybervictimization, cyber harassment, cyber violence, cyber stalking 등 다양한 단어가 사용되었으며, 명확하게 그 차이를 구분하여 제시하고 있지 않았다. 여기서는 이러한 모든 단어를 포괄하여 최근 학자들이 제시하고 있는 사이버폭력(cyberbullying)의 정의를 살펴보고자 한다.

사이버폭력의 정의에 대한 해외 연구들의 가장 큰 특징은 학교폭력(bullying)에 관한 이론에 기반을 두고 있다는 것이다. 사이버폭력을 cyberbullying이라는 단어로 표현한 것도 bullying의 영향을 받았다고 볼 수 있다. 그러나 우리나라에서는 기존의 bullying이라는 단어를 '집단따돌림'으로만 번역하여 사용해 왔기 때문에, cyberbullying이라는 단어를 그대로 번역하여 '사이버폭력'이라고 할 경우, 의미의 확대로 이해되어 전문가들의 의견이 엇갈리기도 했었다. 해외 bullying 관련 연구들을 살펴보면, 단순히 우리나라에서 이야기하는 협소한 의미의 집단따돌림뿐만 아니라, bullying 예방 프로그램들의 내용 안에서 학교폭력 전반의 문제를 다루고 있는 것을 알 수 있다. 따라서 cyberbullying 또한 사이버상에서 이루어지는 폭력 전반을 포함하고 있으며, 오히려 따돌림은 사이버폭력의 한 유형으로 설명하고 있는 것을 알 수 있다. 정리해 보면, cyberbullying이라는 단어를 우리나라 말로 번역할 때 사이버 따돌림이나 사이버 집단따돌림으로 제한하기보다는 사이버폭력이라는 용어가 적합하다고 볼 수 있다.

사이버폭력이라는 용어는 기존의 학교폭력 연구의 선두 주자인 올베우스(1993)가 휴대전화나 인터넷과 같은 정보통신기기를 사용하여 학교폭력을 일으키는 것을 염두에 두고 제시한 것이다. 따라서 학교폭력과 마찬가지로 고의성, 반복성, 힘의 불균형으로 구성되며, 이 중 힘의 불균형은 거의 언급되지 않아 주로 고의성과 반복성이 정의에 포함되고 있다. 이에 대해서는 앞서 구체적으로 논의하였으므로, 그 외의 특성들에 대해서 좀 더 살펴보고자 한다.

스미스 등(Smith et al., 2008)은 사이버폭력에 대한 학자들의 연구가 나오기 시작할 때 사이버폭력에 대한 정의를 다음과 같이 제시하였다.

서로 연락 가능한 전자기기의 형태를 사용하여, 쉽게 자신을 방어할 수 없는 피해자에게 반복적이고 지속적으로 개인 또는 집단에 의해 행해지는 고의적인 공격.

이는 올베우스가 제시한 고의성, 반복성, 힘의 불균형 개념이 포함되어 있으나 새 포도주를 헌 부대에 넣는 방식이라는 비판을 받게 되었다. 이에 패친과 힌두자(Patchin & Hinduja, 2015)는 『사이버폭력 앞의 아이들: 청소년을 위한 사이버블링 대응 매뉴얼(Words wound: Delete cyberbullying and make kindness go viral)』이라는 책에서 사이버폭력을 다음과 같이 정의하였다.

> 온라인상에서 또는 스마트폰이나 다른 전자기기를 통해 다른 사람을 반복적으로 괴롭히거나 학대하거나 놀리는 것(Patchin & Hinduja, 2015).

이 정의는 힘의 불균형에 의한 피해자와 가해자를 구분하고 있지 않다. 이를 풀어 말하면 의도치 않게 피해자가 발생된 상황이나 공격적인 고의성이 없는 장난식의 놀리는 경우라도 사이버 폭력에 포함될 수 있음을 알 수 있다. 이와 같이 사이버폭력 정의를 사용할 때 익명성이 있는지, 그리고 사이버폭력을 당한 기간이 어느 정도인지에 따라 폭력의 피해 양상이 달라질 수 있다. 그러므로 다음으로는 익명성과 사이버폭력 기간에 대해 살펴보고자 한다.

(1) 익명성

사이버폭력에 관해 연구한 학자들은 온라인상의 익명성이 사이버폭력 양상에 중요한 역할을 한다고 제시한다(Huang & Chou, 2010; Katzer, Fetchenhauer & Belschak, 2009; Kowalski & Limber, 2007; Li, 2007; Mishna, Cook, Gadalla, Daciuk, & Solomon, 2010; Ortega, Elipe, Mora-Merchán, Calmaestra, & Vega, 2009; Willard, 2007; Ybarra & Mitchell, 2004). 그러나 사이버폭력이 반드시 익명의 상황에서만 벌어지는 것은 아니다. 특히, 우리나라 아동 · 청소년의 사이버폭력 사례를 보면 굉장히 많은 부분이 카카오톡 공간 안에서 이루어지는데, 카카오톡의 특성상 상대가 누구인지 알고 있는 경우가 대부분이고, 누구인지 모르더라도 상대의 아이디는 알 수 있기 때문에 특정 행위를 한 사람이 누구인지 전혀 드러나지 않는 익명성의 공간이라고만 보기 힘들다. 따라서 같은 사이버폭력이기는 하나, 익명성이 존재하느냐 아니냐에 따라 다른 종류의 폭력 양상이 나타날 수 있다.

밧 등(Baht, Hunter, & Goldberg, 2008)과 토쿠나가(Tokunaga, 2010)의 사이버폭력에 관한 문헌 연구에서도 이러한 익명성의 문제를 제기했는데, 사이버폭력에서 피해자가 가해자를 알고 있는 경우를 제시한 기존 연구들을 소개하면서 이러한 경우 개념의 구분이 필요하다고 주장했다. 이러한 의견에 따라 가해자의 익명성이 존재했는지에 대해서 설문을 한 연구들이 있었다. 예를 들어, 이바라와 미첼(Ybarra & Mitchell, 2004)의 연구를 살펴보면, 가해자 중 84%가 피해자를 알고 있다고 응답하였고, 피해자 중 31%만이 가해자를 알고 있다고 응답하였다. 리(Li, 2007) 또한 피해자가 가해자를 알고 있는지의 여부를 확인하였는데, 학교 친구에게서 사이버폭력을 경험했다고 밝힌 학생들이 31.8%, 학교 밖 사람에게서 학교폭력을 경험했다고 이야기한 학생들이 11.4%였고, 40.9%는 가해자를 알지 못한다고 하였다. 이후 여러 연구에서도 가해자의 익명성 여부를 확인하는 연구가 진행되어 왔다(Calvete, Orue, Estévez, Villardón, & Padilla, 2010).

　가해자의 익명성 여부를 살펴보면, 국내 연구에서도 익명성을 사이버 공간의 특성으로 바라보면서 사이버폭력이 나타나게 되는 주요 이유로 설명하고 있다(김한민, 김기문, 2018; 두경희, 김계현, 정여주, 2012; 류성진, 2013; 소원현, 김하균, 2019; 유상미, 김미량, 2011; 이성식, 성승현, 신지민, 임형연, 2022; 정철호, 2009). 국내 연구에서 가해자의 익명성 여부를 확인한 연구는 소수에 불과하며, 가해자에 아는 사람이 포함될 가능성을 거의 탐색하지 않거나, 가능성을 생각하더라도 이 부분을 연구에서 확인하지 않고 있으며, 오히려 모르는 사람들을 가해자로 상정한 경우가 더 많았다. 가해자의 익명 여부를 확인한 연구는 송종규(2005), 성동규 등(2006), 김경은(2013)의 연구였는데, 성동규 등(2006)의 연구에 따르면 사이버 명예훼손과 프라이버시 침해/신상정보 유출 유목에서 가해자 비율 중 31.4%가 친구라는 응답이 나왔다. 이는 학교폭력이 인터넷 공간을 매개로 해서 일어날 가능성을 시사하는 것으로, 실생활에서의 갈등이 인터넷으로 확장되어 나타난 경우로 볼 수 있다. 특히, 김경은(2013)은 관계적인 속성이 영향을 주어 사이버폭력이 발생하는 경우도 존재하므로 특정인에 대한 사이버폭력과 불특정인에 대한 사이버폭력을 구분하여 바라볼 것을 주장하였으며, 실제로 이 두 가지 현상을 구분하여 영향을 미치는 요인들을 탐색하였다.

  사이버폭력 연구 중 가해자와 피해자의 관계를 탐색하지 않은 경우에도 사례의 특성이나 유형을 통해 가해자를 알게 되는 경우도 확인할 수 있다. 사이버폭력의 유형 중 사이버 명예훼손의 경우에는 가해자가 '자신이 아는 특정인'에게 피해를 줄 고의성을 가지고 행동을 하는 경우가 많아서 아는 관계를 기반으로 발생하는 경우를 사례 속에서 제시하거나 연구상에서 언급한 경우가 많았다. 예를 들어, 자신을 이용하고 버린 연인에 대한 복수로 연인이 만나는 파트너의 홈페이지에 '깊은 관계였다'는 내용의 글을 남기거나, '청부살인하겠다'는 협박성 문자를 보내는 것과 같은 경우(곽영길, 2009), 포털 사이트에 신상을 공개하는 경우(정완, 2005) 등이 해당될 수 있다. 천정웅(2000)의 연구에서 제시된 'S여중 폭력 사건'은 폭력 사건에 대한 조사가 진행되는 과정에서 가해자 중 한 사람의 명의로 거짓 글이 게재된 경우로, 온라인과 오프라인의 관계가 모두 연결된 사건이다. 즉, 이와 같은 경우 단순히 사이버폭력이라고만 논의할 수 없으며 개입을 하기 위해서는 한 개인의 실제 관계와 온라인상 관계를 모두 고려할 필요가 있다. 마찬가지로 사이버 스토킹의 경우에도 일상의 행위가 인터넷이라는 매체를 통해서 확장된 경우로 볼 수 있다. 국내 연구에서는 사이버폭력을 학교라는 공간보다는 더 넓은 관점에서 바라보고 있어, 아는 관계보다는 모르는 관계를 상정한 경우가 많았으나, 여러 종류의 유형을 구체적으로 생각할 때는 오프라인상의 실제 관계가 확장되어 발생한 경우를 함께 포함하고 있었다.

(2) 사이버폭력 기간

  사이버폭력에 관한 최근 연구들을 보면 '사이버폭력을 당한 횟수 및 기간'을 살펴보는 연구들이 발견된다. 사이버폭력에 대한 경험을 측정하기 위해 최근 2개월(Ortega et al., 2009)이나 3개월(조아라, 이정윤, 2010)의 경험을 묻는 경우, 6개월(König, Gollwitzer, & Steffgen, 2010; Mura, Topcu, Erdur-Baker, & Diamontini, 2011)이나 1년(이성식, 2006; Wolak, Mitchell, & Finkelhor, 2007;

Ybarra & Mitchell, 2004)의 기간 동안 경험한 횟수를 묻는 경우, 기간을 정하지 않고 경험만을 탐색(Dilmac, 2009; Gradinger, Strohmeier, & Speil, 2009; Li, 2007; Reeckman & Cannard, 2009)하는 경우 등이 있다. 이는 어느 정도 기간 동안 사이버폭력을 당해 왔는지, 또 최근에 당한 것인지에 따라 그 피해의 정도가 다를 수 있다고 보는 가정에 의한 것이다.

또 다른 연구 흐름은 언제 사이버폭력을 당했고, 어느 정도의 기간 동안 당했는지가 중요하다기보다, 어느 정도의 강도로 영향을 받았고, 그 문제가 어느 수준으로 퍼져 나갔는지가 더 문제일 수 있다는 의견이 대두되고 있다. 저자 또한 사이버폭력에 대한 연구를 돌아보았을 때, 1년간 사이버 피해를 당한 사람과 최근 3개월간 피해를 당한 사람을 비교해 보았을 때 1년이라는 긴 기간 동안 피해를 입었다고 해서 최근 3개월 내의 피해를 호소하는 사람보다 피해의 정도가 더 심각하다고 볼 수 없을 때도 있었다. 또 몇 년 전에 사이버폭력을 당했다고 할지라도 현재 그것을 어떻게 받아들이고 있고, 그 트라우마가 어느 정도인지에 따라 일상생활에서의 영향을 받는 정도가 달랐다. 따라서 상담 개입을 할 때 기간을 한정하고 사이버폭력 여부만을 확인하는 것은 오히려 사이버폭력으로 괴로워하는 아동·청소년의 어려움에 충분히 다가가지 못할 수 있음을 고려해야 한다.

2. 사이버폭력의 유형

사이버폭력은 사실 그 유형에 따라 특성과 고려할 점이 다를 수 있다. 이에 다양한 사이버폭력의 유형별 특징 및 사례를 살펴보고, 피해를 경험하는 학생을 이해해 보고자 한다.

1) 사이버폭력 내용에 따른 유형 분류

사이버폭력을 구분할 때 가장 많이 사용하는 방식은 피해자가 어떤 내용의 사이버폭력을 경험했는지에 따라 분류하는 것이다. 미슈나 등(Mishna, Cook, Gadalla, Daciuk, & Solomon, 2010)은 이전의 사이버폭력 연구들을 고찰하면서 사이버폭력의 유형을 언어폭력, 폭로, 아이디 숨기기 등으로 구분하였고, 로 등(Law, Shapka, Hymel, Olson, & Waterhouse, 2012)은 사이버폭력 경험에 대해 요인 분석을 실시하여, 사이버폭력의 유형을 공격적인 메시지를 보내는 것과 창피를 주는 사진을 올리는 것으로 구분하였다. 황과 슈(Huang & Chou, 2010)는 사이버폭력의 유형을 괴롭히기, 웃음거리로 만들기, 소문 퍼뜨리기로 나누었고, 무라 등(Mura, Topcu, Erdur-Baker, & Diamantini, 2011)은 튀르키예 학생들의 사이버폭력을 연구하면서 그 유형을 온라인상에서 소문내기, 사적인 메시지를 공개하기, 사진을 유포하기, 장난 전화하기, 아이디 훔치기, 공격적인 협박 메일이나 문자 보내기, 소셜 네트워크에서 험담 퍼뜨리기, 토론 게시판에서 배제시키기로 구분하였다. 그리고 사이버폭력에 대한 많은 연구를 진행한 윌러드(Willard, 2007)는 사이버폭력을 내용에 따라 욕설로 싸움하기, 괴롭히기, 명예 훼손하기, 다른 사람의 아이디 도용하기, 폭로하기, 사기 치기, 배제시키기, 사이버 공간에서 스토킹하기로 구분하였다.

국내에서는 두경희 등(2012)이 사이버폭력에 대한 국내외 연구를 고찰하고 사이버폭력의 유형을 언어폭력, 플레이밍, 폭로·공개, 소외, 성희롱·성폭력, 아이디 도용·숨기기, 사기, 스토킹, 해킹으로 구분하였다. 각 유형별 특성과 사례를 통해 피해자들이 경험하게 되는 것이 어떤 것인지 살펴보자.

(1) 언어폭력

언어폭력은 가해자가 피해자에게 공격적인 언어를 사용하여 상대를 협박하거나 위협하는 것이라고 볼 수 있다. 즉, 문자나 이메일을 통해서 상대방을 협박하거나 조롱하는 내용을 보내는 것, 단순한 욕설이나 상대방을 모욕하는 내용을 전달하는 것 등이 여기에 속한다. 실제로 아동·청소년들이 가장 많이 경험한 사이버폭력은 이 언어폭력에 해당하므로 앞으로 사이버상에서 나타나는 언어폭력의 특징에 대한 연구들이 더 이루어질 필요가 있다. 예시는 다음과 같다.

글상자 2-1 ▷▷ 사이버 언어폭력 사례

　중학교 3학년인 미주는 같은 반 여자친구들 4명과 친하게 지냈다. 미주를 포함한 5명은 카카오톡에 단체 채팅방을 만들고 실시간으로 서로의 상황이나 생각, 감정 등을 공유하면서 친하게 지냈다. 5명이 수시로 서로의 이야기를 함께 나누다 보니 함께 있지 않더라도 옆에서 말을 걸어 주며 응원해 주는 것 같이 느껴졌고, 때로는 가족보다도 가깝게 느껴지기도 했다. 그러나 미주가 그중 한 친구와 크게 다툰 이후로 이러한 분위기는 완전히 깨지고 말았다. 다툰 후 마음이 상한 그 친구는 단체 채팅방에서 미주에 대한 불쾌한 마음을 포함한 험담을 하기 시작했고, 미주의 약점을 찾아내서 단체 채팅방에 글을 올리고 그 후에도 비꼬는 말들을 이어 나갔다. 미주는 단체 채팅방에서 나가고 싶었지만 다른 친한 친구들 사이에서 소외될 것 같아서 그러지도 못했다. 계속해서 폭력적인 험담을 들으면서 미주는 너무 충격을 받았고, 단톡방의 친구들이 자신을 어떻게 생각할지 두려운 마음이 들어서 학교에 등교할 생각만 해도 한숨이 나왔다.

---

(2) 플레이밍(flaming)

플레이밍은 인터넷 공간 속에서 서로 잘 알지 못하는 2명 이상의 사람들 사이에서 짧고 뜨겁게 일어나는 싸움을 의미한다. 플레이밍은 일반적으로 채팅방이나 토론 게시판과 같이 공개된 장소에서 많이 일어나는 편이다. 처음에는 두 사람 간의 싸움으로 시작될지라도 다른 사람들이 이 싸움에 동참하게 되면서 큰 싸움으로 번져 나가기도 하고, 서로 욕하는 것이 누적, 확장되어 결국 누가 가해자이고 누가 피해자인지조차 명확하지 않게 되는 경우도 많다. 이때 그 공간 안에서 이러한 플레이밍을 함께 경험한 사람들은 본인이 직접 욕을 하거나 직접 비난당한 게 아니어도 마음속에 상처가 남고 불편해지기도 한다.

사실 플레이밍은 여러 사람이 공유하는 공간에서 싸움으로 번져 나간다는 특성만 다를 뿐, 언어폭력으로 이루어지는 경우가 많기 때문에 일부 학자는 언어폭력의 한 형태로 이 유형을 분류하기도 한다. 그러나 플레이밍은 일반적인 언어폭력과는 다르게 많은 사람이 볼 수 있는 공적인 사이버 공간에서 이루어지며, 서로 잘 알지 못하면서도 과격한 말들이 오고 가게 되며, 주변인들 또한 동참하여 폭력을 경험하고 일으킬 수 있다는 점에서 독특한 특징이 있다.

> **글상자 2-2 플레이밍 사례**
>
> 고등학교 1학년인 상미는 아이돌 그룹 B를 좋아하여 팬클럽에 가입하였다. 상미는 팬클럽 활동을 하면서 자신이 좋아하는 가수의 사진도 공유하고, B의 근황도 다른 사람들보다 앞서 볼 수 있다는 것이 즐거웠다. 그러던 어느 날 B의 한 멤버가 구설수에 휘말리면서 비방성 기사들이 많아지기 시작하자, 상미는 그러한 기사에 댓글로 자신의 의견을 개진하며 B를 옹호하기 시작했다. 좋아하는 가수를 위해서 당연한 일을 했다고 생각하며 잠이 들었지만, 다음 날 아침 상미는 엄청나게 많은 댓글이 본인의 글 아래 달려 있는 것에 충격을 받았다. 자신이 남긴 글 밑에는 '빠순이'라느니, '가수를 좋아해서 멍청이가 되었다'는 둥 자신을 알지도 못하면서 비방하는 댓글들과 심지어 "너희 엄마 ○○○이지?" 등의 가족을 욕하는 댓글들, '니가 누군지 알고 있으며 학교로 찾아가서 죽이겠다'는 협박성 댓글들도 달려 있었다. 상미의 의견에 동의하고 지지하는 댓글들도 꽤 있었으나 상미의 눈에는 자신이 누구인지, 어떤 사람인지, 어떤 이유로 그런 글들을 썼는지도 모르면서 원색적으로 비방했던 표현들이 머릿속에 휘몰아쳤다. 결국 상미는 누가 남긴 댓글인지도 모르지만 누군가는 자신을 알아볼 수도 있다는 생각에 몹시 불안해졌으며, 집 밖으로 나갈 수도 없었다. 불편한 마음에 스마트폰을 안 볼 수도 없다는 생각에 다시 그 게시판을 살펴보니 지금까지 본 댓글 아래로 상미의 의견에 동조하는 이들과 반대하는 이들 간에 큰 싸움이 벌어지고 있었다.

(3) 폭로 · 공개

폭로 · 공개는 피해자가 사람들에게 알려지기 원하지 않는 사적인 내용이나 소문, 사진 등을 가해자가 다수의 사람에게 유포하는 행위라고 볼 수 있다.

개인정보를 찾아내서 많은 사람에게 유포하는 것, 피해자가 말했던 내용이나 적었던 사적인 메시지를 사람들에게 공개하는 것, 피해자가 사람들에게 보여 주기 원하지 않는 사진이나 동영상을 유포하는 것, 명예를 훼손할 수 있는 내용이나 허위 사실을 폭로하는 것, 피해자에 대한 인신공격 내용을 사람들에게 알리는 것 등이 있다. 폭로ㆍ공개는 사이버폭력 관련 척도에서 명예훼손이라고 표현되기도 한다. 다음의 예시를 읽어 보면 폭로ㆍ공개를 좀 더 쉽게 이해할 수 있을 것이다.

글상자 2-3 ▶ 사이버 폭로ㆍ공개 사례

　　중학교 2학년인 수철이는 학교에서 꽤 모범생이었다. 학교 선생님에게 언제나 칭찬을 받으며 학업성적도 우수하고 주변 친구들에게 모범이 되는 아이였다. 그러나 수철이에게도 고민이 있었는데, 그것은 초등학교 6학년 때부터 사귄 여자친구가 있다는 것이었다. 요즘은 여자친구를 일찍 사귀는 것이 문제가 되지는 않지만, 모범생인 수철이는 여자친구가 있다는 사실을 주변에 알리고 싶지 않은 마음이 있었다. 여자친구에게도 사귄다는 사실을 아무에게도 말하지 말라고 부탁했고, 둘은 서로에게 의지가 되어 주며 만남을 지속했다.

　　둘은 몰래 만나야 했었기 때문에 늘 부모님의 허락을 받고 서로의 집에 가서 같이 간식을 먹으며 공부를 하기도 하고 영화를 보기도 했다. 그러던 어느 날, 수철이가 다니는 학교의 게시판에 충격적인 글이 올라왔다. '전교 1등 수철이의 진실'이라는 제목의 글이었다. 그 글에는 수철이와 여자친구가 같이 손을 잡고 아파트 건물에 들어가는 옆모습을 찍은 사진이 있었다. 학교가 아파트 바로 옆에 위치해 있으며 같은 학교 친구들이 단지 내 많이 살고 있었기 때문에 누가 수철이와 여자친구의 사진을 찍었고 관련 글을 올렸는지 알 수 없는 수철이는 불편한 감정이 점점 커지는 게 느껴졌다.

　　학교에 등교해서 보니 친구들은 수철이에게 다가와 여자친구를 사귀고 있었냐며, 뒤로 호박씨 깐다고 놀리기 시작했고, 친구들은 그냥 재미로 놀리는 것이었지만, 수철이는 깊은 수치심을 느끼기 시작했다. 자신이 감추고 싶었던 것을 들켜 버린 수철이는 학교도 가고 싶지 않고, 모든 주변 사람이 자신을 이상하게 쳐다보는 것 같다는 피해의식에 사로잡히게 되었다.

(4) 소외

사이버폭력 중에서 아동·청소년들 사이에서 빈번하게 일어나는 것 중 하나가 소외다. 사이버폭력이라고 해서 반드시 폭력성을 띠는 가해만 있는 것이 아니라 소외를 시키는 경우도 있다. 토론 게시판이나 채팅 등의 온라인 소통 공간에서 피해자를 의도적으로 제외시키거나 어떤 그룹에서 의도적으로 배제시키는 경우가 여기에 해당한다.

글상자 2-4 사이버 소외 사례

미선이는 중학교 2학년이 되어서 처음으로 친하게 지낸 친구 8명과 함께 카카오톡 단체 채팅방을 만들었다. 미선이와 친구들은 매일매일 그 단체 채팅방에서 연예인 이야기, 드라마 이야기, 콘서트 이야기 등을 나누며 재미있게 지냈다. 친구들과 학교에서 많이 이야기하지 못한 날에도 단체 채팅방에서는 늘 화기애애한 이야기들이 오갔으므로 외롭지 않다고 생각했다.

그러다가 학교에서 체육대회가 있었고, 평소 달리기를 잘했던 미선이는 반 대표를 뽑는 달리기 시합에 나가게 되었다. 미선이와 친하게 지내던 친구 현주도 반 대표를 뽑는 시합에 함께 출전했다. 현주는 단체 채팅방에서 자신이 반 대표가 꼭 되고 싶다고 이야기했다. 미선이는 자신은 달리기를 그렇게 좋아하지는 않기 때문에 반 대표가 되어도 그만, 안 되어도 그만이라고 말했다.

그러나 다음날 반 대표 선출 달리기에서 미선이가 1등을 하게 되면서 미선이만 반 대표로 체육대회 릴레이에 출전하게 되었다. 미선이는 현주에게 조금 미안하기는 했지만 자신이 더 빨리 달리기 때문에 어쩔 수 없다고 생각했다.

체육대회가 끝나고, 어느 순간부터인가 미선이는 자신과 친구들이 함께 이야기하던 8명의 단체 채팅방에 대화가 거의 없어졌다는 점을 깨달았다. 처음에는 하루에 수백 개의 채팅이 오갔는데, 지금은 일주일에 1건도 올라오지 않았다. 그저 애들끼리 학교에서 이야기를 많이 하게 되어서 그런가 보다고 생각하던 미선이는 어느 날 충격을 받게 되었다. 학교에서 친구랑 이야기를 하면서 친구의 휴대전화를 우연히 보다가 자신만 제외한 7명이 새로운 단체 채팅방을 만들어서 대화를 해 왔다는 사실을 알게 되었다. 그저 애들이 카카오톡으로 요즘은 대화를 안 한다고 생각했었는데, 그것이 아니라 자신만 소외시킨 단체 채팅방이 새로 만들어진 것이라는 점을 알고 미선이는 크게 충격을 받았다.

(5) 성희롱 · 성폭력

성희롱 · 성폭력은 사이버상에서 성희롱 · 성폭력을 가하는 경우인데, 음란한 대화를 한다거나, 사이버상에서 성폭력을 한다거나, 음란물을 유포하는 것 등이 있다. 아동 · 청소년들이 가장 많이 경험하는 성희롱 · 성폭력으로는 음란한 동영상이나 사진을 이메일로 전송받거나, 음란 채팅방에 초대되는 것 등이 있다.

2019년, 텔레그램 불법 성착취 영상 사건으로 전국이 떠들썩했다. 일명 'N번방 사건'으로 불리기도 한 디지털 성범죄 사건이었는데, 가해자들은 피해자들을 대상으로 성착취물을 제작하고 이를 텔레그램 성착취 대화방에서 유통했다. 이 사건이 알려지자 경찰은 '디지털 성범죄 특별수사본부'를 구성하고, 9개월간의 수사를 진행하여 1,154명이 피해자이며, 그중 미성년자가 60%에 이른다는 사실을 밝혀냈다. 그리고 가담자 3,755명을 검거하고 이 중 245명을 구속했다. 이후, 디지털 성범죄 방지를 위해 정부는 2020년 4월 「디지털 성범죄 근절 대책」을 발표하고 사이버상의 성범죄 행위에 대해 강력한 대응을 하고 있다.

앞의 사례에서 확인할 수 있듯이 디지털 성범죄는 피해자 개인의 어려움으로 그치는 것이 아니라, 사회적인 문제로 확대되는 특성이 있다. 강간과 추행 등과 같은 오프라인상의 성범죄와 달리 디지털 성범죄는 피해자의 의사와는 무관하게 불법 촬영 및 촬영된 영상 파일을 소지(다운로드, 파일 공유 등) · 유포(판매 및 구매, 업로드 등) · 변형(위조, 변조 및 딥페이크와 같은 이미지 합성 등)하는 과정이 모두 포함되며, 온라인상에서 영상물을 구해서 본다고 생각한 사람들이 부지불식간에 모두 범죄에 가담하게 되는 것이기 때문이다. 디지털 성폭력의 가해는 형태에 따라 제작형, 유포형, 소비형으로 구분할 수 있다. 이 중 소비형 가해자는 영화나 드라마를 구입하듯, 온라인상 정보를 구입하였다고 생각하며, 불법 성착취 영상물을 문제의식 없이 시청하게 되기도 하는데, 자신도 모르는 사이 공범이 되는 것이며, 이와 같은 경우가 다수로 늘어나게 되면 사회 전반에 커다란 악영향을 줄 수 있다(이준복, 2022).

사이버상 일어나는 불법 성착취 영상 사건에서 관심을 갖고 바라보아야 하는 또 다른 특성은 온라인 그루밍이다. 그루밍이라는 말은 주로 고양이, 강아지, 말과 같은 애완동물의 털을 고르고 기른다는 의미에서 사용되어 왔다. 그러나 최근에는 아동 성범죄자들이 피해자와 신뢰를 형성한 후 성범죄를 저지르는 과정을 성적 그루밍, 또는 '피해자 길들이기'라고 부르게 되었다(김지영, 2020; 최준혁, 2021). 맥알린덴(McAlinden, 2006)은 그루밍을 "범죄자들이 성적 학대를 저지르기 이전 준비 단계에서 하는 모든 행위"로 정의하였으며, 그루밍 행위는 그 자체만으로는 포착될 수 없는 모호한 개념으로 범법행위와 동반될 때에만 명확한 실체가 드러난다고 주장하였다.

그간 잘 알려지지 않았던 그루밍성범죄가 언론에 보도된 것은 교회와 스포츠계, 의료 현장 등에서 은폐되었던 성범죄들이 터져 나오면서부터다(김지영, 2020). 피해자들 중에는 아동·청소년뿐만 아니라 성인 여성도 있었는데 그들이 오랜 기간 피해를 입고도 신고는 물론 가해자와의 관계를 끊지 못한 이유가 무엇인지에 관해 관심이 모아졌다. 이때 가해자가 오랜 기간 피해자를 길들이고 심리를 조종했던 정황이 발견되어 그루밍성범죄가 연구되기 시작했다. 2000년 초에는 아직 사이버 공간이 활성화되어 있지 않아서 대면으로 이루어지는 그루밍이 더 많았으며 당시에는 성적 그루밍이 '이미 알고 있는 사람에 의해 범해진다'고 알려져 있었다. 그러나 최근 온라인 그루밍의 경우, 아동·청소년들은 온라인상에서 잘 알지 못하는 사람과도 쉽게 친해져 개인정보를 공유하고 SNS상에서 지속적으로 모르는 사람들을 추가하면서 자신의 학교, 집, 사진 같은 정보들을 무심코 노출하고 있다. 아동·청소년의 스마트폰 사용량 또한 증가하고 있으며, 특정 일부뿐만 아니라 다수의 아동·청소년들은 일어나자마자 온라인에 접속하여 가상공간을 활용한다. 2018년 영국 연구(엘레나 마르텔로조, 2018)에 따르면 상당수의 아동·청소년들은 하루 4시간 이상 인터넷을 사용하고 있으며, 14~15세의 청소년들은 페이스북의 프로필을 업데이트하거나 친구들의 페이스북을 주기적으로 확인하지 않으면 불안함을 호소한다고 하였다(김지영, 2020에서 재인용). 아동·청소년이 실제 대면 관계에서 교류하는 것과 달리 온라인상의 교류는 부모나 가까운 어른들이 좀 더 관심을 갖고 살펴보지 않으면 스마트폰이나 컴퓨터를 하고 있는 모습으로만 보일 수 있다. 따라서 자녀들이 온라인상에서 불편하거나 두려운 상황에 처하였을 때 부모에게 이러한 사실을 솔직하게 말할 수 있어야 하는데 대부분은 부모가 인터넷 사용을 못하게 할까 봐 어려움이 발생하더라도 표현하지 않고 부모도 자녀의 SNS의 이용 상황에 대해 잘 모르는 경우가 많아 적절한 시기에 위험에 효과적으로 대응하지 못하게 된다.

(6) 아이디 도용 · 숨기기

아이디 도용 · 숨기기는 상대방의 아이디를 훔치거나 자신의 아이디를 숨기고 다른 사람인 척하는 것이다. 이처럼 다른 사람의 아이디를 도용하여 자기가 그 사람인 척하는 것은 「개인정보 보호법」에도 저촉되는 내용이며, 자기가 다른 사람인 척하는 것은 법적인 문제가 발생할 여지가 많다. 그러나 아이디 도용은 아동 · 청소년들 사이에서는 가해 또는 피해가 많이 일어나는 행동이 아니므로 청소년 사이버폭력 가해척도(정여주, 2016; 정여주, 신윤정, 2020), 청소년 사이버폭력 피해척도(정여주, 김한별, 전아영, 2016) 등에서는 이 영역을 다루고 있지 않다. 다음과 같은 보이스피싱 사례는 사이버폭력의 한 유형인 아이디 도용에 들어갈 수 있다.

> **글상자 2-5 〉 아이디 도용 · 숨기기 사례**
>
> 대학생인 민수는 어느 날 고등학교 때 친구에게서 전화를 받았는데, 대뜸 얼마가 필요하냐고 묻는 것이었다. 민수는 갑자기 전화를 해서 무슨 이야기를 하는 것이냐고 했고, 그 친구는 보이스피싱인가 보다고 하면서 전화를 해서 확인하기를 잘한 것 같다고 말했다. 누군가 민수가 5년 전까지 사용하고 더 이상 접속하지 않고 있던 민수의 네이트온 아이디를 도용하여 메신저를 접속해서 친구로 등록되어 있는 사람들에게 돈을 보내 달라고 한 것이다.

(7) 사기

사이버폭력 중에는 사기를 치거나 거짓말을 하는 경우도 있다. 이는 사이버폭력에만 해당한다기보다는 일반적인 범죄에 해당하는 경우이기 때문에 자주 일어나는 일은 아니다. 그러나 확실한 것은 사이버 세계가 활성화되면서 이러한 사기가 온라인상에서 빈번해지고 교묘하게 이루어지고 있다는 점이다. 또한 범죄자들만이 했던 행동을 일반인들도 손쉽게 할 수 있게 되었다는 점도 의미가 있다.

사람들은 사이버 세계가 자신의 삶에 굉장한 영향을 미치고 있다는 것을 알면서도 막상 사이버 세계에서 만나는 대상이나 자기의 모습을 허구로 생각하기도 한다. 허구의 대상에게 허구의 자기가 행동하는 것이기 때문에 실제 세계에서는 하지 못할 행동도 서슴지 않고 하게 되기도 한다. 인터넷 사기가 많아지는 것도 이러한 특성에 영향을 받는 것이라고 볼 수 있다. 사이버상의 사기 또한 아직까지는 아동·청소년들 사이에서는 많이 일어나는 행동은 아니며 예시는 다음과 같다.

> **글상자 2-6 사기 사례**
>
> 대학생인 서윤이는 평소에 거짓말을 하거나 돈을 훔치는 일을 해 본 적이 없는 사람이었다. 그러다가 자신이 사용하던 스마트폰을 새것으로 바꾸면서 기존에 사용하던 폰을 인터넷 거래로 팔게 되었다. 중고폰을 올리자 10만 원에 사겠다고 한 사람이 나타났고, 그 사람은 서윤이에게 바로 계좌 이체로 5만 원을 선입금해 주었다. 다음 날 택배로 중고폰을 보내고 나머지 돈을 받기로 한 상황이었다. 그러나 다음 날 서윤이는 학교에 중고폰을 들고 나왔다가 강의실에 깜빡하고 폰을 두고 오게 되었다. 30분 후쯤 기억난 서윤이는 다급하게 강의실로 가 보았지만 이미 누군가가 폰을 훔쳐 간 후여서 찾을 수가 없었다. 중고폰을 사기로 했던 사람에게 팔수가 없어졌으므로 다시 5만 원을 입금해 주어야 하는 상황이 되었지만, 어차피 서윤이는 번호를 바꿀 것이고 그러면 그 사람이 자기에게 연락할 수 있는 통로는 카페 쪽지밖에 없으므로 그냥 무시해도 된다는 생각이 들었다. 그리고 자신도 그 폰을 도난당한 것이기 때문에 그 책임을 자신이 혼자서 지고 싶지 않다는 생각이 들어 중고폰을 사기로 한 사람의 연락을 무시하며 잠수를 타게 되었다.

(8) 스토킹

사이버폭력에는 사이버 스토킹도 포함된다. 스토킹은 원래는 사이버상에서 이루어지는 행위라기보다는 실제 세계에서 가해자가 어떤 사람을 직접 따라다닌다든가 집 앞에서 기다리고 집요하게 연락을 하는 방식으로 많이 이루어진다. 그러나 요즘 사이버 세계가 활성화되면서 사이버 공간에서의 스토킹도 많아지고 있다. 이메일로 지속적인 연락을 하거나 개인 홈페이지나 SNS 공간에 집요하게 도배글을 올리는 등의 행위는 사이버상의 스토킹이 될 수 있다. 사이버 스토킹은 법적으로도 심각한 문제이고 심리적으로도 매우 큰 영향을 미칠 수 있는 문제이나, 아동·청소년들 사이에서 빈번하게 발생하는 사이버 폭력의 유형은 아니다.

글상자 2-7 ▶ 스토킹 사례

대학생인 지수는 페이스북과 카카오스토리, 인스타그램 등의 SNS 활동을 자주 하였다. 그날그날 자신이 느낀 기분이나 했던 경험 등을 자유롭게 올리면서 사람들과 교류하고 있었다.

그러던 어느 날 자신을 태그하여 올라온 어떤 게시글을 보고 경악하게 되었다. 자신이 지난 1년간 몇 시 몇 분에 글을 올렸고, 어디를 갔으며, 무엇을 했는지를 표로 정리하고 심지어 특정 공간에는 직접 따라와서 찍은 사진을 올리기도 했다. 익명으로 올라온 글이기 때문에 누가 한 것인지 알 수 없었다. 자신의 SNS 글을 모두 볼 수 있었던 것을 보면 자신과 친구를 맺은 사람일 것이라고 생각할 수는 있었지만, 자신을 팔로우하는 친구들은 700명이 넘었기 때문에 그중 누가 이런 짓을 하는지 알기 힘들었다.

이후에도 지수의 행동과 행적에 대해서 정리한 글을 여러 번 올라왔고, 지수는 점점 밖에 다니거나 사람들을 만나는 것이 두려워졌다.

(9) 해킹

마지막으로 해킹이 있는데, 이는 실제 사이버테러, 해킹, 바이러스 유포와 같이 사이버 범죄로 이어지는 경우다. 그러나 사이버폭력의 유형 안에 해킹을 포함시키지 않는 경우가 많아지고 있다. 이는 사이버폭력과 사이버 범죄를 분리해서 생각해야 한다는 의견 때문이다. 해킹은 실제로 법적인 문제와 관련되어 있으며, 일반적인 아동·청소년들이 벌이는 일이기보다는 사이버상의 범죄자들에 의해 일어나는 일인 경우가 많다. 따라서 일반적인 아동·청소년 사이버폭력의 유형에는 해킹을 제외하고 살펴보는 것이 일반적인 아동·청소년을 이해하는 데 더 도움이 될 것으로 보인다.

2) 사이버폭력 공간에 따른 유형 분류

지금까지 사이버폭력의 내용이 어떤 것이냐에 따라 그 유형을 살펴보았다. 그 외에도 사이버폭력이 일어나는 공간에 따라 그 유형을 구분하는 방법이 있다. 사이버폭력이 어떤 곳에서 일어나는지를 살펴보면 크게 휴대전화와 인터넷 공간으로 나눌 수 있다. 물론 최근에는 스마트폰이 개발되면서 휴대전화와 PC를 사용하는 인터넷의 공간 구분이 모호해지고 있는 것이 사실이다. 그러나 기존의 국내외 연구에서는 사이버폭력이 일어나는 공간을 휴대전화와 인터넷으로 구분하고 있는 경우가 많았다. 그리고 휴대전화와 인터넷 공간에서의 사이버폭력 또한 일방향과 쌍방향으로 나누어서 생각해 볼 수 있다. 일방향이란 사이버폭력을 일방적으로 당하고 거기에 실시간으로 맞대응할 수 없는 공간을 말하며, 쌍방향이란 사이버폭력을 당하면서 폭력을 가하는 가해자와 피해자가 상호 소통할 수 있는 공간을 말한다. 이와 같은 내용을 정리해 보면 다음과 같다. 휴대전화에서 일어나는 사이버폭력은 일방향적인 문자 메시지와 쌍방향적인 전화통화로 나눌 수 있다. 또 인터넷에서 일어나는 사이버폭력은 일방향적인 이메일, 블로그, 클럽(카페), 게시판(뉴스), 게임 사이트, 소셜 네트워크 사이트 등과 쌍방향적인 메신저, 채팅방, 토론방으로 나눌 수 있다 (〈표 2-1〉).

정여주와 김동일(2012)은 이러한 공간적 분류를 고려하여 특정 개인이 어떤 공간에서 사이버폭력을 당했을 때 더욱 충격이 심한지를 살펴보았다. 연구에

표 2-1   사이버폭력이 일어나는 공간에 따른 유형 구분

구분	세부 구분	
휴대전화	일방향	문자 메시지
	쌍방향	전화통화
인터넷	일방향	이메일, 블로그, 클럽(카페), 게시판(뉴스), 게임 사이트, 소셜 네트워크 사이트 등
	쌍방향	메신저, 채팅방, 토론방

출처: 정여주, 김동일(2012).

따르면, 사이버폭력을 당한 상황이 일방향인지 쌍방향인지를 기준으로 하고, 거기서 아는 사람에게 당한 것인지 아니면 모르는 사람에게 당한 것인지, 그리고 사이버폭력의 내용이 단순한 욕인지, 자신에 대한 모욕인지, 자신이 속한 환경에 대한 모욕인지를 구분하여 부정적 감정의 강도를 살펴보았다. 응답 결과, 아는 사람에게서 일방적으로 환경에 대한 모욕(가족 및 문화 등)을 당했을 때 부정적 감정의 강도가 가장 심각했다. 두 번째로 부정적 감정의 강도가 높았던 것은 모르는 사람이 자신을 일방적으로 욕하는 것이었다. 예를 들어, 문자 메시지, 이메일, 블로그, 게시판, 소셜 네트워크에서 나와 온라인상 또는 실제 관계에서 알고 있는 상대가 나의 가까운 가족이나 나의 문화를 모욕했을 때 심리적 불편감을 심하게 경험할 수 있으며, 온라인상 잘 모르는 상대 또는 그룹이 함부로 나에 대해 공격적인 모욕을 해 왔을 때를 떠올려 볼 수 있다.

실습

1. 사이버 폭력의 특징 및 유형과 관련되어 제시된 사례들 중 가장 기억에 남는 사례는 어떤 것인가?

2. 이 장에서 제시한 특정 사례를 1개 선택하고, 담임교사로서 사이버폭력의 특성을 고려하여 사례 개입을 할 때 어떤 점을 유의하면 좋을지 조별로 논의해 봅시다.

주요 용어

사이버 언어폭력, 플레이밍, 사이버 폭로 · 공개, 사이버 소외, 아이디 도용 · 숨기기, 사이버 사기, 사이버 스토킹, 해킹

제 **3** 장

학교폭력의
실태 및 법규

1. 학교폭력의 실태

학교폭력에 대한 문제가 심각해지고 있다. 언론 매체를 통해 접하는 학교폭력 사안은 일부일 것이다. 실제 학교현장에서 발생되는 학교폭력 실태는 어떠할까. 이를 파악하기 위해 학교폭력 실태조사는 해마다 실시되고 있다. 학교폭력 실태조사의 주요 목적은 학교폭력 현황을 확인하는 것이다.

학교폭력 실태조사는 여러 기관에서 실시된다. 하지만 조사 내용이나 조사 대상의 표집방법 등은 기관마다 다르기 때문에 같은 해에 이루어진 조사라도 그 결과가 다르게 나타날 수 있다. 이 장에서는 교육부가 실시한 학교폭력 실태조사를 토대로 최근 10년간의 학교폭력 발생 현황, 피해응답, 학교폭력 유형의 결과를 살펴보고자 한다.

1) 학교폭력 발생 현황

학교폭력 발생건수의 10년간 동향을 살펴보면 2013년도부터 전반적으로 증가하는 추세를 보이다 2020년 학교폭력 건수는 큰 폭으로 감소하였다. 이 시기 전 세계적으로 확산된 전염병으로 학생의 등교가 제한되어 대면 수업이 중단되었다. 이로 인해 학교라는 오프라인 공간에서 상호작용할 기회가 줄었고 학교폭력 발생건수도 감소하였다. 하지만 점차 대면 수업이 확산되면서 다시 학교폭력 발생건수는 증가되었다. 특징적인 것은 경미한 학교폭력 사안의 경우 무조건적인 처벌이 아닌 학교장 자체 해결이 가능할 수 있도록 하였다는 것인데 그럼에도 불구하고 학교폭력 발생건수는 증가되고 있는 추세다. 학교장 자체 해결에 대해서는 학교폭력 사안처리 절차에서 구체적인 내용을 다루고 있다.

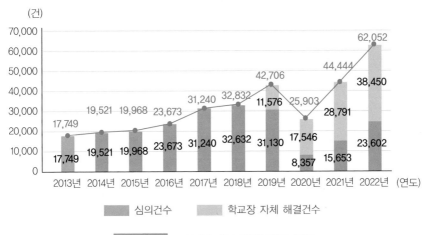

(건)

| 심의건수 | 학교장 자체 해결건수 |

그림 3-1 10년간 학교폭력 발생 현황

출처: 교육부(2023).

2) 학교폭력 피해 현황

학교폭력 피해응답률을 살펴보면, 2017년부터 학교폭력 피해학생 응답률은 증가하는 추세다. 이후 2020년 학교폭력 발생건수가 감소한 것과 같이 피해응답률도 감소하였다. 2022년에 대면 수업이 확대되면서 피해응답률은 전

| 피해응답 인원(만 명) | 피해응답률(%) |

그림 3-2 최근 10년간 학교폭력 피해응답률 추이

출처: 교육부(2023).

년 대비 증가하였고 비대면 수업 전인 2019년도의 결과와 비교하면 소폭 상
승으로 볼 수 있다.

　학교급별 피해응답률 현황을 학교급별로 살펴보면 초등학교, 중학교, 고등
학교 순으로 높은 피해응답률을 보이고 있다. 학교급을 비교하면 초등학생
의 피해응답률이 해마다 가장 높다. 초등학생의 경우 학교생활을 시작하는 단
계이면서 또래 간 상호작용할 기회가 확산되는 시기다. 이 시기 또래 간 언어
적 · 신체적으로 상호작용 하는 과정에서 중 · 고등학생보다 학교폭력에 대한
민감성이 더 높기 때문에 초등학생의 경우 학교폭력 인식도가 더 높게 나타날
수 있다. 발달연령이나 학교급에 따라 학교폭력에 대한 민감성이 다르기 때문
에 학교급에 따라서 학교폭력이라고 인식되는 범위도 달라질 수 있다. 따라서
학교폭력 대책 마련 시, 학교급 혹은 발달연령을 고려하여 학교폭력 유형에
대한 예방교육 및 대응 방안을 모색해야 할 것이다.

　피해학생의 응답에 있어 피해를 경험한 장소를 학교 안과 밖으로 구분하
여 조사하고 있다. 학교 안에서 학교폭력을 경험하고 있다는 응답이 더 높게
나타나지만 학교 밖에서 학교폭력 피해를 경험하였다는 응답도 보고되고 있
다. 학교 안에서 구체적인 장소는 학생들이 가장 많은 시간을 보내는 교실 안
이 가장 높은 비율이었고 복도 · 계단, 운동장 · 강당 등에서도 학교폭력을 경

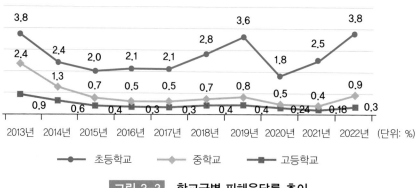

그림 3-3 **학교급별 피해응답률 추이**

출처: 교육부(2023).

험하고 있었다. 이러한 학교 내에서 발생되는 학교폭력을 예방하기 위해서 안전한 학교환경을 조성하고자 학생보호인력을 확대 배치하거나, 학교 주변 CCTV 설치하는 계획을 추진한 바 있다(교육부, 2016b). 또한 학교 수업 시간 외 쉬는 시간이나 점심 시간, 하교 시간에도 학생들간 발생될 수 있는 폭력을 조기에 감지하여 예방하는 노력도 필요할 것이다.

반면, 학교 밖의 경우 놀이터, 사이버 공간, 학원 등도 학교폭력을 경험하는 장소로 보고되고 있다. 학교 내에서 발생되는 폭력 외에 학교 밖에서 발생되는 폭력의 경우 학교 관계자의 노력으로는 한계가 있을 것이다. 따라서 지역사회의 네트워크가 형성되어 학생들을 보호할 수 있는 다각적인 시도가 필요할 것으로 보인다.

3) 학교폭력의 유형

2010년대 초기 학교폭력 유형의 절반 이상은 신체폭력으로 나타났으나 2020년 이후에는 신체폭력은 전체의 약 30% 정도다. 이는 학교폭력의 유형이 변화되고 있다는 것을 보여 주는 결과다. 2013년과 2021년 학교폭력 유형을 비교한 결과(관계 합동부처, 2023)를 살펴보면 2020년 이후에는 신체폭력, 언어폭력, 사이버폭력 순으로 높은 비율을 보이는데 2013년과 비교해 보면 언어폭력은 큰 폭으로 증가하였고 사이버폭력도 약 두 배 정도의 비율로 증가한 것을 확인할 수 있다. 학교폭력이 신체폭력에서 점차 언어적·정서적 폭력들이 증가하고 있다는 것은 학교폭력 예방과 대책에 있어 새로운 접근이 시도되어야 한다는 것을 보여 준다. 특히, 사이버폭력의 경우 그 유형이 매우 다양하게 나타날 수 있기 때문에 사이버 공간의 특성을 고려한 보다 더 적극적인 노력이 요구될 것이다.

지금까지 살펴본 학교폭력 실태는 일부에 불가하지만 해마다 교육부에서 학교폭력 실태를 점검하고 있으므로 단위학교의 실태를 확인하여 이를 토대로 특정 학교 학생들의 특성을 이해하고 예방교육을 실시하면 더욱 효과적일

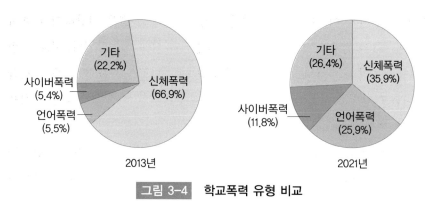

출처: 교육부(2023).

것이다. 예를 들면, 특정 학교 학생들에게 필요한 교육을 계획할 때, 실태조사 결과를 바탕으로 다양한 학교폭력 예방 프로그램 중에서 우선적으로 필요한 교육을 선정하여 프로그램을 운영할 수 있을 것이다.

실태조사 결과는 학교폭력을 예방하거나 근절하기 위한 정책에도 반영된다. 정부는 학교폭력에 대한 공정하고 교육적인 대응을 강화하기 위한 정책을 제시하고 이를 실현하기 위한 과제를 발굴하여 추진하고 있다. 학교폭력 예방을 강화하기 위해서 학교나 학급 단위의 학교폭력 예방교육을 내실화하고, 학교폭력 유형이나 추세를 파악하여 이를 대응할 수 있는 예방 활동을 구체화하는 것이다. 〈표 3-1〉과 같이 피해학생 보호를 위한 정책 강화는 물론 가해학생 교육 및 선도 강화와 전 사회적 협력을 통해 학교폭력 예방 문화를 조성하기 위한 과제를 발굴하여 추진하고 있다. 이처럼 학교폭력 실태는 현황과 현 실태를 파악하는 것에서 그치는 것이 아니라 학교폭력 예방과 근절을 위한 정책을 위한 기초 자료로도 의미가 있다.

표 3-1 학교폭력 관련 추진 정책 및 과제

정책 영역	추진과제
학교공동체 역량 제고를 통한 학교폭력 예방 강화	• 학교 · 학급 단위의 학교폭력 예방교육 내실화 • 학생 참여 · 체험 중심의 학교폭력 예방 활동 확대 • 학교폭력 유형 · 추세 대응 예방 활동 강화 • 전 사회적 협력을 통한 학교폭력 예방문화 조성
학교폭력에 대한 공정하고 교육적인 대응 강화	• 학교폭력 조기 감지 및 대응체계 강화 • 학교의 교육적 해결 역량 제고 • 사안처리의 공정성 · 전문성 확보
피해학생 보호 및 치유 시스템 강화	• 피해학생 맞춤형 보호 · 지원체계 강화 • 사후지원 강화 및 학교 안팎 협력체계 구축
가해학생 교육 및 선도 강화	• 가해학생 교육 · 선도 내실화 • 중대한 학교폭력 가해학생에 대한 엄정 대처
전 사회적 학교폭력 예방 및 대응 생태계 구축	• 가정의 교육적 역할 강화 • 지역사회의 역할 및 책무성 강화 • 전사회적 대응체계 강화 및 대국민 인식 제고

출처: 교육부(2022).

2. 학교폭력 관련 법규

학교폭력예방법은 피해학생을 보호하고 가해학생의 선도와 교육 및 피해학생과 가해학생의 분쟁조정 등에 대한 제도적 틀을 마련하고자 제정되었다. 학교폭력예방법이 제정된 이후 학교폭력의 양상이 계속해서 변화되고 이를 반영하기 위한 법의 개정이 지속되고 있다. 여기에서는 학교폭력예방법이 어떻게 변화되고 있는지를 살펴보고, 학교폭력 관련 법규 중에서도 단위학교 외의 기관의 책무는 무엇이 있는지를 알아보고자 한다.

1) 학교폭력예방법의 제정

학교폭력의 문제가 심각한 사회적인 문제로 여겨지면서 학교폭력 문제를 대처하기 위한 제도적 틀을 마련하기 위해 2004년 「학교폭력예방 및 대책에 관한 법률」(이하 학교폭력예방법)이 제정되었다. 학교폭력예방법은 학교폭력 예방 및 관련 대책을 수립하는 데 필요한 사항을 규정하여 학생의 인권을 보호하고 학생을 건전한 사회 구성원으로 육성하는 것을 목적으로 제정되었다. 학교폭력예방법이 제정된 시기 법안의 주요 내용을 요약하면 세 가지로 정리해 볼 수 있다. 첫째, 교육인적자원부장관은 학교폭력의 근절을 위한 조사, 연구, 교육 등이 포함된 학교폭력 예방 및 대책에 관한 기본 계획을 5년마다 수립한다. 또한 해당 교육감과 학교의 장은 기본 계획에 따라 예방 및 대책 관련 계획을 수립하고 수행한다. 둘째, 학교의 장은 학교폭력 예방 및 대책과 관련된 사항을 심의하기 위하여 초·중·고등학교에 교사 및 학부모 등을 위원으로 구성된 학교폭력대책자치위원회를 설치한다. 학교폭력대책자치위원회는 피해학생의 보호와 가해학생의 선도·교육을 위한 조치가 필요하다고 인정될 때 학교의 장에게 요청할 수 있도록 한다. 셋째, 학교의 장은 교내 상담실 설치 및 전문상담교사를 둔다. 또한 교사 중 학교폭력 문제를 담당하는 책임교사를 선임하도록 한다. 또한 정기적으로 예방교육을 실시한다. 이 같은 법안 제정의 주요 내용은 일부 유지되고 있는 것도 있지만 변화된 내용도 있다.

2) 학교폭력예방법의 변화

초기 학교폭력예방법의 변화는 학교폭력의 정의, 관련 학생의 보호와 처분에 대한 것이었다. 학교폭력예방법에서는 성폭력의 개념이 학교폭력 정의에 포함되지 않았던 때도 있다. 하지만 학교폭력 사안 중 성폭력도 존재하기 때문에 성폭력을 학교폭력 유형에 속하도록 법을 개정하였다. 다만 성폭력과 관련된 처분과 처리는 학교폭력예방법에 준하여 처리하지 않는다.

　가해학생에 대한 처분도 변화하였다. 학교폭력이 발생되면 가해자에게 사안에 따른 처분이 내려져야 하는데 가해자도 학생이기 때문에 특별교육과 같은 조치를 받을 경우 가해학생의 학부모도 함께 특별교육을 받도록 법이 제정되었다. 또한 피해학생에 대한 보호조치 강화를 위한 변화도 있다. 학교폭력 발생으로 인한 치료비용이 발생되는 경우, 피해학생 치료비용은 가해학생의 보호자가 부담하도록 한다. 가해학생의 보호자가 이를 부담하지 않을 경우에는 학교안전공제회 또는 시·도 교육청이 부담하고 구상권을 행사할 수 있도록 하였다.

　이러한 변화에도 불구하고 학교폭력 발생건수는 해마다 증가하였고 양상 또한 중범죄화되었다. 이에 2009년에는 긴급상담전화 설치 등 학교폭력 신고체계를 확대하기 위한 법안을 신설하였고, 피해학생에 대한 보복행위 금지, 장애학생 보호규정으로 장애인 전문상담가의 상담 또는 장애인 전문 치료기관의 요양을 가능하게 한다는 내용을 일부 개정하거나 신설하여 학교폭력 예방을 위한 법규를 정비하였다.

　2010년 이후 학교폭력예방법의 주요 개정 내용은 학교폭력의 정의, 피해학생의 보호 및 가해학생 처분, 심의기구의 변화로 요약해 볼 수 있다. 구체적으로 살펴보면 학교폭력 정의가 변화되었다. 이는 학교폭력의 실태가 반영되어 2010년 전후로 학교폭력의 유형 중 따돌림이 점차 증가되고 심각해지면서 학교폭력 정의에 따돌림에 대한 정의를 추가하였다. 더불어 강제적인 심부름과 사이버 따돌림을 추가하여 학교폭력 정의를 구체화하였다. 학교폭력에 해당되는 대상도 학생 간에 발생한 사건에서 학생을 대상으로 발생한 사건으로 수정 되었다.

　또 다른 변화는 피해학생 보호 및 가해학생 조치에 대한 내용이다. 피해학생의 경우 피해학생의 치료비 부담에 있어 요양비뿐 아니라 심리상담·조언, 일시보호에 소요되는 비용까지 가해학생의 보호자가 부담하도록 하였다. 가해학생 또는 그 보호자가 불분명하거나 부담 능력이 없는 경우에는 학교안전공제회 또는 시·도 교육청이 우선 부담하고 이후 가해학생 보호자에 대하여 구상권을 행사할 수 있도록 하되, 피해학생의 보호자가 필요한 경우 공제급여를 학교안전공제회에 직접 청구할 수 있도록 하였다. 피해학생에 대한 '전학권고'에 대한 조치가 당시 법안에 존재하였는데 이를 2012년에 삭제하였다. 가해학생의 경우, 학교의 심의를 통해 가해학생에 대한 조치가 발생되면 14일 이내 조치가 될 수 있도록 하였다. 가해학생이 전학을 간 이후에는 피해학생이 소속된 학교로 다시 전학 오지 못하도록 전학조치에 대한 내용을 개정하였다. 가해학생의 특별 교육에 학부모가 동참하는 것을 의무화하는 동시에 불참하였을 경우 300만 원 이하의 과태료를 부과하도록 개정 하였다.

마지막으로, 학교폭력대책자치위원회의 변화다. 학교폭력예방법에 의거하여 학교의 장은 학교폭력대책자치위원회를 학내에 설치하고 자치위원회의 심의에 따라 피해학생의 보호 및 가해학생의 선도와 처분이 시행되었다. 학교폭력이 발생되면 사안을 심의하는 데 있어 학내 설치된 학교폭력대책자치위원회가 핵심적인 역할을 하였다. 자치위원회의 위원 과반수를 학부모전체회의에서 직접 선출한 학부모 대표로 위촉하고 자치위원회의 회의가 소집되면 회의에서 토의된 내용은 물론 일시, 장소, 출석 위원, 의결 사항이 기록된 회의록을 작성하고 보존하도록 규정하였다. 관련하여 피해·가해학생 또는 그 보호자가 신청한 경우 회의록을 공개하는 법안이 신설되기도 하였다.

이후 약 10년 만에 학교폭력대책자치위원회의 기능과 학교폭력 사안을 심의하는 중심축이 변화하였다. 학교폭력대책자치위원회 심의건수가 나날이 증가하였고 이로 인한 담당 교원과 학교의 업무도 증대되었다. 게다가 학교폭력대책자치위원회 전체 위원의 과반수를 학부모 대표로 위촉하도록 하고 있어 학교폭력 처리에 전문성이 부족하다는 의견도 제기되었다. 반면 경미한 수준의 학교폭력 사안인 경우에도 자치위원회를 소집하여 심의 대상이 되었다. 충분히 교육적 해결이 가능한 사안이라도 자치위원회를 소집하고 사안을 처리하는 과정은 교육적 해결을 불가능하게 만들었다. 이에 학내 설치된 학교폭력대책자치위원회를 교육지원청으로 상향 이관하는 법안이 개정되었다. 또한 경미한 학교폭력의 경우 학교장이 자체적으로 해결할 수 있도록 하였다.

3) 학교폭력예방법과 기관의 책무

학교폭력예방법이 개정되면서 관련 기관들이 설립되었고, 다양한 정책들이 추진되어 왔다. 학교폭력예방법이 개정되기 이전에는 학교폭력에 대한 책임을 담당할 교원이나 기관이 규정되지 않았을 뿐만 아니라 학교의 장이나 교육감도 해당 학교나 관할 지역에서 학교폭력이 발생하여도 이를 책임지고 관리할 기능과 역할이 명확하게 부여되지 않았기 때문에 피해학생의 보호조치나, 가해학생에 대한 처분 등 사안의 처리가 체계적으로 이루어지지 못하였다. 학교폭력예방법이 제·개정되면서 학교폭력을 예방하고 학교폭력 발생시 사안을 처리 할 수 있는 제도적 틀이 마련되어 보다 체계적이고 효과적인 개입이 가능해졌다.

학교폭력예방법이 제 기능을 다할 수 있도록 관련 정책들이 수립되고 수립된 정책은 학교폭력대책위원회의 심의를 거쳐 시행된다. 여기에서는 학교폭력대책위원회에 대해 살펴보고, 학교폭력예방법에 근거한 지역위원회의 기능과 역할에 대해 알아보고자 한다.

(1) 학교폭력대책위원회의 기능

국가 및 지방자치 단체의 책무(「학교폭력예방법」 제4조)에 의거하여, 국가 및 지방자치단체는 학교폭력을 예방하고 근절하기 위하여 조사, 연구, 교육 등 필요한 법적·제도적 장치를 마련한다. 또한 청소년 관련 단체 등 민간의 자율적인 학교폭력 예방 활동과 피해학생의 보호 및 가해학생의 선도·교육 활동을 장려하여야 하며, 청소년 관련 단체 등 민간이 건의한 사항에 대하여는 관련 시책에 반하도록 노력하고, 국가 및 지방자치단체는 필요한 행정적·재정적 지원을 한다.

학교폭력의 예방 및 대책에 관한 다음 각 호의 사항을 심의하기 위하여 국무총리 소속으로 학교폭력대책위원회를 둔다. 학교폭력대책위원회는 다음과 같은 내용을 심의한다(「학교폭력예방법」 제7조).

- 학교폭력의 예방 및 대책에 관한 기본 계획의 수립 및 시행에 대한 평가
- 학교폭력과 관련하여 관계 중앙행정기관 및 지방자치단체의 장이 요청하는 사항
- 학교폭력과 관련하여 교육청, 학교폭력대책지역위원회, 학교폭력대책지역협의회, 학교폭력대책심의위원회, 전문단체 및 전문가가 요청하는 사항

(2) 학교폭력대책지역위원회의 기능

지역의 학교폭력 문제를 해결하기 위하여 시·도에 학교폭력대책지역위원회를 둔다(「학교폭력예방법」 제9조). 특별시장·광역시장·특별자치시장·도지사 및 특별자치도지사는 지역위원회의 운영 및 활동에 관하여 시·도의 교육감과 협의하여야 하며, 그 효율적인 운영을 위하여 실무위원회를 둘 수 있다. 지역위원회는 위원장 1인을 포함한 11인 이내의 위원으로 구성하고, 실무위원회의 구성·운영에 필요한 사항은 대통령령으로 정한다.

지역위원회는 기본 계획에 따라 지역의 학교폭력 예방대책을 매년 수립한다. 지역위원회는 해당 지역에서 발생한 학교폭력에 대하여 교육감 및 시·도 경찰청장에게 관련 자료를 요청할 수 있다. 또한 교육감은 지역위원회의 의견을 들어 피해학생의 보호조치와 가해학생에 대한 조치와 관련된 상담 및 치료, 교육을 담당할 기관을 지정한다. 지정된 해당 기관은 인터넷 홈페이지에 게시하고 그 밖에 다양한 방법으로 학부모에게 알릴 수 있도록 노력한다.

이와 관련하여 학교폭력 대책지역협의회를 설치하고 운영한다. 학교폭력예방법(「학교폭력예방법」 제10조의 2)에 의거하여 학교폭력 예방 대책을 수립하고 기관별 추진계획 및 상호 협력·지원 방안 등을 협의하기 위하여 시·군·구에 학교폭력대책지역협의회를 둔다. 지역협의회는 위원장 1명을 포함한 20명 내외의 위원으로 구성한다.

(3) 학교폭력대책심의위원회의 기능

학교폭력의 예방 및 대책에 관련된 사항을 심의하기 위하여 교육지원청에 학교폭력대책심의위원회를 둔다(「학교폭력예방법」제12조, 이하 심의위원회). 다만, 심의위원회 구성에 있어 대통령령으로 정하는 사유가 있는 경우에는 교육감 보고를 거쳐 둘 이상의 교육지원청이 공동으로 심의위원회를 구성할 수 있다. 심의위원회는 학교폭력의 예방 및 대책 등을 위하여 다음의 내용을 심의한다.

- 학교폭력의 예방 및 대책
- 피해학생의 보호
- 가해학생에 대한 교육, 선도 및 징계
- 피해학생과 가해학생 간의 분쟁조정
- 그 밖에 대통령령으로 정하는 사항

심의위원회는 해당 지역에서 발생한 학교폭력에 대하여 조사할 수 있고 학교장 및 관할 경찰서장에게 관련 자료를 요청할 수 있으며, 심의위원회의 설치·기능 등에 필요한 사항은 지역 및 교육지원청의 규모 등을 고려하여 대통령령으로 정한다.

심의위원회 구성원은 10명 이상 50명 이내의 위원으로 하되, 전체 위원의 3분의 1 이상을 해당 교육지원청 관할 구역 내 학교에 소속된 학생의 학부모로 위촉하여야 한다. 심의위원회 위원장은 다음 중 어느 하나에 해당할 경우 회의를 소집할 수 있다.

- 심의위원회 재적위원 4분의 1 이상이 요청하는 경우
- 학교의 장이 요청하는 경우
- 피해학생 또는 그 보호자가 요청하는 경우
- 학교폭력이 발생한 사실을 신고받거나 보고받은 경우

• 가해학생이 협박 또는 보복한 사실을 신고받거나 보고받은 경우
• 그 밖에 위원장이 필요하다고 인정하는 경우

심의위원회는 회의의 일시, 장소, 출석위원, 토의 내용 및 의결 사항 등이 기록된 회의록을 작성 · 보존하여야 하고, 심의 과정에서 소아청소년과 의사, 정신건강의학과 의사, 심리학자, 그 밖의 아동심리와 관련된 전문가를 출석하게 하거나 서면 등의 방법으로 의견을 청취할 수 있다. 또한 피해학생이 상담 및 치료 등을 받은 경우 해당 전문가 또는 전문의 등으로부터 의견을 청취할 수 있다.

(4) 학교폭력예방법과 학교 차원의 책무

학교폭력이 발생하면 학교폭력예방법과 시행령에 따라 사안처리가 이루어지기 때문에 학교폭력 관련 법규를 이해하는 것은 필수적이다. 특히, 학교폭력예방법에서 규정하고 있는 학교 차원의 책무에 대해 이해하고 숙지하는 것이 필요하다. 학교 차원의 책무는 대부분 학교의 장을 중심으로 이루어진다.

학교의 장은 학교에 대통령령으로 정하는 바에 따라 상담실을 설치하고, 「초 · 중등교육법」 제19조의 2에 따라 전문상담교사를 둔다(「학교폭력예방법」 제14조). 전문상담교사는 학교의 장 및 자치위원회의 요구가 있을 시 학교폭력에 관련된 피해학생과 가해학생에 대한 상담 결과를 보고하여야 한다. 학교의 장은 교감, 전문상담교사, 보건교사 및 책임교사(학교폭력 문제를 담당하는 교사), 학부모 등으로 학교폭력 문제를 담당하는 전담기구(이하 전담기구)를 구성한다. 이 경우 학부모는 전담기구 구성원의 3분의 1 이상이어야 한다. 학교의 장은 학교폭력 사태를 인지한 경우 지체 없이 전담기구 또는 소속 교원으로 하여금 가해 및 피해 사실 여부를 확인하도록 한다. 이 과정에서 전담기구는 학교 장 자체해결 부의 여부를 심의한다.

전담기구의 역할도 중요한 학교의 책무 중 하나다. 전담기구는 학교폭력에 대한 실태조사와 학교폭력 예방 프로그램을 구성하고 실시한다. 학교의 장

및 심의위원회의 요구가 있을 때는 학교폭력에 관련된 조사 결과 등 활동 결과를 보고해야 한다. 또한 성폭력 등 특수한 학교폭력 사건에 대한 실태조사의 전문성을 확보하기 위하여 필요한 경우 전문기관에 실태조사를 의뢰 할 수 있다.

> **글상자 3-1 학교폭력 예방교육에 대한 법규**
>
> 「학교폭력예방법」 제15조에 따라 학교의 장은 학생의 육체적·정신적 보호와 학교폭력의 예방을 위한 학생들에 대한 교육(학교폭력의 개념·실태 및 대처 방안 등을 포함하여야 한다)을 학기별로 1회 이상 실시하여야 한다.
>
> 학교폭력 예방교육 프로그램의 구성 및 그 운용 등을 전담기구와 협의하여 전문단체 또는 전문가에게 위탁할 수 있다. 학교폭력 예방교육 프로그램의 구성과 운용 계획을 학부모가 쉽게 확인할 수 있도록 인터넷 홈페이지에 게시하고, 그 밖에 다양한 방법으로 학부모에게 알릴 수 있도록 노력하여야 한다.

실습

1. 학교폭력예방법을 살펴보고 인상적인 내용과 그 이유에 대해 자유롭게 이야기해 봅시다.

2. 학교폭력예방법에서 규제하고 있지 못한 부분은 무엇이고 이를 보완하기 위한 방안은 무엇이 있는지 논의해 봅시다.

주요 용어

학교폭력예방법, 실태조사, 학교폭력대책위원회, 학교폭력대책지역위원회, 학교폭력대책심의위원회, 전담 기구

읽을거리

◆ 학교폭력예방 및 대책에 관한 법률

제2부

학생의
이해

제**4**장

청소년의 발달적 특성과
비행의 사회심리학적 이해

학습목표

- 청소년 발달의 특징을 열거하고 다양한 발달 영역을 설명할 수 있다.
- 청소년기 뇌와 인지적 · 정의적 발달 특성을 알 수 있다.
- 학교폭력 관련 학생들의 행동 특성을 알 수 있다.
- 학생들의 비행 등 문제행동과 관련한 비행이론의 이론적인 유사점과 차이점을 논할 수 있다.

학습흐름

1. 청소년 발달의 이해

인간은 계속 변한다. 시간의 흐름에 따른 인간의 변화를 '발달'이라고 하는데, 발달은 크게 신체적 발달, 인지적 발달, 사회적 발달 등과 같이 발달의 영역별로 구분될 수도 있고, 영아기 발달, 아동기 발달, 청소년기 발달, 성인기 발달 등과 같이 발달 시기 혹은 단계에 따라 구분될 수 있다. 이 장에서는 청소년 발달 시기의 다양한 영역별 발달의 특성을 살펴보고자 한다. 특히, 청소년기 뇌의 발달을 포함한 인지적 특성과 정의적 특성이 청소년기 전후 특성과 어떤 차이가 있는지를 중심으로 살펴보고자 한다.

아동기에 있던 초등학생들이 중학교와 고등학교로 진학하면서 청소년기에 어떠한 인지적 · 정의적 특성을 갖추게 되는지를 아는 것은 학교폭력을 예방하고 해결하는 주체로서 교사들에게 중요한 과제다. 이 장에서는 청소년들의 건강한 발달적 특성을 이해하고 폭력으로 인해 발달상의 어려움을 겪는 청소년들에게 긍정적인 변화의 방향성을 제시하는 데 필요한 유용한 정보를 제공하고자 한다.

1) 발달의 개념과 원리

발달(development)이란 시간의 흐름에 따라 인간이 양적 또는 질적으로 변화하는 과정을 말한다. 인간 발달 연구자들은 인간의 '무엇'이, '왜' 변화하고, '왜' 변하지 않는가에 답하려고 노력한다. 즉, 인간 발달 연구는 각기 다른 연령대의 사람들이 다양한 경험을 통해 어떻게 생각하고, 느끼고, 행동하는지에 관한 내용이 포함되어 있다. 인간 발달은 다음과 같은 일곱 가지 특징적인 원리에 기초하여 이루어진다.

첫째, 인간 발달은 연속적 과정이다. 한 시기의 발달 양상은 시간적 흐름으로 보아 전 단계의 발달을 이어받고, 동시에 이어 진행될 발달을 촉진시켜 줄 기초를 닦는 역할을 한다.

둘째, 인간 발달에는 일정한 순서가 있다. 예를 들면, 걸을 수 있으려면 일어설 줄 알아야 하고 달릴 수 있으려면 그 전에 걸을 수 있어야 한다.

셋째, 인간 발달은 분화와 통합의 과정이다. 발달은 전체적이거나 일반적인 기능부터 부분적이고 특수한 기능으로 분화하고, 동시에 단순한 세분화에 그치지 않고 각 부분들이 일정한 계열을 이루며 조직해 통합된다.

넷째, 인간 발달은 주기적으로 일어난다. 아이가 걷기 시작하면서 신체적 발달이 급속히 이루어질 때, 아이의 언어 발달은 잠시 부진하다가 걷기가 어느 정도 완성되면 다시 급속히 이루어진다.

다섯째, 인간 발달에는 개인차가 있다. 발달에 일반적 원리가 적용되기도 하지만, 모든 사람이 동일한 수준과 양상으로 발달할 수는 없다. 선천적인 소질이나 성별의 차이, 관심과 능력의 차이, 환경 조건의 차이에 따라 저마다 자기 특유의 독특한 발달 경향과 양상을 보인다.

여섯째, 발달은 상호 관련해 일어난다. 보행이 자유로우면 사람을 만날 수 있는 범위가 커지므로 사회성도 발달하게 되는 것이 그 예다.

마지막으로, 발달은 유전과 환경의 상호작용 결과다. 발달에서 아동의 행동은 유전과 환경의 영향을 모두 받은 결과로, 한 가지만으로 아동의 발달을 설명하기 어렵다.

2) 발달 연구의 쟁점

인간 발달을 연구하는 데 오랫동안 학자들 사이에서 주요 쟁점으로 논의되는 세 가지 문제가 있다.

첫째, 유전적 요인이 환경과 결합해 인간 발달에 어떻게 영향을 주는지에 관한, 소위 유전(nature) 대 환경(nurture) 논쟁이 있다. 이에 대한 초기 논쟁은 주로 인간 발달이 유전이나 생물학적 요인에 따른 것인지, 경험과 다른 환경적 요인에 따라 영향을 받는 것인지에 대한 논의로 이루어졌다. 젠센(Jensen,

1969)은 유전과 환경의 상대적인 영향을 유전비로 표시하면서 지능의 유전비가 0.8에 달한다고 주장했다. 이는 지능지수(IQ)의 변량 중 최소한 80% 정도는 유전으로 설명할 수 있다는 것이다. 쌍생아 연구 결과에서도 일란성 쌍생아가 이란성 쌍생아보다 IQ가 더 비슷하다고 보고하면서 발달에서 유전적 요인의 중요성을 강조했다. 예를 들어, 학교폭력 문제를 바라보는 데 있어 인간의 공격성이 청소년기에 유전적으로 급속히 높아지고 특히 남성 호르몬의 증가와 관련이 있다는 주장은 청소년기 공격성 발달에 있어 유전을 강조하는 입장이라고 할 수 있다.

한편 환경적 요인의 영향을 강조하는 입장에서 환경은 결정기(critical period: 특정 자극에 대해 가장 민감한 시기. 특정 행동이나 기술을 익히는 데 가장 적절한 시기)에 중요한 영향을 미친다고 보았다. 결정기에 발달상 적절한 경험을 제공하지 못하면 발달이 지체되거나 왜곡되어 행동이나 기술이 정상적으로 발달하지 않는다. 즉, 발달에는 초기 환경이 중요하며, 이러한 환경의 영향은 비가역적이어서 나중에 보상할 수 없기 때문에 발달에서 환경의 중요성을 환기시켰다. 예를 들어, 학교폭력 문제는 청소년기의 다양한 사회적 압력과 스트레스로 인한 불안의 가중과 불안에 대한 반응으로서의 공격성이 증가되는 현상으로서 청소년기는 사회적 압력으로 인한 스트레스를 관리하고 조절하는 것을 학습하는 중요한 시기라는 주장은 환경적 접근의 관점이라고 할 수 있다.

둘째, 논쟁은 인간 발달이 모든 사람들에게 비슷한 방식으로 이루어지는지, 개인마다 독특한 방식으로 이루어지는 지에 관한, 이른바 보편성 대 다양성의 논쟁이다. 게젤(Gesell, 1928)과 같은 학자들은 유전자와 성숙 기제가 발달의 보편성에 영향을 미친다고 했다. 예를 들어, 인간은 다양한 문화와 시대에 살고 있으면서 유사한 기초 운동 능력과 언어 습득, 충동 조절 능력 등을 갖추어 나가면서 발달한다. 한편 환경의 중요성을 강조하는 학자들은 인간 발달에서 독특성이 환경의 영향에 의해 나타난다고 본다. 예를 들어, 아동이 어떤 가정에서 생활하고 어떤 문화권에서 자랐는지에 따라 특정 도구를 사용하는 능력이나 의사소통 체계, 삶의 가치 등은 다르게 발달한다.

셋째, 인간 발달이 연속적인(quantitative) 과정인지 불연속적(qualitative) 과정인지에 대한 논쟁이 있다. 발달은 일반적으로 순조롭게 변화가 진행되는데, 부모 혹은 교사의 적절한 교육과 경험이 제공되면 아무리 나이가 어린 학생들도 성인과 동일한 방식으로 생각하고 행동하는 것이 가능하다고 보는 연속적 관점이 있는 데 반해, 인간은 불변하는 일련의 발달 단계를 정해진 순서에 따라 변화하는데 이러한 변화의 정도와 속도는 비록 개인차가 있지만, 누구나 같은 순서로 진행한다는 불연속적 관점이 있다. 즉, 전자는 마치 사과나무에 작은 사과가 시간이 지남에 따라 점점 더 큰 사과가 되는 것과 같이 인간의 발달은 연속적 측면에서 양적인 변화가 이루어진다고 보는 데 반해, 후자는 나비 알이 어느 순간 애벌레에서 번데기로, 그리고 성충으로 변하는 것처럼 인간의 발달이 질적으로 다른 불연속적 단계를 거쳐 이루어진다고 보는 입장이다.

인간 발달 현상에 대한 원리를 찾고 설명하려는 노력을 인간발달이론이라고 하는데, 이후 다양한 발달이론들은 지금까지 살펴본 이러한 세 가지 발달의 쟁점에 대해 각기 다른 입장을 취하면서 학문적 발전에 기여하고 있다. 특히, 최근 유전과 환경의 영향에 대한 발달 연구자들은 주장은 점차 유전적 요인과 환경적 요인의 상호작용을 통한 인간 특성의 변화 가능성을 강조하고 있다. 예를 들어, 한 개인의 행동 양식과 정서적 반응 유형을 의미하는 기질(Rothbart & Bates, 1998)은 일반적으로 유전적 기초를 가지고 있기 때문에 어린 아기에게도 관찰되는데, 이러한 기질은 이후 아동기와 청소년기의 다양한 관계적 경험에 영향을 받으며 성인의 성격 형성의 모체가 된다.

3) 청소년 발달의 개념 및 특징

청소년 발달이란 앞서 언급했듯이 인간 발달을 시기에 따라 단계별로 구분한 경우, 영아기, 유아기, 아동기를 지나 청년기 및 성인기로 넘어가는 교량 역할을 하는 시기다. 즉, 청소년기는 출생 전부터 시작되어 성인기로 향하는 변화의 과정 중에서 중요한 과도적 시기로서의 의미를 지닌다.

이 시기의 발달에 있어 가장 눈에 띄는 변화는 신체적 특징으로 나타나는데, 청소년기는 2차 성징의 발현과 신체적 성장이 폭발적으로 일어나는 시기다. 성호르몬 분비가 증가되면서 남자 청소년들은 음모와 수염이 자라기 시작하고 몽정을 경험하거나 목소리가 굵어지며, 여자 청소년들은 생리를 시작하고 가슴이 커지며 음모가 자라는 등의 신체적 변화를 경험한다. 이러한 급속한 신체적 성장은 강한 성적 호기심과 성적 충동으로 발현되기도 하며 이후 성정체성의 발달에 기초가 된다.

또한 청소년기 초기에는 키와 몸무게가 급속도로 증가하는 이른바 '성장 폭발'을 경험하는 시기로서, 성장 폭발은 여학생의 경우 약 10~12세, 남학생의 경우 12~14세에 나타난다. 성장 폭발은 성별과 개인에 따라 그 차이가 크고, 급격한 변화가 이루어지기 때문에, 청소년들은 자신이 생각하는 자신의 신체상과 실제 신체 이미지 사이에 일시적 부조화를 경험하기도 한다. 또한 이러한 신체적 변화는 이후 청소년의 자아개념과 또래 관계에 영향을 미치게 된다.

마지막으로, 청소년기는 자기에게 관심이 향하는 시기다. 특히, 신체적 발달에 따른 자기상의 변화와 성정체감을 포함하는 자아정체성의 문제가 등장함에 따라 대부분의 청소년들은 다양한 발달적 어려움을 경험할 수 있다.

이러한 신체적 발달과 더불어 청소년 발달의 주요 영역을 살펴보면, 인지적 발달과 정의적 발달로 나누어 볼 수 있다. 이 중 인지적 발달 영역은 오랫동안 발달학자들이 관심을 가져온 영역으로서 최근 뇌의 발달에 대한 연구가 더해짐에 따라 청소년기 지적 변화에 대한 이해가 더욱 깊어지고 있다. 한편, 청소년 발달에 있어 정의적 발달 영역은 비인지적 발달의 모든 특성을 포함하는 광범위한 발달 영역이다. 다양한 정의적 특성 중에서 특히 청소년기에 발달하는 중요한 특징으로 자아정체성의 발달을 살펴볼 필요가 있다. 또한 청소년기는 또래의 영향이 점차 증가하고 다양한 사회적 상황 속에서의 경험을 통해 발달하는 사회성 및 도덕성의 변화는 청소년이 이후 성인이 되어 삶을 영위하고 사회인으로 살아가는 데 큰 밑거름이 된다. 마지막으로, 청소년기를 특징짓는 격렬한 정서적 반응 역시 청소년들의 행동을 이해하는 데 중요한 정의적 특성이라 할 수 있다.

청소년기의 발달적 특징을 연구한 발달학자 헤비거스트(Havighurst, 1972)는 청소년기 달성해야 하는 발달 과업을 다음과 같이 설명하였다.

- 자신의 신체적 독특성을 수용하고 효과적으로 활용하며 청소년기에 부합하는 신체적 성숙 수준을 이룬다.
- 남성 혹은 여성의 사회적 역할과 관련된 행동패턴을 습득한다.
- 동성 및 이성 또래와 교류하면서 더욱 성숙해진다.
- 부모 및 양육자로부터의 정서적 독립을 시작하고 장래 직업을 위해 노력한다.
- 헌신하는 친밀한 관계를 맺을 수 있는 기초를 마련하고 사회적 책임 의식과 믿을 만한 행동을 이끌어 낼 수 있는 도덕성을 발달시킨다.

이와 유사하게 발달학자 코프랜드(Copeland)는 다양한 발달 영역에 걸친 청소년기의 발달적 특징을 높은 사회적 민감성, 강렬한 정서경험 및 성적 충동, 또래집단 모방 및 동화 과정으로 제시하면서 이 시기에 청소년들은 자신의 인생철학을 확립해 나가기 시작해야한다고 하였다.

이후 절에서는 인지적·정의적 발달 영역에 있어 아동기와 성인기(청년기) 사이에서 발달하는 주요 특성들을 중심으로 청소년의 발달적 특성이 변화하고 발달하는 과정에 대해 구체적으로 살펴보고자 한다. 또한 이러한 청소년기 발달적 특성이 학생들의 학교폭력 문제를 이해하는 데 어떤 의미를 주는지 살펴보고자 한다.

2. 청소년의 인지적 발달

청소년의 인지적 발달은 오랫동안 발달학자들의 관심사였기 때문에 다양한 인지적 특성들에 대한 연구들과 발달 과정을 설명하는 다양한 이론들이 발전하였다. 여기서는 가장 대표적 인지발달이론이라고 볼 수 있는 피아제의 인지발달이론을 소개하고, 최근 활발히 연구되고 있는 뇌의 발달에 대한 연구들을 살펴보면서 청소년기 인지적 발달의 특징을 알아본다. 또한 청소년기 인지적 발달의 특징이 학교현장의 학생들과 학교폭력 문제에 어떤 영향을 미칠 수 있을지 살펴보기로 하자.

1) 피아제의 인지발달이론

피아제(Piaget, 1896~1980)는 스위스의 발달심리학자로 자신의 아이들을 직접 관찰하면서 인지적 발달이론을 구축한 것으로 유명하다. 특히, 특정 발달 단계에서 나타나는 아이들의 인지적 성취는 이전 단계에 기초하고 있지만 이전 단계의 성취와는 질적으로 다른 단계로 구성된다는 단계적 인지발달이론을 제안했다.

(1) 인지 발달 기제

피아제는 궁극적으로 인지 발달은 평형화를 통해 세상에 적응(adaptation)해 나가는 능력의 변화라고 보았고, 이러한 평형화와 동화 및 조절 기제를 통해 인간의 인지 발달을 설명하였다.

평형화(equilibrium)란 환경의 요구에 대한 인지구조의 균형을 의미한다. 자전거를 탈 줄 아는 학생에게 오토바이를 타 보라고 하면 이 학생은 기존에 자신이 알고 있던 자전거를 타는 방법으로 오토바이를 타 보려고 시도하다가 결국 자전거를 타는 방법으로는 오토바이를 탈 수 없다는 사실을 알게 될 것이다. 이러한 자신의 인지구조와 환경 사이에 불균형(disequilibrium)이 발생하면 이때가 바로 발달이 촉진되는 순간이다. 이런 불균형 상태가 오면 학생은 이러한 불균형을 균형 상태로 만들기 위해 동화와 조절이라는 두 가지 방법을 사용할 수 있다. 우선 자신이 갖고 있는 기존의 인지 도식(schema: 세계를 이해하고 반응하는 데 사용하는 지식, 절차, 관계)을 새로운 환경에 적용해 볼 수 있는데 이를 동화(assimilation)라고 한다. 예를 들면, 앞의 학생이 자신의 기존 인지 도식인 자전거 타는 방법을 새로운 환경인 오토바이에 적용해 보았던 것이 이에 속한다. 물론 이때에는 동화를 통해 적절한 균형이 이루어지지 않았기 때문에 이 학생은 조절(accommodation)을 통해 기존 도식에 동화할 수 없는 정보를 재조직하기 위해 새로운 도식을 만들게 된다. 예를 들어, 앞의 학생이 오토바이 타는 방법을 새롭게 배워 자신의 '통학수단 운전하기'에 대한 도식을 수정하면서 인지 발달을 이룬다.

(2) 인지 발달 단계
피아제는 인간의 인지 발달을 다음과 같이 연속적이고 도약이나 후퇴가 없는 4단계로 설명했다.

① 감각운동기(sensorimotor, 0~2세)
감각적 경험이나 신체 운동적 경험을 하는 시기로 감각운동기 후기가 되면 대상이 숨겨지더라도 그것이 없어진 것이 아니라는 것을 인식하기 시작한다. 이것을 대상영속성이라고 한다. 예를 들면, 자신이 가지고 놀던 공이 없어지면 그 공을 찾거나, 부모가 치운 장난감을 찾아 우는 것이다. 감각운동기 후기부터는 특정한 목적을 위해 의도적인 행동을 할 수 있는데, 예를 들면 장난감을 찾기 위해 상자를 열고 안의 내용물을 쏟아 보는 것과 같은 목표지향적 활동이 시작된다.

② 전조작기(preoperational period, 2~7세)

조작(operation)이란 '정신적 활동'이라는 뜻이다. 전조작기라 함은 사물이나 사건에 대해 정신적으로 표상할 수 있는 능력이 형성되기 시작하지만 아직 완전하지는 않다는 의미다. 즉, 이 시기의 아동은 언어기술의 발달과 더불어 감각운동기에서는 나타나지 않았던 상징적 사고가 가능해진다. 예컨대, 아동은 상징놀이를 경험하는데, 상징놀이란 물리적으로 현실에 존재하는 대상보다 아동의 내부에 정신적 표상으로 만들어 낸 현실과는 다른 대상을 가지고 노는 놀이다.

이 시기에 나타나는 인지적 특성으로 물활론적 사고가 있다. 이는 모든 사물은 생명이 있어, 생각하고 인간처럼 느낄 수 있다고 믿는 것이다. 뚱뚱한 사람이 의자에 앉으면 의자는 아파한다고 생각하거나 좋아하는 인형과 자주 놀아 주지 않으면 인형이 심심해할 것이라고 생각한다. 그러나 이 시기의 아동은 아직 인지적 조작이 충분하지 않아 자기중심성(egocentrism)을 보인다. 즉, 다른 사람의 관점에서 상황을 해석하기 어렵다. 또한 이 시기의 아동들은 분명하게 지각되는 한 측면에만 초점을 두고 다른 면들은 무시해 버리는 성향인 중심화(centratio) 때문에 가역적(reversibility) 사고가 필요한 보존(conservation) 개념을 획득하지 못한다. 즉, 한 컵에서 다른 모양의 컵으로 물을 옮겨 담아도 물의 양은 같다는 사실을 알기 어렵다.

③ 구체적 조작기(concrete operational, 7~11세)

구체적인 대상에 대해 논리적으로 사고하는 능력이 생기는 시기로, 전조작기에는 할 수 없던 가역적 사고를 할 수 있게 된다. 또한 이 시기에는 서열화(seriation)와 분류(classification)도 가능해지면서 수개념을 이해할 수 있게 된다. 사물의 길이, 무게, 부피 등을 기준으로 큰 순서대로 혹은 작은 순서대로 배열하는 능력과 공통의 속성을 기반으로 해 묶는 능력을 습득할 수 있다. 그러나 이 시기의 논리적 사고는 거의 구체적 대상을 통해서만 가능하며, 언어적 추리에 의한 논리적 사고는 형식적 조작기에 이르러야 한다.

④ **형식적 조작기(formal operational, 11~15세)**

청소년기는 피아제의 인지 발달 단계에 있어 형식적 조작이 가능해지기 시작하는 시기다. 즉, 구체적 상황을 벗어나 언어적 명제에 따라 추론하는 명제적 사고와 가설을 세워 이를 검토하는 가설 연역적 사고가 가능해진다. 즉, 추상적이고 체계적으로 사고하며 가설에 근거해 사고할 수 있다. 그래서 청소년들은 이전 아동기의 구체적이고 실재론적인 사고의 한계를 벗어나 가능성에 대해 생각할 수 있게 되고, 정치, 종교, 철학 등의 다양한 생활 영역에 있어 이상주의적 태도를 갖게 된다. 또한 청소년들은 더 이상 시행착오를 거치지 않고도 인과관계를 추론하고 직접 경험하지 않은 사실들에 대해 이론적 학습이 가능해진다.

2) 청소년기 뇌의 발달

뇌가 발달한다는 것은 인간의 몸을 구성하는 다른 기관과 마찬가지로 생리적 성숙의 과정과 경험과 훈련을 통한 지속적인 변화 과정을 뜻한다. 이러한 뇌의 발달은 우리가 학습하고 행동하고 생활하는 모든 것에 영향을 미친다. 여기서는 뇌의 발달을 크게 뇌를 구성하는 신경세포의 발달과 수초화 현상, 뇌의 가소성을 중심으로 살펴보고 청소년기 뇌 발달의 특성을 알아본다.

(1) 신경세포의 발달

뇌의 발달은 곧 뇌를 구성하는 신경세포의 수가 증가한다는 것을 의미한다. 신경세포는 수상돌기를 통해 들어온 정보를 다른 한쪽 끝에 있는 축색돌기를 통해 다음 신경세포의 수상돌기로 전달하는 역할을 하는데 이때는 한 신경세포 내에서의 전기적 자극으로 정보가 전달된다. 반면, 각 신경세포 간에 인접되어 약간 떨어진 공간을 시냅스(synapse)라고 하는데 신경세포와 신경세포가 만나는 시냅스에서는 신경세포에서 나오는 신경전달물질(neurotransmitter)의 전달을 통한 정보 전달이 이루어진다. 따라서 뇌의 발

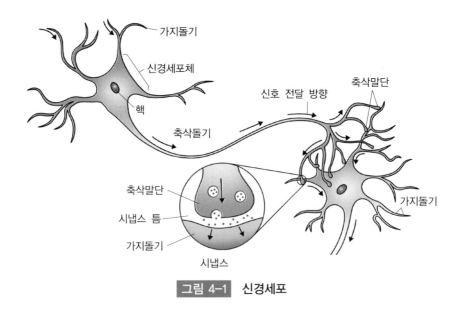

가지돌기

신경세포체

핵

축삭돌기

신호 전달 방향

축삭말단

축삭말단

시냅스 틈

가지돌기

시냅스

가지돌기

그림 4-1   **신경세포**

달은 신경세포 수의 증가와 더불어 이 시냅스의 발달이 이루어지는 것을 말한다.

출생 후 첫 1년 동안 신경세포와 시냅스의 수는 지속적으로 증가하다가 과잉 생산된 신경세포와 시냅스 등은 자주 사용되지 않는 것들을 중심으로 자연스럽게 가지치기(pruning)가 이루어져 소멸하게 된다.

뇌에서의 정보 전달이 보다 효과적으로 이루어지기 위해서는 신경세포의 수초화(myelination)가 이루어져야 한다. 수초화란 정보 전달의 효율성을 높이기 위해 신경섬유를 수초(myelin)라는 지방층의 절연체로 감싸는 것으로 마치 전깃줄을 피복으로 감싸면서 인접한 신경세포 내에서 전달되는 전기적 신호를 차단해 해당 신경세포 내에서 전기적 자극 전달의 효율을 높여 주는 기능을 한다.

(2) 청소년기 뇌 발달의 특징

청소년기 뇌 발달의 가장 큰 특징은 수초화와 가지치기에 있다. 생후 급속하게 발달한 뇌의 신경세포 및 시냅스가 사춘기가 도래하면서 과잉생산과 가지치기의 급격한 변화가 진행된다. 아동기부터 청소년기에 걸쳐 뇌 발달은 제2의 성장급등기를 맞이하면서 새롭게 재조직되고 정교화된다. 특히, 전두엽의 발달이 두드러지는데, 여자는 11세, 남자는 12세 6개월까지 전두엽의 신경세포가 많은 새로운 연결망을 생성하고, 이후 몇 년 동안 대부분이 다시 가지치기를 통해 사라지는데, 많이 사용되고 강화를 받는 연결망만이 남게 된다 (Giedd et al., 1999).

청소년기 이러한 뇌 발달의 특성은 청소년들의 행동 특성으로도 나타난다. 상기했듯이 청소년기는 아직 전두엽이 발달하는 과정 중에 있기 때문에 대뇌피질의 실행기능이 아직 제 역할을 하지 못하기 때문에 청소년들은 성인처럼 체계적이고 현명한 의사결정을 하기 어렵다. 즉, 청소년들이 스스로의 의지대로 행동을 실천하지 못하는 이유를 뇌 발달의 측면에서 이해해 볼 수 있다. 인간의 대뇌피질은 25세가 될 때까지도 완전한 발달이 이루어지지 않아 10대 청소년들은 의사결정을 할 때 두려움과 편도에서 온 본능적 반응을 연결해 주는 뇌 부위를 주로 사용한다는 연구 결과가 있다. 즉, 10대 청소년들은 아직 의사 결정을 제대로 할 수 없기 때문에 전두엽의 발달이 일어나는 시기에 부모들이 잘 지켜보면서 도와줄 필요가 있다.

3) 사회적 인지 발달

우리는 성장하면서 자신의 생각이나 감정·성격 등이 타인과 다를 수 있음을 인지적으로 이해하기 시작한다. 아동기부터 청소년기까지 우리는 다른 사람들이 어떻게 생각하고 느끼는지를 알기 위해 많은 노력을 기울이는 사회인지(social cognition)를 발달시켜 나간다. 즉, 사회인지는 타인이 어떻게 생각하고 행동하고 반응하는지에 대해 생각해 보고, 이에 따라 자신이 어떻게 타인과 상호작용할지 선택하는 것을 말한다.

청소년기에 들어서면 사람들이 사건이나 타인에 대해 매우 복잡한 감정을 가질 수 있고, 때로는 상반된 다양한 의도를 갖고 있을 수 있음을 알게 된다

(Chandler, 1987). 추론 능력, 작업기억, 사회적 자각 능력 등의 인지 능력이 향상되면서 청소년들은 순환적 사고(recursive thinking)가 가능해지는데(Abrams, Rutland, Cameron, & Ferrell, 2007) 이를 통해 타인이 자신을 어떻게 생각하는지 고려하면서 자신의 생각과 반복적으로 비교할 수 있게 된다. 하지만 여전히 완전하지는 못해서 청소년기 자기중심적 사고를 반영하는 '상상적 청중(imaginary audience)'과 '개인적 우화(personal fable)' 현상이 나타난다. 상상적 청중이란 자신은 주인공이 되어 무대 위에 서 있는 것처럼 행동하고 다른 사람들이 모두 자신을 쳐다보고 있다고 생각하는 것으로, 다른 사람의 눈에 띄고 싶은 욕구가 반영된 이 시기의 특징이라고 할 수 있다. 개인적 우화란 자신의 감정과 사고가 너무 독특해서 다른 사람들이 이해할 수 없을 것이라고 생각하는 것이다.

청소년기 후기에 해당되는 14~18세의 청소년들은 수많은 사회적 경험으로부터 풍부한 지식을 갖추고 타인의 심리적 특성, 의도, 욕구를 파악하는 데 더 능숙해진다. 또한 현재 상황에서의 생각이나 감정뿐만 아니라 상대의 과거 경험까지 복잡하게 얽혀 있는 내용도 파악할 수 있게 된다.

3. 청소년의 정의적 발달

정의적 특성의 발달은 인간이 느끼는 다양한 감정과 사회적 상호작용 및 개인을 독특하게 만드는 여러 특성을 습득하는 인간 발달의 한 측면이다. 청소년들은 다양한 경험을 통해 인지적 특성의 변화와 더불어 다양한 정의적 특성들을 함께 발달시켜 나간다. 여기서는 특히 청소년기에 중요한 의미를 지니는 자기와 자아정체성, 도덕성 발달에 대해 살펴보고자 한다. 이러한 청소년의 정의적 특성을 이해하고 특성의 변화 과정을 파악하는 것은 학생들의 문제를 이해하고 교육의 방향을 제시하는 데 도움을 줄 것이다.

1) 자기의 발달

인간의 정의적 발달의 기초가 되는 것은 '나는 누구인가?', 즉 '자기(self)'에 대한 질문에서 시작된다. 자신의 성격, 강점, 그리고 약점에 대한 지식과 신념을 포함하는 자기에 대한 설명을 자기개념(Self-concept)이라고 한다. "나는 공부를 잘해요", "나는 뚱뚱해요"와 같이 자신의 신체적·사회적·지적 능력에 대한 인지적 평가이자 개인이 자신을 타인과 구분되는 독립적인 존재로 인식하면서 자신에 대해 갖게 되는 생각, 감정, 태도를 종합적으로 일컫는 말이다. 자기개념은 다양한 측면으로 이루어지는데 신체적·사회적·내적 측면에서 자기개념을 확인해 볼 수 있다. 예를 들어, '나는 몸이 건강한 사람이다'는 신체적 측면의 자기개념이고, '나는 친구가 많은 사람이다'는 사회적 측면의 자기개념이며, '나는 가족을 소중하게 여기는 종교인이다'와 같은 것은 내적 자기의 측면을 보여 준다.

자기개념은 자신의 능력, 신분, 역할과 관련되어 있고 한번 형성되면 쉽게 변하지 않는, 대체적으로 안정적인 속성에 속한다. 자기개념은 연령에 따라 발달해 나가는데, 특히 자신만의 생각이나 감정을 스스로 관찰하면서 혹은 부모, 또래, 교사와 같은 타인의 피드백에 영향을 많이 받으면서 변화해 나간다. 일반적으로 자기개념과 학업성취는 어느 정도 관계가 있지만 그 정도가 약한 것으로 알려져 있고(Wallberg, 1984), 특히 사회적·신체적 자기개념은 사실상 학업성취와 관련이 없는 것으로 밝혀졌다(Byrne & Gavin, 1996).

한편, 자기개념과 달리 '나는 인간적으로 좋은 사람인가?'와 관련된 자존감(self-esteem)은 자신의 가치에 대한 판단과 느낌이 포함된다. 예를 들어, "나는 점수를 잘 받아서 자랑스러워요", "나는 뚱뚱해서 싫어요"와 같은 것이다. 즉, 자기개념이 인지적인 자기 이해인 반면에 자존감은 '자기' 및 '자기'에 대한 정서적인 반응이나 평가이며, 우리 자신의 가치에 대한 판단과 그러한 판단과 관련된 감정들을 뜻한다. 자존감은 우리의 감정, 행동, 적응 방식, 우울이나 불안과 같은 심리적 문제에 영향을 준다는 점에서 매우 중요하다. 자존감이 높은 사람은 자신에 대한 분명한 생각을 가지고 있으며 타인의 피드백을 반성적으로 받아들일 수 있는 반면에, 자존감이 낮은 사람은 자신에 대해 잘 모르고, 자신의 다양한 부분에 대해 혼란스러워하며, 타인의 피드백에 민감해 쉽게 영향을 받는다.

자존감은 한번 형성되면 비교적 안정적으로 유지되지만 아동기에서 청소년기를 거치는 동안 다소 변화하는 것으로 나타난다. 초등학생, 중·고등학생, 대학생의 자존감을 비교하면, 자존감은 아동기에서 청소년기를 거치면서 다소 떨어졌다가 대학생이 되면서 회복되는 V자 모양을 나타낸다(김기정, 1995). 청소년기에 다양한 삶의 역할과 새로운 과제, 새로운 환경에 접하면서 경험하는 혼란과 함께 다소 떨어졌다가 이 시기를 거치면서 자신의 능력을 발견하고 길러 나가면서 점차 상승하는 것으로 여겨진다. 또한 자존감의 발달과 관련해 가족구조나 경제적 배경보다는 부모와의 안정된 애착이나 부모의 적절한 지도 감독이 자녀의 자존감에 영향을 준다. 한편 아동이나 청소년 모두에게 가족 요인은 중요한 영향 변인이지만, 청소년기로 접어들면서 점차 학업 성취와 같은 개인적 변인들이 자존감에 더 큰 영향을 미치는 것으로 나타나고 있다.

2) 자아정체성의 발달

자신이 누구이고 전체 사회 속에서 자신의 위치와 역할은 무엇인지에 대한 명료한 인식을 자아정체성(identity)이라고 한다. 즉, 자신이 누구이고, 자신의 존재 의미가 무엇이며, 인생을 통해 무엇을 성취하고자 하는지에 관한 생각이 자아정체성이라고 할 수 있다. 자아정체성은 한번 형성되면 고정되는 것이 아니라 다양한 삶의 경험에 따라 일생 동안 변화하고 발전하지만, 청소년기는 자아정체성 형성에 있어 가장 중요한 시기라 할 수 있다. 청소년기 자아정체성 발달에 대표적인 두 가지 이론을 살펴보면 다음과 같다.

(1) 에릭슨의 자아정체성

에릭슨(Erikson)은 심리사회적 발달이론을 통해 인간의 정서, 성격, 사회성 발달에 대한 통합적인 관점을 제시하였는데, 자아(ego)를 인간 행동의 기초로 보고, 발달에서 심리사회적 환경의 중요성을 강조하였다. 또한 유아기에서 노년기에 이르는 전 생애 발달이론을 제시하면서 개인이 심리사회적 위기를 극복하는 과정을 통해 건강한 성격이 어떻게 발달하는가를 설명했다. 즉, 개인은 특정 시기에 해결해야 할 발달 과업으로서 심리사회적 위기를 경험하게 되는데 이러한 위기는 긍정적인 측면과 부정적인 측면을 모두 포함하지만 위기를 성공적으로 해결하면 긍정적인 성격이 발달하게 된다고 보았다. 에릭슨은 다음과 같이 8단계로 심리사회적 발달 단계를 기술하였다.

① 제1단계(0~1세): 기본적 신뢰감 대 불안감

'세상은 안전하고 믿을 수 있는 곳'이라 생각하는 기본적인 신뢰감이 형성된다. 이것은 생의 의욕과 긍정적인 세계관을 기르는 데 기초가 된다. 그러나 아기를 부적절하고 부정적으로 다루면 아기는 세상에 대해 공포와 의심을 갖게 된다. 태어나자마자 어느 감각기관도 충분히 기능하지 못하는 아기가 배고픔과 불편함을 느껴 울기 시작할 때 주변의 따뜻한 손길을 통해 자신의 욕구가 충족되어 편안함을 느끼게 되면 세상에 대한 긍정적인 신뢰감이 형성된다. 이러한 신뢰감은 이 아기가 이후 세상을 살아가면서 세상과 타인에 대한 긍정적인 믿음을 만드는 기초가 된다. 반면에 불편함을 호소하는 아기의 울음에 대해 어느 누구도 반응을 해 주지 않거나 오히려 화를 낸다면 이후 아기는 세상에 대한 두려움과 불신을 키우게 된다. 즉, 이 시기의 아기는 부모에 대한 신뢰감을 통해 세계와 일체감을 경험하게 되며, 이때 형성된 신뢰감은 이후 일생 동안 위험에 직면하게 될 때 해결을 위한 에너지와 낙관주의적 희망을 제공해 준다.

② 제2단계(2~3세): 자율성 대 수치심과 회의

자기의 요구에 따른 자율과 독립의 기초가 마련되면 아이는 세계에 대해 보다 적극적이고 능동적으로 탐색하게 되고, 사용할 수 있는 언어의 증가로 인해 질문이 늘어난다. 이 시기의 아이들은 "싫어", "내 거야"와 같은 말을 자주한다. 이는 자발성의 표현이라고 할 수 있다. 그러나 이러한 아이들을 성인이 적절히 수용해 주지 못하면 아이들은 심한 수치심이 들고 자신에 대한 회의감을 갖게 된다.

③ 제3단계(3~5세): 주도성 대 죄책감

인생 처음으로(어쩌면 마지막으로) 자기 스스로 청소를 하고 설거지를 해 보겠다며 이것저것에 손을 대는 시기다. 무언가를 해 보고 싶다는 마음을 부모가 신뢰해 주고 아이가 스스로 할 수 있는 것을 허용하고 격려하면 아이는 주도성을 형성하게 된다. 이것은 리더십과 존중감을 기르는 데 기초가 된다. 물론 이때에는 부모의 적당한 감독과 제재가 필요하다. 그렇지만 지나친 간섭과 제재는 아동이 자신의 능력을 의심하고 죄책감을 갖게 할 수 있다.

④ 제4단계(5~12세): 근면성 대 열등감

인지적 기술과 사회적 기술을 습득해야 할 중요한 시기로 지적 호기심과 성취동기에 의해 아동은 다양한 활동을 하게 된다. 성취 기회와 성취 과업에 대한 인정과 격려가 있다면 아동은 성취감을 느낄 것이고 그렇지 못하면 좌절감과 열등감을 갖게 된다. 생애 처음으로 학교라는 체계 속에서 다양한 학습 활동을 경험하면서 아동은 자신의 지적인 능력을 발달시켜 나가고 성취감을 느낄 수 있다. 하지만 또래들과의 경쟁이 지나치게 강조되는 학습 분위기나 결과 중심의 학업성취만을 강조하게 되면 대부분의 아동은 심각한 열등감을 느끼게 될 수 있다.

⑤ 제5단계(청소년기): 정체감 대 정체감 혼미

청소년기의 핵심 과제는 정체성을 확립하는 것이다. 마음에서 심리적 혁명이 일어나고 끊임없는 자기 질문을 통해 자신에 대한 통찰과 자아상을 찾기 위한 노력을 하게 된 후, 그 결과 얻는 것이 자아정체성(ego-identity)이다. 이것이 형성되지 못하고 방황하게 되면 역할 혼란(role confusion) 또는 자아정체성 혼미(identity diffusion)가 온다. 이는 직업 선택이나 성역할 등에 혼란을 가져오고 인생관과 가치관의 확립에 갈등을 일으킨다.

⑥ 제6단계(청년기, 20대): 친밀감 대 고립감

청소년기에 자아정체감이 확립되면 자신의 정체성을 타인의 정체성과 연결시키고 조화시키려고 노력하게 된다. 즉, 배우자·부모·동료 등 사회의 여러 다른 성인과 친밀감을 통해 고립감을 극복하고자 한다. 이런 방식으로 극복이 이루어지지 못하면 고립된 인생을 영위하게 된다.

⑦ 제7단계(장년기, 30~50대): 생산성 대 침체성

다른 성인들과 원만한 관계가 성취되면 중년기에는 자신에게 몰두하기보다 생산적인 일에 몰두하고 자녀 양육에 몰두한다. 이것이 원만하지 못하면 어릴 때와 마찬가지로 자신에게만 몰두하고 사회적·발달적 정체를 면하지 못한다.

⑧ 제8단계(노년기, 60대 이후): 통합성 대 절망감

통합성은 인생을 그래도 인정하고 받아들여 인생에 대한 통찰과 관조로 자신의 유한성을 인정하고 죽음까지도 수용하는 것을 의미한다. 그렇지 못하면 인생의 짧음을 탓하고 불가능함에도, 다른 인생을 시도해 보려고 급급해한다. 그리고 급기야 생에 대한 절망에서 헤맬 수 있다.

에릭슨은 심리사회적 발달 단계 중 특히 청소년기를 중요한 시기로 언급하였다. 자아정체성 연구를 통해 에릭슨은 자아정체성 형성에 있어 12세에서 18세 사이의 청소년기를 중요하게 생각했다. 이 시기의 청소년들은 자아정체성을 형성하기 시작하거나 역할 혼미(Identity confusion)에 빠질 수 있는 발달적 위기를 경험한다. 에릭슨(1968)은 청소년기 자아정체성을 "개인과 세상에 대한 단일성(sameness) 및 지속성에 대한 주관적, 그리고 관찰 가능한 의식"이며, "개인에게 주어진 되돌릴 수 없는 기정사실들(신체적 특성이나 기질, 유아기의 경험 등)과 함께 앞으로 갖게 될 다양한 선택 영역들(직업적 가능성, 가치, 우정 및 대인관계, 성적인 경험 등)을 통합한 독특한 단일화"로 정의하였다.

(2) 마샤의 자아정체성

에릭슨은 대부분의 청소년이 자아정체성 발달에서 안정적이라고 주장했다(Reis & Youniss, 2004). 그러나 일부 청소년은 실제로 자기 발달 이전 단계로 회귀하기도 하고, 청소년기 후기에 해당되는 14~18세 청소년의 약 4분의 1은 명확한 자아정체성이 여전히 형성되어 있지 않다. 마샤(Marcia, 1980)는 청소년기 자아정체성을 네 가지 상태로 구분해 설명했는데, 정체성에 관한 자신의 어려움(위기)을 충분히 살펴보는지를 하나의 축으로 놓고, 자신의 정체성을 형성하려고 노력했는지를 다른 한 축으로 하여 자아정체성의 상태를 〈표 4-1〉처럼 구분하여 제시하였다.

표 4-1 위기/탐색과 노력에 따른 네 가지 자아정체성의 상태

		노력(commitment)	
		아니요	예
위기/탐색 (crisis/exploration)	아니요	정체성 혼미 (identity diffusion)	정체성 유실 (identity foreclosure)
	예	정체성 유예 (identity moratorium)	정체성 성취 (identity achievement)

출처: Marcia, J. (1980). Identity in adolescence. In J. Adelson (Ed.), *Handbook of adolescent psychology*. New York: Wiley.

　정체성 혼미(identity diffusion)란 분명한 선택을 내릴 수 없을 때 나타나며 일반적으로 혼란스러운 상태가 지속되고 선택을 내리기가 힘들다거나, 발달 단계상 아직 선택을 내릴 준비가 되어 있지 않다고 볼 수 있다. 또한 정체성 유실(identity foreclosure)은 부모와 같은 다른 사람이 내린 결정을 성급하게 채택할 때 나타난다. 이는 자신에 대한 충분한 탐색 없이 다른 사람이 보는 자신의 모습을 바탕으로 선택을 내렸기 때문에 바람직하지 않다. 한편 정체성 유예(identity moratorium)는 자신의 정체성에 대해 판단을 유보한 상태로서 장기적 판단을 유보한 상태라고 할 수 있다. 마지막으로, 정체성 성취(identity achievement)는 일정 기간의 갈등과 의사결정의 과정 후에 자신이 몰두할 목적이나 방향을 결정하면서 나타난다.

　네 가지 자아정체성의 상태 중 정체성 유예는 발달적으로 건강한 상태로서 이후 정체성 확립으로 이어질 수 있다. 그러나 정체성 혼미와 정체성 유실은 발달적으로 덜 건강한 상태로서 청소년들이 미래를 위해 중요한 선택을 내리는 데 어려움을 줄 수 있고 다양한 발달적 어려움에 영향을 미칠 수 있다.

표 4-2　위기/탐색과 노력에 따른 네 가지 자아정체성의 상태

		노력(commitment)	
		아니요	예
위기/탐색 (crisis/exploration)	아니요	정체성 혼미 (identity diffusion)	정체성 유실 (identity foreclosure)
	예	정체성 유예 (identity moratorium)	정체성 성취 (identity achievement)

3) 도덕성의 발달

　도덕성은 크게 도덕적인 행동을 하는 동기, 도덕적 행동, 도적적 추론의 세 가지 측면으로 설명할 수 있다. 이 중 도덕적 추론은 학생이 도덕적 판단을 요구하는 상황에서 인지적으로 상황을 파악하고, 사고하고, 추론함으로써 도덕적 판단을 내리는 능력을 의미한다. 콜버그(Kohlberg)는 도덕적 추론 능력에 관심을 갖고 도덕적 갈등 상황에서 사람들이 응답한 내용의 기저에 깔린 논리에 기초하여 사람들의 반응을 세 가지 수준의 여섯 단계로 구분하여 도덕성 발달 단계를 다음과 같이 제시하였다.

(1) 인습 이전 수준(pre-conventional level)
도덕적 가치는 외적이고 물리적인 결과에 의존한다. 일반적으로 10세 이하의 아동에게서 나타나는 수준으로 행동의 의미나 타인의 규칙을 완전히 이해하지는 못한다.

① 1단계: 벌과 복종에 의한 도덕성
이 단계는 벌과 복종에 의한 도덕성을 발달시키는 단계로서 구체적이고 외부적인 결과만으로 도덕적 판단을 하며, 벌이나 고통을 피하기 위해서 도덕적 행위를 하는 단계다. 즉, 보상을 받는 행동은 옳은 것이고 벌을 받는 행동은 그른 것이라고 생각한다.

② 2단계: 욕구 충족 수단으로써 도덕성
이 단계는 욕구 충족 수단으로써 도덕성을 발달시키는 단계로 자신의 욕구를 만족시킬 수 있는지 없는지를 도덕적 판단의 근거로 택하는 단계다. 즉, 자신의 욕구를 채우는 일은 옳은 것이며 그렇지 않은 일은 그른 것이라고 판단한다.

(2) 인습 수준(conventional level)
주로 10~20세에 나타나는데 자신의 가족이나 자신이 속한 집단·국가의 기준과 기대에 근거해 도덕적 가치를 판단한다. 사회적 규칙과 계약을 유지하려고 노력하는 수준이다.

③ 3단계: 대인관계의 조화를 위한 도덕성

이 단계는 대인관계의 조화를 위한 도덕성을 발달시키는 단계로서 다른 사람의 인정을 받고 비난을 피하기 위해서 도덕적 행동을 한다.

④ 4단계: 법과 질서 준수로서 도덕성

이 단계는 법과 질서 준수로 도덕성을 발달시키는 단계로서 법과 질서의 권위 및 책임을 존중하며 이를 준수하는 것을 절대의무로 받아들일 뿐 아니라, 이를 도덕적 판단의 근거로 삼는 단계다. 즉, 법과 사회적 질서에 어긋나지 않는 것은 옳은 것이고, 그렇지 않은 것은 그른 것이라고 판단한다.

(3) 인습 이후 수준(post-conventional level)

사회적 규칙을 초월해 보편적인 원리와 윤리에 초점을 두어 판단한다. 이 수준의 행동은 양심에 기초해 움직인다.

⑤ 5단계: 사회계약 정신으로서 도덕성

이 단계는 사회계약 정신으로서 도덕성을 발달시키는 단계로 법의 절대성에서 벗어나 사회적 유용성을 고려해 바꿀 수도 있음을 파악할 수 있고, 반면 개인을 희생시켜서라도 법을 존중할 줄 알게 된다. 또한 개인의 권리를 존중하며 개인의 존엄성과 의견의 상대성을 인정하며 도덕적 판단을 할 수 있다.

⑥ 6단계: 보편적 도덕 원리에 대한 확신으로서 도덕성

이 단계는 인간의 존엄성을 가장 우선시하는 차원으로 보편적 도덕 원리에 대한 확신으로서 도덕성을 발달시키는 단계다. 따라서 이 단계의 사람들은 사회의 법과 질서를 준수할 뿐 아니라 정의, 평등, 인간 권리와 같은 추상적인 개념을 기초로 스스로 선택한 양심의 결정을 도덕 판단의 기준으로 삼는다.

콜버그의 도덕성 발달이론의 핵심은 인지 발달에 있다. 인습 이전 수준의 도덕적 판단은 자기중심적이며, 인습적 수준에 도달하고 도덕적 규범을 따르기 위해서는 다른 사람의 견해와 입장을 이해할 수 있어야 한다(Walker,

---

글상자 4-1   도덕적 추론과 도덕적 행동 간의 거리

"씹던 껌을 길거리에 뱉는 것은 옳은가?"라는 질문에 "옳습니다"라고 답변하는 사람은 많지 않을 것이다. 거의 대부분의 사람들은 길거리에 껌을 뱉는 행위는 옳지 않다고 대답할 것이다. 그런데 왜 우리는 거리에서 뱉어 버린 껌자국을 자주 보게 되는 것일까?

콜버그의 도덕성 발달이론은 실제 도덕적 행위가 아니라 주어진 상황에 대한 개인의 인지적 반응, 즉 도덕적 추리 능력을 통해서 발달 단계를 구분하고 있다는 비판을 받고 있다. 즉, 도덕적 사고를 할 수 있어도 그러한 사고가 항상 도덕적 행위와 일치하는 것은 아니라는 점이다. 우리가 도덕적이라고 생각하는 것을 행동할 수 없게 하는 다양한 변수가 존재하는데 밀그램(Milgram, 1963)의 실험은 그런 측면에서 흥미로운 연구 결과를 제시해 준다.

1961년, 밀그램은 설문조사를 통해 "만약 누군가가 비인간적인 행위를 요구했을 때 당신은 따르겠는가?"라고 질문했다. 92%의 사람들이 '그럴 수 없다'고 대답했다. 이후 밀그램은 신문에 광고를 냈다. 자신의 실험에서 오답을 말하는 학생에게 전기충격을 주는 교사의 역할을 해 줄 사람을 모집한 것이다. 교사의 역할을 하는 피험자는 자신과 다른 방에 있는 무고한 학생에게 문제에 오답을 말할 때마다 전기충격을 주었고 전기충격의 세기는 점차 증가하도록 고안되어 있었다. 물론 실제로 전기충격은 없었고 학생도 거짓으로 고함을 지르는 것이었다. 밀그램은 많아 봤자 0.1%의 사람들만이 지시에 따라 견디기 어려울 정도의 가장 높은 전기충격을 줄 것이라고 했다. 그러나 실험 결과는 놀라웠다. 65%의 사람들이 오답을 말한 것에 대한 대가로는 너무도 가혹한, 견디기 어려운 전기충격임을 알면서도 진행자의 지시에 따라 최고치의 전기충격을 제공했다. 콜버그의 도덕 발달 단계에 기초해 1~4단계에 속하는 피험자 중 87%가 최고치의 전기충격을 주었고, 5~6단계에 있는 피험자 중에서는 25%의 사람들이 최고치를 제공했다. 이는 높은 도덕적 수준을 보이는 피험자가 낮은 수준의 피험자에 비해 권위에 대한 압력 속에서도 도덕적인 행동을 함을 입증한 결과다. 그러나 다른 한편으로는 비록 매우 높은 수준의 도덕적 사고를 하는 사람이라고 할지라도 반드시 도덕적 행동을 하는 것은 아님을 증명했다고 볼 수 있다.

1980). 인습 이후 수준의 도덕적 추론은 형식적 사고를 기초로 하기 때문에 청소년들에게 인습 이후 수준의 도덕적 추론은 쉽지 않을 수 있다고 하였다. 그러나 형식적 조작기 이후의 성인이라고 하여 모두 인습 이후 수준의 도덕적 추론이 가능한 것은 아니며, 5단계와 6단계의 구분이 명확하지 않다는 비판이 제기되기도 하였다.

4. 학교폭력 관련 비행이론에 대한 이해

1) 생물학적 이해

쌍생아와 입양아 연구는 심리학 및 유사 학문 분야에서 인간의 인지적 · 정서적 및 행동적 특성이 유전(nature) 혹은 환경(nurture)의 영향을 어느 정도 받느냐는 고전적이면서 현재 진행 중인 논쟁에 대한 근거를 제공하기 위해 사용된 연구방법이다. 비행행동에 대한 이해에 대한 다양한 관점 중 범죄 성향은 타고난 본성/기질에 의한다는 가설을 검증하기 위해서 역시 가계도, 유전자, 및 쌍생아 연구들이 시행된 바 있다.

유명한 가계도 연구로서는, 더그데일(Richard L. Dugdale)의 주크 가(The Jukes) 연구가 있다(Dugdale, 1910). 더그데일은 약 75년간 주크 가문의 7대에 걸쳐 가계도를 분석하였는데, 그 결과 총 709명의 주크가 사람들 중 중범죄자 76명, 알코올 중독자 680명, 성매매 범죄 관련자 120명, 노숙인 200명 등이 존재하고 있음을 확인하였다. 이 결과로 더그데일은 범죄 성향이 유전이 된다고 주장하였다. 이외에 고다드(Henry Goddard)의 칼리카드 가(The Kallikaks) 연구 결과는, 칼리카드가 정식 부인과 태어난 후손들은 대부분 사회적으로 인정받는 직업(의사, 변호사, 교수 등)을 가졌지만 창녀와 사이에서 태어난 자녀의 후손 중에는 알코올 중독자, 범죄자, 정신박약자 등이 다수 출생했다는 이유를 근거로 좋지 않은 유전자를 가지고 태어날수록 범죄나 비행에 연루될 가능성이 높다고 주장하였다. 이후, 독일의 생리학자인 랑게(Johannes Lange)는 교도소에 수감된 경력이 있는 13인의 남자 일란성 쌍생아와 17명의 남자 이란성 쌍생아를 대상으로 조사 연구를 실시하였는데(Lange, 1931), 이들 중 범죄 경력이 있는 일란성 쌍생아 형제가 존재하는 경우가 일란성 쌍생아의 경우는 80%, 이란성 쌍생아의 경우는 12%였다. 이러한 일란성 쌍생아가 이란성 쌍생아보다 비행이나 범죄행위에서 더 높은 유사성을 보이는 결과는 부샤드와 그의 동료들(Bouchard et al., 1990)의 연구에서도 재확인되었다. 하지만 이들 연구는 이미 한쪽이 범죄나 비행행동을 보여 준 쌍생아들만을 대상으로 실시되었다는 점에서 여전히 환경의 영향을 배제하지 못했다는 점에서 결과 해석의 한계가 존재한다.

이 외에도, 입양아 연구를 통해서도 비행이나 범죄행동에 대한 유전의 영향 정도가 연구되어 왔는데, 일련의 선행연구 결과들은 어린 시절 각기 다른 가정에 입양된 일란성 쌍생아가 자라 오면서 겪은 다른 입양부모 및 환경적인 차이에도 불구하고, 한 번도 만나 보지 못한 생물학적인 부모의 지능이나 범죄나 일탈행위 등 행동적인 특성을 많이 공유하고 유사성을 보인다는 사실을 보고한 바 있다(Cadoret, Cain, & Crowe, 1983; Hutchings & Mednick, 1977; Siegel & Senna, 2000).

2) 사회구조적인 측면

청소년들의 공격, 비행, 및 범죄 행동들에 대해서 청소년들이 속한 사회경제적 환경구조의 문제에 주목하는 이론들이 존재하는데 대표적인 이론 중 하나가 사회구조이론이다. 사회구조이론에 의하면, 타고 자라난 환경이 빈곤하고 가족이 해체되어 있는 청소년들은 미래에 대한 희망을 갖기 어려우며, 비행 등 반사회적인 행동을 통해 자신의 살길을 모색하고자 노력한다고 주장한다. 즉, 사회구조적인 불평등을 어린 시절부터 경험하면서, 좌절과 상실감을 경험하고 이러한 청소년들을 보호해 주고 지지해 줄 만한 가족, 학교, 이웃 간은 환경적인 지지 요소들은 취약하기 때문에 상대적으로 범죄에 노출되고, 쉽게 빠질 확률이 높다고 본다.

　사회구조적 요인들을 설명하고자 하는 이론에는 사회해체이론, 아노미 이론(Anomie), 긴장(Strain)이론, 하위문화이론(subcultural theory) 등이 존재한다. 뒤르켐(Emile Durkheim)의 아노미(Anomie) 이론과 로버트 머튼(Robert Merton)의 긴장이론을 바탕으로 최근 로버트 애그뉴(Robert Agnew)에 의해 발전된 일반긴장이론은 개인과 관계있는 타인과의 부정적인 관계가 일상생활에서 경험되는 긴장이나 스트레스의 가장 주된 원인이라는 가정을 한다. 즉, 범죄 발생의 원인으로 세 가지를 꼽았는데, 첫 번째는 목표 달성의 실패다. 즉, 학교에서 좋은 성적을 얻는 데 실패했거나, 가정이나 교사, 부모, 친구들로부터 불평등한 처우를 겪은 경우 등 긍정적으로 평가된 목표 달성에 실패하는 상황을 경험했을 때 긴장을 경험하게 된다고 보았다. 두 번째는 긍정적 자극의 소멸이다. 이는, 연인과의 이별, 가족이나 친구의 질병 혹은 죽음, 학교에서의 처벌 등 청소년 시기에 청소년들이 아노미적 느낌, 즉 걱정, 소외감, 혼돈 등을 느끼게끔 하는 긍정적 자극의 소멸이 그 예다. 세 번째로는 부정적이거나 해로운 자극이 실제로 혹은 예측 가능한 결과로 나타나는 상황을 접했을 때다. 예로, 신체적·언어적·심리적 학대에 지속적으로 노출되거나, 불화가 심한 가정환경, 친구들의 지속적인 괴롭힘이나 선생님의 불공평한 대우 등을 경험하면, 이러한 부정적인 환경을 벗어나기 위해 가출이나, 그 외 다양한 비행이나 범죄행위가 나타날 수 있다고 보았다.

　하위문화이론은 대부분의 비행행위가 집단 내에서 발생한다는 전제를 하는 이론으로, 비행이나 범죄를 저지르는 청소년들은 대부분 유사한 행동을 보이고, 그들이 속한 집단이 개인의 행동에 영향을 미친다는 걸 전제로 한다. 주로 하류계층 청소년들에게 초점을 맞춘 이 이론은 주류에 속하지 못하고 소외감을 느끼는 청소년들이, 나름 자신들의 주관적인 성공 목표를 설정, 이를 이루기 위한 자신들 만의 수단과 방법을 설정하는 자신들 만의 하위문화를 만들어 나간다고 본다.

하위문화이론 중 코헨의 비행하위문화이론은 하류계층 청소년들이 저지르
는 비행행위들은 자신들이 따라가거나 도달할 수 없는 중류계층의 가치와 규
범에 대한 저항이라고 보았으나, 밀러(Miller)의 하위계층문화이론에서는 하
위계층 문화 자체에 관심을 두었으며, 하위계층끼리 형성하는 고유하고 전통
적인 문화 규범과 가치가 의도적으로 중류계층 문화에 반하고자 하는 데 목
적을 두는 것이 아니라고 주장하였다. 즉, 이들이 하는 비행이나 범죄 행위는
사회적으로는 위법이나, 이들이 어긴 법이나 규범은 기존의 중류계층의 기준
으로서, 자신들의 고유한 문화규범을 유지하는 것이 이러한 기존의 중류계층
의 기준에 맞춰 만들어지고 유지된 사회의 법규범과 맞지 않아 범죄나 비행이
발생하는 것이라고 보았다. 밀러는 이러한 하위계층 문화를 형성하면서 다음
6가지의 관심의 초점에 맞춰 살아간다고 주장하였다.

첫째, 싸움, 폭력, 음주, 흡연 등 말썽을 유발하고, 자신의 행동에 대한 나
쁜 결과를 회피하는 데 초점을 맞추는 말썽부리기(trouble), 둘째, 힘을 과시
함으로써 육체적 싸움, 남자다움, 대담함 등을 중시하여 두려움을 표출하
지 않고자 하는 강인함(toughness), 셋째, 도박, 사기 등 남을 속임으로써 자
신이 영리하고 똑똑하다고 믿는 영악함(smartness), 넷째, 약물복용, 음주, 성
적 쾌락 등 위험을 감수하고 자극적이고 즐거운 것에 초점을 맞추는 자극 추
구(excitement), 다섯째 아무리 노력해도 사회적으로 불평등을 극복할 가능성
이 없고, 범죄 저지르고 체포된 건 운이 없어 그런 거라 생각하는 운명주의
(fatalism), 여섯째, 부모, 교사 등 타인의 간섭을 거부하고, 자신들만의 규율을
만들고 실천하고자 하는 자율성(autonomy)이 이들의 관심의 초점이라고 보았
다. 하지만, 비행하위문화이론은 비행에 가담하지 않고 법을 준수하며 지내는
하위계층 청소년들의 행동에 대한 설명은 하지 못하여 한계로 지적되고 있다.

3) 사회과정적 측면

사회과정이론은 비행의 원인을 사회의 조직 및 사회구조적 특징으로 본 사

회구조이론이 사회 구조와 비행 간의 인과관계는 설명 가능하나, 어떻게 사회 속에서 개인의 비행이나 범죄행위가 나타나고 지속되어 가는지에 대한 과정에 대한 설명을 하기에는 한계가 있는 점을 이해하고자 1960년대부터 등장하기 시작했다.

사회구조이론에 따르면, 사회 구조상 불평등에 의해 하류계층에 속한 청소년들이 비행을 저지를 확률이 높으나, 실제로는 중상류계층의 청소년들이 비행과 범죄를 저지르는 비율도 못지않게 높으며 소위 하류계층 청소년들이 성장하면서 비행이나 범죄행위를 모두 지속하는 것은 아니다. 이에, 사회과정이론은 사회경제적 지위와 같은 조건 외에 개인 내의 사회화 과정과 성장 효과 이해를 통해 누군가는 같은 사회구조 내에서 법을 준수하고 누군가는 지속적으로 법법행위를 하는 현상을 설명하고자 하였다. 사회과정이론에는 크게 서덜랜드(Edwin Sutherland)의 차별접촉이론과 에이커스(Ronald Akers)의 사회학습이론이 있다.

서덜랜드의 차별접촉이론은 청소년들이 주위에 비행을 저지르는 친구, 가족 구성원(부모, 형제 포함), 혹은 지인들과 접촉하는 시간이 더 많아지게 되면 위법행위에 대해 호의적인 가치관이나 태도를 학습하게 되고, 그로 인해서 자연스럽게 비행의 가능성이 높아질 수 있다고 주장하였다. 이에, 청소년들이 비행을 저지르는 사람들과의 접촉 빈도, 관계 유지 기간, 그리고 처음 사귀게 된 친구가 누군지(우선성), 마지막으로 얼마나 가깝게 지내 왔는지 관계의 강도 정도에 따라 비행행위 등에 대한 학습에서 차이가 존재한다고 보았다. 이는 많은 경험적인 연구로서 지지를 받아 왔는데, 비행친구들과 차별적인 접촉은 범법행위에 대해서 긍정적인 개념을 갖고 비행을 저지르게 할 가능성을 높이며(Hartjen & Priyadarsini, 2003; 홍태경, 류준혁, 2011), 음주, 흡연, 가출 무단결석 등의 비행행위는 친한 친구들이 이러한 행위를 저지를수록 자신도 따라할 가능성이 높아진다고 보고되어 왔다(박정선, 황성현, 2013).

에이커스의 사회학습이론은 차별적 접촉(differential association), 정의(definition), 차별적 강화(differntial reinforcement) 그리고 모방(imitation)의 네

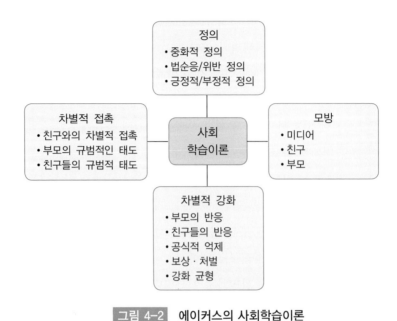

그림 4-2   에이커스의 사회학습이론

출처: 황성현 외(2015). 한국범죄심리학, p. 138.

가지 변수를 통해 비행행위를 설명하고 있다([그림 4-2]). 정의란, 주어진 행위가 옳다 그르다, 혹은 정당하다 부당하다 등 개인이 부여하는 의미와 태도를 의미한다. 만약, 비행행위에 대해서 정당화시키거나 우호적인 태도를 보인다면, 비행 혹은 범죄행위에 대해서 중화적(neutralizing) 정의를 갖고 있음을 의미한다. 이외에 법순응/위반정의와 긍정적/부정적 정의가 있으며, 어떤 정의를 개인이 가지고 있는지 알아보기 위한 질문은 〈표 4-3〉에 포함되어 있다.

이러한 범죄에 대한 정의를 습득할 때, 일탈의 정의를 습득하게끔 배우게 되는 개인적인 접촉이 차별적 접촉이다. 주로, 가족이나 친구들과 같은 집단과의 차별적 접촉들이 그 예인데, 얼마나 그 관계가 어린 시절에 이루어졌는지, 그리고 오래 유지되었는지, 그리고 자주 만나고 있었는지, 그리고 아주 가까운 관계를 유지하면 할수록 비행을 저지를 가능성이 높다. 이후, 차별적 강화는 실제로 비행행위가 반복되기 위해서 나타나는 보상과 처벌이라 볼 수 있

| 표 4-3 | 사회학습이론의 중심 개념 및 조작적 정의 |

네 가지 개념	구성 요소	조작적 정의
차별적 접촉	친구와의 차별적 접촉	① 당신의 가장 친한 친구들 중에서 다음과 같은 범죄를 저지른 경험이 있는 친구는 얼마나 됩니까? ② 당신의 가장 친한 친구들은 다음과 같은 범죄를 얼마나 자주 저지릅니까?
	부모의 규범적 태도	당신의 부모는 다음과 같은 범죄를 하는 것에 대해 어떤 태도를 가지고 있습니까?
	친구의 규범적 태도	당신의 가장 친한 친구들은 다음과 같은 범죄를 저지르는 것에 대해 어떤 태도를 가지고 있습니까?
정의	중화적 정의	① 특정 범죄 행위를 스스로 통제할 수 있는 사람이라면 그런 범죄를 저질러도 괜찮다. ② 특정 범죄 행위에 대한 주위의 우혹이 너무 강하기 때문에 그런 범죄를 저지르는 청소년 또는 성인을 비난해서는 안 된다. ③ 일반적으로 특정 범죄 행위는 나쁜 것이지만 특별한 상황에 있는 사람은 그런 범죄를 저질러도 괜찮다.
	법순응/위반 정의	우리 모두는 법을 지켜야 할 도덕적 의무가 있다.
	긍정적·부정적 정의	일반 사람이 다음과 같은 범죄를 저지르는 것에 대해 당신은 어떻게 생각하십니까?
차별적 강화	부모의 반응	당신은 다음과 같은 범죄를 저지르는 것을 부모님이 알았을 때 부모님의 반응은 어떠했습니까?
	친구들의 반응	당신은 다음과 같은 범죄를 저지르는 것을 친구들이 알았을 때 친구들의 반응은 어떠했습니까?
	공식적 저지	당신 또는 당신 친구들이 다음과 같은 범죄를 저질렀을 때 경찰이나 사법 기관에 발각될 가능성이 얼마나 있다고 봅니까?
	보상·처벌	특정 범죄를 저질렀을 때 발생하는 좋은 점(보상)에서 나쁜 점(처벌)을 마이너스(−)한 점수 차이 값
	강화 균형	당신이 다음과 같은 범죄를 한 후에 당신에게 어떤 일이 일어났습니까?
모방	미디어	당신은 아래에 나열된 사람들 중에서 다음과 같은 특정 범죄를 저지르는 것을 직접 보거나 관찰한 적이 있습니까?
	친구	당신은 아래에 나열된 사람들 중에서 다음과 같은 특정 범죄를 저지르는 것을 직접 보거나 관찰한 적이 있습니까?
	부모	당신은 아래에 나열된 사람들 중에서 다음과 같은 특정 범죄를 저지르는 것을 직접 보거나 관찰한 적이 있습니까?

출처: 황성현 외(2015). 한국범죄심리학, p. 139.

다. 차별적 강화로서는 부모와 친구들의 반응이 부정적이고, 경찰에게 잡힐 가능성이 높으며, 보상보다 처벌이 크고, 친구와 관계에 문제가 생기거나 정신적 및 경제적 피해가 생길수록 비행이나 범죄행위가 줄어들 가능성이 높다. 마지막으로 모방은, 가족, 미디어, 친구 등의 행동들을 관찰, 그와 유사한 행동을 하는 것을 말하며, 주로 새로운 행동을 시도할 때 모방을 하는 경우가 많다. 정리하면, 사회학습이론은 비행에 우호적인 비행친구와의 차별적 접촉을 통해 비행이 발생함으로써 비행친구를 비행의 결과보다는 원인으로 본다.

이와 더불어 개인의 본성에 대해서 논할 때 성선설과 성악설이 존재하듯, 범죄 행위에 대해서도 개인은 기본적으로 범죄를 저지르게 되어 있다는 가정 하에 왜 일부가 범죄를 저지르지 않는지에 대한 이유를 규명하고자 하는 이론이 존재하는데, 바로 통제이론이다. 라이스(Albert J. Reiss)와 나이(F. Ivan Nye)의 통제이론, 레클리스(Walter Reckless)의 억제이론 및 사이크스(Gresham Sykes)와 마차(David Matza)의 중화이론들은 모두 개인이 범죄를 저지르는 이유는 범죄를 저지르고자 하는 충동을 통제하는 능력이 약하기 때문이라고 보았다. 구체적으로, 라이스의 통제이론은 프로이트의 개념인 자아, 초자아, 원자아 등의 개념을 이용하여, 범죄를 저지르는 학생들의 문제들은 자아나 초자아적인 심리적인 통제가 약하며, 이러한 내면화된 개인적인 통제 외에도 개인 외적인 법적 그리고 법외의 다양한 사회적인 통제의 실패에 기인한다고 보았다. 이에 나이(Nye)는 라이스의 이론을 바탕으로 하여서, 비행을 예방하는 방법을 제시하였는데, 첫째 보상과 체벌을 통한 직접 통제(direct control), 그리고 자신과 친밀하고 관계있는 사람들을 다치게 하고 싶지 않아서 자신의 행동을 절제하게 되는 간접 통제(indirect control), 마지막으로 내적으로 스스로 양심이나 가책을 느껴서 비행 관련 행동들을 자제한다는 내적 통제(internal control)를 언급하였다. 나이는 이와 더불어 법적인 제제를 통한 공식적인 제제도 중요하고 필요하나, 가정에서 간접통제가 이루어지는 것이 비행행동을 예방 혹은 억제하는 데 가장 효과적이라고 주장하였다.

레클리스의 억제(containment)이론은 사회에서 느끼는 박탈감, 기회 차단 등의 압력(pushes)과 불량 친구, 비행 하위 문화 등의 유혹적인 요소들인 유인 (pulls) 요인들이 내적(internal)과 외적(external) 통제로 억제가 가능하지 않을 때 비행문제가 나타난다고 보았다. 이와 더불어 사이크스와 마차의 중화이론 은 비행 청소년들이 자신의 비행 행위를 합리화하는 과정에서 자신의 죄의식 이나 죄책감 등을 약화시키기 위해 중화(neutralization) 방법을 사용하는데, 이 러한 사이클이 반복되면서 스스로의 양심에 기반한 내적 통제가 약해지고, 지 속적으로 비행문제가 지속된다고 보았다. 즉, 사이크스와 마차는 우선 비행 청소년들이 자신의 행동이 옳지 않은 행위라는 걸 대체로 알고 행동하며, 그 럼에도 불구하고 비행행동을 저지름으로써 자신의 행동을 정당화시키려고 노력하는데, 그러기 위해서 5가지 중화 기술(Technique of Nutralization)을 사 용한다고 보았다. 다섯 가지 기술로는, ① 술에 취해서 혹은 또래 압력에 어쩔 수 없었다는 식의 상황에 자신의 행동의 원인을 귀인하는 책임의 부인(Denial of Responsibility), ② 그냥 장난이었고, 잠시 빌려다 쓴 거라는 등의 가해의 부 인(Denial of injury), ③ 자신의 행위가 누구에게도 피해를 주지 않았거나, 당할 만한 사람에게 했다는 식의 피해자의 부인(Denial of Victim), ④ 자신의 행위를 문제 삼는 사람들이 더 큰 문제를 가지고 있고 비난받아야 한다고 생각하는 비난자에 대한 비난(Condemnation of Condemners), 그리고 ⑤ 자신의 친구, 가 족, 소속 단체 등에 대한 충성심 대문에 저질렀다고 주장하는 충성심의 표출 (Appeal to Higher Loyalty)이 있다.

　즉, 자기통제이론들은 위에 언급된 사회학습이론과 달리, 청소년 비행의 선 행 변인이 낮은 자기 통제력이라고 생각한다. 낮은 자기 통제력을 지닌 청소 년이 다양한 비행행동을 할 가능성이 높고, 그 이후 자신과 성향이나 행동이 비슷하거나 비행에 우호적인 비행친구들과의 차별적인 접촉을 시도한다고 본다.

> **글상자 4-2 ▶ 승진이의 사례**
>
> **사례: 다음 사례를 읽고 무엇이 이 학생의 비행의 원인일지 생각해 보세요.**
>
> 고등학교 1학년인 승진이는 경제적인 어려움 등으로 지속적으로 부모가 서로 언어적 및 신체적 폭력을 행사하는 모습을 보며 성장해 왔다. 경제적으로 어렵고 부모의 무관심 속에서, 승진이는 축구선수가 되고 싶어 운동부 활동을 열심히 하였으나, 다리 부상으로 운동선수로서의 꿈을 접게 되고, 이후 목표를 상실하고 방황을 하게 되었다. 친구들과 늦게까지 어울리며 음주, 흡연, 폭행과 특수 절도 등의 비행행동들을 하면서 점차 무단가출과 무단 외박을 일삼게 되었다. 그러던 중, 돈을 벌 목적으로 같이 어울리는 친구 한 명이 가출한 여중생에게 조건 만남을 알선하는 것을 보고, 자신도 가출하여 잘 곳을 찾는 여학생들에게 접근하여 조건 만남을 주선하고, 조건 만남을 하러 나온 사람들을 협박하거나, 여학생들이 조건 만남을 통해 받아 온 돈을 뺏기 시작했다. 그러다, 조건 만남을 알선하기 위해 데리고 다니던 여학생이 조건 만남을 더 이상 하고 싶지 않다고 거부하자, 승진이는 화가 나서 여학생을 감금하고 때리고 협박을 하였다. 승진이의 감시가 소홀해진 틈을 타서 여학생이 도망을 치고 경찰에 신고하여, 승진이는 법적 처벌을 받게 되었다.

4) 사회반응적 측면

개인이 비행을 저질렀다 하더라도 그 개인이 속한 사회 및 환경에서 이에 대한 반응을 보이고, 그로 인해 이후의 관련 행동들이 영향을 받는다는(비행행동이 강화되거나 고착화되는 등)의 설명으로 비행과 범죄행위를 설명하고자 하는 이론이 사회반응이론이다. 이는, 사회 내에서 개인이 가지고 있는 정체성, 자아개념, 가치 및 태도 등은 타인과의 상호작용에 의해서 더 구체화되고, 결정된다고 보는 관점으로, 낙인이론(Labeling Theory)들이 이에 속한다. 이러한 낙인이론들은 특정 행위의 원인이나 촉진 원인보다, 비행이나 범죄행위가 행해진 이후 발생하는 결과에 주목한다. 즉, 비행이나 범죄 같은 행위는 사법기관에 의해 처벌받아 공식적인 낙인(Label)을 받기 전까진 범법행위라고 정의하기 어려운데, 이 낙인을 부여받는 과정에서 누가 낙인을 찍고, 낙인을 찍는 사람이 자신이 받은 낙인에 대한 인식 및 반응에 따라 이후 행동 및 일련의 결과들이 영향을 받게 된다고 보았다. 구체적으로, 범죄자와 같은 낙인을 받게 될 경우, 그 개개인이 가진 고유의 특징들은 잊혀지고, 범죄자라는 낙인만을 가지고 평가받게 되며, 이러한 평가가 범죄자라고 낙인찍힌 사람의 이후 행동에 영향을 미쳐 이차적인 일탈들이 야기될 수 있다고 보았다.

탄넨바움(Frank Tannenbaum)은 낙인이론에서 개인의 특정 행동에 대해 체포 등과 같은 주목을 받는 낙인 경험을 하게 되면, 행동의 변화가 일어나고 이를 악의 극화(Dramatization of Evil)라고 표현하였다. 탄넨바움은 이렇게 낙인이 되고 규정되는 아이가 비행 청소년으로 규정되는 과정 안에서 아이가 소위 '비행 청소년', '질 나쁜 아이', 혹은 '문제아' 등이라 기술되어 버리고, 그들은 주위 사람의 낙인에 반응하여 자신의 비행 청소년으로서 정체성을 형성해 나가며 비행행동에 더 가담할 가능성이 높다고 보아, 비행의 원인이 낙인의 결과라고 보았다. 이 외에 레머트(Edwin Lemert)는 일차적과 이차적 일탈을 구분하였는데, 예로, 60km로 달려야 하는 도로에서 80km 달린 건 범법행위이나, 대부분의 운전자가 실제로 그 도로에서 80km 정도 달린다는 의견이 모아지면, 합리화를 시킬 수 있는 여지가 있는데, 이러한 것이 일차적 일탈이라 보았다. 이에, 낙인이론자들은 일차적 일탈 자체나 그 원인에 대해 주목하기보다는 이러한 일탈에 대해서 사람들 혹은 사회적인 반응 때문에 방어 혹은 공격을 하거나, 미친놈, 나쁜 놈 등 낙인이 찍혀서 또 다른 일탈행위를 행하게 되는 이차적인 일탈에 주목하였다. 즉, 이차적 일탈은 일탈행위와 그 행위에 대한 사회적 반응 간의 사회적 상호작용의 결과물로서, 일탈자가 타인으로부터 낙인찍히지 않았다면, 발생하지 않았을 일탈일 가능성이 높다고 보았다.

이러한 낙인이론에 대한 기존연구 결과들을 살펴보면, 부모, 또래 친구, 교사 등의 낙인이 청소년 비행을 증대시키며, 부모의 사회경제적 지위가 낮을수록, 이러한 낙인을 경험했을 가능성이 많고, 이러한 낙인이 형성된 이후는 쉽게 사라지지 않았다(Triplett & Jarjoura, 1994; 박현수 외, 2009).

글상자 4-3   정호의 사례

사례: 다음 사례를 읽고 무엇이 이 학생의 비행의 원인일지 생각해 보세요.

A. 17세인 정호는 선배로부터 빌린 돈을 갚기 위해서 다른 친구들의 약점을 잡아서 돈을 자신에게 가져오게끔 협박하다가 이를 못 견딘 반 친구가 부모님에게 이 사실을 알려, 결국 학교폭력위원회가 열리게 되었다. 정호와 정호의 부모님이 이야기한 바에 따르면, 정호가 상습비행을 저지르게 된 것은, 정호가 초등학교 때 사고를 겪고 팔과 다리 일부에 화상을 입게 된 이후부터라고 이야기했다. 이후 정호는 왜 나에게만 이런 일이 일어나는지 등의 부정적인 사고와 함께 피부가 드러나는 것을 꺼리게 되었고, 남들이 조금이라도 쳐다보면 화상 때문이라 생각하는 피해의식을 갖게 되면서, 점점 초등학교 고학년 및 고학년 때는 학업 성적도 떨어지고, 선생님께도 자주 꾸중을 듣다 보니 말대꾸도 많이 하게 되어 선생님들도 기피하는 학생이 되었고, 학교 내에서 친구들에게도 시비를 걸고, 사소한 일로 싸우게 되는 일들이 많아졌다. 이후, 중학교 3학년 때는 소위 일진에 가입해서 자신보다 약한 친구들을 괴롭히고, 친구의 최신 휴대전화 등을 빼앗는 등의 비행을 시작하게 되었다.

5. 학교폭력 관련 심리학적 관점

1) 발달학적 측면

학교폭력을 비롯 청소년들의 비행문제를 이해하고자 하는 여러 움직임들 속에서, 인간의 성장 과정 내에서 부모와의 관계 등을 통해서 성격과 행동패턴 등이 어떻게 변화되어 가는지를 관심을 두는 발달 범죄학이 1980년대 이후로 지속적으로 발전되어 왔다. 청소년 비행의 발달이론은, 비행행위를 개시(onset), 지속(persistence), 그리고 중지(desistance)의 세 가지 관점에서 설명함으로써, 어떤 아이들은 아주 어린 나이 혹은 늦은 청소년기에 비행행위를 시작하는지, 어떤 아이들은 성인기가 되어도 비행을 지속하는 반면 다른 아이들은 성인기 즈음 멈추는지 등을 이해하고자 하였다.

이러한 발달이론 중 하나로서, 갓프레드슨과 허시는 일반범죄이론(general theory of crime; Gottfredson & Hirschi, 1990)을 통해 발달 과정 내에서 자기 통제력의 형성이 비행 및 범죄행동에 영향을 미침을 설명하고자 하였다. 구체적으로, 이들은 자기 통제력이 타고나기보다는 부모의 양육방식에 따라서 형성되고 발달되며, 이러한 자기 통제력은 약 8~10세 사이에 형성되는데 이때, 부모와의 불안정적인 애착관계와 부적절한 부모의 양육행동은, 부적절한 자기 통제력 형성에 영향을 미치며, 이러한 낮은 자기 통제력이 이후 적절한 훈육 등으로 조절되지 않는다면 이후 충동적이고, 근시안적이며, 위험을 추구하고, 둔감한 성향을 보이게 됨으로써, 초·중·고등학교 내내 친구들과 선생님들과 문제가 발생하고, 이는 이후 사법 시스템과의 문제로 이어서 성인이 되어서도 법적인 제제와 처벌을 받을 가능성이 높다고 보았다.

이외에, 테리 모핏(Terrie Moffit)의 지속 또는 변화이론에서는 반사회적 범죄자를 두 가지 발달 경로로 분류하여 설명하고자 하였는데, 청소년기 범죄자를 청소년기 한정형, 즉 늦게 비행을 시작, 청소년기에만 비행이 한정되는 유형과, 생애 지속형, 즉 일찍 비행을 시작, 청소년기를 지나 성인기가 되어도 지속적으로 범죄행위가 이루어지는 유형으로 구분하였다. 어린 시절부터 비행행위가 시작되는 생애 지속형은, 어린 시절부터 기질적으로 공격성이 높게 보이며, 이와 더불어 부적절한 양육에 의한 학업 실패와 또래관계 문제, 게다가 낮은 언어 능력으로 인하여 지속적으로 또래 비행 청소년들과 어울리고 비행행위에 가담할 확률이 높다. 반면, 청소년기 한정형은 신체적으로는 성인의 행동(성행위, 술, 담배, 무단결석 등)을 할 만큼 성숙되었으나, 사회적으로 성숙할 때까지 기다려야 한다고 제한받고 자제해야 하는, 소위 '성숙의 차이(maturity gap)'를 경험하고, 사회 모방(social mimicry)을 통해 이를 해소하려고 하는데, 이에 청소년기에 급격한 일탈행위가 증가하나 성인기가 되면서 이러한 성숙의 차이가 없어지고, 결혼 혹은 직업 등을 통해 전통적인 사회 역할들을 경험하면서 급격히 이러한 일탈행위가 줄어든다고 보았다.

모핏은 이러한 생애 지속형이 청소년기 한정형과 다른 원인으로 임산부의 영양 부족, 생애 초기 뇌손상, 독소 노출 등의 신경심리학적 결함이 주된 원인이라고 주장하였다. 즉, 이러한 신경심리적 결함이 기질적으로 다루기 어려운, 자기 통제가 어렵고, 욕구 지연 만족이 안 되며, 언어적이기보다는 비언어적인 문제해결 성향을 보이게 되며, 이로 인해 부모와 안정적 애착 형성도 어렵고, 친구들과 선생님들과 상호작용하는 사회성도 떨어진다고 보았다.

이외에, 샘손(Rober Sampson)과 라웁(John Laub)은 갓프레드슨과 허시, 그리고 모핏과 달리 생애주기를 통해 범죄행위가 지속되기도 하나, 변화될 수 있다는 걸 설명하고자 하는 연령등급이론(Age-graded Theory)을 통해 변화이론을 주장하였다([그림 4-3] 참고). 즉, 비록 어린 시절 부모의 양육태도나 애착의 질에 따라 형성된 성향은 비교적 오래 지속될 수 있으나, 학교 같은 사회제도와의 상호작용과 사회 자본(social capital)이 이러한 비행 혹은 범죄행위의 지속성 여부에 영향을 미칠 수 있음을 주장하였다. 사회 자본이란, 일예로 군

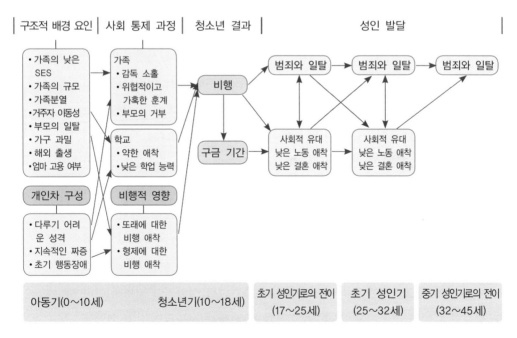

그림 4-3 연령 등급 이론

출처: 이완희, 황성현, 이창한, 문준섭(2017). 한국 청소년비행학, p. 162.

대, 결혼과 직장 생활 등의 사회 자본은 개인이 자기존중감을 형성하는 데 중요한 자산이 되며, 주변 사람들과의 신뢰로운 관계를 쌓게 되는데, 이러한 비공식적인 사회 통제(informal social control)가 강화되면 범죄행위를 중단하는 데 긍정적인 영향을 미친다고 주장하였다.

2) 관계적인 측면

히쉬(Hirschi)의 사회유대이론(social bonding theory)은 부모와의 애착 (parental attachment), 부모 감독(paretnal supervision), 관여(commitment)와 신념(belief) 등이 자녀의 비행에 영향을 미치는 주요 요인이라고 보았다(〈표 4-3〉 참고). 부모와의 애착과 대화는 청소년의 비행을 낮추며, 부모 감독은 특히 청소년의 문제행동, 약물 사용, 성행동 및 반사회행동 등을 조절하는 것으로 여러 국내외 선행연구들에서 보고된 바 있다.

표 4-3 사회유대이론 기반 부모와의 유대 관련 요인과 예

	관련 질문 예
부모 애착	나는 나의 부모님과 매우 친하다고 생각한다.
부모 감독	내가 외박을 하면, 부모님은 내가 누구와 어디서 무엇을 하는지 알고 계신다.
관여	지난 1년간 가족과 함께 한 1박 이상의 여행은 몇 회나 되는지?
신념	내 부모님 세대가 지켜온 도덕적 신념들은 나에게도 역시 좋은 것이다.

사회유대이론은 친구와의 유대도 청소년 비행을 약화시킨다고 역할을 한다고 주장한 바 있는데, 친구관계에 대한 사회유대이론에서 주요 구성 요소는 부모관계에 대한 주요 요인과도 유사하나 차이점이 존재하는데, 친구애착 (peer attachment), 관여(commitment)3 및 참여(involvement) 변인이다(〈표 1-3〉 참고). 관여는 청소년들이 사회 내에서 요구되는 교육이나 직업에 얼마나 관심을 갖고 이에 시간과 노력을 투자하고자 하는지 정도를 의미한다. 이에 관

여 정도가 강하면 강할수록 학생으로서 학교생활에서의 중요 역할이나 행동들에 대한 관심이 높을 가능성이 있어 비행이나 범죄행위를 저지를 가능성이 적다고 본다. 참여는 학교 내와 학교 밖에서 동아리 활동 혹은 문화 활동 등의 다양한 교과 및 비교과 활동에 참여하는 정도를 의미한다. 이러한 다양한 활동에 참여할수록 비행 활동에 참여할 여유가 줄어들기 때문에, 비행 자체를 억제 혹은 차단하는 효과를 가져올 수 있다.

종합해 보면, 사회유대이론에서는 친한 친구와의 관계가 좋고, 학업을 통해 대학이나 직장 등 성취하고자 하는 목표가 뚜렷하며, 학교성적이 좋고, 학교 내 외의 다양한 교과, 비교과 활동에 참여하면 할수록 비행이나 범죄를 저지를 가능성을 낮게 본다.

표 4-4   사회유대이론 기반 친구와의 유대 관련 요인과 예

	관련 질문 예	측정 지표
친구애착	나는 친구들과 친하다고 생각된다.	
관여	공부를 열심히 해서 원하는 대학이나 직장에 가는 것은 나에게 중요한 일이다. 졸업 후 안정적이고 월급도 괜찮은 직장을 가지는 것은 나에게 중요한 일이다.	교육에 대한 열망 (educational aspiration) 직업에 대한 열망 (occupational aspiration) 학교 평균 성적(GPA)
참여	교내 외 동아리 활동, 체험 활동 등을 위해 일주일에 몇 시간을 사용하는가?	

사회유대이론 외에 다양한 청소년들의 비행 및 폭력 행동에 가족이 미치는 영향에 대해서는 많은 연구들이 이루어져 왔는데, 한부모, 조부모, 재혼, 양부모가정 등 다양한 가족구조의 영향보다는 가족이 어떻게 기능을 하는지, 가족 기능이 청소년 비행에 미치는 영향이 더 많은 것으로 본다. 가족의 기능으로 가장 많이 연구된 요인들은 부모-자녀 관계, 부모의 양육방식, 부모의 감독, 및 부모의 학대 등이다. 원만한 부모-자녀 관계를 맺은 청소년들은 주로 자녀

가 얼마나 부모와 정서적 관계를 맺으면서 동시에 개별화를 이루어 부모에 대한 의존을 덜하고 있는지를 보는 정서적 안정성이 높고, 부모와 효율적이고 개방적인 의사소통을 하고 있을 가능성이 높은데, 이 경우 흡연, 음주, 늦은 귀가 같은 비행행동을 덜할 가능성이 높다. 또한 또래와의 관계에서도 유연성을 발휘하여, 갈등을 원만하게 해결하고 적대감이나 공격성도 덜 표현하여 비행이나 범죄의 유혹에 빠질 가능성이 낮다. 반면, 권위적이고 통제적인 의사소통과 자녀에 대한 부모의 냉담함과 거절은 자녀의 사이버 비행행위와 약물남용 행위 등을 증가시킬 가능성이 높다.

한편, 양육방식도 비행행동에 많은 영향을 미치는데, 부모가 자녀의 일거수일투족을 통제하고 지배하는 통제적 양육방식 혹은 지나치게 허용적이고 거의 간섭하지 않는 방임에 가까운 허용적 양육방식 모두 자녀의 비행행동에 악영향을 미칠 가능성이 높다. 특히, 허용적 양육방식의 경우는 이러한 양육방식으로 양육된 청소년들이 많은 경우 자신감이 부족하고 또래 관계가 원만하지 못하여 비행의 피해자가 될 가능성이 높다. 또한, 선행연구 결과들에 의하면, 자녀에게 피상적이고 무관심하고 거부적이며 비판적인 거부적 양육환경에서 자란 경우는, 자존감도 낮고, 자신을 통제하는 자기 통제감도 적절히 형성될 가능성이 낮아, 즉흥적이고 충동적인 성향이 강하게 나타나 공격성을 증폭시킬 가능성이 높다.

자녀가 어디에서 누구와 무엇을 하는지를 아는 부모 감독은 대체로 직접적으로 자녀의 비행행동을 통제하거나, 비행행동을 함께 하는 친구들과의 어울림을 통제하거나 차단함으로써 간접적으로 자녀의 비행 가능성을 줄이는 데 역할을 하는 것으로 보고되고 있다. 반면, 부모의 신체적 · 언어적 · 정신적 학대 및 방임은 대체로 자녀의 낮은 자아존중감, 우울 등 정신건강 문제, 그리고 공격성의 증가 등의 부정적 영향을 미치는 것으로 나타났다. 만성적으로 부모의 학대에 노출될수록 그리고 그러한 학대가 어린 나이에 시작되었을수록, 또래 관계에서 거절을 당하거나, 공격적인 행동을 하는 등 직간접적으로 청소년기 전반에 악영향을 미쳐, 음주, 흡연행위, 무단결석, 가출 같은 경비행 및 폭력 성비행 등 중비행 등의 다양한 비행문제에 영향을 미친다.

> **글상자 4-4 ▷ 영희의 사례**
>
> **사례: 다음 사례를 읽고 무엇이 이 학생의 비행의 원인일지 생각해 보세요.**
>
> A. 중학교 2학년인 수아는 할머니와 아버지와 함께 살고 있다. 아버지는 수아가 어린 시절 오랜 기간 투병 생활을 통해 마땅한 직업을 갖지를 못했으며, 그러한 자신의 처지를 비관하여 술에 의존하며 살았고, 술에 취하면 엄마에 대한 폭언과 폭행을 일삼았다. 이에 수아가 다섯 살 때 엄마가 가출을 하였고, 이후 수아는 할머니 집에서 아버지와 같이 살게 되었다. 엄마의 가출 후, 아버지의 알코올 의존이 더 심해졌고, 술에 취하면 엄마의 가출을 수아의 탓으로 돌리고 수아를 폭행하는 일이 잦아졌다. 이에, 수아는 집보다는 집 밖에서 보내는 시간이 많아지게 되었고, 학업에 집중하지 못하고 초등학교 고학년 때부터 일진 학생들과 어울리기 시작하였다. 중학교 진학 후에는 가출과 무단결석을 반복하며, 음주와 흡연을 하며, 집 밖에서 살 생활비와 유흥비 등을 벌기 위해 또래 대상 갈취 및 폭력행위를 하여 보호 처분을 받은 전력이 있다.

실습

최근 언론에 보도된 청소년 비행이나 학교폭력의 구체적인 예로 들어 조별로 각각 ① 사회학습이론, ② 사회유대이론, ③ 낙인이론으로 설명해 보고, 각 이론별로 비행의 선행요인을 바라보는 차이점과 유사점을 토론해 봅시다.

주요 용어

청소년 발달, 발달, 유전, 환경, 결정적 시기, 성장 폭발, 피아제, 평형화, 동화, 조절, 조작, 신경세포, 신경전달물질, 가지치기, 수초화, 사회인지, 상상적 청중, 개인적 우화, 자아정체성, 도덕성, 자기, 자기개념, 자존감, 에릭슨, 자아, 정체성 혼미, 정체성 유실, 정체성 유예, 정체성 성취, 도덕성 추론, 콜버그, 밀그램, 긴장이론, 낙인이론, 내적 통제, 또래집단, 사회과정이론, 사회구조이론, 사회유대이론, 사회학습이론, 성숙의 차이, 억제이론, 입양아 연구, 아노미 이론, 일반범죄이론, 연령등급이론, 자기통제이론, 차별접촉이론, 하위문화이론

📖 읽을거리

◆ SBS 스페셜 제작팀, 『학교의 눈물』, 프롬북스, 2013.

◆ 이완희 외 공저, 『한국 청소년비행학』, 피앤씨미디어, 2017.

◆ Jeff Greenberg 외 공저, 남기덕 외 공역, 『사회심리학』, 시그마프레스, 2017.

◆ 이규미 외 공저, 『학교폭력 예방의 이론과 실제』, 학지사, 2014.

제 **5** 장

학생 정서행동의 문제

학습목표

- 학생 정서행동의 개념을 파악할 수 있다.
- 학생 정서행동의 유형과 각 유형의 특징을 이해할 수 있다.
- 정서행동의 특징에 영향을 미칠 수 있는 개인 · 가정 · 사회적 요인들에 대해 알 수 있다.
- 정서행동적 특성으로 인해 학교생활에서 나타날 수 있는 어려움들을 알 수 있다.
- 정서행동적 특성에 대한 대처 방안을 이해할 수 있다.

학습흐름

1. 학생 정서행동적 문제 이해의 필요성

학교폭력은 앞서 이야기한 바와 같이 상해, 폭행, 감금, 협박 등의 물리적인 폭력과 모욕, 명예훼손, 공갈 등의 언어적 폭력, 그리고 왕따, 즉 따돌림 등 크게 세 가지로 나누어 볼 수가 있다. 이러한 학교폭력의 예방적 지침을 마련하고, 이와 더불어 이미 발생했을 시 적절한 개입 방안을 마련하기 위해서는 학생들의 성격, 정서, 인지, 및 행동적인 특징 및 이에 영향을 미치는 다양한 원인들에 대한 충분한 이해가 선행되어야 한다.

1) 중·고등학생들의 정서행동적 특징과 학교폭력

(1) 정서행동적 특징으로 인한 학교폭력

청소년 비행과 관련된 개인 내적인 정서행동적인 특징으로는 공격성, 충동성 및 분노 조절 문제 등을 꼽을 수가 있다. 이는 서로 밀접한 관계를 맺고 있는 문제들이기도 하지만 분노라는 감정은 누구에게나 존재하는 감정이고, 적절하게 경험할 시에는 적응적일 수 있다. 그러나 분노가 경험되는 상황이 일반적이지 않고 빈번하거나, 남들도 다 분노를 경험할 수 있는 상황이라 하더라도 그 분노 표현과 표출의 강도가 지나치고, 혹은 그 감정이 지나치게 오래가는 경우는 공격성과 함께 폭력행동으로 이어질 가능성이 높다. 특히, 청소년의 경우는 일반 청소년의 불안 감정은 분노나 폭력행동 표출로 이어지지 않지만, 비행 청소년들의 경우는, 불안이 높아지면 분노가 같이 상승하고, 이는 폭력적인 행동의 표출로 나타날 가능성이 높다. 또한 조급하고, 즉각적으로 행동하고, 세심하게 주변에 주의를 잘 기울이지 않으며, 무계획적이고 즉흥적으로 문제에 접근하는 등의 충동성이 높은 경우에도 폭력이나 비행행동이 증가할 가능성이 높다.

이러한 정서행동적인 특징은 가정 환경적인 요인들과 분리해서 생각할 수 없다. 대체로 부모-자녀 간의 약한 애착, 약한 부모 감독, 방임, 학대, 혹은 부부 갈등 및 가족 불화 등은 청소년의 성격 형성 및 정서행동적 특성에 영향을 미치는 주요 원인이다. 부모와의 애착 정도가 낮을수록, 부모로부터 적절한 감독을 받지 못하는 경우, 그리고 부모의 학대 혹은 방임이 이루어질 경우뿐만 아니라, 부부 갈등에 일상적으로 노출되어 있을수록, 청소년들은 우울, 불안, 스트레스 등 부정적인 감정을 지속적으로 경험하고, 이는 내적 갈등과 공격성이 증가시켜, 가정 밖에서 비행행동이나 폭력행동에 휘말릴 가능성이 높다.

(2) 학교폭력으로 인한 정서행동적 문제

「학교안전사고 예방 및 보상에 관한 법률」에 따르면 심리치료 지원을 받을 수 있다. 학교폭력으로 인한 학생들의 정서행동적 문제는 비단 피해자에게만 국한되는 것이 아니라 가해자, 피해자, 그리고 주변인인 학생 모두에게 발생할 수 있고 지속 가능하다. 학교폭력이 이미 발생한 이후라면, 이에 대해서 단순히 피해자와 가해자 외에 이 사건을 같이 직간접적으로 경험한 주변인인 학생의 심리상태를 점검하고, 이에 맞는 후속조치를 해야 한다.

특히 학교폭력의 경우, 자살의 예방이 제일 중요하다 볼 수 있는데, 자살에 대한 예방교육 실시 및 교사들의 학생들에 대한 세심한 관찰 및 교육이 필요하다. 자신이 좋아하는 물건을 친구에게 주거나, 혹은 잘 지내라는 작별인사와 같은 인사를 남기거나, 주변을 정리하는 등의 행동은 자살에 대한 위험 신호이므로, 반드시 이에 대해서는 점검을 하고 개입할 필요성이 있다. 그러나 자살에 대한 대표적 오해 중 몇 가지는 자살을 하는 학생들이 일반적으로 왕따를 당하거나, 우울해 보이거나, 대인관계에서 철수하는 등의 두드러진 징후를 보인다고 생각하는 점들이다. 실제로 자살을 하는 학생 중에는 물론 두드러지게 우울해 보이거나, 위축되어 보이는 경우도 존재하나, 실제로 눈에 띄는 우울감 등을 호소하지 않고 평온해 보이거나, 심지어 명랑하고 원만해 보이는 경우에도 속으로는 자살사고나 우울감이 높을 수 있으므로, 겉으로 보이

는 행동적 특성만으로 단정해서는 안 된다. 그러므로 학교에서 학급 개별적이
든 혹은 학교 전체적으로 자살에 대한 예방교육을 실시하고, 또래상담자 프로
그램을 운영하는 등의 노력이 필요하다.

2. 중 · 고등학생들의 정서행동적 문제 현황

우리나라 질병관리청에서 보고한 '2022 청소년건강행태조사 통계' 결과
에 따르면, 2013년부터 2022년까지 스트레스 인지율(평상시 스트레스를 대
단히 많이 혹은 많이 느끼는 편인 사람들의 비율)과 우울감 경험률을 확인할
수 있다. 2022년도 스트레스 인지율은 여학생(47.0%)이 남학생(36.0%)보다
높았고, 이와 같이 여학생이 남학생보다 스트레스를 높게 인지하고 있는 것
들이 확인된다. 중학생과 고등학생을 비교하였을 때, 고등학생(남 36.8%, 여
49.6%)이 중학생(남 35.2%, 여 44.6%)에 비해 높게 나타났으며, 2021년(남
32.3%, 여 45.6%)에 비해 2022년도 남녀 학생 모두 점수가 증가하는 것을 볼
수 있다([그림 5-1]).

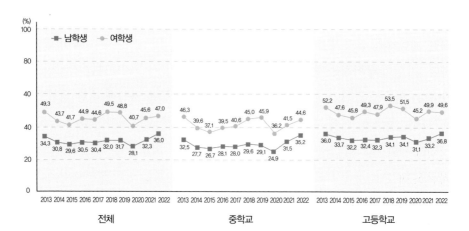

그림 5-1 스트레스 인지율 추이

※ 스트레스 인지율: 평상시 스트레스를 '대단히 많이' 또는 '많이' 느끼는 편인 사람의 분율.
출처: 질병관리청 https://kdca.go.kr/yhs/home.jsp

2022년도의 우울감 경험률 또한 28.7%로 여학생(33.5%)이 남학생(24.2%)보다 높았고, 2021년(남 22.4%, 여 31.4%)에 비해 증가하였다. 남학생(중 23.1%, 고 25.3%)은 고등학생이 중학생보다 높았으나 여학생(중 33.5%, 여 33.6%)은 유사하였다([그림 5-2]).

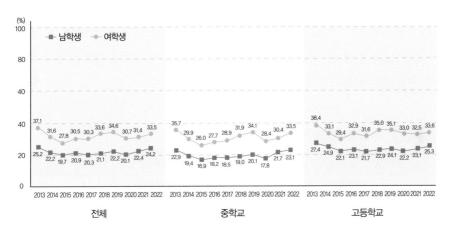

그림 5-2 **우울감 경험률 추이**

※ 우울감 경험률: 최근 12개월 동안 2주 내내 일상생활을 중단할 정도로 슬프거나 절망감을 느낀 적이 있는 사람의 분율.
출처: 질병관리청 https://kdca.go.kr/yhs/home.jsp

3. 다양한 정서행동 문제의 유형

학교폭력의 원인으로서 혹은 학교폭력의 결과로서 나타날 수 있는 청소년들의 정서행동 문제들은 우울, 불안, 주의력결핍 및 과잉행동장애(ADHD), 다양한 중독행동 등 다양하다. 청소년들의 정서행동적 특성 및 관련 어려움 을 이해하기 위해서『정신질환의 진단 및 통계 편람 제5판 수정판(DSM-5-TR)』(American Psychiatric Association, 2022)을 바탕으로 청소년기에 자주 나타나는 것으로 보고되는 문제들을 선별하여 설명하고자 한다.

1) 우울장애

우울장애(depressive disorder)라는 장 안에는 ① 주요우울장애, ② 지속성 우울장애, ③ 파괴적 기분조절부전장애, ④ 월경전불쾌감장애 등의 장애가 속해 있다. 이 중 파괴적 기분조절부전장애와 월경전불쾌감장애는 개정된 DSM-5-TR에서, 처음 우울장애 하위 유형으로 들어오게 된 장애다. 이 장에 서는 주요우울장애, 파괴적 기분조절부전장애 및 월경전불쾌감장애에 대해 서 설명하고자 한다.

표 5-1 **우울장애들의 핵심 특징**

장애 명	장애의 핵심 특징
주요우울장애	모든 환자들이 자신이 느끼는 기분, 감정 혹은 다양한 증상에 대해 인지하거나 정확하게 표현할 수 있는 것은 아니며, 같은 주요우울장애 진단을 받아도 학생마다 다 다를 수 있다. 행동이 느려지고 울거나, 혹은 웃으면서 아무 일도 없다고 부인할 수도 있다. 그리고 우울한 감정은 잘 보고하지 않아도 일상생활에서 즐거움이 상실하거나 흥미가 감소하는 형태로 우울을 경험하기도 한다. 여기서 중요한 것은 평소에 기능하던 수준보다 현저하게 기능의 저하가 나타나 변화가 두드러져야 한다는 점이다.
파괴적 기분조절부전 장애	항상 화가 나 있거나, 짜증을 부리거나 슬퍼 보여서, 원래 그런 아이처럼 인식되기 쉽다. 적어도 1년 동안, 일주일에 이틀에 한 번꼴로 아주 작은 자극에도 과하게 심각한 분노 폭발(소리를 지르거나 공격 행동을 보임)을 보이며, 이러한 분노 폭발 행동이 발달 단계상 그 나이대에 볼 수 없는 부적절한 것이다. 이러한 증상이 최소 집, 학교, 친구들과 있을 때 등 최소 두 군데 이상의 환경에서 일관적으로 관찰되어야 하며, 만약 집에서만 등 특정 환경에서만 나타날 시에는 파괴적 기분조절부전 장애로 진단되지 않는다. 증상이 존재하지 않는 기간이 3개월을 넘지 않고, 1년 이상 지속되었으며, 대체로 10세 이전에 나타날 가능성이 높다. 또 이 진단은 아동 및 청소년들에게만 진단되는 장애라 6~17세 사이에만 진단 가능하다.

월경전불쾌감장애	기간은 월경 기간 전후 며칠 동안 혹은 지난해 대부분의 기간 동안 현저한 기분 변동, 우울증, 불안, 분노, 불쾌감 등을 경험하고, 주의집중 어려움, 피로감, 흥미 감소 등의 전형적인 우울증 증상 또한 경험할 수 있다. 이와 더불어 가슴의 민감함, 근육통, 체중 증가, 복부 팽창 등의 신체적 증상들도 경험되며, 월경이 시작되면 대체로 정상으로 빠르게 회복된다.

(1) 주요우울장애

주요우울장애는 하나 이상의 주요우울 삽화(major depression episode)를 경험하고, 조증이나 경조증 증상을 경험한 적이 없는 경우에 진단된다. 주요우울 삽화의 핵심 특징은, 거의 매일 2주 이상 매우 슬프고, 우울하거나 이와 비슷한 감정을 느끼고, 평소 좋아하던 모든 활동에 흥미를 잃는다. 또한 피로감, 주의집중이 안 되고, 무가치감이나 죄책감, 죽음에 대한 동경 혹은 자살 사고 등을 보이거나 수면과 식욕, 그리고 정신운동성 활동이 갑자기 늘거나 주는 등의 증상들을 경험한다. 어린이나 청소년의 경우는 우울한 기분을 보이지 않고, 과민하거나 짜증스러운 기분만을 보이기도 한다.

아동기부터 노년기까지 생애 어느 시기에도 발생할 수 있고, 평균적으로 6~9개월 정도 증상이 지속되고 사라지는 경우들이 많으나, 몇 주에서 몇 년까지도 증상이 지속하기도 한다. 만약 주요우울 삽화를 일생에 한 번만 경험하나, 만약 여러 번 경험하는 재발성의 경우는 자살시도와 자살의 가능성이 높다.

(2) 파괴적 기분조절부전장애

파괴적 기분조절부전장애는 DSM-5-TR에서 새롭게 추가된 장애다. 파괴적 기분조절부전장애 아이들의 경우는 일반적인 아이들이 화를 내고 싸우는 정도보다 그 범위와 강도가 훨씬 넓고 강하다. 즉, 아주 사소한 일상적인 사건들(예: 먹고 싶은 반찬이 좀 부족하다든가, 좋아하는 옷이 세탁 중이라 바로 입을 수 없다든지 등)에 대해서 통제가 불가능할 정도 분노를 폭발한다. 화를 낼 때는 형제, 자매, 부모 및 또래 친구들을 위협하거나 괴롭힐 수 있고 이러한 분노 폭발이 이틀에 한 번꼴로 자주 나타나며, 이러한 분노 폭발 사이의 시간 동안 이 아이들은 지속적으로 우울하거나, 짜증 나는 기분들을 경험한다.

이러한 특징들은 일상생활을 지속하기 어려울 정도이며, 교우관계, 교사와의 관계, 가족, 친인척 및 이웃과의 관계 등에서 심각한 어려움을 경험할 가능성이 높다. 파괴적 기분조절부전장애로 진단 받은 아이들의 80% 정도는 적대적 반항장애의 진단기준에도 부합할 가능성이 높고, 그럴 경우 파괴적 기분조절부전장애만 진단된다. 여아보다 남아에게 더 많이 나타나며, 10대의 일시적인 반항적 태도 및 행동과는 구별되어야 한다. 이전에 양극성장애로 진단받았던 아동 및 청소년들 중 이 파괴적 기분조절부전장애의 특징에 더 부합하는 사례들이 존재하며, 이에 파괴적 기분조절부전장애로 재진단을 받을 가능성들이 높다.

(3) 월경전불쾌감장애

월경 전 불쾌감이 실제로 존재하는지에 대해서 의견이 다양하였고, DSM-5-TR 이전까지는 부록에만 머물러 있었다. 그러나 DSM-5-TR에서는 우울장애 안에 포함되어 진단 명으로 등장하게 되었으며, 이는 출산 가능 연령의 약 20%에서 나타나며, 심각한 수준의 월경전불쾌감장애의 유병률은 여성의 약 7% 내외이며, 대체로 10대 때 시작되는 것으로 이해되고 있다. 대체로 불쾌한 기분, 피로감, 현저한 기분 변동, 주의집중의 어려움 등의 심리적 문제와 체중 증가, 복부 팽창, 근육통 등의 신체적 증상을 호소한다. 신체적인 증상 자체는 일반적인 월경을 경험하는 여성들이 정도의 차가 다를 뿐 대부분 경험할 수도 있으나, 이 월경전불쾌감장애가 일반적인 월경통과 다른 점은 심리적/기분 증상의 존재다.

또 이러한 심리적 및 신체적 증상은 일반적인 월경 관련 통증을 경험하는 정도를 넘어서서, 직업적 · 학업적 · 사회적 여러 생활을 지속해 나가기 어려울 정도여야 한다. 이는 사람에 따라 월경 기간 며칠 동안만 경험할 수도 있지만, 그 기간이 길면 길수록 월경전불쾌감장애의 정도가 심각할 가능성이 높다. 월경전불쾌감장애의 위험 요인에는 체중과다, 과거 스트레스, 외상(학대당한 과거력 포함) 등이 있다.

> **글상자 5-1 ▷ 우울과 자살사고 사례**
>
> 고등학생인 수아는 학교 가는 게 싫어서 무단결석을 반복하고 있다. 친구들도 선생님들도 모두 위선적으로 느껴지고, 친구들과 함께 놀아 보려고 해도 뭔가 항상 돈을 빌려 주어야 하거나, 원하는 일을 대신해 줘야 하는 등 이용만 당하는 느낌이다. 그래서 학교에서는 내내 잠을 자거나, 아프다는 핑계로 일찍 조퇴를 하곤 한다. 하지만 집에 있어도 답답하기는 마찬가지다. 아빠는 수아가 초등학교 6학년 때 이혼해서 집을 나가셨고, 이후 엄마랑 살고 있는데 엄마는 일을 하신다고 대체로 집에 없으시거나, 일이 없어도 수아와 시간을 보내시기보다는 밤늦게 들어오신다. 수아를 위해서 열심히 일하고 있는데 학교 가기 싫어한다고 화를 내시지만, 나를 이해하려고 들지 않는 엄마와 대화하고 싶지 않다. 그래서 최근 죽음에 대해서 많이 생각하고 있다. 죽으면 생각할 필요도 없고, 상처받을 필요도 없고, 나 때문에 하고 싶은 대로 못 산다는 엄마에게 자유를 줄 수도 있을 것 같다. 그래서 어떻게 죽으면 고통 없이 죽을까도 생각해 보지만, 그 또한 결정 내리기가 어려운 내 자신이 한심하다.

2) 양극성장애

DSM-5-TR에서는 양극성장애를 기분장애와 조현병을 잇는 일종의 가교로 보고 있다. 그래서 DSM-5-TR에서는 기존의 우울장애와 양극성장애를 독립적인 장으로 구분하여 설명하고 있다. 양극성장애는 제I형 양극성장애와 제II형 양극성장애로 나뉘는데, 둘 다 주요우울장애 삽화를 경험한다는 점에서는 동일하나, 제I형은 조증을 경험하고, 유전적 성향이 좀 더 강하며, 정신병적 증상이 나타날 가능성이 있어 입원이 필요하나, 제II형은 경조증을 경험하고 정신병적 증상이 나타나지 않고 입원을 필요로 하진 않는다.

제I형 양극성장애는 적어도 한 번의 조증 삽화(manic episode)와 이와 더해서 여러 번 주요우울 삽화를 경험한다. 경조증 삽화도 경험하나, 반드시 최소한 번의 조증 삽화가 존재해야 제I형 양극성장애로 진단할 수 있다. 조증 삽화 (manic episode)는 적어도 일주일 이상 비정상적이고 지속적으로 고양된 기분을 느끼고, 그 외에 수면 욕구의 저하, 웅대한 자기상, 수다스러움, 사고의 비약, 주의산만 등의 증상 중 3개 이상이 나타나며, 그 심각성이 정신병적 양상을 보이며 입원을 요할 가능성이 높다. 제I형 양극성장애는 조울병(manicdepressive illness)으로 알려져 있는 장애로서, 남녀 간 발생 확률이 비슷하다.

제II형 양극성장애는 최소 한 번 이상의 경조증과 주요우울 삽화를 경험했으나 조증 삽화를 경험한 적은 없어야 한다. 경조증 삽화의 경우는 조증삽화와 달리 필요요건이 4일이고, 과도하게 흥분되고 과민한 기분이 존재하고, 그외에 높은 자존감, 수면 욕구 감소, 목적 지향적 활동의 증가 등의 증상을 경험한다. 경조증의 경우는 정상적인 기능 수준에서 타인들이 명백하게 인식할 수 있을 정도의 변화만 있고 그것이 정신병적으로 의심되는 수준은 아니나, 조증의 경우는 기능이 지나치게 손상되어 있다는 점에서 환자 자신과 주변에 미치는 영향 정도에서 차이가 존재한다.

3) 불안장애

불안장애에 속하는 주요 장애들로는 ① 공황장애, ② 광장공포증, ③ 특정공포증, ④ 사회불안장애, ⑤ 선택적 함구증, ⑥ 범불안장애, ⑦ 분리불안장애 등이 있다.

불안장애 안에 속하는 주요 장애들을 소개하기 전에, 정상적인 불안과 불안장애를 구분하고자 한다. 정상적인 일정한 수준의 불안은 적응적이다. 즉, 시험을 치르거나, 일을 할 때 실패할지도 모른다는 공포는 우리로 하여금 시험에 대해 미리 준비를 하게 하고, 실패를 하지 않기 위해 할 수 있는 준비를 하는 행동을 촉진시킨다. 그러나 정상적이지 않은 불안은, 우리의 일상적인 삶을 영위하는 데 많은 제약을 가져다준다. 정상적이지 않은 불안의 예로는 남들도 불안을 느끼는 상황이기는 하나 그 경험하는 불안이 지나치게 과도하거나 혹은 남들은 불안을 일반적으로 경험하지 않는 상황에서 불안을 경험하는 것이 있다.

예를 들어, 시험을 보는 상황은 누구나 불안해하지만 정상적이지 않은 수준의 불안을 느끼는 경우는 죽을 것 같은 공포를 느끼거나 쓰러질 것 같거나 숨을 제대로 쉴 수 없는 등 극단적으로 경험되어 실제로 시험을 치르는 일을 불가능하게 만든다. 또는 일반적인 사람들은 거의 불안감을 느끼지 않는 장소인 쇼핑센터, 영화관, 운동장 등에서 심한 불안감을 경험해서, 그러한 장소에 가는 것이 꺼려지고 피하게 되는 것도 적응적이지 않은 불안을 경험하는 경우라 볼 수 있다. 이에 이러한 적응적이지 않은 불안으로 경험되는 불안장애 중 청소년기 때 경험할 만한 몇 개의 불안장애를 설명하고자 한다.

(1) 공황장애

공황장애는 '예기치 못한' 공황 발작을 반드시 1회 이상 경험한 상황과 더불어 또 다른 공황 발작이 일어날 것에 대한 두려움을 경험하는 것이 최소한 한 달 이상 지속되는 것이 주요 특징이다. 공황 발작은 갑자기 엄습하는 강렬한 공포와 두려움으로서, 가슴통증, 오한, 질식할 것 같은 느낌, 빠르거나 불규칙한 심박 수, 메스꺼움, 현기증 등을 경험하며 비현실감을 느끼며, 정신을 잃거나 죽음에 대한 공포를 경험할 수 있다. 이러한 신체적 감각 중 적어도 네 가지 이상이 충족되어야 한다. 공황 발작은 공황장애의 기본 요소이며, 공황 발작 자체가 공황장애는 아님에 유의해야 한다.

(2) 광장공포증

광장공포증은 혼자 있어야 하거나 외출해야 하는 대부분의 상황에서 정상 수준을 넘어서는 과도한 불안 혹은 두려움을 경험하게 되는 것이다. 이 장애가 있는 이들이 두려워하는 상황들은 버스(혹은 다른 대중교통 수단) 타기, 쇼핑하기, 개방된 공간(운동장, 쇼핑센터 등) 가기, 군중 속에 있기, 혹은 줄을 서기 등 다양하며, 불안의 초점이 단일 문제(폐쇄된 공간)나 사회적 상황에만 국한된 것이 아니라는 점에서 특정공포증과 사회불안장애와 구분된다.

(3) 사회불안장애

타인이 자신을 주시할 수 있는 상황에서 지나치게 과도한 불안을 경험하며, 이러한 증상이 최소 6개월 이상 지속되는 경우 사회불안장애라고 한다. 발표를 하거나, 음식을 먹거나 음료를 마실 때, 글을 쓸 때, 타인과 단순한 대화를 하는 상황조차도 해당된다. 이러한 사회적 상황들이 창피를 당하거나 사회적 거부를 당할 것 같은 합리적이지 않은 두려움을 향상 야기하기 때문에, 이러한 상황을 최대한 피하려고 노력하고, 그러지 못할 경우 일상생활을 영위하지 못할 정도의 불안감을 경험할 가능성이 높다.

4) 외상 및 스트레스 관련 장애

외상 및 스트레스 및 관련 장애는 DSM-5-TR에서 새롭게 정리된 장으로서, 이전에 불안장애, 발달장애 혹은 적응장애로 분류·기술되었던 장애들이 외상 및 스트레스 관련 장애라는 카테고리로 재분류되었다. 크게 ① 외상후 스트레스장애 ② 급성 스트레스장애 ③ 반응성 애착장애, ④ 탈억제성 사회적 유대감 장애, 그리고 ⑤ 적응장애가 이에 속하는데, 이 장애들의 공통점은 내담자의 과거력 내에서 외상 혹은 스트레스가 되는 경험이나 사건 등이 현재 환자들이 보이는 증상들과 연관이 있다는 점이다.

(1) 외상후 스트레스장애

외상후 스트레스는 일단 외상적 사건이라고 정의할 만한 경험(자연재해, 교통사고 등 단발적인 외상 혹은 지속적인 정서적 신체적 학대나 응급 인력들이 반복적으로 사건에 노출되는 등의 경험 및 가까운 사람들의 죽음이나 사건을 직접 목격하는 등)을 한 것을 전제로 진단된다. 이후 ① 반복적으로 악몽이나, 꿈, 해리성 플

래시백 등을 통해 사건을 재경험하면서 이러한 사건을 상기시키는 것들에 대해서 가슴이 뛰거나 숨이 차는 등 생리적인 감각 혹은 정서적 고통을 호소하고, ② 관련된 자극들을 회피하고, ③ 지속적이고 부정적인 기분과 함께 비관적인 사고를 갖게 되면서, 무감각해지고 친밀한 관계에서 손상을 경험하며, 사랑을 나누거나 즐거움을 느끼는 경험을 하지 못하며, ④ 과민해지고, 과도한 경계, 주의집중의 어려움, 불면증 등을 경험한다.

(2) 급성 스트레스장애

급성 스트레스는 외상후 스트레스의 침습 증상, 회피, 부정적 정서 및 생리적 증상을 모두 경험하는 측면에서는 공통적이나, 외상후 스트레스와 다른 점은 기간의 차이다. 즉, 사건에 노출되고 3일 이후부터 1개월 안에 증상들이 경험되면 급성 스트레스장애로 진단되고, 만약 그 증상들이 1개월 이상 지속되면, 외상후 스트레스장애로 재진단을 받게 된다. 대부분 급성 스트레스장애 진단을 받은 이들의 80% 정도가 외상후 스트레스장애로 다시 진단을 받는다.

(3) 반응성 애착장애와 탈억제성 사회적 유대감 장애

반응성 애착장애는 탈억제성 사회적 유대감 장애와 함께 모두 지나친 비일관적 혹은 학대나 방임 같은 병적인 양육을 지속적으로 경험한 아동에게서 나타날 수 있는 장애로서 그 원인은 같으나 그에 대해 장애가 나타나는 양상이 다르다. 반응성 애착장애는 사회적인 접촉 상황에서 회피나 철수 행동을 보이고 수줍어하거나 혹은 관심 없거나 냉담한 반응을 보인다. 반면, 탈억제 사회적 유대감 장애는 낯선 사람에게도 쉽게 다가가고, 일반 아동들이 보이는 낯선 사람에 대한 경계를 하지 않는 것처럼 보인다. 청소년기가 되면 모르는 친구에게 갑자기 과도하게 친밀하게 굴어 처음에는 쉽게 관계를 만드는 것처럼 보이나, 관계를 지속적으로 유지하는 능력이 부족하며, 자신에게 조금만 관심을 보여도 쉽게 성관계 등으로 이어지는 등 불안정한 대인관계를 경험할 가능성이 높다. 두 장애에 대한 개입으로서는 모두 양육자와의 지속적이고 풍부한 관계가 효과적이나 반응성 애착장애보다 탈억제성 사회적 유대감 장애가 예후가 더 안 좋은 것으로 보고되고 있다.

(4) 적응장애

적응장애를 경험하는 경우에는 일반적으로 사람들이 살면서 겪는 스트레스 유발 사건들에 대해서 기분저하, 불안, 울음, 긴장감 및 공황 같은 우울·불안 증상들과 난폭한 운전, 폭행 등의 불안정한 행동들을 보인다. 그러나 이러한 증상들이 일반 사람들에게 기대되는 반응보다 과도하나 주요우울, 불안 및 품행 장애 등의 진단기준에 맞는 정도는 아니다. 이로 인해서 일상적인 생활 영위가 어렵고, 대인관계 등에서 어려움을 겪을 때 적응장애로 진단된다. 이러한 장애의 경과는 대체로 짧은 걸로 보고되고 있으며, 이에 DSM-5-TR 진단기준에는 이런 증상이 스트레스 유발한 사건이나 상황 종료 시점으로부터 6개월 이상 지속되지 않아야 한다고 되어 있다.

5) 강박 및 관련 장애

강박 및 관련 장애도 DSM-5-TR에서 새로 정리된 장으로 DSM-5-TR 이전에는 강박장애가 불안장애의 하위 유형에 속했으나, 신체이형장애, 피부뜯기장애, 털뽑기장애, 저장장애 등과 함께 강박 및 관련 장애라는 하나의 장을 만들어 분리되었다. 강박 및 관련 장애에 속하는 장애들의 공통적인 특징은 침투적인 사고와 시간을 낭비하는 반복적인 행동이다. 이 장에서는 청소년기와 관련이 큰 것으로 나타나는 강박장애와 신체이형장애만을 소개하기도 한다.

(1) 강박장애

강박장애는 먼저 강박사고와 강박행동을 이해해야 한다. 강박사고는 개인이 가지고 있는 반복적인 생각, 믿음 등인데, 오염에 대한 사고나, 위험에 대한 사고 등 그 주제가 개인마다 다를 수 있다. 이를 경험하는 개인은 강박사고가 비현실적이라는 걸 알고 있고 부적응적이라는 것도 알고 있으나, 생각을 멈추는 데 어려움을 느낀다. 강박행동은 손을 반복적으로 씻거나, 반복적으로 문이나 창문을 열었다 닫았다 하는 등의 신체적인, 혹은 속으로 숫자를 세는 등의 정신적인 행동들인데, 대부분의 경우 강박행동은 강박사고를 중화시키고자 하는 목적을 가지고 있다. 이에 강박사고의 목적이 강박적인 불안을 감소하고자 하는 것이라면 반복적 강박사고 자체가 강박행동이 될 수 있다. 또 강박사고를 멈추기 위해 강박행동을 하고, 강박행동을 해도 강박사고가 지속되니, 강박행동이 더 강화되고 오래하게 되는 등의 반복적인 사이클이 계속될 가능성이 높다. 강박장애는 대개 만성화되고, 몸과 마음을 매우 지치게 만들며, 이에 강박 환자의 2/3 정도가 주요우울증을 경험하고, 약 15% 정도는 자살시도를 하는 것으로 알려져 있다. 전형적으로 남성은 청소년기 그리고 여성의 경우는 조금 늦게 초기 성인기에 발병되는 것으로 알려져 있는데, 자신의 증상이 단순히 남과 다른 정도가 아니라, 장애 수준이라고 인식하기까지 오랜 시간이 소요되기도 한다.

(2) 신체이형장애

신체이형장애를 경험하는 사람들은 대부분 자신의 신체의 일부의 형태나 외형이 문제가 있다고 생각한다. 그 생각이 망상적이지는 않으나 과대평가된 생각으로, 자신의 코 · 가슴 · 성기 등 신체 일부분이 타인보다 지나치게 크거나 작다고 생각하는 등의 생각에 집착하여 의료적 시술이나 성형 수술을 시도하나, 시술이나 수술을 받는다 해도 그 결과에 만족하지 못해 여러 병원을 계속 전전하다가 정신과 치료를 권유받는 경우가 많다. 대체로 자신이 남들과 달라 이상하다고 생각하는 신체 부위에 끊임없이 집착하고 거울을 가지고 살피는 등의 행동과 이로 인해 사회생활을 기피하는 등의 문제를 경험할 수 있으며, 신체이형장애를 경험하는 사람들 중 약 10%는 피부과, 30% 정도는 코 성형을 원하는 것으로 보고되어 왔다. 10대 때 발병하는 경우가 많고, 처음에는 여드름이나 피부 트러블 등으로 인해 시작되는 경우들이 있다.

6) 급식 및 섭식 장애

급식 및 섭식 장애에는 성인뿐 아니라, 아동 및 영유아에게 해당되는 진단들이 고루 포함되어 있으며, 먹는 행위에 대한 비정상적인 행동들을 포함한다. 대표적인 장애들로는 신경성 식욕부진증, 신경성 폭식증, 폭식장애, 이식증, 되새김장애와 회피적/제한적 음식섭취장애 등이 있다. 이 장에서는 이 중에서 청소년기에 많이 나타날 수 있는 신경성 식욕부진증, 신경성 폭식증 및 폭식장애에 대해 다룬다.

(1) 신경성 식욕부진증

신경성 식욕부진증은 체중이 현저하게 줄어들 정도의 음식섭취 제한, 비만 혹은 체중 증가에 대한 과도한 지나친 걱정, 그리고 과체중이라는 왜곡된(그러나 망상 수준은 아닌) 자기 지각을 보인다. 그리고 음식에 대한 통제감이 매우 높은 편이다. 기존에는 무월경도 진단기준에 포함되었으나, 월경의 부재가 의미 있는 기준이 되지 않는다고 판단되어 DSM-5-TR에서는 제외되었다. 신경성 식욕부진증은 거식증이라고도 많이 알려져 있는데, 증상이 지속될 경우, 심각한 건강상의 문제를 야기하여 사망률이 높은 장애 중 하나다. 청소년과 젊은 성인에게 흔하고, 남성의 경우도 운동선수들에게서 발병된다.

(2) 신경성 폭식증

신경성 폭식증은 신경성 식욕부진증과 비만 혹은 체중 증가에 대한 과도하고 지나친 걱정과 자신의 체형, 타인이 어떻게 생각하는지에 신경 쓰는 자기평가 측면에서는 유사하나, 신경성 식욕부진증과 달리 자기가 살찌지 않았는데도 살쪘다는 왜곡된 지각을 보이지는 않고, 자신의 음식에 대한 부족한 통제감에 대해 수치심 등을 느낀다. 실제로 단기간에 패스트푸드 등의 정크푸드를 엄청난 양을 몰아 먹는 경우가 많으며, 이후 구토를 하거나 관련 약물을 사용하거나 혹은 지나친 운동이나 금식을 하는 기간을 갖는 등 폭식과 폭식 뒤의 제거하고자 하는 행동이 반복되는 경향이 있다. 신경성 식욕부진증과 달리 체중이 지나치게 줄거나 하지 않고 몸무게를 일정하게 유지하고, 구토를 하는 등의 행동으로 침샘 등이 부어 얼굴이 부어 보이는 경향도 있다. 신경성 폭식증이 신경성 식욕부진증보다 더 흔하며, 주로 10대 후반이나 20대 초반에 시작된다.

(3) 폭식장애

폭식장애는 그렇게 배가 고프지 않더라도 자제력을 잃고 너무 빠르게 많은 양을 먹으며, 이에 대한 보상행동(구토를 하거나, 운동을 하거나 금식을 하는 등)을 하지 않는다. 이러한 증상이 3개월 이상 최소 주 1회 나타나면 폭식장애로 진단받을 수 있다. 스스로 과도하게 먹는 행동에 대해서 고통스러워하나, 폭식을 통제하기 어렵다. 이로 인해 폭식장애는 비만을 야기할 가능성이 높으며, 죄책감에 혼자 식사를 하거나, 숨어서 먹는 경우도 있다. 더 많은 연구가 필요하나, 섭식 장애 중 가장 흔한 질병이며, 성인의 2%, 청소년의 절반 정도가 영향을 받는다고 보았다. 남성보다 여성에서 2배 정도 많이 발생하는 것으로 알려져 있다.

7) 신경발달장애

과거에는 유아기, 아동기, 또는 청소년기에 흔히 처음으로 진단되는 장애라는 제목으로 소개되었으나, DSM-5-TR에서는 신경계 발달이 진행되는 형성기 기간에 속한 개인에게 초점을 둔 장애들이라는 점에서 '신경발달장애'라고 분류하고 있다. 신경발달장애 내에는 ① 자폐스펙트럼장애와 지적장애 ② 의사 소통장애와 학습장애 ③ 틱장애와 운동장애 및 ④ 주의력결핍 과잉행동장애 등이 포함되어 있다. 자폐스펙트럼장애, 지적장애, 의사소통장애, 학습장애, 틱장애, 운동장애 등은 특수교육학 관련 서적이나 자료를 참고하는 것을 권하며, 다음에서는 주의력결핍 과잉행동장애에 대해서 설명을 하고자 한다.

(1) 주의력결핍 과잉행동장애

주의력결핍 과잉행동장애(ADHD)는 DSM-5-TR 진단기준에 따르면, 12세 이전 일부 증상이 나타나야 하는데, 대개 초등학교 입학 전 증상이 시작되는 경우가 많다. 여러 연구 결과에 따르면, ADHD 아동들이 그렇지 않은 아동들보다 부상이나 돌발적인 행동으로 인해 응급처치 받은 경험이 더 많은 편이며, 학업에 집중하지 못해 정상적인 지능임에도 불구하고 학교생활이 원만하지 못할 수 있다. 충동적이고, 타인의 감정을 상하게 하는 말을 많이 하여, 친구관계에서 인기가 없을 가능성이 있는데, 청소년기가 되면서 과잉행동은 감소하는 경향을 보인다. 그러나 증상이 성장하면서 지속될 경우 일부에서는 약물남용 혹은 비행행동이 나타나기도 하고, 성인기에는 대인관계, 알코올 및 물질남용, 기분 조절상 어려움과 함께 화를 쉽게 내고 많은 스트레스를 경험할 수 있다. 가족력이 있을 수 있고, 부모나 형제자매도 유사한 어려움을 경험했거나 하고 있을 가능성이 평균 이상이고, 파괴적 기분조절부전장애, 특정학습장애, 강박장애, 틱장애, 적대적 반항장애, 품행 장애 등과 공병할 수 있다.

표 5-2   주의력결핍 과잉행동장애의 핵심 특징

장애 명	장애의 핵심 특징
주의력결핍 과잉행동장애	과잉행동 및 주의력결핍 증상들이 최소 6개월 이상 나타나고 12세 이전 발병해야 하며, 학교, 가족관계, 그 외 사회생활에서 여러 어려움을 경험할 가능성이 높다. 쉴 새 없이 움직이고, 안절부절못하고 산만한 행동으로 수업을 방해하고 순서를 기다리거나, 타인의 행동을 방해하여 교우관계에서 어려움을 경험할 가능성이 높다. 그러나 이러한 과잉행동은 ADHD 행동의 일부이며, 남아들에게서 많이 나타나는 측면이 있다. 하지만 ADHD가 여아에게서 나타나지 않는 것이 아니라, 여아가 ADHD 행동의 주요 증상인 주의력결핍 문제를 경험하고 있어도 잘 눈치 채지 못할 수 있음에 주의해야 한다. 대체로 놀이, 숙제하기 등 정신적 노력을 유지할 필요가 있는 것을 회피하고 싫어하며, 세부 사항을 간과하고 부주의에 의한 실수가 잦으며, 조직화 능력이 부족해서, 약속을 이해하지 못하거나 물건을 자주 분실할 수 있다.

8) 파괴적, 충동조절 및 품행 장애

파괴적, 충동조절 및 품행 장애 내에는 적대적 반항장애, 품행 장애, 반사회성 성격장애, 간헐적 폭발장애, 병적 방화 및 병적 도벽 등이 포함된다. 이 장애에 포함된 장애들은 대부분 행동 및 정서 조절 문제가 수반되는 '나쁜 행동'들과 관련된 장애들이다. 나쁜 행동이란 충동적이거나 충동적이지 않은 행동, 또는 사회적 규범을 어기고 나아가 법규를 위반하고, 타인의 신체 혹은 재물을 손상하는 행위들을 광범위하게 포함한다. 대부분 아동기 혹은 청소년기에 시작되며, 적대적 반항장애(ODD)에서 품행 장애로, 그리고 품행 장애에서 반사회성 성격장애(ASPD)로 진행되는 연쇄적인 변화를 보이는 경우도 존재한다.

(1) 적대적 반항장애

적대적 반항장애는 외부에서 관찰 불가능한 내적인 저항부터 심한 문제행동까지 아우르나, 성장하면서 보이는 일반적인 독립에 대한 욕구로 인한 일반적 저항과 심각성과 강도에서 차이가 존재한다. 또 타인의 기본적인 권리나 연령에 적절한 사회적 규범 등을 위반하지는 않는다는 점에서 품행 장애와도 차별점이 존재한다. 3~4세 때부터 나타날 수 있으며, 어린 아동일수록 그 빈도가 증가하는 경향이 있다. 문제행동은 집에서 많이 나타나지만, 친구나 또래관계에서도 나타날 수 있으며, 증상 발병 연령이 어릴수록, 그리고 더 심각한 증상을 보일수록 예후가 나쁠 가능성이 높다.

이유는 다양하나, 혹독하고 비일관적인 양육방식, 혹은 부모의 부적절한 행동의 모방, 그리고 낮은 사회경제적 지위로 인한 부모의 스트레스 등이 환경적인 원인으로 꼽히고 있다. 적대적 반항장애는 모든 아동의 약 3%에게서 나타나며, 남아에게 더 흔한 편이다. 주의력결핍 과잉행동장애(ADHD)와 함께 나타날 가능성이 높으며, 적대적 반항장애를 진단 받은 사람들 중 절반 정도는 그 증상이 경감하나, 1/3 정도는 품행 장애로 발전될 가능성이 높다.

표 5-3   파괴적, 충동조절 및 품행 장애들의 핵심 특징

장애 명	장애의 핵심 특징
적대적 반항장애	화를 자주 내고 과민하며, 짜증과 급작스러운 분노로 표출되는 경향이 많다. 이러한 증상 표현들은 최소 6개월 이상 지속되어야 하며, 5세 이하의 아동은 거의 매일, 이후는 일주일에 한 번 정도 나타나야 한다. 단지 기분에 거슬린다는 이유로 권위적인 대상의 지시에 복종하지 않고 논쟁하고, 규칙을 따르거나 협조하지 않는다. 또 자신의 나쁜 행동들에 대해서 때로 타인을 원망하고 때로는 이 행동들이 악의적인 의도가 있는 것처럼 보인다.
품행 장애	다양한 방법으로 규칙을 어기고 타인의 권리를 위반하는 행동을 보인다. 주변 사람들에게 따돌림, 싸움 걸기, 위험한 도구 사용, 사람이나 동물 학대 등의 공격적인 행동들을 보이며, 의도적으로 불을 내거나 타인의 재산을 파괴한다. 주거 침입, 거짓말, 절도, 무단결석, 반복되는 가출, 부모의 훈육 무시 및 거부 등의 행동들을 보인다. 이러한 일련의 문제행동 중 세 가지 이상이 1년 동안 지속되거나, 한 가지 이상의 증상이 최근 6개월 동안 관찰 시 진단 가능하다.
간헐적 폭발장애	빈번하게 반복적이고, 자동적인 것처럼 보이는 분노 폭발을 보이며, 비계획적이고, 목적이 없고 촉발 자극에 대한 극단적인 반응들이다. 이러한 분노 폭발 특징을 6세 이상의 발달 연령에서 3개월 동안 가벼운 공격을 일주일에 2회 정도 혹은 공격 행동 등 심각한 해를 입히는 공격을 지난 1년 이내 세 번 이상 보이면 간헐적 폭발장애로 본다. 즉, 빈도와 심각도 모두의 기준을 포함하고 있다.

(2) 품행 장애

품행 장애는 DSM-5-TR에서 ① 공격성, ② 재산 파괴, ③ 사기 또는 절도, ④ 규칙 위반의 네 가지 범주로 구성된 15가지의 행동들 중 단 3개만으로도 진단 가능하며, 대체로 일반적인 아이들이 보이는 공격성 정도를 넘어서 매우 적극적으로 규칙을 위반하고, 구속이나 법적 처벌로도 이어질 수 있는 극단적인 행태들을 보일 수 있다는 점에서 심각도가 높은 편이다. 남아들 중 6~16%가 품행 장애로 진단받을 정도의 행동적인 문제들을 보이며, 여아의 경우는 유병률이 남아의 절반 정도로 알려져 있다. 원인으로는 방임, 학대 등의 환경과 유전적인 요소들이 있을 수 있다. 품행 장애로 진단받은 아동들의 80% 정

도는 이전에 적대적 반항장애의 과거력이 있다. 7~8세경 매우 공격적인 행동이 두드러진 아동들은 이에 대한 적절한 개입이 없을 시, 성인이 되었을 때 다른 성인들보다 범죄 전과가 있을 가능성이 3배 정도 높다. 발병 연령이 10세 이전과 10세 이후에 따라 부호화가 달라지는데, 늦은 발병이 조기 발병보다 그 행동의 결과가 양호할 것으로 예측된다.

　품행 장애에는 크게 강렬한 분노 혹은 적대적 감정 조절이 어려운 유형과, 공감과 죄책감이 결여되고 자신의 이득을 위해 타인을 이용하는 유형이 존재한다. 후자의 경우, 불안 수준이 낮고 쉽게 지루해하며, 위험하고 자극적인 행동을 선호하는 경향이 높다. 이는 제한된 친사회적 정서라는 명시자(specifier)로 설명이 가능한데, 네 가지 명시자 증상 ① 후회나 죄책감 결여, ② 냉담, 즉 공감 결여, ③ 수행에 대한 무관심, ④ 피상적이거나 결여된 정서를 보고할 가능성이 높다.

(3) 반사회성 성격장애

　반사회성 성격장애의 주요 특징은 다른 사람들의 권리를 무시하거나 침해하는 지속적인 행동 양상이며, 이것은 아동기가 성인기 초기에 시작하여 성인기까지 지속된다. 이 진단을 내리기 위해서는 최소 18세 이상이어야 하고, 15세 이전에 품행 장애가 시작된 증거가 있어야 한다. 이들은 개인적인 쾌락이나 돈을 얻기 위해 자주 거짓말과 속임수를 사용하고, 반복적으로 거짓말을 하며 사기 치고 꾀병을 부린다. 충동적으로 결정을 내리고 그 결정이 다른 사람이나 자신에게 끼칠 결과에 대해 전혀 심사숙고하지 않는다. 불안정하고 공격적인 성향이 있으며 신체적 싸움이나 폭력에 반복적으로 개입한다. 또한 자신이나 타인의 안전을 무시하는 무모성을 보이며 지속적으로 무책임한 모습을 보인다. 부수적인 특징으로 감정이입이 결여되어 있고 다른 사람들의 감정, 권리, 고통에 냉담하고 냉소적이며 경멸하는 성향이 있다. 독선적이고 오만하며 자기평가를 부풀려서 하며 자기 확신에 차 있고 교만하고 언변이 뛰어나다.

반사회성 성격장애는 낮은 사회경제적 지위와 도시 환경과 관련된 것으로 보이는데 겉보기에 반사회적인 행동이 사실 자신을 보호하는 생존 수단인 경우, 사회적·경제적 맥락을 고려하여 판단해야 하며 여성보다 남성에서 흔하다.

(4) 간헐적 폭발장애

간헐적 폭발장애를 가진 사람들은 분노를 유발할 만한 자극이 거의 없다시피 사소하거나 전혀 없는 상황에서 지나친 언어적 혹은 신체적 분노 폭발을 보이는 특징을 가지고 있다. 친구가 한 말이 거슬리거나, 도로나 공공 교통수단 내에서 타인과 부딪치는 등 사소한 일들에 대해 분노를 심하게 표현할 가능성이 높고, 일촉즉발의 분노 표현이 빠르게 표출되며, 때로는 완전히 통제를 잃은 것처럼 보이기도 한다. 전체 삽화가 30분 이상 지속되는 경우는 드물며, 이후 후회하는 등의 행동을 보이기도 한다. 대부분 고졸 이하의 교육 수준이 낮은 젊은 남성들인 경우가 많다.

(5) 병적 방화

병적 방화는 고의로 방화를 하는 충동을 이기지 못하고 불을 지르고 그 이후 해방감과 기쁨을 느끼며, 방화를 하는 이유가 금전적 이득이나 보복, 테러 행위 등 다른 동기로 인한 것이 아니다. 대체로 불 자체와 불과 관련된 부가물들(예: 소방 관련 물품들)에 관심이 많다. 병적 방화로 진단받는 사람들의 80% 정도가 남성이며, 단독 진단보다는 불안장애, 품행 장애, 반사회성 성격장애 등과 공병률이 높다. 충동 조절의 문제가 있어 보이나, 방화를 하기까지 장소 물색이나 가연성 물질들을 수집하는 등의 사전 준비를 하는 경우도 존재한다.

(6) 병적 도벽

병적 도벽은 그 물건이 꼭 필요하지 않으나 반복적으로 물건을 훔치고 싶은 충동에 따라 물건을 훔친다. 대체로 그 물건 값을 충분히 지불할 수 있는 돈을 가지고 있는 경우가 많으며, 훔치기 전까지 긴장 상태가 고조되다가 절도 이후 해방감을 느끼며, 훔친 물건은 자신이 쓰기보다는 버리거나 타인에게 주는 등의 행동을 반복한다. 자신의 행동이 잘못되었다는 사실에 대한 충분한 인식이 있으나, 이에 대한 충동 조절이 가능하지 않은 경우가 많다. 많은 경우, 청소년기에 많이 발병하며, 여성이 남성보다 2배 더 많이 진단받고, 아동기에 시작되었다면, 경과가 만성적일 가능성이 높다.

9) 물질관련 및 중독 장애

물질관련 및 중독 장애에서 논의되는 물질관련 범주는 알코올, 암페타민 혹은 기타 중추신경자극제(코카인 포함), 카페인, 대마, 환각제, 흡입제, 아편계, 진정제, 수면제 혹은 항불안제 약물, 담배 등이다. 물질관련 및 중독 장애는 기본적으로 세 가지 장애 유형이 들어 있는데, 물질 중독, 물질 금단 및 물질 사용장애(이전에는 물질 의존과 물질 남용으로 이해됨)이며, 비물질관련장애로는 도박장애가 있다.

(1) 물질사용장애

물질사용장애는 신체적·심리적으로 심각한 고통이나 기능의 손상을 유발할 정도로 빈번하게 물질을 사용하며, 카페인을 제외한 모든 종류의 약물과 관련이 있다. 물질사용장애는 ① 선택한 물질 사용을 위해서 가정생활 등 개인적인 삶과 취미생활도 소홀히 하고, 물질 사용으로 인해 대인관계 문제가 야기됨을 알지만 여전히 지속하며, ② 이전에 하던 일들에 쏟던 노력을 이제는 물질을 얻고 사용하는 데 모두 쏟아, 고용이 불안정하거나 해고될 가능성이 있고, ③ 자신의 의도보다 더 많은 물질을 사용하거나 장기간 사용하며, 사용을 줄이거나 끊으려는 시도를 해도 성공적이지 못하며, 이 과정에서 더 많은 물질 사용을 갈망하게 된다. 이와 더불어, 물질을 사용하고 운전을 하는 등의 신체적으로 위험한 행동이나 법적인 결과들을 경험할 수 있으나 중단을 못하고, 기존 사용하던 물질 양만큼 사용을 해도 물질의 효과가 줄어들어 더 많은 물질을 사용하게 되고, 만약 중단 시 금단 증상으로 인해 고통을 받을 가능성이 높다.

(2) 물질중독장애

물질중독장애는 최근 과도한 물질 사용으로 인한 것으로, 단 한 번만 물질을 사용한 사람에게도 적용이 가능한 유일한 물질 관련 진단이다. 니코틴을 제외한 모든 약물이 중독에 대한 특정 증후들을 보인다. 물질 중독은 물질이 중추신경계에 영향을 미쳐서, 운동 조절 실조 혹은 초조, 주의 지속 능력 상실, 기억력 손상, 졸음, 혼미 등 각성 감소, 입마름, 위장질환, 혈압 변화 등 자율신경계 손상, 우울, 불안 등 기분 변화와 같은 부적응적 심리적 변화 및 행동들을 야기한다. 일례로 알코올 중독은, 대체로 사람이 중독될 만큼 충분한 양을 빠르게 마셨다는 증거(과거력 등)를 바탕으로 알코올 섭취 직후, 급격한 기분변화, 주의력, 판단력 등 탈억제 상태를 보이고, 불안정한 걸음걸이, 불명확한 말투, 안구진탕 등의 신경 손상의 증거가 있을 때 진단된다.

(3) 물질금단장애

물질금단장애의 경우는 빈번하게 물질을 사용했던 사람들이 물질을 중단하거나 물질 사용의 양을 갑자기 많이 줄일 때 특정 증상들을 경험할 수 있다. 환각제와 흡입제 등을 제외한 모든 물질이 이에 해당된다. 알코올 금단의 경우 장기간에 걸쳐 과도한 알코올 사용 후 갑작스럽게 알코올을 중단하거나 현저하게 음주량이 준 경우, 몇 시간에서 수일 내에 떨림, 발한, 빠른 심장 박동, 고혈압, 두통, 초조, 불면, 일시적 환각, 경련 등의 증상들을 경험하게 될 수 있다.

(4) 도박장애

도박장애는 물질관련 및 중독장애 내에서 비물질관련장애에 속하는 장애로서, 물질 사용처럼 도박도 뇌의 보상센터를 활성화시키는 점에서 유사점을 지녀, DSM-5-TR에서 도박장애가 비물질관련장애로 분류되었다. 도박장애 사람들은 돈을 빌리고, 거짓말을 하며, 인생에서 중요한 사람들을 비롯 여러 대인 관계들과 기회를 위태롭게 한다. 자신의 손실을 만회하려고 더 많은 돈을 걸고 잃고 다시 거는 반복된 행동들은 과민성을 유발하고 안절부절못하게 한다. 이러한 반복되는 파국적인 행동들이 1년 이상 반복되는 경우 도박장애로 보며, 이로 인해 실제로 극단적으로 자살시도로 이르는 경우들이 종종 발생한다. 미국의 경우는 성인 200명당 1명이 도박장애를 앓고 있다고 보고 있고, 남성이 여성보다 2배 정도 더 많고, 여성들은 남성보다 도박 문제가 늦게 발생하나, 발생하면 좀 더 일찍 치료 및 도움을 받고자 한다.

10) 인터넷 중독

인터넷 중독은 국내에서 많은 연구가 이루어져 온 분야지만(김동일, 정여주, 2005), DSM-5-TR에서는 물질관련 및 중독 장애 내 비물질관련장애로 공식적으로 분류된 도박장애와 달리, 인터넷 게임 장애를 앞으로 더 연구해 볼 수 있는 장애로 설명하고 있다. 지속적인 국내외 역학조사 등 연구 결과물을 토대로, 향후 중독 관련 장애에 포함될 가능성을 열어 놓고 있는 상태다. DSM-5-TR에서 소개된 인터넷 게임 장애 특성은 게임을 위해 인터넷을 지속적이고, 반복적으로 사용하여 임상적으로 유의한 손상이나 고통을 가져오는 것이다. 구체적인 증상에 대해서는 ① 하루의 대부분의 활동이 될 정도로 인터넷 게임에 몰두하고, ② 게임을 못할 시 초조·불안 등 금단 증상이 보이며, ③ 점차 인터넷 게임을 하는 시간이 증가하고, ④ 통제하고자 노력하나 실패하며, ⑤ 인터넷 게임 외 다른 활동에 대한 흥미나 재미를 상실하고, ⑥ 자신에게 심리사회적 문제가 있다는 지각을 하지만, 과도한 사용을 지속하며, ⑦ 총 게임에 사용한 시간을 속이거나 감추고자 하고, ⑧ 주로 무력감, 죄책감, 불안 등의 부적 정서를 회피하거나 완화하기 위한 방법으로 게임을 사용하며, ⑨ 이러한 인터넷 게임으로 인한 문제로 중요한 대인관계, 학업, 교육 등의 기회를 위태롭게 하거나 상실하는 등의 증상들 중 5개 이상의 증상을 최소 1년 이상 지속하였을 때로 소개하고 있다.

사실 국내에서 진행되어 온 인터넷 중독 관련 연구는 비단 인터넷 게임 중독에만 국한되어 온 것이 아니다. 김동일과 정여주(2005)는 가상에서의 대인관계를 더 선호하고, 인터넷을 하면 기분이 좋아지는 등의 사용에 대한 긍정적인 기대가 금단이나 내성 등의 중독 관련 증상을 야기하며, 이는 대인관계, 학업문제, 정서 조절 문제 등 일상생활에서 문제를 야기하고, 심한 경우 일탈행동을 야기하며, 현실과 가상현실을 구분하기 어려울 정도의 현실 구분 장애까지 이어질 수 있다고 보는 인터넷 중독 모형을 제안한 바 있다([그림 5-3] 참고).

이와 더불어 인터넷 외에, 인터넷과 게임, 그리고 기타 다양한 콘텐츠 등을 사용하는 데 가장 많이 보편화되어 사용하는 휴대전화 중독 또한 논의되고 있는 주요 청소년 관련 문제 중 하나다. 휴대전화 중독의 개념 또한 인터넷 중독

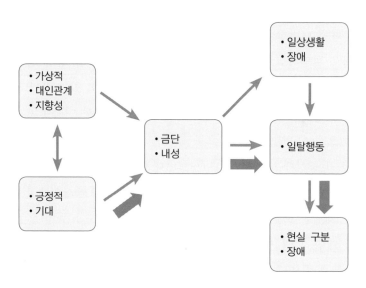

그림 5-3   인터넷 중독 모형

출처: 김동일, 정여주(2005). 청소년 인터넷 중독 모형 분석. 상담학연구, 6(4), p. 1313.

의 모형과 유사하다. 즉, 휴대전화를 사용하지 못하는 상황에서 초조·불안 등 금단 증상을 경험하고, 점차 휴대전화 사용량이 증가하는 내성이 생기며, 지나친 휴대전화 사용과 수시 확인 등으로 인해 휴대전화를 항상 지닌 채 수시로 메시지를 확인하는 강박과 집착 현상과 건강상의 이상이나 학업 집중의 어려움 등 일상생활에서의 문제 경험 등이 휴대전화 중독의 특징으로 꼽힌다.

최근에는 기존의 인터넷 게임 중독, 휴대전화 중독, 및 인터넷 중독 등의 개념에서 더 확장되어 스마트폰과 스마트 패드 등의 다양한 스마트 미디어 매체를 과도하게 사용하여, 삶에서 지나치게 자신의 생각, 감정, 행동을 지배당하는 현저성(salience)을 보이며, 충동적이고 강박적인 사용과 함께 내성과 금단 증상 등을 보여 학업, 직장, 대인관계 등 일상생활에 심각한 문제가 야기되는 스마트 미디어 중독에 대한 논의와 연구가 이루어지고 있다(김동일, 정여주, 이윤희, 2013; 김동일, 정여주, 김병관, 전호정, 이윤희, 2015). 청소년 스마트 미디어 중독 자가진단 검사지와 검사 채점표는 이 책의 〈부록〉을 참고하기 바란다.

실습

1. 학생들이 보이는 정서행동적인 여러 문제들에 대해 자신이 평소 가지고 있는 편견이나 고정관념들은 무엇이 있는지 살펴본다. 두 명 이상의 다수로 조를 구성하여 토론하고, 토론한 결과를 강의 시간 내에 나누어 봅시다.

2. 주의력결핍 과잉행동장애(ADHD)를 지닌 학생의 담임교사라 가정하고, 학급 학생들에게 어떻게 학생의 특성을 학생들에게 설명할 것인지 짝을 지어 연습해 본다. 이때 상대 학생의 설명을 들은 학생은 그 설명이 적절하다고 생각하는지, 그렇지 않다면 어떻게 학생들에게 전달해야 효과적일지에 대해서 의견을 나누어 봅시다.

주요 용어

간헐적 폭발장애, 공황장애, 광장공포증, 사회불안장애, 양극성장애, 우울장애,
월경전불쾌감장애, 인터넷 중독, 인터넷 게임 중독, 스마트 미디어 중독,
적대적 반항장애, 정서행동 문제, 주요우울장애, 불안장애, 물질관련 및 중독 장애,
주의력결핍 과잉행동장애, 파괴적 기분조절부전장애, 품행 장애

읽을거리

◆ APA 저, 권준수 외 공역, 『DSM-5-TR 정신질환의 진단 및 통계 편람』, 학지사, 2023.
◆ 이소현 외 공저, 『특수아동교육』(3판), 학지사, 2011.
◆ 김동일 외 공저, 『특수교육학개론: 장애·영재아동의 이해』, 학지사, 2010.

제 **6** 장

학교폭력의
다문화적 관점

1. 다문화 가정 학생에 대한 학교폭력

결혼 이민과 귀화 등 다문화가족의 증가로 인해, 학교현장에서도 다문화 가정 출신 학생이 늘어나고 있다. 여성가족부에서 발표한 2021년 통계 자료에 따르면, 다문화 가정 출신 학생 수는 12만 7천여 명으로, 계속 증가하는 추세다. 다문화 가정의 학생들은 학교 적응에 있어 언어적 능력, 사회적 소수자로서의 정체성, 학업에서의 어려움, 사회적 위축 등 여러 가지 위험 요인을 가지고 있다. 학교폭력에서 가해 학생과 피해학생이 힘의 불균형으로 인해 발생한다는 점을 고려할 때, 다문화 가정의 학생들도 학교폭력의 위험에 노출되기 쉽다.

전국다문화가족실태조사 분석(2021)에 따르면, 다문화가족 자녀의 2.3%가 학교폭력 피해를 당한 것으로 나타났다. 이는 2015 5.0%, 2018년 8.2%에 비하여 크게 감소한 결과다. 다문화가족 자녀의 학교폭력 비율이 낮아진 것은 긍정적인 결과이나, 코로나로 인하여 등교 자체가 확연히 줄어든 영향도 있을 수 있으므로 추후 지속적인 관찰이 필요하다.

다문화 자녀들이 가장 많이 경험하는 학교폭력 피해 유형은 집단따돌림(왕따)으로 전체의 49.1%이며, 그다음이 언어폭력으로 협박과 욕설(43.7%)이 보

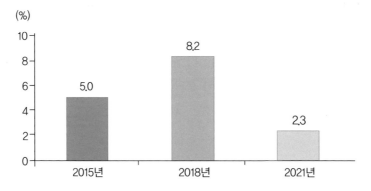

그림 6-1 초 · 중 · 고 자녀의 지난 1년간 학교폭력 피해 경험(2015, 2018, 2021)

출처: 여성가족부 https://www.mogef.go.kr/mp/pcd/mp_pcd_s001d.do?mid=plc503

고되었다. 말로 하는 협박의 경우 기존 조사 결과(60% 이상)에 비해 상당히 낮아졌으나, 집단 따돌림의 경우는 2015년 34.1%, 2018년 33.4%이던 것이 2021년에 49.1%로 급격히 상승하였다. 채팅·SNS·이메일·휴대전화 등으로 욕설과 비방을 당한 비율(2015년 10.9%, 2018년 11.4%, 2021년 8.3%) 손·발·도구로 맞거나 특정한 장소에 갇힌 비율(2015년 10.2%, 2018년 7.8%, 2021년 7.4%), 돈이나 물건을 빼앗긴 비율(2015년 9.5%, 2018년 5.0%, 2021년 4.3%)은 전반적으로 감소 추세다. 다만 성적인 부끄러움을 갖게 하는 행동이나 강제로 몸을 만지는 폭력을 경험한 경우는 2021년 6.5%로 2015년 2.8%, 2018년 2.3%에 비하여 세 배가량 증가하였다. 이와 같이 폭력의 유형이 바뀌는 부분들을 주의 깊게 살펴볼 필요가 있다.

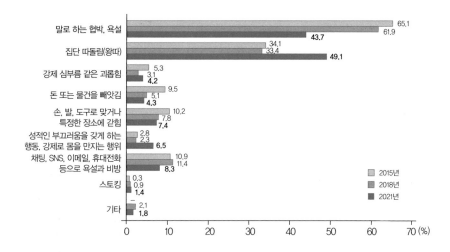

그림 6-2 초·중·고 자녀의 학교폭력 피해유형(복수 응답)(2015, 2018, 2021)

출처: 여성가족부 https://www.mogef.go.kr/mp/pcd/mp_pcd_s001d.do?mid=plc503

학교폭력 경험 여부를 개인적 배경 특성에 따라 살펴보면, 여성(1.8%보다 남성(2.7%)이 더 많이 경험하는 것으로 나타나고, 연령이 낮을수록 학교폭력을 더 많이 경험하는 것으로 나타났다. 9~11세의 경우 학교폭력 피해 경험이 3.5%이지만, 연령이 증가할수록 그 비율이 점차 낮아지는 것을 볼 수 있다. 성

장배경별로는 국내 성장 자녀(2.3%)와 외국 주로 성장 자녀(2.2%)가 외국 거
주 경험 자녀(1.5%)보다 학교폭력을 더 많이 경험하고 있다. 한국 국적에 따른
차이에는 국적이 없는 경우(3.7%)가 국적이 있는 경우(2.3%)보다 약간 더 높
았다.

　가족 특성에 따른 차이를 보면, 아버지가 외국계이고 어머니가 한국계인 경
우(3.1%)와 부모 모두 외국계인 경우(3.1%)에 비하여 아버지가 한국계이고 어
머니가 외국계인 경우(1.8%)가 학교폭력 피해율이 더 낮았다. 가구 유형별은
결혼 이민자 자녀(2.3%)가 기타 귀화자 자녀(1.7%)보다 피해 경험이 높고, 거
주 지역별로는 동부 거주자(1.6%)에 비해 읍·면부 거주자(3.7%)가 더 높으
며, 소득 수준별로는 300~400만 원 미만인 집단의 비율이 4.1%로 나머지 집
단(2.0% 내외)에 비하여 높았다.

표 6-1　초·중·고 자녀의 지난 1년간 학교폭력 피해 경험 (단위: %, 명)

		있다	없다	합계
전체(2018)		8.2	91.8	100.0
전체(2021)		2.3 (2,572)	97.7 (110,294)	100.0 (112,866)
성별	여성	1.8	98.2	100.0
	남성	2.7	97.3	100.0
연령	9~11세	3.5	96.5	100.0
	12~14세	1.4	98.6	100.0
	15~17세	1.3	98.7	100.0
	18~24세	0.3	99.7	100.0
성장배경	국내에서만 성장	2.3	97.7	100.0
	외국 거주 경험	1.5	98.5	100.0
	외국에서 주로 성장	2.2	97.8	100.0
한국 국적 여부	한국 국적 있음	2.3	97.7	100.0
	한국 국적 없음	3.7	96.3	100.0
외국계 부모의 성별	외국계 부 + 한국계 모	3.1	96.9	100.0
	한국계 부 + 외국계 모	1.8	98.2	100.0
		3.1	96.9	100.0

다문화가구 유형	결혼 이민자	2.3	97.7	100.0
	기타 귀화자	1.7	98.3	100.0
거주 지역	동부	1.6	98.4	100.0
	읍·면부	3.7	96.3	100.0
가구 소득	100만 원 미만	1.7	98.3	100.0
	100~200만 원 미만	1.7	98.3	100.0
	200~300만 원 미만	1.5	98.5	100.0
	300~400만 원 미만	4.1	95.9	100.0
	400~500만 원 미만	1.6	98.4	100.0
	500만 원 이상	2.1	97.9	100.0

출처: 여성가족부 https://www.mogef.go.kr/mp/pcd/mp_pcd_s001d.do?mid=plc503

　다문화 가정 학생을 대하는 교사들은 다문화 가정 학생 간 다양성이 존재한다는 점을 이해해야 한다. 부모 중 한 명만 다른 문화권 출신인지 아니면 부모 모두 한국으로 이주한 경우인지, 결혼으로 인한 이주인지 혹은 한국보다 사회적·경제적·문화적으로 발전한 국가 출신인지 여부 등에 따라, 다문화 가정 학생이 겪는 주관적인 경험은 다를 수 있다. 같은 국가 출신인 경우일지라도 부모의 교육 수준, 직업, 경제력에 따라 현재 처한 어려움이나 자원이 다를 수 있다. 다문화 가정의 월 평균 가구 소득은 100~200만 원 미만이 23.8%, 200~300만 원 미만이 30.4%, 300~400만 원 미만이 20.5%, 400만 원 이상이 16.5%(전국다문화가족실태조사 분석, 2021)로 상이하게 나타나 다문화 가정이 경제적으로 어려움을 겪을 것이라는 보편적 인식이 모두 동일하게 적용된다고 단정할 수는 없다. 또한 외모 역시 뚜렷이 구별되지 않는 경우도 존재한다. 다문화 가정 자녀들을 대하는 교사들은 이와 같은 다양성을 고려하여 이들에 대한 선입견을 배제하고 개개인의 특성과 상황을 존중하는 자세를 가져야 한다.

2. 장애아동에 대한 학교폭력

　장애아동 역시 학교폭력의 위험에 노출되기 쉽다. 「학교폭력예방 및 대책에 관한 법률」 제2조 5호에 따르면 "장애학생이란 신체적 · 정신적 · 지적 장애 등으로 「장애인 등에 특수교육법」 제15조에서 규정하는 특수교육을 필요로 하는 학생을 말한다." 「학교폭력예방법」 제16조의 2(장애학생의 보호)는 장애가 있다는 이유로 학교폭력을 행사하여서는 안 된다는 것을 명시하고 있다. 이러한 법적 보호에도 불구하고, 장애가 있는 학생들은 장애인에 대한 차별 및 비하성 발언, 혹은 신체적 폭력에 쉽게 노출된다. 그러므로 일반학생들이 취하고 있는 장애인에 대한 부정적인 인식을 개선하고, 장애인 인권에 대한 이해를 제고하기 위해 노력해야 한다. 〈표 6-2〉는 장애학생에 대한 학교폭력 예방을 위한 폭력 예방 교육과 의사소통 능력 향상을 주된 교육 내용으로 하는 프로그램이다. 장애학생과 일반학생 사이에서 일어날 수 있는 갈등 상황 및 학교폭력 상황에서 갈등해결 전략을 사용하여 이를 예방하는 활동으로 구성되어 있다(지지은, 이숙향, 2015).

표 6-2 **갈등해결 중심 학교폭력 예방 프로그램의 회기별 내용**

영역		회기	주제 및 활동 목표	활동 내용
프로그램 안내		1	〈오리엔테이션〉 • 프로그램 전반적인 목적과 필요성 이해, 친구들과 친밀감 형성	• 평화열차 7979! 게임(일반 사항, 자아존중감, 폭력에 관한 질문) • 학교폭력 4행시 짓기
갈등	갈등	2	〈학교폭력의 이해〉 • 학교폭력의 정의 및 종류 이해 • 학교폭력의 범위 이해	• 학교폭력의 개념 및 유형 알기 • 장난과 폭력의 개념
		3	〈학교폭력의 그림자〉 • 학교폭력의 피해 및 심각성 인식	• 학교폭력 피해 장애학생 동영상 시청 • 피해학생, 가해학생 감정 구조
		4	〈긍정적 갈등〉 • 갈등의 개념 • 갈등 상황이 학교폭력으로 이어지는 상황을 살펴보며 해결방법 찾아보기	• 갈등하면 떠오르는 그림 그려 보기 • 장애학생과 일반학생 사이에서 일어날 수 있는 갈등 상황 문제 찾기 • 갈등 그림을 보며 갈등에 대한 느낌을 교환하고 갈등을 긍정적으로 인식하기(톱니바퀴 그림) • 동전의 앞면과 뒷면 역할놀이

인간관계		5	〈나와 타인 이해〉 • 나와 내 친구들의 모습	• 나와 내 친구들의 모습 비교하기(공통점과 차이점) • 장애학생에 대해 이해하기 • 고유함 알기
		6	〈두 개의 시선〉 • 관점의 차이 이해하기	• '장애학생을 바로 보는 관점'에 대한 동영상을 보여 주고 문제마다 서로 다른 관점이 존재한다는 것을 이해하기 • 관점의 차이와 폭력의 문제성 이해하기 • 비폭력적인 해결책의 중요성을 강조하기
		7	〈폭력 트라이앵글〉 • 피해자/가해자/방관자 입장 이해하기 • 피해자/가해자/방관자 입장별 해결책 및 결과 예측해 보기	• 폭력에 대한 입장별 차이 영상 시청하기(장애학생이 피해자, 가해자, 방관자가 되는 상황) • 입장별 질문과 대답하기 • 선택과 결과 예측하기 • 폭력에 대한 입장별 Tip 주기
갈등	의사소통	8	〈마음 다스리기〉 • 갈등해결 유형 알아보기 • 분노의 원인과 양상 등 이해하기 • 화 다스리는 방법 이해하기	• 갈등해결 유형 알아보기 • 뚜껑은 언제 열리나? • 신체 이완 훈련하기 • 합리적 vs 비합리적 사고하기
		9	〈경청하기〉 • 경청의 중요성 이해하기 • 경청 기술 연습하기	• 경청 훈련하기(말 전하기) • 대화 기술 연습하기
		10	〈나-전달법 및 주장적 표현 연습하기〉 • 나-전달법이 무엇인지 알고 익히기, 자기주장 기술 익히기	• 나-전달법 익히기 • 자기주장 기술 익히기
	문제해결 및 의사소통	11	〈평화적 갈등해결의 개념/중요성〉 • 평화적 갈등해결 개념/중요성 인식하기	• 평화적 갈등해결의 개념 이해하기 • 평화적 갈등해결 방법을 생각하는 연습하기
		12	〈또래 중재자 역할 살펴보기〉 • 중재 역할의 중요성과 방법 이해하기 • 학교폭력 예방을 위해 내가 해야 할 일 생각하기	• 장애학생과의 학교폭력 상황에서 또래 개입 사례를 제시 • 중재 역할의 중요성 생각하기 • 갈등 중재 시 필요한 대화법 알아보기 • 학교폭력 상황을 살펴보고 또래 중재자의 도움을 통해 갈등 상황에서 절충 및 협력 전략 실천해 보기

		〈문제해결 단계에 따라 해결하기〉	
	13	〈문제해결 단계에 따라 해결하기〉 • 갈등 상황에 바람직한 갈등해결 방법 제시하고 갈등 해결해 보기	• 주어진 상황에 바람직한 갈등해결 방법 나누기(장애학생의 학교폭력 갈등 상황 제시) • 상황을 보고, 바람직한 갈등해결 방법을 역할놀이를 통해 시행하기(모둠별 UCC 공지)
학교폭력 예방 실천의지	14	〈학교폭력 예방 구호 만들기〉 • 학교폭력 예방을 위한 구호 만들기	• 학교폭력 예방 및 금지를 위한 우리 모둠의 구호 만들고 꾸미기
다지기	15	〈학교폭력 없는 행복한 교실 만들기〉 • 모둠별로 UCC 만들기	• 모둠별로 UCC 발표하고 감상하기 • 학교폭력 없는 행복한 교실 만들기 다짐 롤링페이퍼 만들어 교실에 게시하기
마무리 평가	16	〈마무리하기〉 • 학교폭력 해결을 위해 노력할 점을 다짐하기	• 릴레이 인터뷰하기 • 학교폭력을 예방하고 행복한 우리 반을 만들기 위한 서약식하기

출처: 지지은, 이숙향(2015). 갈등해결전략 사용과 학교폭력에 대한 태도 및 장애학생 수용태도에 미치는 영향. 지적장애연구, 17(1), 319-348.

3. 교사 훈련에서의 다양성 이해

다양성에 대한 개방성은 학교폭력을 방지하기 위한 교사 훈련에서 가장 중요한 가치 중 하나다. 한국의 집단주의적 문화에서는 사회적 조화와 안정을 중요시한다. 즉, 한국인들은 전체 집단의 조화로운 기능에 중점을 두는 경향이 있어, 한국 사회는 다른 사람들, 다른 것에 대한 관용이 낮다. 이러한 한국의 문화적 규범이 반영된 학교 환경에서 자신과 다르다고 여겨지는 학생들은 종종 학교폭력의 표적이 된다. 다양성에 대한 교사의 긍정적인 태도는 학생들이 서로를 받아들이는 개념을 형성하는 데 도움이 될 수 있다.

1) 한국 사회에서의 다문화

한국은 인종적 · 민족적으로 동질성이 강한 전통을 가진 사회다. 다양성의
문제는 앞서 언급된 인종 및 신체적 장애 여부에 국한되지 않는다. 한국 사회
에서의 다문화란, "인종은 물론 신체적 장애 여부, 성별과 연령대, 사회경제적
지위(SES)와 종교 등이 모두 포함되는 개념"으로 정의될 수 있다. 예를 들어,
한국에서 사회경제적 지위는 중요한 사회적 쟁점이 되고 있다. 현대 한국 사
회를 살고 있는 대부분의 사람은 입에 '금수저'를 물고 태어난 사람들이 좋은
대학 교육과 일자리를 독점하고, 반면 '흙수저'로 태어난 사람들은 신분 상승
의 기회를 가지지 못한다고 여긴다. 이는 나아가 공정한 세상에 대한 믿음의
상실, 혹은 나와 다른 사회경제적 계층에 대한 편견과 반감으로 연결되기도
한다. 이러한 사회적 맥락은 학교폭력에도 영향을 준다. 즉, 소속 가정의 사회
경제적 지위가 낮을수록 학교폭력에 노출될 위험이 더 높은 것으로 나타나고
있다.

상대적으로 다양성의 측면에서 성별 역시 중요한 요소다. 한국에서는 성역
할에 대한 문화적 규범이 엄격하게 적용되고 있으며, 이는 2013년 세계경제
포럼(WEF)의 성별격차지수 GGI(Gender Gap Index)에서 한국이 136개국 중
111위를 차지하는 등 수치상으로 나타나고 있다. 한국 사회에는 여전히 수줍
고 조용한 소녀상에 대한 기대가 만연해 있으며, 이로 인하여 교사와 부모, 동
료집단 내, 그리고 여학생 본인에게서도 내면화된 성역할에 대한 동조가 관찰
된다. 교사로서 학생들을 대할 때 스스로 의식하지 못하는 사이에 이러한 성
역할에 대한 기대가 표출될 수 있는데, 이는 학생들에게 성역할에 대한 메시
지를 전달하거나, 혹은 남학생과 여학생 간의 권력관계에 영향을 줄 수 있다.
또 전통적인 성역할에 부합되는 행동을 하지 않을 때에는 학교폭력의 대상이
되기도 한다.

마지막으로, 한국 사회에는 샤머니즘과 불교, 기독교 등 다양한 종교가 평
화롭게 공존하고 있지만 일부 종교적 신념의 차이에 대하여 강하게 배타적 태

도를 취하는 경우가 있고, 이 역시 학교폭력과 연계될 수 있다. 특히, 비주류의 종교적 믿음을 가지고 있는 경우 학교에서 왕따나 폭력의 대상이 되기 쉽다. 초·중·고 청소년 10,484명을 대상으로 한 설문조사(김경준 외, 2014)에서 성별로 인한 차별을 받았다고 응답한 24.3%의 학생 외에도 종교로 인한 차별을 받았다고 응답한 학생이 3.4%에 달하는 사실이 이를 뒷받침한다.

2) 다름에 대한 교사 스스로의 수용성

교사가 특정 집단에 대해 고정관념과 편견을 갖고 있거나, 자기와 다른 배경을 가진 사람들에 대해 갖는 선입견과 태도는 교사가 학생을 대하는 방식에 반영될 수 있으며, 이는 특정 학생에게 다른 학생들보다 더 많은 권력을 줄 수 있다. 따라서 학교폭력을 줄이려면 미래의 교사들이 다양한 문화적 배경을 가진 사람들에 대한 자신의 편견을 스스로 인정하는 것이 중요하다.

(1) 다양성의 다층 모델

다양성의 다층 구조는 문화적 정체성의 다양한 차원을 나타낸다. 개개인이 가지는 문화적 정체성은 타인에 대한 선입견 혹은 편견을 가지게끔 우리의 인지적 필터에 영향을 미친다.

① 성격(Personality)

개인의 좋아하는 것과 싫어하는 것, 가치와 신념을 포함한다. 성격은 일생 초기에 형성되며, 일생과 직업 선택 전반에 영향을 미친다.

② 내부 차원(internal dimensions)

여기에는 우리가 통제할 수 없는 다양성의 측면이 포함된다. 예를 들어, 성별이나 나이는 우리가 선택하는 것이 아니라 주어지는 다양성의 측면이다. 신체적 장애는 우리가 타고나기도 하지만 질병이나 사고로 인해 생길 수도 있

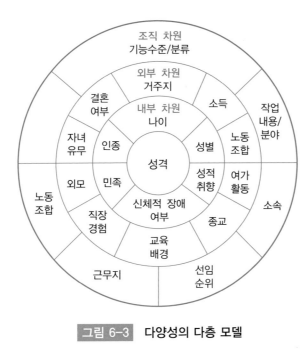

그림 6-3 다양성의 다층 모델

다. 여기에는 인종 또는 민족과 같이 다른 사람들에게 보이는 주요한 정체성
들이 포함된다. 이러한 타인의 문화적 정체성에 대해 우리는 많은 선입견을
가지거나 판단을 내린다.

③ **외부 차원**(external dimensions)

여기에는 취미나 사는 곳과 같이 개개인이 통제할 수 있는 삶의 요소들이
해당된다. 시간의 경과에 따라 변경될 수 있으며 일반적으로 우리가 내리는
많은 결정의 기반이 된다(예: 진로 선택). 이 차원은 우리가 어떤 일을 하는지,
어떤 사람들과 가까이 지내고 싶어 하는지, 또한 우리가 누구를 좋아하는지
알려 준다.

④ **조직 차원**(organizational dimensions)

이 계층은 조직에서 관찰되는 문화와 관련된다. 다양성을 논하는 데 있어

내부 차원이 많은 관심의 대상이 되나, 특권이나 신분 상승의 기회는 이 계층의 내용에 의해 크게 영향을 받는다.

(2) 다름에 대한 공감

공감의 역할은 문화적으로 다양한 학생과 일할 때 교사의 효과성에 대한 속성으로 강조되어 왔다(McAllister & Irvine, 2002). 많은 교사가 다양한 학생들과 공감할수록, 긍정적인 상호작용이 촉진되었고, 지지적인 교실 분위기가 조성되었다. 여러 연구자는 유치원 아동부터 성인 교사에 이르기까지 폭넓은 연령대의 체계적인 훈련을 통해 공감을 얻을 수 있음을 보여 준다. 따라서 학교폭력을 예방하기 위해서는 학생들뿐 아니라, 교사들의 공감적·정서적 반응에 대한 훈련이 필요하다.

'다양성의 다층 모델'은 당신의 삶에 다양성이 미친 영향에 대한 자신의 이해를 발전시키는 도구로 사용될 수 있습니다.

1. 다양성의 다층 모델의 여러 요인들에 대해 생각해 봅시다.

　인생에서 이 시점까지 그동안의 선택한 선택과 결정에 영향을 미친 요인들은 무엇인가요?
　어느 요인이 긍정적인 영향을 미쳤고, 어느 요인이 부정적인 영향을 미쳤나요?
　자신의 어떤 요인을 자랑스럽게 여기나요? 어느 요인을 다른 사람들에게 숨기려고 하나요?

2. 요인들을 다시 살펴보면서, 받아들이기 어려운 사람들에 대해 생각해 봅시다.

　어느 요소로 첫인상을 결정하나요? 어떤 것들이 나쁜 방향으로 상대방에 대해 판단하는 데 영향을 미치나요? 다층 모델에서 어떤 요소들을 가진 사람들과 멀리하려 하나요?

3. 당신의 가치를 탐구하기 위하여 당신과 친한 사람들의 이름으로 목록을 만들어 봅시다.

　각 사람의 이름 옆에 당신이 확실히 알고 있는 차원과 당신이 그러할 것이라고 가정하고 있는 차원의 요인을 쓴다.
　(예) 지연: 백인, 중산층, 대학 학위, 천주교.
　　각 사람마다 다른 요소를 선택할 수 있다.
　　그런 다음 묻는다.
　　나는 이 사람을 다른 사람들과 어떻게 다르게 대우하나요? 긍정적으로 혹은 부정적으로?
　　그 사람에 대해 내가 아는 것과 그 사람에 대해 가정하고 있는 것은 무엇에 근거한 것인가요?

출처: Diverse Teams at Work, Gardenswartz & Rowe *Internal Dimensions and External Dimensions are adapted form Marilyn Loden and Julie Rosener, Workforce America; Business One Irwin, 1991 http://colormagazine.com/?option=com_content&view= article&id=219%3Ath

담임을 맡은 반에 일본인 어머니와 한국인 아버지를 둔 '히로'라는 학생이 있다. 최근 일본과 관련하여 독도와 위안부 문제가 언론 매체를 통해 보도되면서 반 친구들이 은근히 히로를 따돌리기 시작한 걸 알게 되었다. 이런 상황에서 학생들이 히로에게 한일전에서 어느 팀을 응원할 것인지 묻고 있다.

1. 당신이 히로라면 어떻게 답변할 것인가, 그 답변에 대해 예상되는 다른 학생들의 반응은 어떠한가?

2. 담임으로서 어떤 조치를 취할 것인가?

주요 용어

다양성에 대한 개방성, 다문화, 다양성의 다층 모델, 다름에 대한 공감

읽을거리

◆ 다누리(http://liveinkorea.mogef.go.kr)
  - 여성가족부에서 운영하는 다문화 가정 지원 포털, 다문화 가정의 한국 생활에 필요한 다양한 정보와 서비스를 다국어로 제공
  - 다누리 콜센터(1577-5432) 안내: 체류 및 국적 취득, 거주·생활, 복지, 의료 등 한국 생활 적응 지원 정보, 한국어 교육, 한국 사회 이해 교육, 자녀 교육 정보 등 교육서비스

제3부

학교폭력 예방
및 대처

제**7**장

학교폭력 예방을 위한 인성교육

- 학교폭력 예방을 위한 인성교육 내용을 이해할 수 있다.
- 학교폭력 예방을 위한 자기존중감 향상 프로그램을 알 수 있다.
- 학교폭력 예방을 위한 공감 및 경청 기법을 알고 사용할 수 있다.
- 학교폭력 예방을 위한 의사소통 기법을 익힐 수 있다.
- 학교폭력 예방을 위한 분노 조절 프로그램을 활용하고 적용할 수 있다.
- 학교폭력 예방을 위한 스트레스 관리 기술을 활용하고 적용할 수 있다.

학습흐름

1. 인성교육의 의미와 영역

학교폭력은 실제로 일어난 다음에 가해자와 피해자, 또는 그 주변인들을 상담하는 방식으로 개입이 이루어지기도 하지만 많은 경우 학교폭력이 일어나기 전에 미리 인성교육을 통해 그 문제 발생을 예방하는 방식으로 개입을 하기도 한다. 먼저 인성교육의 의미와 인성교육의 내용에는 어떤 것들이 들어갈 수 있는지를 살펴보자.

1) 인성의 정의

최근 학교 현장에서는 인성교육을 매우 강조하고 있다. 그렇다면 여기서 이야기하는 인성이란 무엇일까? 인성이란 한자로 人性이며, 이 한자를 그대로 풀이하면 사람의 성품을 의미한다. 즉, 우리가 흔히 사용하는 성격, 인격, 마음, 본성, 기질과 같은 의미로 사용될 수 있을 것이다. 영어로는 personality라고 번역할 수 있는데, 이 단어는 'persona'라는 고대 그리스어에서 유래한 것으로 고대 희랍 원형극장 배우들이 사용한 가면, 배우의 역할을 의미하기도 하는 말이었다. 즉, 한 인간이 자신의 역할, 성격 등을 어떻게 나타내는가가 인성이라고 할 수 있다. 한편, 인성은 모든 인간이 공유해야 하는 본래의 마음이라고 생각해 볼 수도 있다. 본래의 마음이란 인간이 가지고 있는 심리적 에너지나 생명력, 또는 프로이트가 주장한 인간의 기본적 본성인 리비도(libido), 기독교에서 이야기하는 인간의 영과 혼 등을 모두 의미한다고 볼 수 있다. 이러한 인성의 정의들을 함께 살펴보면 결국 인성이란 인간이 지향하고 성취해야 하는 인간다운 면모, 성질, 자질, 품성이라고 이야기할 수 있을 것이다.

2) 인성의 구성 요소

그렇다면 오늘날 인간이 지향하는 인간다운 성품인 인성에는 어떤 것들이 속한다고 보고 있을까? 이를 [그림 8-1]에 제시해 보았다. 최근 인성의 구성 요소라고 나오는 개념들에는 흔히 관계성, 도덕성, 전일성, 영성, 생명성, 창의성, 민주시민성, 글로벌 리더십 등이 속한다. 인성을 개인적 영역에서만 살펴보고 개인의 도덕성이나 창의성 등을 강조한 경우도 있으나, 최근에는 인성의 사회적 요소를 강조하여 관계성에서부터 민주시민성, 리더십까지 포함하는 영역으로 확대해서 살펴보는 경우가 많다. 이 외에도 시대가 변화함에 따라 바람직하다고 받아들여지는 인성의 요소는 계속 추가될 수 있다. 이처럼 인성의 개념은 학자에 따라 매우 다를 뿐만 아니라 시대와 장소에 따라서도 매우 다양하게 해석될 수 있는 개념이라고 볼 수 있다.

그림 7-1 인성의 구성 요소

3) 인성교육의 목표

앞에서 설명한 것과 같이 인성의 개념이 다양한 구성 요소로 이루어져 있기 때문에 인성을 함양하기 위한 인성교육 역시 매우 다양한 방면의 목표를 가질 수 있다. 특히, 최근에는 인성교육의 영역에서 정의적 발달을 강조(Goleman,

1995)하고 있는데, 이는 감정의 인식, 감정의 조절과 통제, 잠재 능력의 개발, 공감적 이해력, 사회적 관계의 형성과 같은 정서지능(emotional intelligence)을 강조하는 것이라고 볼 수 있다. 인성교육에서 중요하게 다루어질 수 있는 목표 몇 가지를 다음에서 살펴보자.

- 자기 자신에 대한 올바른 이해 도모: 인성교육을 통해서 사람들이 자기 자신의 장단점, 성격, 가치관 등을 올바르게 이해한다면 그 사람은 합리적이고 현실적인 방향을 선택하고 시행해 나갈 수 있다.
- 자기 수용 향상: 자신에 대한 이해를 바탕으로 자기 자신의 모습을 공감하고 이해하며 수용하도록 도와 자기존중감(self-esteem)을 높일 수 있다.
- 자기조절 능력 향상: 스스로의 정서를 인식하고 조절하여 통제하거나 적절하게 표현할 수 있도록 도우며, 충동적인 행동을 지양하고 창의적이고 적극적인 방식의 자기조절을 해 나갈 수 있다.
- 잠재력의 개발: 인성교육을 통해 자신이 가지고 있는 잠재력을 파악하고 이를 더욱 성장하고 개발해 나갈 수 있다.
- 자율적인 문제해결 능력 신장: 어떤 문제에 당면했을 때 스스로의 힘으로 생각하고 선택하여 문제를 해결해 나갈 수 있도록 돕는 역할을 할 수 있다.
- 지적 · 정의적 · 신체적 · 도덕적 · 사회적 측면에서 균형을 이룬 전인적 발달 도모: 인성교육에서 어떤 한 영역만이 아닌 지적 · 정의적 · 신체적 · 도덕적 · 사회적 측면을 모두 발달시켜 나가도록 도울 수 있다.
- 공감 능력 향상: 인성교육을 통해 다른 사람을 공감하고 이해하며 이를 전달하는 능력을 향상시킬 수 있다.
- 책임감 있고 협동적인 시민으로서의 자질 기르기: 인성교육에서 자신의 개인적 측면만이 아니라 자신이 속한 사회 속에서 자신의 위치를 파악하고 자신이 책임져야 하는 의무 사항 등을 인식하도록 도울 수 있으며, 주변 시민을 바라보고 협동할 수 있는 마음을 키워 줄 수 있다.

4) 인성교육의 주요 내용

　　인성교육의 내용은 매우 광범위하고 다양하나 크게 〈표 7-1〉과 같은 영역
으로 살펴볼 수 있다. 앞에서 설명한 것처럼 심리검사나 여러 가지 장단점 찾
기, 나의 가치관 파악하기 등을 통해 내 자신을 좀 더 이해하는 교육을 진행하
거나, 진로탐색 및 비전 설정 등을 하는 것은 인성교육의 중요한 영역이다. 나
의 성격을 다양한 발달이론이나 심리학 이론에 비추어 살펴보고, 주변 사람들
과의 관계를 잘 맺을 수 있는 인간관계 기술을 가르치는 것도 해당하며, 특히
최근에는 감정을 읽고 내 분노를 다스리는 등 정서 조절이 인성교육에서 강조
되고 있다. 또 다양한 행동 습관을 익히거나 경청, 공감 등의 의사소통 기술을
익히는 것도 중요하게 다루어질 수 있다. 마지막으로, 민주시민으로서의 자세
를 가지거나 국제 예절, 글로벌 리더십 향상 또한 인성교육의 주요 내용에 포
함된다.

표 7-1　인성교육의 주요 내용

나의 성격 이해	심리검사, 장단점 찾기
가치관 파악	인생 가치관
진로탐색 및 비전 설정	진로검사, 목표 설정
성격 발달 원리	정신분석, 행동주의, 인간중심
인간관계 기술	자기 노출, 타인에 대한 관심, 우정
나의 성격 이해	감정 읽기, 분노 조절, 불안 다스리기
생활습관 익히기	충동성, 미루기, 실천력
의사소통 기술	경청, 공감, 자기표현, 갈등 다루기
글로벌 리더십	국제 예절, 리더십 향상

2. 학교폭력 예방을 위한 인성교육

앞에서는 인성과 인성교육의 의미에 대해서 살펴보았다. 그렇다면 인성교육의 매우 다양한 주제들 중에서 학교폭력 예방을 위해 실시해 볼 수 있는 인성교육의 내용에는 어떤 것들이 있을까. 이 장에서는 자기존중감 향상, 공감 및 경청 기법, 의사소통 기법, 분노 조절 기법, 스트레스 관리 기법을 위주로 살펴보고자 한다.

1) 자기존중감 향상

앞의 장들에서 많이 설명한 바와 같이 학교폭력의 가해 및 피해에 모두 광범위하게 영향을 미치는 변인이 바로 자기존중감이다. 이를 위해 학교에서 학생들이 자기존중감을 향상하는 데 도움을 주기 위해 다양한 노력을 해 오고 있으며, 이는 매우 중요하다고 볼 수 있다. 그러나 자기존중감은 아주 어린 시절부터 발달과 함께 천천히 형성되고, 가정 환경, 학교 환경, 지역사회 환경, 경제적 수준, 학업성적, 진로성숙도 등 삶의 모든 영역을 포함하는 다양한 변인들과 연결되어 있다. 따라서 자기존중감을 어떤 한 프로그램으로 높여 주기는 어려울 수 있으며, 다음에서 소개하는 공감 및 경청 기법, 의사소통 기법, 분노 조절 기법, 스트레스 관리 기법 등을 진행하면서 자기 자신에 대한 성찰과 수용을 잘 해 나가는 것이 함께 필요하다고 할 수 있다.

여러 학자들이 연구해 온 자기존중감의 구성 요소를 요약해 보면 크게 심리 내적 영역과 관계적 영역이 있다고 볼 수 있다. 심리 내적 영역에서는 신체, 성격, 학업 등을 생각해 볼 수 있으며, 관계적 영역에서는 가족관계, 친구관계, 교사관계, 학교와의 관계, 사회와의 관계를 생각해 볼 수 있다. 따라서 이 모든 영역을 자기존중감 프로그램에 적용한다면 다음과 같은 훈련이나 상담을 할 필요가 있다.

- 등감 다루기: 신체, 학업, 성격 등의 다양한 영역에서 열등감을 가지고 있는 부분을 찾아서 자신의 장점과 함께 생각해 보면서 다룬다.
- 비합리적 사고 다루기: 자기존중감을 떨어뜨리는 비합리적 사고들을 파악하여 이를 논박하고 합리적으로 바꾸는 연습을 한다.
- 가족관계 다루기: 가족관계에서 생기는 갈등 다루기, 부모님과 소통되지 않는 부분 해결하기, 발달적으로 상처를 입은 사건에 대해서 다루기 등 가족관계에 영향을 미치는 다양한 사건을 다룬다.
- 친구관계 다루기: 친구들과 의사소통 연습하기, 친구들에게 다가가는 법 훈련하기, 나-대화법 배우기, 집단따돌림 문제에 대해 알기 등 다양한 친구관계에서 일어나는 일을 다룬다.
- 교사관계 다루기: 교사와의 관계에서 상처받은 부분이나 갈등 등을 다룬다.
- 학교와의 관계 다루기: 학교에 대한 자긍심 찾기, 학교 내에서의 불편함 다루기, 학교에서의 내 자신의 모습 파악하기, 학교에서의 행동에 대한 선택과 책임 다루기 등으로 구성된다.
- 사회적 관계 다루기: 사회에서의 대인관계 지도 그리기, 사회에서의 선택과 책임 다루기 등으로 구성된다.

분노 조절, 타인 이해, 생각 멈추기, 스트레스 조절하기 등 다양한 대인관계 및 자기조절 기술을 배운다. 이 부분은 다음 절에서 구체적으로 제시하였다.

2) 공감 및 경청 기법

(1) 공감 기법

학교폭력이 일어나는 많은 원인 중 상대방의 마음을 이해하지 못하는 것, 그 사람 입장에서 생각해 보고 그 사람이 느끼는 감정을 함께 느끼지 못하는 공감 부족은 굉장히 큰 부분을 차지한다. 따라서 학교폭력 예방을 위해 학생

들에게 공감 훈련을 실행하는 것은 매우 큰 도움이 될 수 있다. 여기서는 공감
의 의미와 기법을 간단히 살펴보고 어떻게 연습할 수 있을지 논의해 보고자
한다.

① 공감의 의미

공감에 대해 많은 연구를 하고 설명한 학자 로저스(1975)는 공감이 다른 사
람의 사적인 지각 세계에 들어가서 거기에 철저히 머무는 것을 뜻한다고 하였
다. 그리고 공감은 순간순간 그 사람 속에 흐르는 느껴진 의미의 변화와 두려
움, 분노, 상냥함, 혼란 또는 그가 경험하는 모든 것에 대한 민감함을 포함한
다고 설명하였다. 즉, 공감이란 상대방의 눈높이에 맞춰서 그 사람 안에 머물
면서 그 사람의 감정의 흐름을 그대로 함께 느끼며 이를 표현해 주는 것이다.

> **글상자 7-1 》 공감의 의미**
>
> 공감적이라고 불리는 타인과의 존재 양식에는 몇 가지 측면이 있다. 다른 사람의
> 사적인 지각 세계에 들어가서 거기에 철저히 머무는 것을 뜻한다. 이는 순간순간 그
> 사람 속에 흐르는 느껴진 의미의 변화와 두려움, 분노, 상냥함, 혼란 또는 그가 경험
> 하는 모든 것에 민감함을 포함한다. 이는 일시적으로 그 사람의 삶을 살며, 판단하지
> 않고 그 속에서 부드럽고 섬세하게 옮겨 다니면서 그가 거의 인식하지 못하는 의미
> 까지도 감지함을 말한다. 그러나 그것이 너무 위협적일 때에는 그 사람이 전혀 느끼
> 고 있지 않는 느낌을 억지로 드러내려고 노력하지 않을 수도 있다. 이는 그 개인이
> 두려워하는 요소를 겁먹지 않은 눈으로 바라보면서 당신이 감지한 그의 세계를 전
> 달해 주는 것도 포함한다(Rogers, 1975).

다시 말하면, 공감이란 상대방의 개인 내적 생각, 세계, 사고방식, 감정 등
을 모두 인정하고 수용해 주며, 그 사람의 문제나 경험을 그 사람의 입장이 되
어 이해하고 해결해 나가려는 인간중심 철학을 바탕으로 진행된다. 또 이렇게
공감적으로 이해한 내용을 상대방에게 전달할 때 그 사람에게 정확하게 전달
되고 적절한 타이밍에 전달되어야 공감이 완성될 수 있다. 이를 위해서는 상

대방이 말하고 있는 수위에 맞추어 그 사람의 말의 장단을 잘 맞춰 가며, 그 사람이 말하는 것 이면의 심리적 반응을 살펴 거기에 맞는 반응을 하는 것이라고 볼 수 있다. 이를 위해서는 상대방이 하는 말의 내용뿐만 아니라 상대방의 신체 반응, 정서 반응, 지적 반응 등을 자세히 관찰하여 그 사람의 말 속에 숨겨진 의미를 파악하여 전달하는 것이 필요하다.

② 공감의 단계

공감적 이해를 잘 진행하고 전달하기 위해서는 다음의 세 단계가 필요하다.

첫째, 대화하는 상대방이 사용하는 낱말의 의미를 정확하게 파악할 필요가 있다. 어떤 사람이 "난 오늘 너무 우울해."라고 말했을 때 단순히 "아, 너 너무 우울한 것 같다."라고 말한다고 해서 이를 공감이라고 할 수는 없다. 우울하다는 의미가 사람에 따라서 매우 다를 수 있기 때문이다. 누군가는 남자친구와 헤어져서 너무 슬프고 외로울 때 우울하다고 표현할 수 있지만, 또 다른 누군가는 아무것도 하고 싶지 않고 무기력할 때 우울하다고 표현할 수도 있다. 따라서 그 사람의 말을 잘 공감하기 위해서는 그 사람이 사용한 언어의 의미를 그 사람의 입장에서 잘 듣고 질문하며 그가 마음속 깊이 의미하는 바를 잘 파악하고자 하는 노력이 매우 중요하다.

둘째, 공감을 잘하기 위해서는 상대방의 이야기가 논리적으로 맞지 않고 엉뚱해도 이를 인정하고 존중해 주어야 한다. 사람은 자기가 살아온 환경, 자라면서 발전시켜 온 논리 등에 따라 이야기를 하게 된다. 그래서 어떤 사람의 이야기하는 논리가 다른 사람에게는 전혀 이해가 되지 않는 비논리적인 이야기가 될 수도 있다. 예를 들어, 어떤 초등학생 여자아이와 상담을 한 적이 있는

표 7-2   공감의 세 단계

1단계	대화하는 상대방이 사용하는 낱말의 의미를 정확하게 파악하는 일
2단계	상대방의 엉뚱한 논리를 인정하고 존중하는 일
3단계	상대방의 논리를 확장, 발전시키는 일

데 그 학생은 "폭력은 사랑이에요."라는 말을 자주 하곤 했다. 이 말을 듣고 모든 사람이 "그건 틀렸다. 생각을 고쳐라."라는 반응을 했다고 한다. 물론 그 학생의 말은 논리적으로 틀리다고 말할 수 있다. 그러나 공감을 하기 위해서는 그 사람의 말의 옳고 그름을 먼저 따지는 것이 아니라, 이 사람이 이런 말을 하는 데에는 무언가 이유가 있을 것이라고 생각하고 그 엉뚱한 논리를 일단은 인정해 주는 것이 필요하다.

셋째, 공감을 잘하기 위해서는 앞에서 얘기한 것처럼 인정해 주고 수용해 준 그 사람의 논리를 확장하고 발전시켜 나가 그 논리의 구조 안에 숨겨져 있는 그 사람의 경험과 감정에 함께 해 주어야 한다. 앞의 예에서 언급한 학생은 처음에는 폭력이 사랑이라고 주장하는 것처럼 보였지만, 사실 그 사람의 경험 속에 들어가 보았을 때 그 사람의 삶이 보일 수 있다. 그 학생은 부모님이 이혼하신 후 어머니와 오랫동안 같이 살아왔는데, 어머니가 밤늦게까지 장사를 하고 들어오셔서 늘 집에 혼자 남아 있었다. 그리고 어머니가 밤늦게 집에 돌아오시면 그 학생의 숙제를 검사하면서 제대로 해놓지 않은 부분에 대해서는 매우 심하게 때렸다고 한다. 때린 후에는 늘 이 학생을 무릎에 뉘어 재우며 "엄마가 우리 ○○를 사랑해서 때린 거 알지?"라고 귀에 대고 얘기하며 재웠다. 이렇게 성장한 그 학생은 어머니의 사랑을 느낄 수 있는 시간이 어머니한테 맞은 후밖에 없었던 것이다. 이런 학생에게 폭력은 사랑이라는 엉뚱한 말은 어쩌면 당연한 것일지도 모른다. 상담자가 이 학생의 말을 듣고 그것은 잘못된 말이라고 단번에 잘라 버렸다면 이 학생이 겪은 가정 안에서의 외로움, 어머니의 사랑에 대한 갈망, 슬픔은 공감하기 어려웠을 것이다.

③ 공감 기법 예시

보통 공감을 표현할 때는 "당신은 ~라고 느끼는군요", "당신은 ~하는군요", "당신의 심정은 ~하겠군요"라는 말을 사용하게 된다. 그러나 단순히 저 멘트만 반복하는 것으로는 상대방이 진심으로 공감 받았다고 느끼기 어렵다. 그러므로 유명한 상담자들이 공감을 어떻게 하는지 살펴보고, 상대방을 공감

하기 위한 훈련을 할 필요가 있다. 〈글상자 7-2〉와 〈글상자 7-3〉의 예시를
읽고 함께 토론한 후, 이 장의 맨 뒤에 있는 공감 실습을 함께 해 보도록 하자.

글상자 7-2 ▷ 공감 기법 예시 1

수현: 난 아침에 일어나는 게 너무 힘들어요. 아침에 못 일어나는 것만 빼면 그래
　　도 꽤 괜찮은 학생이라는 생각이 드는데요. 스스로 책임감 있는 사람이라고 생
　　각하고요. 아침에 제대로 일어나려고 노력도 많이 했어요. 알람시계도 많이 맞
　　춰 놓고요. 그런데도 전혀 소용이 없고 학교에는 매번 지각해요. 하아…… 정
　　말…….

상담자: 어떻게든 일찍 일어나려고 노력하는데 소용이 없었구나. 무기력하고 답답하
　　다고 느끼고 있네.

수현: 네. 그러니까요. 그게 정말 문제예요. 전 정말 야간 자율학습 시간에는 열심히
　　공부하거든요. 그런데도 담임선생님은 내가 지각하는 것만 가지고 나를 판단
　　하고 뭐라고 한다니까요. 친구들도 나를 어떻게 보고 있을지 모르겠어요. 다들
　　나를 어리석게 보겠죠, 아씨. 아, 정말 난 열심히 살려고 하는데 왜 이렇게 못
　　일어나게 되는 걸까요.

상담자: 못 일어나는 자신에 대한 무기력감도 느끼면서…… 주변 친구나 선생님이
　　나를 그것만 가지고 판단하는 게 억울하고 화가 나기도 하는구나.

글상자 7-3 ▷ 공감 기법 예시 2

미연: 우리 엄마 존경하죠. 정말 밖에서 열심히 사시고 바쁘세요. (눈빛이 떨리고 눈
　　물이 맺히며) 워낙 집에 있는 것보다 밖에 있는 것을 더 좋아하는 분이니까요.
　　집에 오면 저같이 못난 딸 봐야 하니 얼마나 싫으시겠어요.

상담자: 엄마를 존경한다고 말하지만, 엄마가 미연이에게 소홀한 것 같아서 많이 서
　　운하고 힘든가 보구나.

(2) 경청 기법

앞에서 설명한 공감을 잘하기 위해 가장 우선적으로 필요한 것은 상대방의
말과 행동을 잘 경청하는 것이다. 로저스(1975)는 상대방의 말을 제대로 이해

하려면 반드시 공감적 경청을 해야 한다고 말했는데, 이처럼 공감과 경청은 함께 가는 것이라고 볼 수 있다. 경청은 크게 두 가지로 나눌 수 있다. 한 가지는 언어적 단서를 잘 경청하는 것이며, 다른 한 가지는 비언어적 단서를 잘 경청하는 것이다. 흔히 상대방의 말을 잘 듣는 것만 경청이라고 생각하기 쉬우나, 말을 잘 듣는 것을 넘어서 비언어적 메시지까지 잘 파악하는 것을 포함한다. 언어적 단서를 경청하는 데는 음성의 크기, 톤과 억양, 속도와 같은 말하는 스타일, 침묵, 웃음, 언어의 의미와 선택, 유창성 등을 잘 파악하는 것이 포함되며, 비언어적 단서를 경청하는 것에는 인종, 성별, 나이, 키, 체중과 같은 전반적 외양, 거리, 상담실에서 앉는 위치, 접촉 정도, 몸의 자세, 어깨, 팔다리, 손발의 움직임, 눈맞춤, 눈물, 얼굴 표정, 옷 입는 스타일 등을 잘 파악하는 것이 포함된다.

이와 같이 언어적·비언어적 단서를 잘 경청하기 위해서는 주의집중을 잘하는 것이 필요하다. 미국의 상담심리학자인 힐과 오브라이언(Hill & O'Brien, 1999)은 주의집중 기술을 ENCOURAGES로 요약하여 제시하고 있다. 그 구체적 내용은 〈표 7-3〉과 같다.

표 7-3 주의집중 기술

Eye	눈 마주치기
Node	고개 끄덕이기
Cultural difference	문화적 차이 존중하기
Open stance	내담자 쪽으로 열린 자세 유지하기
Uhmm	음(Uhmm) 등의 인정하는 언어 사용하기
Relax	편안하고 자연스럽게 하기
Avoid	산만한 행동은 피하기
Grammatical style	내담자의 문법 스타일에 맞추기
Ear	세 번째 귀(공감의 귀)로 듣기
Space	적절한 공간 사용하기

3) 의사소통 기법

학교폭력 예방을 위한 의사소통 기법은 다양한 방향에서 연구되어 왔으며, 또래 사회성 훈련과 관련해서도 다양한 자료들이 있다. 이 장에서는 가장 기본적으로 많이 사용되고 있는 나-전달법(I-message)과 CHANGE 대화법에 대해서만 간단히 살펴보려고 한다.

(1) 나-전달법

나-전달법은 의사소통의 가장 기초적인 기법이라고 할 수 있을 만큼 다양한 분야에서 활용되고 있다. 이 기법은 주어를 '너'라고 넣어서 말하는 대신 '나'를 넣어서 나의 생각과 감정을 위주로 의견을 표현하는 방법으로 매우 간단하고 적용하기 쉬운 방법이다. 누군가와 대화를 할 때 "너는 왜 그렇게 행동하니"라는 방식의 어투보다는 "네가 그렇게 행동하니 나는 속상하다"라는 방식의 어투가 상대방에게 부드럽게 전달될 수 있다는 가정하에 이 기법을 사용하게 된다.

표 7-4 너-전달법과 나-전달법

너-전달법	나-전달법
"넌 왜 그렇게 맨날 화만 내냐!"	"네가 자꾸 화를 내니까 내가 힘들어."
"넌 너무 다른 사람들에게만 관심이 많아!"	"네가 다른 사람들에게 관심을 가지니 내가 소외된 것 같이 느껴져."
"너 정말 돈을 막 쓰는구나."	"네가 돈을 많이 쓰는 것 같아서 난 걱정이 된다."

(2) CHANGE 대화법

CHANGE 프로그램은 미국의 임상심리학자인 마셜 로젠버그 박사(Marshall B. Rosenberg, Ph.D.)의 비폭력 대화 프로그램(Nonviolent Communication: NVC)의 내용을 기초하여 이민식 박사가 구성한 프로그램으로, 우리나라 기업, 학

교, 상담 장면 등 다양한 장소에서 활용되고 있다. CHANGE의 의미는 다음과
같다.

- Connection: 연결성, 유대, 진정한 소통, 마음과 마음의 이어짐
- Healing: 갈등의 치유와 회복
- Acceptance: 수용, 있는 그대로 받아들임
- Nonviolence: 비폭력, 비적대적, 존중
- Genuiness: 진실함, 솔직함
- Empathy: 공감적 경청, 공감적 태도

CHANGE 대화법의 핵심은 상대방의 얘기 중에서 관찰, 느낌, 욕구, 요청을
찾아서 공감적으로 듣는 것과 비판적이고 듣기 힘든 말을 들었을 때 습관적이
고 자동적인 반응이 아니라 자기 마음에서 일어나는 것을 명료하게 인식하고,
진솔하게 표현하는 것이다.

CHANGE 대화법에서 강조하는 관찰은 있는 그대로의 사실과 상황을 묘사

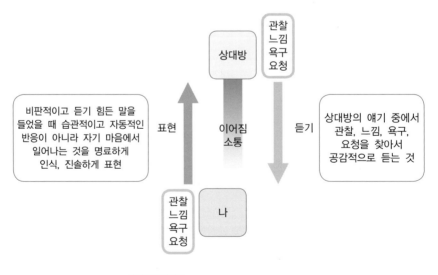

그림 7-2 CHANGE 대화법의 핵심

하는 것이며, 느낌은 자신의 느낌을 인식하고 말하기, 욕구는 내가 필요하거나 원하는 것을 찾기, 요청은 지금 할 수 있는 것으로 부탁하기다. 관찰, 느낌, 욕구, 요청 단계에서 어떻게 표현을 하는지 각각을 간단히 살펴보도록 하자.

① 관찰 단계

관찰 단계에서는 상대방을 평가하거나 판단하는 내용을 빼고 있는 그대로의 상황과 말, 행동을 관찰해야 한다. 흔히 이 단계를 쉽게 생각할 수 있는데, 자신이 그동안 가져온 편견이나 생각을 빼놓고 온전히 상대방의 말과 행동을 관찰하는 것은 막상 해 보면 매우 어렵게 느껴질 것이다. 가장 일반적인 표현은 "그 사람이 ~라고 말한 것을 들으니", "당신이 ~한 것을 보았을 때" 등으로 이는 있는 사실의 묘사를 그대로 전달하는 표현이다. 우리가 쉽게 하는 표현에는 대부분 관찰보다는 판단이나 평가의 말이 들어가 있다. 〈글상자 7-4〉에서 관찰 표현이 아닌 표현들을 살펴보자. 상대방의 어떤 행동이나 말이 이런 표현을 하게끔 만들었는지 살펴보고 그 사람의 말이나 행동을 그대로 관찰하여 묘사하는 것이 관찰 단계에서 이루어져야 한다. 예를 들어, 〈글상자 7-4〉에 있는 표현 중 "너는 너무 무책임해."라는 표현을 관찰 표현으로 바꾸려면 그 사람을 왜 무책임하다고 느꼈는지 생각해 보아야 한다. 이 경우, "너는 우리 조모임에 연락도 없이 안 왔어."라는 식으로 있었던 상황을 그대로 표현할 수 있을 것이다.

🔗 글상자 7-4　관찰이 아닌 표현

- 그 사람은 원래 이기적이다.
- 너는 너무 무책임해.
- 우리 아빠는 너무 엄격해.
- 나는 정말 멍청이인가 봐.
- 우리 아들은 정말 착한 아들이야.
- 우리 담임은 나를 싫어한다.
- 너는 내가 말할 때 제대로 듣지도 않잖아.

② 느낌 단계

느낌 단계에서는 앞에서 관찰한 상대방의 말·행동·상황 등을 겪었을 때 내가 어떤 느낌을 가지게 되었는지 들여다보는 것이다. 우리에게 감정이란 어떤 상황에 접했을 때 우리 몸에서 일어나는 무의식적 반응이다. 느낌은 정서적인 감정도 해당되지만, 몸에서 자율적으로 나타나는 짜릿함·떨림·차가움 등의 신체적 느낌도 해당된다. 느낌이나 감정을 제대로 인식하고 자각하는 것은 실제로 정서 조절에도 큰 도움이 될 수 있다. 특히, 부정적인 감정이나 느낌은 자신이 원하는 어떠한 욕구가 불충족될 때 나타나므로 느낌을 잘 들여다보면 자신이 무엇을 원하는지를 파악하는 데도 도움이 된다. 느낌의 표현은 "네가 ~라고 말한 것을 들으니 나는 ~한 기분이 든다", "네가 ~한 것을 보니 내가 ~하게 느껴진다" 등이 될 수 있다. 느낌을 잘 찾지 못한다면 감정 단어 카드나 목록 등을 보고 찾아보는 연습을 해 보는 것도 인식과 자각을 높여 줄 수 있다.

글상자 7-5   느낌 단어 예시

〈긍정적 느낌〉

가슴 뭉클한	고마운	신기한	기쁜	벅찬	설레는	짜릿한
황홀한	따뜻한	애틋한	친근한	고요한	잔잔한	편안한
유쾌한	상쾌한	행복한	즐거운	뿌듯한	자신만만한	기운찬
회복된	신선한	매료된	흥미로운	호기심이 가는		기대하는

〈부정적 느낌〉

겁나는	걱정스러운	불안한	무서운	심란한	답답한	
짜증스러운	난감한	귀찮은	외로운	괴로운	속상한	억울한
한스러운	충격적인	냉담한	몽롱한	시큰둥한	난처한	미안한
민망한	수줍은	수치스러운	화난	서운한	불쾌한	미심쩍은
산만한	불편한	찜찜한	슬픈	우울한	침울한	절망하는
공허한	아쉬운	애절한	착잡한	지루한	피곤한	느끼한
미운	경멸스러운	싫은	혐오스러운			

③ 욕구 단계

욕구 단계에서는 [그림 7-3]의 느낌 아래 깔려 있는 자신의 욕구를 발견하는 단계다. 이 단계에서는 자신의 어떤 욕구가 그동안 좌절되거나 충족되어 왔는지를 확인하게 된다. 흔히 이 단계를 어려워하는 경우가 많은데, 자신의 모습에 대해 자각하고 성찰해 온 학생들은 이 욕구를 쉽게 찾을 수 있다. [그림 7-3]의 욕구 목록을 보면서 욕구를 확인해 볼 수 있다. 이 그림에 나열한 욕구 목록은 그동안 청소년들을 상담하는 과정에서 많이 등장한 욕구다.

그림 7-3 **청소년들에게 많이 나타나는 욕구**

④ 요청 단계

요청 단계는 앞의 관찰 · 느낌 · 욕구를 바탕으로 하여 상대방이 변화할 수 있는 방향으로 요청을 전달하는 것이다. 이때 요청은 명확하고 구체적으로 전달하며, 긍정문으로 원하는 것만을 말하는 것이 좋다. 그리고 그 내용은 상대방이 지금 바로 할 수 있는 쉬운 것부터 제시하는 것이 좋으며, 단정적으로 해 달라는 방식이 아니라 권유나 질문 형태를 취하는 것이 좋다. 무엇보다도 요청 단계에서는 서로 마음을 열고 소통하면서 대화하는 분위기를 만들어야 한다. 그렇지 않으면 앞에서 노력한 관찰, 느낌, 욕구의 표현이 모두 헛수고로 돌아갈 수 있다. 요청을 한 후에는 "지금 내 얘기가 어떻게 들렸나요?"라고 연결해서 되물어 보거나 "그대신 ~해 보면 어떨까요?"라고 말하면서 대안을 제시할 수도 있다.

예를 들어, 늘 우울해하며 고개를 숙이고 다니고, 사람들과 얘기를 못하는 학생에게 "좀 우울해하지 않으면 좋겠어."라는 말은 아무런 도움이 안 될 수 있다. 우울하지 않을 방법을 모르기 때문에 저런 말은 오히려 더 그 학생을 힘들게 만들 수 있다. 그보다는 "고개를 잠깐 들어서 나를 쳐다보면 어떨까?"라든지 "어깨를 조금만 펴고 걸어 봐."와 같은 요청이 더 도움이 될 수 있다.

이 장의 맨 뒤에 있는 〈실습〉에서 CHANGE 대화법으로 표현하는 연습을 하는 내용을 가지고 관찰, 느낌, 욕구, 요청을 연습해 보자.

4) 분노 조절 기법

학교폭력을 유발하는 많은 요인 중 중요한 요소가 가해학생들의 분노 조절 문제다. 따라서 학교폭력 예방을 위해 학생들의 분노 조절 능력을 향상시켜 주는 것이 매우 중요하다고 볼 수 있다. 그동안 분노 조절 방법으로 제시되어 온 내용은 크게 다음과 같다.

- 사회성 기술 향상 기법: 구체적으로 분노가 일어날 수 있는 상황을 제시하고 이때 적절하게 분노를 조절하며 표현할 수 있는 사회성 기술을 익히도록 하는 기법이며, 보통 적절한 모델링, 역할 연습을 통해서 모방 및 리허설을 하도록 한다.
- 자기조절 훈련: 분노를 유발하는 상황에서 자신의 분노가 고양되는 것을 자각하고 이에 효과적으로 대응하여 조절하는 훈련이다.
- 공감 훈련: 상대방의 고통을 이해하고 역지사지의 정신으로 상대방의 마음을 알도록 하는 방법으로, 가해자들이 피해자의 입장에서 생각해 보고 이해하여 덜 공격적이 되도록 돕는 훈련이다.
- 긴장 이완 훈련: 스트레스 상황에서 긴장하고 불안감을 느끼는 것을 스스

로 이완할 수 있도록 돕는 훈련이다.

- **분노에 대한 자동적 사고 전환 기법:** 분노 감정을 일으키는 데에는 자동적 사고가 많은 역할을 할 수 있다. 관계에서 상대방의 행동이 자신에 대한 적대감을 나타내는 것이라고 해석하고 관계가 끝난 것으로 생각해 버리거나, 어떤 부정적 경험을 한 후 자신의 인생이 끝났다고 여겨 버리는 등의 극단적 생각 등은 분노를 일으킬 수 있는 자동적 사고에 속한다. 자동적 사고를 논박하고, 사고를 긍정적으로 변화시키는 것은 분노의 감정을 긍정적 감정으로 변화시키는 데 도움을 주며 이러한 훈련을 하는 기법은 학교폭력 예방에 도움을 준다.
- **놀이치료, 영화치료, 독서치료 등 다양한 매체를 이용한 치료 기법:** 최근 다양한 매체를 활용하여 분노 감정을 인식하고 표현하여 조절할 수 있도록 하는 프로그램이 많이 나오고 있다.

5) 스트레스 관리 기법

학교폭력은 스트레스가 쌓이고 불안이 높아지면 일어날 수 있는 가능성이 있다. 그리고 스트레스는 폭력뿐만 아니라 우울, 불안 등의 장애와 신체적 장애까지 연결될 수 있으므로 학생들에게 스트레스 관리 훈련을 시키는 것은 학교폭력을 예방하는 데 매우 중요하다. 스트레스 관리를 위해서는 인지 · 정서 · 행동 기법이 종합적으로 적용되는데, 여기서는 다음의 몇 가지 기법을 우선 살펴보고자 한다.

- **본인의 스트레스 수준 인식 및 자각:** 많은 사람이 자신이 얼마나 스트레스를 안고 살아가는지 잘 모르고 있다가 불쑥불쑥 화를 내거나 몸이 아프기도 한다. 그러므로 스트레스 관리를 위해서는 내 스트레스 수준이 어느 정도이며 다른 사람들에 비해 어느 정도 수준에 와 있는지를 파악해야 한다.

- **스트레스 상황의 인지적 모형 이해**: 스트레스를 자주 일으키는 상황을 살펴보고, 그 상황에 영향을 미치는 인지적 구조를 이해한다. 여기서는 인지행동치료에서 얘기하는 ABCDE 기법을 활용하면 좋다.
- **스트레스 상황의 감정 인식 및 적절한 표현 연습**: 스트레스를 일으키는 상황에서 자신의 감정이 어떠한지 인식하고 수용하며, 다른 사람들에게 적절한 방식으로 표현하는 연습을 해 보는 것이 좋다. 스트레스가 쌓일 때 가장 위험한 반응은 참고 견디는 것이다. 적절하게 이를 분출할 수 있는 통로가 필요하다.
- **스트레스를 일으키는 관계 양식 확인 및 수정**: 대인관계에서 스트레스를 유난히 일으키는 대상이 누구인지 파악하고, 그 사람과 어떤 관계 스타일을 맺고 있는지 파악한다. 그 후 스트레스를 일으키는 패턴을 대안 패턴으로 바꿔 보는 연습을 할 수 있다.
- **스트레스 이완 훈련**: 스트레스가 올라오면 복식 호흡법, 평온한 장면 상상하기 등을 통해서 자신의 스트레스를 이완시킬 수 있는 행동적 기법을 익힌다.

실습

1. 공감 기법 실습

다음의 대화에서 공감 반응을 적어 봅시다.

(중학교 1학년 남학생이 가진 아버지와의 관계에 대한 고민)

학생: 저희 아버지는 저보고 꼭 의사가 되어야 한다고 하면서 의대를 가라고 하세요. 사실 제 성적으로는 의대를 갈 수가 없거든요. 아버지는 의료기 판매 일을 하고 계시는데 아버지 눈에는 의사가 너무 위대해 보이나 봐요. 본인이 원래 의사가

되고 싶었는데 성적이 안 나와서 다른 전공을 간 것을 평생 후회한다면서 저한 테는 꼭 의대를 가라고 난리예요. 저도 성적도 안 되지만 전 진짜 의사 되고 싶은 마음이 없거든요. 나 참 기가 막혀…… . 왜 본인이 못 이룬 꿈을 나보고 이루라고 화를 내는 건지 이해가 안 가요. 좀 내가 하고 싶은 걸 하게 놔두면 안되나요.

상담자: _____

(초등학교 6학년 여학생이 가진 친구관계에 대한 고민)

학생: 얼마 전에 미영이랑 말다툼을 좀 심하게 했거든요. 원래 단짝 친구였는 데 심하게 싸우고 나서 말도 안 하고 일주일을 보냈어요. 먼저 다가가서 말 걸어 볼까 생각도 했지만 잘 안 되네요. 그냥 이대로 헤어져야 하나 싶기도 해요.

상담자: _____

(고등학교 1학년 남학생이 가진 관계에 대한 고민)

학생: 도대체 왜 다들 나를 무시하는 거죠? 선생님들도 공부 못한다고 아예 나는 인간 취급도 안 해요, XX. 진짜 기가 막혀. 학교란 게 왜 있나 모르겠어. 공부 잘하는 애들이랑만 수업하지. 쳇. 반 애들도 마찬가지예요. 어찌나 나를 없는 인간 취급하는지. 내가 화내지 않으면 아예 쳐다보지도 않고 무시한다니까요. 그러니까 내가 소리 지르고 싸우지 않고 있을 수 있겠어요!

상담자: _____

(친구를 집단따돌림한 고등학교 3학년 여학생)

학생: 아, 나 보고 어쩌라고요. 내가 걜 때린 것도 아니고. 그냥 단톡방에서 걔랑 얘기 안 하고 연락 좀 안 받은 게 그렇게 큰 잘못이에요? 걔 진짜 싸가지 없거든요. 지 공부 잘한다고 ×랄×랄. 어떤 오빠한테 선물 받았다고 자랑하고. 우리 다 걔 진짜 싫어해요. 근데 왜 선생님도 그렇고 다들 걔 편만 들어요? 걔가 얄미운 짓을 했으니까 우리가 같이 안 노는 거잖아요! 왜 걔 얘기만 듣는 거예요!

상담자: _____

2. CHANGE 대화법 실습

최근에 중요한 누군가에게 부정적인 감정이 들었던 순간을 떠올려 봅시다. 그 순간의 상황에 대해 관찰, 느낌, 욕구, 요청의 내용을 다음 표에 적어 봅시다.

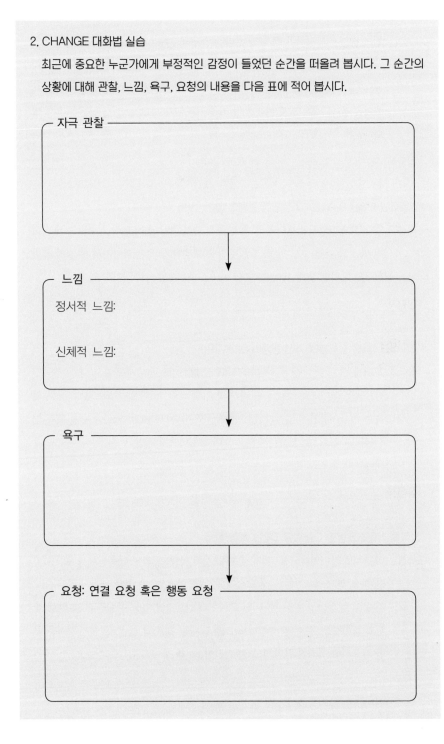

3. 분노 조절 기법 실습

다음의 표에 내가 최근에 가장 화가 났던 상황을 떠올리며, 해당하는 내용을 작성해 보자. 나의 분노 감정은 무엇을 말하고 싶었는지 생각해 봅시다.

화가 났던 상황은?
어떤 감정들이 올라왔나요?
그래서 나는 어떻게 행동했나요? 그 결과는 무엇인가요?
내가 정말로 원했던 것은 무엇이었나요?

4. 나만의 평온한 장면 만들기

스트레스 상황에서 나를 가장 이완시킬 수 있는 장면을 떠올리고 그 장면을 다음에 아주 구체적으로 묘사해 봅시다.

주요 용어

인성, 인성교육, 가치관, 공감, 자기존중감, 경청, 의사소통, 분노 조절, 스트레스 관리, 주의집중, 나-전달법, 너-전달법, CHANG 대화법, 관찰, 느낌, 욕구, 요청

제 **8** 장

학교폭력의
조기감지와 평가

학습목표

- 학교폭력의 발생 사실을 인지할 수 있는 신호들을 알 수 있다.
- 학교폭력을 평가할 수 있는 도구들을 파악할 수 있다.
- 학교폭력을 조기에 감지할 수 있는 민감성을 높일 수 있다.
- 학교폭력을 감지한 후 필요한 조치 사항을 이해할 수 있다.

학습흐름

1. 조기감지 징후
   1) 관찰 기술의 개발
   2) 대상별 징후

2. 학교폭력 평가 · 질문지 · 검사
   1) 학생용 질문지
   2) 교사용 질문지
   3) 학부모용 질문지

3. 조기감지 후 대처 방안

1. 조기감지 징후

학교폭력 전문 상담실의 사례 보고에 의하면 학교폭력과 관련한 상담 전화
는 폭력이 발생하고 난 지 한참이 지나고 나서야 연결되는 경우가 많다. 학년
이 올라갈수록 별일이 아니라고 생각하거나 보복을 당할까 봐, 스스로 해결
하기 위해, 혹은 해결이 되지 않을 것 같아 피해 사실을 알리는 것을 꺼리고
누군가의 도움을 직접적으로 구하는 데 소극적이기 때문이다. 이로 인해 많
은 학부모들은 자녀가 학교폭력을 당하고 있었다는 사실을 6개월에서 길게는
2년 이상 지난 후에 알게 되기도 한다. 이때 부모로서 자녀의 고통을 몰랐다
는 사실에 심한 자책감을, 자녀를 보호해 주지 못한 데 대해 죄책감을 느끼기
도 하고 무력감, 우울, 분노에 빠져 전문적인 상담 및 치료를 받기도 한다(송
재홍 외, 2017).

또한 학교의 담임교사는 학급 운영자로서 집단괴롭힘과 같은 학교폭력 사
실을 알지 못하였다는 것에 자신감을 상실하고 어떻게 개입해야 할지 막막함
을 느낀다. 언제 다시 학급에서 학교폭력이 발생할지 몰라 불안해하기도 하고
재발을 방지하기 위해 학생들의 동태에 매우 예민해지기도 한다(방기연, 이규
미, 2009).

학교폭력 징후를 알아차리고 예견하고 대비하는 것은 교원의 보호·감독
의무 중 하나다. 잠재적인 폭력을 조기에 감지하고 폭력의 정도가 심화되는
것을 막는 것은 피해 범위를 최소화할 수 있을 뿐만 아니라 학생들의 복지와
안전을 위한 최선의 개입이라고 볼 수 있다. 따라서 교사로서 학교폭력의 단
서들을 알아차리고 민감성을 높이기 위한 노력을 기울일 필요가 있다.

1) 관찰 기술의 개발

교사가 할 수 있는 작지만 중요한 일은 학생들의 동태에 관심을 가지고 주

의 깊게 관찰하는 것이다. 주로 어떤 말을 하는지, 말에서 느껴지는 분위기는 어떠한지, 표현이 정확한지 등과 같은 언어적 단서를 파악하는 것에서부터 학생들의 활동 수준과 범위가 어떠한지, 외양이 정돈되었는지, 표정의 변화가 있는지, 교실 분위기는 어떠한지 등의 비언어적 단서까지 다양한 정보들을 수집할 수 있다. 구체적으로 살펴보면 〈표 8-1〉, 〈표 8-2〉와 같다.

표 8-1   언어적 단서 체크리스트

언어적 단서	점검할 사항
발화 속도	• 말의 속도가 너무 늦거나 빠르지 않은지
어투, 어조	• 말에서 느껴지는 분위기가 공격적이거나 날카로운지 • 말에서 느껴지는 분위기가 불안하거나 의기소침한지 • 또래와 다른 사투리를 많이 사용하는지 • 지나치게 감정적이거나 객관적으로 이야기하지 않는지
높낮이, 크기	• 목소리가 너무 크거나 작지 않은지 • 목소리 톤이 급격하게 변화하지 않는지(예: 갑자기 큰 소리로 화를 냄)
유창성	• 말을 자주 더듬지 않는지 • 화제의 전환이 급하게 이루어지는지 • 교사의 물음에 맞는 대답을 하는지(예: 동문서답, 너무 추상적이거나 물음과 거리가 있는 대답)
주로 사용하는 어휘	• 부정적이고 극단적인 어휘를 많이 사용하는지 • 지나치게 자기중심적이고 타인을 비난하는 말을 자주 하는지 • 지나치게 자신을 비하하고 깎아내리는 말을 자주 하는지 • 상황과 맥락상 사용하는 단어의 의미가 무엇인지(예: 우울하다는 말을 구체화하면 '외롭다', '화가 난다', '억울하다' 등일 수 있음)

표 8-2   비언어적 단서 체크리스트

비언어적 단서	점검할 사항
웃음	• 말하는 내용이 유쾌하지 않음에도 불구하고 웃음으로 포장하려 하는지 • 억지스럽게 웃는 느낌이 있는지

눈물	• 눈물을 흘린 흔적이 있는지 • 어떤 장면, 상황에서 눈물을 흘렸는지 • 눈물에 담긴 의미와 동기가 무엇인지
침묵	• 또래와 상호작용이 필요한 때에도 말을 하지 않는지 • 현재 침묵하는 이유가 무엇인지(예: 얘기가 누설될까 봐 걱정됨. 생각 중. 적당한 말을 찾지 못함)
전반적 외양 (의복, 차림새)	• 전반적인 위생 상태는 어떠한지 • 몸집이 평균보다 큰 편이거나 왜소한지 • 외모에서 풍기는 분위기가 어떠한지 • 의복이 너무 짧거나 타이트한지
얼굴 표정	• 표정 변화가 거의 없고 경직되어 있는지 • 표정 변화에 담긴 감정이 무엇인지
눈맞춤	• 타인과의 눈맞춤이 자연스러운지 부자연스러운지
몸짓과 동작	• 몸을 자주 움직이며 부산스러운지 • 동선이 매우 짧고 활동 범위가 제한적인지 • 몸을 움직이는 것이 부자연스럽거나 혹은 거칠지 않은지

출처: 김창대 역(2006). 상담 및 심리치료의 기본기법. 서울: 학지사. 재구성.

그리고 앞선 언어적 단서들과 비언어적 단서들의 상호작용이 상황과 맥락에 일치하는지 확인한다. 예를 들어, 웃으면서 이야기하고 있지만 비꼬는 듯한 말투이거나 언어적 표현 능력은 뛰어나지만 사람들과 눈맞춤을 계속 피하는 경우 기술한 내용 이상의 메시지가 담겨 있을 수 있다. 이러한 단서들에 민감해지는 것은 문제행동을 밝혀 내고 피해의 확산을 막기 위해서도 중요하지만, 피해자와 가해자 각각이 겪고 있는 어려움을 보다 정확히 이해하고 약점뿐만 아니라 강점 역시 파악하여 문제해결의 실마리를 발견하기 위해서도 필요하다.

2) 대상별 징후

학교폭력 사건은 가해자, 피해자, 주변인을 둘러싼 여러 사회심리적 요인들과 개개인의 특성이 복잡하게 상호작용하여 발생한다. 학교폭력에 영향을 미치는 위험 요인에 대한 이해를 바탕으로 다음과 같은 징후들을 참고한다면 보다 조기에 문제에 대처할 수 있을 것이다. 또한 이 절에 제시된 징후들은 하나의 가설에 불과하므로 단편적으로 해당 행동을 학교폭력과 직결시키는 과일반화에는 주의를 기울이기 바란다.

(1) 피해자 관련 징후

학교폭력의 피해자가 되는 데에는 개인의 성격, 기질, 가족 환경, 말하는 방식 등이 선행 조건이 되어 영향을 미칠 수도 있다. 또래에 비해 지나치게 유약하거나 의기소침하여 소외되거나 괴롭힘을 당하는 피해자가 있는가 하면, 반대로 과도하게 자기중심적이고 또래를 자극하는 행동을 많이 하여 학교폭력 피해를 입는 경우도 있다. 특히, 초·중·고등학교 시기의 많은 학생에게 자신과 다름을 받아들이지 못하는 일이 종종 발생하기 때문에 보통의 학생들과 구별되는 독특한 특성이 있는 학생의 경우 또래 문화에 잘 적응하는지 주목해 볼 필요가 있다.

동시에 담임교사가 학교폭력 피해가 발생되었음을 예견하는 신호들을 알아차리고자 노력하는 일이 중요하다. 수업 시간과 쉬는 시간, 점심 시간, 야외 활동 시간 동안 발생하는 학생들의 동정을 살피다 보면 서로 어떤 관계를 형성하고 있는지 파악할 수 있다. 비교적 일정한 내용과 해야 할 일이 정해져 있는 수업 시간보다는 학생들 간의 상호작용이 보다 자유롭게 발생하는 쉬는 시간이나 점심 시간을 관찰하면 학생들의 자연스러운 행동을 발견하기 쉽다.

하지만 제한된 시간 내에 담임교사가 모든 학생들의 행동 발달 특성을 완벽하게 파악하기에는 한계가 있다. 이때 활용할 수 있는 중요한 자원은 학부모다. 가정에서 학부모가 관찰한 사항들을 담임교사가 공유하고 가정으로부터 제공받은 정보와 전문가적 견해를 통합하여 특정 학생에 대한 이해를 구체화할 수 있다. 사실상 학교에서의 폭력은 보호 감독자의 눈을 피해 은밀하게 발생하기 때문에 방과 후 자녀와 많은 시간을 함께 보내는 부모가 감지할 수 있는 부분이 더 다양할 수 있다. 따라서 담임교사는 학부모와 긴밀한 협조체제를 유지하고 다방면으로 정보를 수집하고 이를 받아들이는 데 개방적이 될 필요가 있다.

학교 및 가정에서 확인할 수 있는 구체적인 학교폭력 피해의 신호들은 다음과 같다. 다음의 특성을 자주 보이는 학생의 경우 학교폭력 피해 가능성을 염두에 둘 수 있다.

① 학교폭력 피해자가 되는 데 영향을 미칠 수 있는 요인

학교폭력 피해 발생에 영향을 미치는 요인은 개인의 성격적 요인, 가족 요인, 친구관계 요인으로 나누어 살펴볼 수 있다. 기존의 선행연구의 결과물(교육부, 2014; 송재홍 외, 2017; 유형근, 정연홍, 이덕기, 남순임, 2014)을 재구성한, 또래들로부터 외면받기 쉬운 피해자의 특성은 다음과 같다.

- 개인의 성격적 요인
    - 지나치게 민감하고 소심한 성격
    - 대인관계, 적응력 부족으로 친구가 적음
    - 친구들에게 의견 주장을 잘 하지 못함
    - 신체적으로 힘이 약함
    - 특이한 행동이나 외모
    - 신체적 결함(장애 등)
    - 의사소통 상황에서 반응이 느림
    - 언어적 발달이 느려 상대방의 말을 잘 이해하지 못함
    - 부정적인 자기상, 낮은 자아효능감
    - 지나치게 자기중심적
    - 잘난 척함
    - 이기적인 성격
    - 주목받지 못하면 화를 냄

- 주변 친구들을 자주 비난하고 이간질함
- 지나치게 민감하여 습관적으로 교사에게 이름
- 친구에게 지나치게 집착함

- 가족 요인
  - 부모의 과도한 자녀 보호
  - 부모의 지나친 방임과 무관심
  - 가족 구성원 간의 불화
  - 가정폭력이나 학대
  - 어려운 경제적 상황

- 친구관계 요인
  - 친한 친구가 적거나 없음
  - 비행 친구와 어울림
  - 소외받는 친구를 두둔함

② 학교폭력 피해자가 된 후 보일 수 있는 징후

대체로 학교폭력 피해학생들은 자신이 겪고 있는 부적절감에 대해서 가해자의 보복이 두려워 주변의 도움을 청하기 어려워한다. 그럼에도 학교나 가정에서 피해학생이 암묵적으로 보내는 신호를 확인할 수 있는데, 기존의 선행연구(교육부, 2014; 조정실, 차명호, 2010)에서 제시된 단서들과 이를 재구성한 내용을 살펴보면 다음과 같다.

- 학교에서 발견할 수 있는 징후

  수업 시간 중
  - 교과서가 없거나 필기도구가 없다.
  - 교과서와 노트, 가방에 낙서가 많다.

- 지우개나 휴지, 쪽지가 특정 아이를 향한다.
- 자주 준비물을 가져 오지 않아 야단을 맞는다.
- 자주 등을 만지고 가려운 듯 몸을 자주 비튼다.
- 평상시와 달리 수업에 집중하지 못하고 불안해 보인다.
- 옷 등에 낙서나 욕설이나 비방이 담긴 쪽지가 붙어 있다.
- 종종 무슨 생각에 골몰해 있는지 정신이 팔려 있는 듯 보인다.
- 특정 아이를 빼고 그 아이를 둘러싼 아이들이 이유를 알 수 없는 웃음을 짓는다.
- 옷이 젖어 있거나 찢겨 있을 때 그에 대해 물어보면 별일 아니라고 대답한다.
- 코피가 나거나 얼굴에 생채기가 있을 때 그에 대해 물어보면 괜찮다거나 별일 아니라고 한다.

점심 시간과 쉬는 시간
- 자주 점심을 먹지 않는다.
- 점심을 혼자 먹을 때가 많고 빨리 먹는다.
- 친구들과 자주 스파링 연습, 격투기 등을 한다.
- 자기 교실에 있기보다 이 반, 저 반 다른 반을 떠돈다.
- 같이 어울리는 친구가 거의 없거나 소수의 학생과 어울린다.
- 친구들과 어울리기보다 교무실이나 교과전담실로 와서 선생님과 어울리려 한다.
- 쉬는 시간에 거의 항상 혼자 앉아 있다.
- 이동 수업 시간에 혼자 이동한다.
- 수업 시간보다 쉬는 시간이 되면 더 불안해한다.

외부 활동 시간 및 기타
- 무단결석을 한다.

- 자주 지각을 한다.
- 학교 성적이 급격히 떨어진다.
- 작은 일에도 예민하고 신경질적으로 반응한다.
- 자신의 집과 방향이 다른 노선의 버스를 탄다.
- 다른 학생보다 빨리 혹은 아주 늦게 학교에서 나간다.
- 불안한 기색으로 정보통신기기(스마트폰 등)를 자주 확인하고 민감하게 반응한다.
- SNS 상태 글귀나 사진의 분위기가 갑작스럽게 우울하거나 부정적으로 바뀐다.
- 학생이 SNS 계정을 탈퇴하거나 아이디가 없어졌다.
- 잘 모르는 사람이 학생의 소문을 알고 있다.
- 수련회, 수학여행 및 체육대회 등 학교 행사에 참석하지 않는다.
- 수학여행, 현장체험 학습 때 주변 친구들이 함께 하기를 꺼려 한다.
- 단체 활동을 할 때 쭈뼛거리며 주변의 눈치를 살핀다.

• 가정에서 발견할 수 있는 징후

학교생활

- 갑자기 학교에 가기 싫어하고 학교를 그만두거나 전학을 가고 싶어 한다.
- 학원이나 학교에 무단결석을 한다.
- 학교생활을 묻는 질문에 답하기 싫어하거나 대답을 회피한다.
- 자주 옷이나 학용품이 망가진 채로 하교한다.

친구관계

- 다른 학생들의 괴롭힘 때문에 입은 피해에 대해 자주 말한다.
- 문자를 하거나 메신저를 할 친구가 없다.
- 친구의 전화를 받고 갑자기 외출하는 경우가 많다.

- 전화벨이 울리면 불안해하며 전화를 받지 않는다.
- 우연히 동네에서 친구를 마주쳤을 때 크게 당황한다.
- 친구들에 대한 이야기를 거의 하지 않는다.
- 온라인 커뮤니티 사람들과의 관계에 지나치게 몰입한다.
- 자신이 아끼는 물건(휴대전화, 게임기, 옷 등)을 자주 친구에게 빌려 주었다고 한다.

신체적 특징

- 몸에 상처나 멍 자국이 있다.
- 머리나 배 등이 아프다고 자주 호소한다.
- 집에 돌아오면 피곤한 듯 주저앉거나 누워 있다.
- 작은 일에도 깜짝깜짝 놀라고 신경질적으로 반응한다.
- 몸을 움직이는 일을 하지 않으려 하고 혼자 자기 방에 있기를 좋아한다.
- 학교에서 돌아와 배고프다며 폭식을 한다.
- 이명, 이인감 등을 보고한다.

정서 · 행동적 특징

- 내성적이고 소심하며 초조한 기색을 보인다.
- 전보다 표정의 변화가 없고 어둡다.
- 갑자기 격투기나 태권도 학원에 보내달라고 한다.
- 부모와 눈을 잘 마주치지 않고 피한다.
- 쉬는 날 밖에 나가지 않고 주로 컴퓨터 게임에 몰두하며 게임을 과도하게 한다.
- 휴대전화를 확인하고 자주 한숨을 짓는다.
- 본인이 사용하던 것에 비해 데이터 사용량이 급격하게 늘었다.
- 전보다 자주 용돈을 달라고 하며, 때로는 돈을 훔치기도 한다.

- 복수나 살인, 칼이나 총에 대해 관심을 보인다.
- 전보다 화를 자주 내고, 눈물을 자주 보인다.
- 갑자기 잠을 잘 자지 못하고 퇴행 현상(용변 실수, 기어다님 등)이 보인다.

(2) 가해자 관련 징후

학교폭력 피해와 마찬가지로 가해 역시 다양한 개인심리적 요인과 사회 · 환경적 요인의 영향으로 발생한다. 담임교사가 공격성 및 충동성과 같은 학생 개개인의 특징이 어떤 상황에서 어떤 방식으로 실제 폭력 행위와 연관될 수 있는지에 관해 예견하고 심층적인 정보를 수집하여 만일의 사태에 대비하는 것은 학교폭력 예방에 큰 도움이 될 수 있다.

타카히로(Takahiro, 2010)에 따르면 학교폭력 가해자의 개인심리적 성격 특성은 자기애적 성격장애와 경계선적 성격장애로 나누어 살펴볼 수 있다. 자기애적 성격을 가진 학생은 자신에 대한 현재적 욕구가 강하고, 타인의 비판이나 무관심에 강한 분노를 표출하고 착취적 대인관계를 형성한다. 경계선 성격장애의 특성을 가진 학생은 정서가 불안정하고 충동적이며 극단적인 대인관계 패턴을 형성한다. 자신의 목적을 위해 끊임없이 타인을 이용하고 혼자 있는 것을 힘들어한다. 즉, 공통적으로 끊임없이 좌절하고 화를 잘 내는 특징이 있고, 주변 상황이나 관계에서 다툼이 잦고 문제가 끊이지 않지만 항상 책임을 전가하고 자신이 옳다고 주장하는 경향이 있다. 하지만 그만큼 자아존중감이 높지 못하고 우울과 불안이 높으며 스트레스에 쉽게 취약해진다(김현욱, 안세근, 2013; 배미희, 최중진, 김청송, 2015).

이러한 경향성은 가정, 친구, 지역사회 환경으로부터 강화되고, 학습되며, 조건화되어 학교폭력이라는 현상으로 표출되기도 한다. 특히, 가정에서 폭력을 직간접적으로 경험한 청소년의 경우 부모의 행동을 학습할 뿐만 아니라 부모로부터 충족되지 못한 사랑과 인정의 욕구를 보상받고 가정과 사회에 대한 분노를 표출하기 위한 수단으로 폭력을 사용하기 쉽다. 친구 역시 중요한 변인이다. 학교폭력 가해자들은 또래 사이에서 힘을 과시하기 위해, 또는 비행

행동을 하는 집단에 심리적으로 의존하여 자연스럽게 폭력행동에 동조할 수 있다. 많은 학교폭력 사건의 가해자가 2명 이상이라는 점은 학교폭력 가해행동이 집단역학에 의해 발생함을 논증해 준다. 이렇게 폭력이 집단성을 띠게 되면 가해의 범위와 정도가 종잡을 수 없이 확산될 수 있기 때문에 주의를 기울여야 한다. 또 과도한 입시 경쟁과 성적 위주의 학교풍토 속에 많은 학생들이 스트레스와 좌절감을 겪고, 이러한 부적절감을 해소할 수 있는 제도와 방법이 부족하여 타인에 대한 공격성, 특히 한 명의 구성원을 희생양으로 삼아 표출하며 해소하려 하기도 한다(문용린 외, 2006).

따라서 담임교사는 이러한 학교폭력 가해자의 특성에 대한 이해를 바탕으로, 특정 학생이 학교폭력에 연루되었음을 나타내는 신호들을 민감하게 감지해 내야 한다. 많은 학교폭력 가해행동이 성인의 감시를 피해 발생하고 있기 때문에 이를 발견하기란 쉽지 않지만, 수업 시간에 활동에 참여하는 태도를 관찰하거나 쉬는 시간과 외부 활동 시간에 학급 친구를 대할 때 사용하는 말과 행동을 다양한 맥락에서 파악하고자 노력한다면 가해행동을 조기에 중단시킬 수 있을 것이다.

제한적이나마 가해행동을 예측할 수 있는 구체적인 징후들을 제시하였다. 다음의 특성이 중복하여 지속적으로 나타나는 학생의 경우 학교폭력 가해 가능성을 염두해 둘 수 있다.

① 학교폭력 가해자가 되는 데 영향을 미칠 수 있는 요인

다음은 학교폭력 가해자들에게서 발견할 수 있는 특징들을 경험적 수준에서 나열한 것이다. 학교폭력은 가해자 개인을 비롯하여 가정, 친구, 학교 및 사회를 포괄하는 총체적 요인들이 복잡하여 연관되어 발생하는 것으로, 각각을 살펴보면 다음과 같다(송재홍 외, 2016).

- 개인적 요인
  - 충동적이고 반항적임

- 화를 잘 내고 공격적임
- 타인에 대한 동정심 부족
- 타인을 배려하지 못함
- 타인에 대한 공감 능력 부족
- 규칙을 잘 준수하지 못함
- 학업과 학교에 대한 반항심
- 좌절과 스트레스를 잘 참지 못함
- 폭력에 대한 긍정적인 태도
- 신체적으로 힘을 과시하고자 하는 욕구
- 타인에게 우쭐대고 싶은 마음
- 과도하게 자존심이 강함
- 자기와 관련된 피해의식
- 과거 폭력 및 비행 연루 경험
- 약물(담배, 알코올 등) 사용
- 대인 간 갈등해결 능력 부족

- 가족 영역
  - 부모의 관심과 애정 부족
  - 부모 감독과 통제 부족
  - 부모의 지나친 허용적 · 방임적 양육태도
  - 엄격한 훈육, 신체 처벌
  - 가정에서 폭력 경험
  - 폭력에 대한 부모의 허용적인 가치관
  - 부모의 범죄 성향
  - 흡연과 음주를 포함한 부모의 약물 사용 정도

- 친구 영역

  - 친구들이 폭력에 대해 긍정적 태도를 가짐
  - 비행 또는 폭력 친구와의 교제
  - 불건전한 이성 교제

- 사회 영역

  - 학교폭력에 대한 무지 및 관심 부족
  - 학교폭력 발생에 대한 소극적 대응
  - 사회의 각종 유해 환경 및 유해 매체
  - 폭력에 대한 잘못된 인식 및 가치관
  - 중도탈락 학생을 위한 제도 및 지원의 부족

② 학교폭력 가해자가 된 후 보일 수 있는 징후

앞선 언급된 가해학생들의 특징이 학교와 가정에서 어떠한 방식으로 나타
날 수 있는지 제시하였다. 겉으로 공격성과 충동성이 드러나는 가해자도 있지
만 이들을 방패삼아 숨어 있거나 사람들을 조작하여 간접적으로 학교폭력을
가하는 경우도 있으므로 여러 가능성을 열어두고 살펴야 한다.

학교와 가정에서 감지할 수 있는 학교폭력 가해의 신호들은 다음과 같다(교
육부, 2014; 김종운, 2016; 유형근 외, 2014).

- 학교에서 발견할 수 있는 징후

  - 친구들이 자기에 대해 말하는 걸 두려워한다.
  - 교사가 질문할 때 다른 학생의 이름을 대면서 그 학생이 대답하게 한다.
  - 교사의 권위에 도전하는 행동을 종종 나타낸다.
  - 친구에게 받았다고 하면서 비싼 물건을 가지고 다닌다.
  - 작은 칼 등 흉기를 소지하고 다닌다.
  - 지각 및 결석을 자주 한다.

- 등하교 시 가방을 들어 주는 친구나 후배가 있다.
- 손이나 팔 등에 종종 붕대를 감고 다닌다.
- 쉽게 흥분하고 다른 학생들을 때리며 힘을 과시하려는 행동을 보인다.
- 체육 시간이나 야외 활동 시간에 친구들과 과격한 싸움을 하려는 행동을 보인다.
- 친구가 자신에게 조금이라도 반대하는 의견을 내면 크게 화를 낸다.
- 쉬는 시간이나 점심 시간에 여러 친구와 뭉쳐 은밀한 장소로 이동한다.
- 심한 욕설을 하며 친구들과 대화하는 모습이 자주 보인다.
- 문제시되는 행동을 지적했을 때 억지스러운 이유로 억울해한다.
- 친구들 사이에서의 권력다툼을 즐긴다.
- 학생들이 특정 학생에게 말을 아끼고 눈치를 본다.
- 다른 학생에게 심한 장난을 치며 동물을 괴롭히는 모습을 보인다.

• 가정에서 발견할 수 있는 징후
- 부모에게 반항하거나 화를 잘 낸다.
- 사주지 않은 고가의 물건을 가지고 다니며, 친구가 빌려준 것이라고 한다.
- 친구관계를 중요시하며 밤늦게까지 친구들과 어울리느라 귀가 시간이 늦거나 불규칙하다.
- 친구와 비밀 만남이나 전화 통화가 증가한다.
- 외출이 잦고 친구들의 전화에 신경을 많이 쓴다.
- 비행 전력이 있는 친구, 폭력 집단의 친구들과 자주 어울린다.
- 부모와 대화가 적고 감추는 게 많다.
- 집에서 주는 용돈보다 씀씀이가 크다.
- 술, 담배 또는 약물을 접한다.
- 참을성이 없고 말투가 거칠다.

2. 학교폭력 평가 · 질문지 · 검사

학교폭력을 선별할 수 있는 방법으로는 관찰을 비롯하여 이러한 조기감지의 내용들을 질문지의 형태로 만들어 사용할 수 있다. 교사가 한 반에 여러 명의 학생을 모두 관찰하기 어려운 반면, 질문지는 짧은 시간에 다수에게 배부할 수 있어서 학교폭력과 관련한 정보를 다양한 대상으로부터 수집하기에 용이하다. 다음에 제시된 학교폭력 질문지는 전반적인 학생의 행동 발달 특성과 심리적 어려움의 상태를 진단하고 이에 적절한 대처를 하기 위한 것으로 학교폭력 발생 사실을 밝혀 내는 것뿐만 아니라 학교폭력 가해 · 피해의 가능성을 짐작해 볼 수 있을 것이다.

1) 학생용 질문지

무엇보다도 학교폭력이 발생하였음을 인지할 수 있는 가장 정확한 방법은 학생들에게 직접적으로 묻는 것이다. 앞서 언급했듯이 단순히 학교폭력을 당하고 있는가, 당하지 않는가에 대한 물음에는 학생들이 회피하는 응답을 할 가능성이 높다. 이에 따른 일련의 처리 과정을 피하기 위해서, 그리고 어떠한 방식으로든 가해자 집단으로부터 보복을 당할 것이 두려워 왜곡된 답을 할 수 있다. 따라서 학교폭력에 영향을 미칠 수 있는 정서 · 행동적 변인들을 함께 살펴보는 것이 필요하다.

(1) 학생 정서 · 행동 발달 선별검사지(AMPQ-III)

전국의 초 · 중 · 고등학교 전체 학생을 대상으로 실시되는 정서 · 행동 발달 선별검사는 심리적 부담, 기분 문제, 불안 문제, 자기 통제 부진의 영역을 종합적으로 살펴볼 수 있는 검사다. 심리적 부담에는 자해, 자살, 학교폭력 피해, 피해의식, 관계사고, 반항 성향, 폭식, 스트레스 등의 항목을 포함하고 있고, 기분 문제 영역은 우울증, 기분조절장애, 신체화, 강박 성향 등을 확인하고 있다. 불안 문제 영역은 사회적 공포증, 불안장애, 강박 성향, 심리적 외상 반응, 환청 및 관계사고 등을 점검할 수 있는 문항이고, 자기 통제 부진은 학습부진, 주의력결핍 과잉행동장애, 품행 장애, 인터넷 또는 스마트폰 중독 등에서 흔한 정서행동 문제와 관련되어 있다. 학교폭력 피해 관련 문항과 함께 자해, 자살, 학교폭력 피해, 반항 성향, 우울증, 기분조절장애, 사회공포증, 심리적 외상 반응, 품행 장애와 관련한 문항을 주의 깊게 살펴보아 학교폭력의 피해와 가해 가능성을 가늠해 볼 필요가 있다. 학교폭력과 관련된 공격성이나 공감 능력의 부족, 낮은 자존감과 같은 특성이 위와 같은 정서행동 문제로 표출될 수 있기 때문이다.

이 검사에서 위험 문항에 해당하는 학교폭력 피해와 자살은 2점 이상으로 채점되었을 시 즉각적인 개입이 요구된다. 학교폭력 피해 관련 문항인 '다른 아이로부터 따돌림이나 무시를 당한 적이 있어 힘들다.'와 '다른 아이로부터 놀림이나 괴롭힘(언어폭력, 사이버폭력, 신체적 폭력)을 당하여 힘들다.'에 응답한 점수의 합이 2점 이상일 경우 생활지도 담당 교사에게 인계하여 폭력 정도를 확인하고, 필요시 학교폭력 전담기구에 의뢰해야 한다. 또 자살 관련 문항인 '죽고 싶다는 생각이 든다.'와 '구체적으로 자살계획을 세운 적이 있다.' 문항 채점 결과 2점을 상회할 때 자살면담지를 활용하여 반드시 개인상담을 실시해야 하고, 면담 결과 중간 위험 이상이거나 '한 번이라도 심각하게 자살을 시도한 적이 있다.' 문항에 '예'라고 응답한 경우 즉시 학부모에게 통보하고 전문기관의 연계 치료 지원을 실시해야 한다. 구체적인 문항과 채점 방법, 영역별 절단점은 〈부록〉을 참고하기 바란다.

(2) 학교폭력 실태조사 설문지

학교폭력 실태조사는 전국의 초등학교 4학년부터 고등학교 3학년 학생들을 대상으로 학교폭력 피해 · 가해에 대한 주관적 경험을 조사한다. 조사지는 크게 피해 경험, 가해 경험, 목격 경험, 예방교육에 대해 묻고 있다. 피해 경험에는 피해 경험 유무에 따라 피해 유형, 가해자 유형, 피해 장소, 피해 시간, 피해 사실을 알린 사람, 피해 미신고 이유를 파악하는 질문들로 구성되어 있다. 가해 경험은 가해 경험 유무에 따라 가해 이유와 가해 방법을 확인할 수 있도록 되어 있다. 목격 경험 역시 학교폭력 목격 유무와 목격 후 행동을 묻고 있으며, 예방교육에서는 학교폭력 발생 시 대처법을 알고 있는지 확인하고 있다.

검사에서 학교폭력 사건이 보고되었을 경우 의무적으로 사실 여부를 확인하고 생활지도 담당교사, 상담교사, 더 나아가 학교폭력 전담기구, 학교폭력 위원회와 연계하여 사건을 처리해야 한다.

2) 교사용 질문지

학생들의 직접적인 보고 외에도 교사 스스로 학급 분위기를 점검하고 주의군 학생들을 선별하고 관리하려는 노력이 필요하다. 다음에 제시된 질문지는 교사가 학급 운영 시 학교폭력 조기감지를 위해 확인할 사항들을 목록화한 것이다. 단편적으로 각 문항에 해당하는 학생이 있다고 해서 피해학생이나 가해학생으로 낙인찍는 것을 경계하되, 문제행동의 발생 빈도와 강도를 고려하여 폭력에 허용적인 학급 분위기를 전환시키거나 개별적인 개입을 할 필요가 있다.

학생 정서 · 행동특성검사 도구-중 · 고등학교 교사용

이 설문은 선생님께서 답변하는 문항입니다. 다음 각 문항을 읽고, 최근 1개월간 해당 학생 모습에 해당된다고 생각하는 곳에 ○표 해 주십시오.

1. 화를 참지 못하고 쉽게 흥분한다.
2. 다른 아이를 괴롭히고 피해를 준다.
3. 친구 없이 혼자 다니는 것 같다.
4. 심각한 규칙 위반(무단결석, 무단조퇴, 상습흡연 등)을 한다.

5. 말이나 행동을 신뢰하기 어렵다.

6. 다른 아이로부터 따돌림을 당하는 것 같다.

7. 자살이나 자해의 위험성이 있다.

8. 고집이 세서 지시나 충고를 받아들이지 않는다.

9. 우울해 보인다.

출처: 교육부(2017). 학생정서 · 행동특성검사 및 관리 매뉴얼.

학교폭력 조기감지를 위한 체크리스트

다음 중 학급 내에서 발생하는 문제에 체크해 주세요.

_____ 수업 시간을 학생들이 엄수하지 않는다.

_____ 학생들 간에 언어폭력이나 신체폭력이 일어나고 있다.

_____ 학교규칙 위반을 하는 학생이 있다.

_____ 결석을 자주 하는 학생이 있다.

_____ 학교 물건을 파손하는 학생이 있다.

_____ 물건을 도둑맞는 경우가 종종 있다.

_____ 학생들 간에 힘 싸움이 있다.

_____ 옷이 자주 망가지는 학생이 있다.

_____ 안색이 안 좋고 평소보다 기운이 없어 보이는 학생이 자주 있다.

_____ 친구가 시키는 대로 그대로 따르는 학생이 있다.

_____ 주변의 학생이 험담을 해도 반발하지 않는 학생이 있다.

_____ 성적이 갑자기 떨어지는 학생이 있다.

_____ 비싼 옷이나 운동화 등을 자주 잃어버리는 학생이 있다.

_____ 몸에 다친 상처나 멍 자국이 발견되고 물어보면 그냥 넘어졌다거나 운동하다 다쳤다고 말하는 경우가 있다.

_____ 교과서나 일기장에 '죽어라' 또는 '죽고 싶다'와 같은 폭언이나 자포자기식의 표현이 있다.

출처: 박명진(2006). '학교폭력 예방을 위한 실제적 지침서'. 학교폭력 예방과 상담. 서울: 학지사.

3) 학부모용 질문지

학부모용 질문지는 가정에서 학부모가 살펴볼 수 있는 학교폭력의 징후들을 질문지 형식으로 제시한 것이다. 신체적 폭력으로 인한 피해를 암시할 수 있는 단서들과, 삶에 대한 비관적 생각, 대인관계를 회피하는 말과 행동들, 급격한 생활 패턴의 변화를 감지할 수 있는 문항들이 포함되어 있다.

학교폭력 조기감지를 위한 학부모용 질문지

다음 중 가정 내에서 자녀에게 보이는 모습에 해당하는 것을 체크해 주세요.

1. 비싼 옷이나 운동화 등을 자주 잃어버리거나 망가뜨리는 경우가 있습니까?
2. 몸에서 다친 상처나 멍자국을 자주 발견하게 되며 물어보면 그냥 넘어졌다거나 운동하다 다쳤다고 대답하는 경우가 많습니까?
3. 교과서나 공책, 일기장 등에 '죽어라' 또는 '죽고 싶다'와 같은 폭언이나 자포자기 표현이 쓰여 있는 것을 본 적이 있습니까?
4. 용돈이 모자란다고 하거나 말 없이 집에서 돈을 가져가는 경우가 있습니까?
5. 풀이 죽고 맥이 없거나 입맛이 없다고 하면서 평소 좋아하던 음식에도 손을 대지 않습니까?
6. 두통, 복통 등 몸이 좋지 않다고 호소하며 학교 가기를 싫어하는 경우가 많습니까?
7. 자기 방에 틀어박혀 나오려 하지 않거나 친구에게 전화 오는 것조차 싫어합니까?
8. 친구, 선배들에게 전화가 자주 걸려 오거나 통화 후 불려 나가는 경우를 본 적이 있습니까?
9. 갑자기 전학을 보내달라고 자주 말하곤 합니까?
10. 갑자기 짜증이 많아지고, 엄마나 동생처럼 만만한 상대에게 폭력을 쓰거나, 공격적으로 변합니까?
11. 학교생활, 교우 관계 및 자신의 신변에 대한 가족과의 대화를 회피합니까?
12. 평소보다 갑자기 성적이 떨어지고 있습니까?

출처: 한국청소년상담원(2009). 전국 청소년 위기상황 실태조사.

3. 조기감지 후 대처 방안

교사가 자신이 맡은 학급과 학생에 대해 정확하게 파악하는 것은 개인적으로 관심이 필요한 학생들을 발굴하고 학교폭력을 비롯한 그 밖의 청소년들의 위기 상황을 미연에 방지하기 위해 필수적이다. 하지만 현상을 인지하는 것에서 더 나아가 현상의 이면에 있는 관계의 역동을 이해하고 복잡하게 엮여 있는 학생들 각각의 특성과 심리를 이해하는 것은 중재자이자 협력자로서 교사의 역할을 분명히 하는 데 도움이 된다. 특히, 집단에서의 힘의 논리에 의해 피해자가 반복적으로 양산될 수 있다는 점을 견지하는 것은 학교폭력을 역동적 관점에서 분석할 수 있게 한다. 예를 들어, 성적이 높거나 운동을 잘하거나 힘이 세거나, 소위 잘나가는 선배들과 가까이 지내거나, 외모나 체격이 뛰어난 학생들은 암묵적으로 어떠한 권력을 지니고 있다고 판단한다. 반면에 그렇지 못한 학생들, 특히 스스로를 방어하는 능력이 약한 학생들은 가해자들이 힘을 과시하기 위한 타깃이 되기 쉽다. 이러한 권력투쟁은 어떤 집단이든 발생할 수 있는데 이것이 심각한 수준의 폭력이 되기 전에 바람직한 방향으로 인정과 소속의 욕구를 충족시킬 수 있도록 도와야 한다. 즉, 교사는 학생이 학교라는 사회적 환경에서 어떻게 소속되고 어떤 방식으로 자신의 존재감을 확인해야 하는지 체험할 수 있도록 돕는 역할을 해야 한다.

구체적으로 학교폭력의 신호를 사전에 감지하고 대처할 수 있는 기법으로 REST 대응법을 들 수 있다. 인식(Recognition), 탐색(Exploration), 스크린(Screen), 예방적 교육(Teaching)의 4단계로 구성되어 있고 각 단계의 내용은 다음과 같다(조정실, 차명호, 2010).

인식 단계에서는 앞에서 살펴본 관찰이나 직접적인 평가지를 통해 학교폭력의 단서를 파악한다. 학교와 가정에서 발견되는 또래관계의 특징은 무엇인지 단서들에 근거하여 어렴풋이 인식하고 있는 것이다.

탐색 단계는 발견한 단서들을 보다 구체적으로 탐색하고 학급의 모습을 보다 온전한 형태로 파악해 가는 것이다. 예를 들어, 수학여행 시간에 특정 학생과 다들 함께 앉기를 꺼려 하는 모습을 관찰한 후 수업 시간에는 주변 친구들과 관계가 어떠한지, 점심 시간에 어울리는 아이들이 있는지 등 실제적인 근거 자료들을 수집하는 것이다. 이 단계 역시 섣불리 교사가 직접적으로 개입하기보다는 정확한 사실관계와 문제의 심도, 문제의 원인 등을 파악하는 것에 중점을 두는 것이 필요하다. 과하게 교사가 관계를 주도적으로 끌어가려다 보면 학급원들 사이에서 '다른 아이'로 낙인을 찍을 수 있고 교사가 더 알아채기 어려운 수준으로 폭력행동이 숨겨질 수 있기 때문에 주의를 기울일 필요가 있다. 탐색 단계에서 교사는 어떠한 폭력이든 용인할 수 없다는 단호한 입장을 취하되, 객관적인 위치에서 학급에서 일어나는 일을 계속적으로 주시하고 있음을 깨닫게 해야 한다.

스크린 단계에서 심각한 사태로 발전할 가능성이 있다고 판단이 되는 사항에 대해 교사가 부분적으로 개입하게 된다. 예를 들어, 학급에서 소외되고 있다고 생각되었던 학생에게 누군가 윽박지르는 모습이 발견되었다면 이러한 문제행동에 대해서는 분명하게 잘못되었음을 전달해야 한다. 어떤 점에서 옳지 못하고 대안적으로 감정을 표현할 수 있는 방법을 제공할 수 있다. 이 단계에서 교사는 학생들과의 신뢰관계를 유지하면서 각각의 학생의 특성에 맞게 개입하는 것이 필요하다. 이를 위해 가해학생의 경우 스스로 조심하고 변화시켜야 할 행동에 대해 발전적인 시각에서 제시할 수 있고, 피해학생의 경우 언제든 필요할 때 도움을 주려는 의지를 보여 주고 폭력행동에 대해 거부할 권리가 있음을 알리고 이를 격려해야 한다.

예방적 교육 단계에서는 전체 학급 또는 학교를 대상으로 폭력행동에 대한 교육을 실시하게 된다. 현재 학급에서 주로 발생하는 것으로 의심되지만 학생들이 심각성을 잘 인식하지 못하는 폭력에 대해 집중적으로 교육할 수도 있고, 상호 간 바람직한 의사소통법이나 서로 다른 차이를 인정하고 수용하는 태도, 감정 조절, 배려하는 생활 등 폭력뿐만 아니라 생활지도 전반을 광범위하게 다루는 방식으로 실시할 수도 있다. 이를 통해 표면적으로 드러난 가해

자와 피해자를 비롯하여 잠재적 가해자·피해자·방관자 모두에게 폭력행동
을 멈추고 적극적으로 근절해야 함을 알릴 수 있다.

 글상자 8-1 ▶ 현정이의 비밀

　중학교 1학년 여학생 현정이의 표정이 요즘 어둡다. 학기 초 목소리가 크고 친구
들을 주도하여 이리저리 끌고 다니던 학생이었는데 지금은 쉬는 시간이면 항상 혼
자 그림을 그리거나 엎드려 자고 있다. 다이어트를 이유로 점심을 먹지 않겠다고 하
고, 어느 때는 여러 학생들과 몰려서 어딘가로 향하는데 표정이 썩 유쾌해 보이지
않는다. 한 번씩 교사와 눈이 마주치면 무언가 말을 하려다 참는 듯하다. 마침 현정
이 어머니의 전화를 받았다. 현정이가 예전과 다르게 용돈 사용량이 늘었고, 용돈을
더 주지 않으면 펑펑 울면서 어머니에게 소리를 지른다는 것이었다. 사용하는 것에
비해 휴대전화 데이터 요금이 갑자기 너무 많이 나오기도 하고 자꾸 방 안에 누워
있으면서 잠만 자려고 한다고 하셨다. 사춘기를 심하게 겪는 것 같아 걱정이 된다는
상담 전화였다.

실습 ▶

1. 자신이 생각했을 때 교실 및 학교에서 발견할 수 있는 피해자와 가해자의 특성이라고
   생각되는 것을 함께 이야기 나누어 봅시다.

2. 학교폭력이 의심되는 징후들을 발견하고 피해자와 가해자로 짐작되는 학생들이 파악
   되었다. 다음의 피해자와 가해자에게 어떤 방식으로 상담을 하면 좋을지 상담 목표와
   상담 전략을 구체적으로 계획해 봅시다.

• 피해학생 상담 장면
　피해 의심 학생: (의기소침한 목소리로) 잘 모르겠어요. 상담한다고 변하는 건 아니잖
　　　　　　　　아요.

상담자: _____

• **가해학생 상담 장면**

가해 의심 학생: (억울한 목소리로) 제가 뭘 잘못했다고 그러세요. 현정이가 먼저 제
                     말을 무시했다고요.

상담자: _____

3. 학교폭력으로 의심되는 사안을 감지하였을 때 이에 대처함에 있어서 유의해야 할 점
을 생각해 봅시다.

4. 학급 내의 권력관계, 교우관계, 사회성을 파악할 수 있는 각자의 관찰 기법을 개발해
봅시다.

주요 용어

조기감지, 평가, 징후, 관찰 기술, 언어적 단서, 비언어적 단서, 정서 · 행동 발달 선별검사,
학교폭력 실태조사, REST

제 **9** 장

학교폭력
처리 절차

학습목표

- 학교폭력 사안 접수 과정과 유의 사항에 대해 설명할 수 있다.
- 학교폭력전담조사기구의 사안 조사에 대해 파악할 수 있다.
- 학교폭력 사안 심의 절차와 유의 사항에 대해 설명할 수 있다.

학습흐름

1. 학교폭력 사안 접수 및 조사
   1) 학교폭력 사안의 신고 접수
   2) 학교폭력전담조사기구의 사안 조사

2. 학교폭력 사안의 심의
   1) 학교장 자체 해결 사안처리
   2) 학교폭력대책심의위원회 사안처리

학교폭력이 발생하면 사안처리 지침에 따라 사안이 처리된다. 사안처리 절차가 규정되어 있지만 예상하지 못한 상황에서 학교폭력 사안이 접수되면 담당 교원은 당혹스러울 수 있다. 따라서 학교폭력 사안처리 과정을 미리 숙지하고 각 과정에서 점검해야 할 내용과 주의해야 할 사항에 대해 알고 있는 것이 필요하다. 사안처리 절차는 변화될 수 있기 때문에 학교폭력 사안을 담당하게 될 경우 꼭 당해 연도 학교폭력 사안처리 절차 매뉴얼을 참고하기 바란다.

여기에서는 학교폭력 사안처리 과정(교육부, 2024)의 흐름과 유의 사항에 대해 살펴보고자 한다.

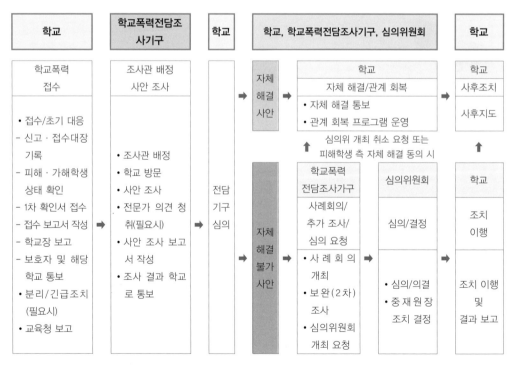

그림 9-1 학교폭력 사안처리 절차

출처: 교육부(2024).

1. 학교폭력 사안 접수 및 조사

학교폭력 사안이 발생하여 신고 접수가 되는 순간부터 사안처리는 시작된다. 여기에서는 학교폭력 사안이 신고 접수되는 과정과 주의 사항을 살펴보고 학교폭력전담조사기구의 조사 과정에 대해 알아보고자 한다.

1) 학교폭력 사안의 신고 접수

최초로 학교폭력 발생을 어떻게 인지하게 될까. 학교폭력 사안처리는 학생, 학부모, 교사 등이 학교나 관련 기관에 학교폭력 사안을 신고하면서 시작된다. 신고자가 누구냐에 따라 유의해야 할 사항은 달라진다. 먼저 학교폭력을 피해학생이 신고한 경우, 교사는 피해학생의 상태를 파악하고 신변 보호를 염두에 두어야 한다. 학교폭력으로 인한 심리적·신체적 피해가 없는지를 확인하는 등 피해학생의 현재 상태를 확인하는 것이 중요하다. 필요시 피해학생을 보호하기 위한 조치를 이행하거나 안내할 수 있다. 주의해야 할 사항은 피해학생의 이야기만 듣고 학교폭력 사안에 대해 섣불리 판단하지 않도록 하는 것이다. 피해학생의 심리적 안정이 우선되어야 하지만 피해학생의 주관적인 보고에만 귀를 기울인 채 학교폭력 사안을 처리하게 되면 이후 처리과정에서 심한 분쟁을 유발할 수 있기 때문에 객관적인 자세를 유지하여 사건을 이해하는 것이 필요하다.

반면, 목격학생이 학교폭력을 신고할 수 있다. 학교폭력 발생 사실을 학생들이 목격하더라도 내가 신고한 것을 가해학생이 알게 되면 나 또한 피해자가 될지 모른다는 두려움 때문에 신고를 주저할 수 있다. 따라서 목격학생이 학교폭력을 신고한 경우 가해학생에게 보복을 당할 두려움을 감소시켜 주는 교사의 적극적인 개입이 필요하다. 목격학생에게 익명으로 접수가 가능하다는 것을 안내하는 것도 도움이 된다. 2차 피해를 예방하고자 목격학생에게 신고자 외 또 다른 목격학생이 있는지를 확인하는 것도 필요하다.

또한 보호자가 학교폭력을 신고하는 경우도 있다. 대부분의 보호자들은 자녀의 학교폭력 사실을 알게 되면, 자신의 자녀가 학교폭력 피해자라는 사실로 인한 정서적인 혼란을 경험한다. 동시에 학교 측의 신속하고 적극적인 대처를 기대한다. 따라서 교사는 보호자를 안심시키고 사안처리 과정에 대한 충분한 안내를 제공할 필요가 있다.

교사가 학교폭력 발생 현장을 목격하였을 경우에도 학교폭력 사안처리 절차를 따르며, 교원의 경우 학교장에게 보고하고 해당 학부모에게 통보해야 하는 의무를 지닌다(〈글상자 9-1〉 참조).

글상자 9-1   학교폭력 발생 시 유의해야 할 교사의 책무

- 신고 의무(「학교폭력예방법」 제20조 제1항)
  - 학교폭력을 알게 된 사람은 누구라도 지체 없이 신고한다. 학교장은 피해학생 또는 보호자가 신고하지 않더라도 학교폭력 사실을 알게 된 경우 전담기구 또는 소속 교원을 통해 학교폭력 사안 조사를 해야 한다.

- 교원의 보고 의무(「학교폭력예방법」 제20조 제4항)
  - 누구라도 학교폭력의 예비ㆍ음모 등을 알게 된 자는 이를 학교장 또는 심의위원회에 고발 가능하다. 다만, 교원이 이를 알게 되었을 경우에는 학교의 장에게 보고하고 해당 학부모에게 통보한다.

- 신고자ㆍ고발자에 대한 비밀누설 금지 의무(「학교폭력예방법」 제21조 제1항)
  - 교원 등은 직무로 알게 된 비밀, 피ㆍ가해학생 및 학교폭력 신고자ㆍ고발자와 관련된 자료는 누설 금지한다. 그 범위는 개인정보에 관한 사항, 심의(의결) 관련 개인별 발언 내용, 분쟁(논란)의 우려가 있음이 명백한 사항이다.

학교폭력이 신고ㆍ접수된 내용은 기록으로 남겨 보관한다. 신고 접수 대장에 기록된 내용은 학교폭력 은폐 여부를 판단하는 중요한 자료가 된다. 따라서 사소한 학교폭력 사안으로 보일지라도 신고된 사안은 접수 대장에 기록하

도록 한다. 접수 내용은 사안과 관련된 학생의 정보(성명, 성별 등)와 즉시 조치가 실행된 경우 등이 포함된다. 접수 과정에서 피해학생과 가해학생 분리 혹은 긴급조치가 필요한 경우 즉각 조치를 시행한다(「학교폭력예방법」 제16조, 제17조). 접수 보고서가 작성되면 학교장에게 보고하고 관련 학생 보호자에게 통보한다. 다른 학교 학생이 포함되어 있는 경우 해당 학교에 접수된 내용을 통보한다. 사안 접수 양식은 [그림 9-2]를 참고한다.

학교폭력 사안 접수 보고서

* 사안번호: ○○중 2024-○○호

학교명	○○학교	교장	성명		담당자 (책임 교사)	성명	
			휴대 전화			휴대 전화	
접수 일시	년　　월　　일 (오전/오후)　　시　　분						
신고자 (성명, 신분)	* 신고자가 익명을 희망할 경우 익명 처리			접수 · 인지 경로 [✓]	피해자 직접 신고		
					담임 또는 보호자 신고		
					목격학생 신고		
					기타(117, 경찰 통보 등)		
가해자와 피해 학생 분리 여부 [✓]	시행				미시행		
	* 분리 기간: ○일 (2024. ○○. ○○.~○○. ○○.)						
	「학교폭력예방법 시행령」 제17조의 2에 따라 가해자와 피해학생 분리 예외			피해학생 반대 의사 표명			
				교육 활동 중이 아님			
				가해자와 피해학생이 이미 분리됨			
신고 · 인지 내용	* 피해 내용을 육하원칙에 따라 접수한 내용을 간략히 기재 (예시) ○○학생이 4월 2일(수) 점심시간(1시경)에 장난이라며 □□학생의 오른 팔을 손바닥으로 10대 때림(오른팔에 멍이 생김)						
관련 학생	성명	성별	학번	보호자 통보 여부 [○, ×]	비고 (가해(관련)/ 피해(관련)/타 학교/ 장애학생/다문화학생)		
기타 사항	(고소, 소송 여부, 언론 보도 여부 등) * 성 관련 사안, 아동학대 사안의 경우 수사기관(112, 또는 117, SPO) 신고(신고 일시 기재)						
타 학교 관련 (공동 학폭) 여부	관련 학교명						
	통보 여부	(통보 일시/방법) (통보 받은 사람)　　　　　　　　(책임교사)　 (연락처)					

그림 9-2　학교폭력 사안 접수 보고서 양식

2) 학교폭력전담조사기구의 사안 조사

학교폭력전담조사기구(가칭 학교폭력제로센터)는 학교폭력 사안 조사, 피해 회복 및 관계 개선 지원, 법률 지원을 담당하는 기구다. 학교폭력전담조사기구는 교육청에 보고된 사안의 접수 내용을 분석하여 조사가 얼마나 긴급한 사안인지를 검토하고, 관련 학생의 특징(다문화, 장애 여부, 연령 등)을 고려하여 조사관을 배정한다. 전담 조사관이 사안 조사를 실시하는 데 있어 학교는 다음 〈글상자 9-2〉와 같은 내용을 이행하거나 협조한다.

> **글상자 9-2** **학교폭력 전담 조사관의 사안 조사 시 학교의 역할**
>
> • 학교장 자체 해결 등 교육적 기능 강화 및 피·가해학생 간 관계 개선·회복에 더 집중
> • 학교장은 사안 발생 시 피·가해학생 즉시 분리 실시, 필요시 피해학생 긴급보호 조치 또는 가해학생 긴급조치 필요성 판단·조치
> • 피해학생 면담을 통해 피해학생의 어려움과 필요한 도움을 파악하여 즉각적이고 안전한 보호 방안 마련
> • 학교폭력 전담 조사관의 사안 조사 시, 학생들이 심리적 부담감을 느끼지 않도록 지도 및 협조(교원 배석, 자료 제공 등)
> • 학교폭력 전담 조사관이 학부모 면담 요청 시, 구체적인 일시·장소 등을 주선

출처: 교육부(2024).

학교폭력 전담 조사관은 학교에 방문하여 피해 및 가해 사실 여부를 확인하기 위한 구체적인 사안 조사를 시작한다. 조사 대상은 피해학생과 가해학생뿐 아니라 필요시 학부모, 교사, 목격학생 등이 될 수 있다. 수업 시간 외 시간을 활용하여 수업에 지장이 없도록 사안 조사를 실시하고 증거 자료는 조사관이 인수한다. 사안을 조사하는 과정에서 의사, 변호사, 특수교육 담당자, 상담전문가 등의 전문가 의견을 청취할 수 있다. 사안 조사의 목적은 가해와 피해 사실 여부를 확인하고 수집한 결과를 바탕으로 육하원칙에 따라 보고서

를 작성하는 것이다. 조사관은 사안 개요, 경위 등 수집된 정보와 절차를 포함하여 사안을 종합적으로 판단할 수 있도록 보고서를 작성하고 작성된 내용은 학교의 장에게 보고한다.

2. 학교폭력 사안의 심의

학교폭력 전담 조사관이 조사한 내용을 토대로 전담기구는 학교장 자체 해결이 가능한 사안인지 자체 해결이 불가한 사안인지를 심의한다. 자체 해결이 가능하지 않은 사안의 경우 학교폭력전담조사기구에서 사례회의를 진행하고 필요시 학교폭력대책심의위원회를 개최하여 사안을 심의한다.

1) 학교장 자체 해결 사안처리

학교폭력예방법 제정 초기에는 학교폭력 사안이 접수되면 심의를 모두 거쳐 학교폭력 가해학생에 대한 처분을 집행했다. 그러다 보니 경미한 사안도 사안처리 과정을 모두 거쳐야 했기 때문에 교사의 업무가 과중되었고, 가해학생에 대한 교육과 선도 보다 처분에 초점화되어 사안이 처리되었다. 이를 개선하고자 일정한 기준을 제시하여 학교장 권한으로 사안 해결이 가능하도록 학교폭력예방법이 개정되었다. 학교장 자체 해결이 가능한 사안은 다음의 요건을 충족해야 한다.

피해학생과 보호자가 학교폭력대책심의위원회 개최를 원하지 않으면서 다음의 사항이 모두 해당될 때 학교장 자체 해결이 가능하다. 먼저 2주 이상의 신체적 · 정신적 치료를 요하는 진단서를 발급받지 않은 경우, 재산상 피해가 없거나 즉각 복구된 경우, 학교폭력이 지속적이지 않은 경우, 학교폭력에 대한 신고 진술 자료 제공 등에 대한 보복행위가 아닌 경우다(〈글상자 9-3〉 참조). 이 모든 사항에 충족하면 피해학생과 보호자에게 학교장 자체 해결 서면

동의를 얻어 사안을 종결한다. 만약 피해학생이 여러 명이면 피해학생 개개인별로 학교장 자체 해결 부의 여부를 판단한다. 반면 피해학생이 한 명이고 가해학생이 여러 명인 경우 학교장 자체 해결 요건에 충족하더라도 피해학생이 가해학생 모두를 자체 해결로 처리하는 것에 동의한 경우에 한하여 학교장 자체 해결이 가능하다.

> **글상자 9-3 학교장 자체 해결 사안 가능 요건**
>
> ■ 피해학생 및 그 보호자가 심의위원회 개최를 원하지 않고, 다음 네 가지 요건에 모두 해당하는 경우 학교장 자체 해결 가능
> • 2주 이상의 신체적 · 정신적 치료를 요하는 진단서를 발급받지 않은 경우
> - 전담기구 심의일 이전에 진단서를 제출하지 않은 경우에는 자체 해결 요건을 충족하는 것으로 봄
>   (전담기구에서는 피해학생 측이 학교에 진단서를 제출한 이후에 의사를 번복하여 진단서를 회수하여도 자체 해결 요건은 충족하지 않은 것으로 판단하므로 학교는 해당 내용을 사전에 안내하는 것이 바람직함)
> • 재산상 피해가 없거나 즉각 복구된 경우
> - 재산상 피해의 복구 여부는 전담기구 심의일 이전에 재산상 피해가 복구되거나 가해 관련 학생 보호자가 피해 관련 학생 보호자에게 재산상 피해를 복구해 줄 것을 확인해 주고 피해 관련 학생 보호자가 인정한 경우
>   다만, 심의위원회 개최 전에 재산상 피해가 복구된 경우(복구 약속이 있는 경우 포함)에는 전담기구 심의를 거쳐 자체 해결 요건을 충족하는 것으로 볼 수 있음
>   또한 재산상 피해는 신체적 · 정신적 피해의 치료 비용을 포함함
> • 학교폭력이 지속적이지 않은 경우
> - 지속성 여부는 피해 관련 학생의 진술이 없을지라도 전담기구에서 보편적 기준을 통해 판단
> • 학교폭력에 대한 신고, 진술, 자료 제공 등에 대한 보복행위가 아닌 경우
> - 가해 관련 학생이 조치 받은 사안 또는 조사과정 중에 있는 사안과 관련하여 신고, 진술, 증언, 자료 제공 등을 한 학생에게, 학교폭력을 행사하였다면 보복행위로 판단할 수 있음

학교는 자체적으로 해결한 학교폭력 사안의 경우 피해학생과 가해학생 간에 학교폭력이 재발생하지 않도록 노력해야 한다(「학교폭력예방법 시행령」 제14조의 3). 사안에 따라 필요한 경우 피해학생 보호자와 가해학생 보호자 간의 관계 회복을 위한 프로그램을 운영할 수 있다. 관계 회복이란, 학교폭력 관련 대상자들 간에 발생한 갈등 상황에 대하여 이해하고 소통, 대화 등을 통해 일상생활의 회복을 위한 노력을 말한다.

2) 학교폭력대책심의위원회 사안처리

학교장 자체 해결 요건에 미충족되는 사안 또는 피해학생 측이 학교장 자체 해결에 미동의한 사안은 학교폭력전담조사기구에서 학교폭력 사례회의를 진행한다. 사례회의의 목적은 전담 조사관의 조사 결과를 검토하고, 보완하여 조사의 완결성 및 객관성을 제고하는 것이다. 이를 통해 사안 조사 내용을 체계화한다. 학교폭력 사례회의 방법은 학교폭력전담조사기구 구성원을 중심으로 운영되며 필요한 경우 외부 전문가를 포함한다. 사안별 조사관의 조사 결과를 검토하여 보완이나 추가 조사가 필요하면 실시한다. 중대한 사안인 경우 경찰 수사를 의뢰할 수도 있다. 수사 의뢰는 피해학생 측의 의견을 확인하여 이행하도록 한다. 사례회의 결과는 학교에 통보하고 필요한 경우에 학교폭력대책심의위원회 개최를 요청할 수 있다.

학교폭력대책심의위원회(이하 심의위원회)는 학교폭력의 예방 및 대책에 관련된 사항을 심의하는 교육지원청 내의 법정위원회다. 학교장 자체 해결 요건을 미충족하거나, 요건을 충족한 경우라도 피해학생과 보호자가 요청하는 경우 심의위원회의를 개최하여 사안을 처리한다.

심의위원회의 심의 방식은 대면 심의를 원칙으로 한다. 즉, 피해 및 가해학생과 보호자가 심의위원회에 직접 출석하여 진술해야 한다. 대면으로 심의가 진행되기 때문에 학생들의 학습권 침해 최소화에 각별히 신경 쓰도록 한다. 결석이 불가피한 경우 학교장의 허가를 받아 출석인정으로 처리될 수 있도록 학교에 안내한다. 사안의 학교폭력 유형에 따라 관련 분야 전문가 및 관계된 학교 교원이 참석하여 의견을 청취할 수 있다.

피해학생 및 가해학생 측의 요구가 있거나 지역 특성상 참석이 어려운 여건이라면 전화, 화상, 서면 등의 심의 방식을 활용할 수 있다. 그 밖에 심의위원회 운영에 관하여 필요한 사항은 교육장이 정한다(「학교폭력예방법 시행령」 제14조 제9항, 제14조의 2 제5항). 심의위원회에서 보고된 사안과 관련된 내용은 누설해서는 안 된다(「학교폭력예방법」 제21조 제1항).

⬤ 글상자 9-4 〉〉 비밀 누설 금지 관련 법규

• 학교폭력의 예방 및 대책에 관련된 업무를 수행하거나 수행하였던 자는 그 직무로 알게 된 비밀 또는 피해 및 가해학생 및 제20조에 따른 신고자 · 고발자와 관련된 자료를 누설하여서는 아니 된다(「학교폭력예방법」 제21조 제1항). 이를 위반한 자는 1년 이하의 징역 또는 1천만 원 이하의 벌금에 처한다(「학교폭력예방법」 제22조).
• 비밀의 범위(「학교폭력예방법 시행령」 제33조)
  – 학교폭력 피해 및 가해학생 개인 및 가족의 성명, 주민등록번호 및 주소 등 개인정보에 관한 사항
  – 학교폭력 피해 및 가해학생에 대한 심의 · 의결과 관련된 개인별 발언 내용
  – 그 밖에 외부로 누설될 경우 분쟁 당사자 간에 논란을 일으킬 우려가 있음이 명백한 사항

심의를 통해 결정된 조치는 피해학생 및 가해학생 측에게 서면으로 통보한다. 가해학생이 여러 명인 경우에는 가해학생별로 조치결정 사항을 기재하여 통보하고 학교장에게도 조치결정을 통보한다.

학교장은 심의위원회의 조치 결정에 따른 조치 이행에 협조한다(「학교폭력예방법」 제19조 제3항). 학교장은 가해학생 측의 조치가 이행될 수 있도록 하고 조치를 이행한 이후에는 교육(지원)청에 조치이행 결과를 보고한다. 만약 가해학생 측에서 조치를 통보받은 3개월 이내 이행하지 않은 경우, 학교장은 미이행 학생 명단을 교육장(심의위원회)에게 보고할 수 있다.

실습

조별로 모여 사례를 읽고 학교폭력 사안처리 절차에 따라 사안처리 과정을 연습해 봅시다.

〈사례〉
동민이는 중학교 2학년이다. 쉬는 시간에 공을 가지고 교실에서 놀다 동민이가 찬 공이 수진이 머리에 맞았다. 그 상황을 지켜보던 소이는 평소 마음에 들지 않았던 동민이가 단짝친구 수진이에게 공을 찬 것이 화가 나 동민이에게 큰 소리로 수진이에게 사과하라고 요구하며 심한 욕설을 퍼부었다. 동민이는 당황했고 순식간에 동민이와 소이의 말싸움으로 이어졌다. 곧 수업 종이 울려 선생님이 들어오시면서 자연스럽게 상황은 종료되었다. 그런데 화가 풀리지 않은 소이는 수업이 끝나자마자 동민에게 다가가 손으로 뒤통수를 3번 연속해서 내리쳤고 화가 난 동민이도 자리에서 일어나 소이의 몸을 밀어 넘어뜨렸다. 소이는 넘어지면서 책상에 머리를 부딪쳐 이마가 찢어졌다. 그 광경을 목격하고 있던 같은 반 친구들이 119에 신고하여 소이는 곧장 응급실로 실려가 치료를 받은 후 학교로 돌아왔다.

주요 용어

학교폭력 사안처리 절차, 학교폭력전담조사기구, 학교장 자체 해결,
학교폭력대책심의위원회

읽을거리

◆ 학교폭력예방 및 대책에 관한 법률

◆ 학교폭력예방 및 대책에 관한 법률 시행령

제 **10** 장

학교폭력 개입의
시스템적 접근

학습목표

- 학교 교육과정과 연계된 학교폭력 예방 프로그램을 알고 이를 설명할 수 있다.
- 학교폭력 사안처리 과정에서 겪는 교사들의 심리상태를 설명할 수 있다.
- 학교폭력 사안처리 과정에서 교사를 도울 수 있는 다양한 자원을 알 수 있다.
- 학교폭력 사안처리 과정에서 겪는 부모들의 심리상태를 설명할 수 있다.
- 학교폭력 사안처리 과정에서 학부모를 도울 수 있는 다양한 자원을 알고 안내할 수 있다.

학습흐름

1. 학교폭력 예방 프로그램(어울림 프로그램)
    1) 어울림 프로그램의 구성
    2) 사이버 어울림 프로그램
    3) 어울림 프로그램의 활용

2. 교사 지원
    1) 교사의 심리적 어려움
    2) 교사 지원 시스템 자원

3. 학부모 지원
    1) 학부모의 심리적 어려움
    2) 학부모 지원 시스템 자원

학교폭력이 사회의 큰 문제로 드러나게 된 이래 학교폭력과 관련된 학생들이 겪는 심리적 어려움 및 그에 따른 대처 활동이 활발히 이루어지고 있다. 이에 반해, 학교폭력과 관련된 학부모와 교사에 대한 지원은 잘 알려지지 않은 편이다.

이 장에서는 다양한 학교폭력 예방을 위해 가장 많은 준비와 대처를 해야 하는 교사, 학부모가 활용할 수 있는 어울림 프로그램이 무엇인지 알아보고 이를 활용할 수 있는 방법을 안내하고자 한다. 나아가 교사와 학부모가 학교폭력 사안처리 과정에서 겪는 심리적인 어려움에는 무엇이 있는지 알아보고 이들이 지원받을 수 있는 학교 내외 시스템에 대해 구체적으로 살펴보려 한다.

1. 학교폭력 예방 프로그램(어울림 프로그램)

어울림 프로그램은 교육부와 시·도 교육청이 함께 개발한 국가 수준의 학교폭력 예방교육 프로그램으로, 다양한 유형의 학교폭력 사례를 기반으로 구성되었다. 이 프로그램은 온·오프라인상의 학교폭력 위험으로부터 자신과 친구들을 적극적으로 방어할 수 있도록 학생들의 학교폭력 예방 역량 함양을 목적으로 한다.

교사가 수업 시간에 교육과정을 재구성하여 학교폭력 예방교육을 실시할 수 있도록 교과별 성취기준과 연계하는 방향으로 개발되었다. 또한, 학생의 발달 단계를 고려하여 초·중·고등학교 및 학급 특성과 실정에 따라 선택하여 활용할 수 있도록 모듈 형태로 개발되었다.

교과 및 창체 시간에 어울림 프로그램 수업을 통해 학생들이 삶 속에서 자연스럽게 다른 친구들을 배려하고 공감하며, 자신의 감정을 이해하고 조절할 수 있을 뿐만 아니라 갈등을 대화로 해결하고, 학교폭력에 지혜롭게 대처할 수 있도록 지속적이고 꾸준한 교육이 가능하도록 하였다.

2020년 이후 학교는 학교폭력 예방교육을 실시할 때, 어울림 프로그램을 전면 운영하여야 하며 어울림 및 사이버 어울림 프로그램을 관련 교과 및 창체 시간에 학급별 11차시 내외로 편성하여 연중 실시되도록 하였다.

1) 어울림 프로그램의 구성

어울림 프로그램은 2015 개정 교육과정에서 제시한 핵심 역량과 연계하여 학교폭력 예방을 위해 꼭 필요한 6대 역량이 함양되도록 구성하였으며, 6대 역량은 공감 역량, 의사소통 역량, 자기존중감 역량, 감정조절 역량, 갈등해결 역량이다. 사이버 어울림 프로그램은 자기조절 역량과 인터넷 윤리의식 역량이 추가되어 8대 역량으로 구성되었다.

관심군이 있는 학급에서는 문제 유형별 어울림 심층 프로그램, 사이버 어울림 심층 프로그램을 추가적으로 운영할 수 있으며, 학급 자치 시간이나 동아리활동 시간을 이용하여 또래활동 프로그램을 운영할 수 있다. 어울림 프로그램의 구성은 [그림 10-1]과 같다.

그림 10-1 어울림 프로그램 체계도

(1) 어울림 프로그램

학생의 사회 · 정서적 역량과 학교폭력 예방 역량을 함양하고 2015년 개정 교육과정 편성 및 핵심 역량 특성을 반영하여 개발되었으며, 기본, 심층, 교과

어울림 기본 프로그램 6대 역량

공감
자신과 타인의 마음을 정서적으로 느끼고 인지적으로 이해하여 효과적으로 반응하거나 의사소통하는 능력

자기존중감
자신에 대해 '스스로 충분히 가치가 있다'고 느끼는 감정적 개념이며, 자신의 약점을 인식하고 수용하는 과정을 통해 자신을 긍정적으로 바라보는 마음

의사소통
타인과 언어 및 비언어적 상호작용을 통해 인간관계를 형성하고 유지 · 조절하는 수단

갈등해결
자신이 경험하는 대인 간 갈등 상황을 인식하고, 해결하는 능력

감정 조절
효과적인 방법으로 감정을 표현하거나 스스로 해소하며, 상황에 맞는 대처행동을 할 수 있도록 감정을 조절하는 능력

학교폭력 인식 및 대처
학교폭력의 개념, 심각성, 학교폭력 관련 법률, 학교폭력의 결과 등에 대해 인식하고, 대인 간 관계 회복과 폭력 근절의 중요성에 대해 이해하며, 학교폭력 상황에서의 대처 방법을 아는 능력

그림 10-2   **어울림 기본 프로그램 6대 역량**

출처: 한국청소년정책연구원 학교폭력예방교육지원센터(2022). 어울림 프로그램으로 열어가는 학교폭력 예방교육 안내서-초등학교용(개정판). 세종: 한국청소년정책연구원.

연계, 주제 선택 및 동아리 활동과 연계하여 실시할 수 있다. 6대 역량의 구체적 내용은 [그림 10-2]와 같다. 학부모용 어울림 프로그램 역시 6대 역량으로 제시되어 있으며, 자녀의 발달 단계에 맞게 세부적으로 안내되어 있다.

2) 사이버 어울림 프로그램

다양한 정보통신기술과 스마트 기술이 보급되면서 스마트폰, 인터넷 등의 사용 증가로 학생들의 생활양식과 소통 방식이 근본적으로 변화하고 있다. 특히, 코로나19 이후 학교폭력 유형 중 사이버폭력 증가 비중이 3.4% 증가하였고 스마트폰 과의존 위험군이 전 연령대 중 청소년이 35.8%를 차지하기 이르렀다.

이에 온라인 사이버 공간에서 발생하는 폭력의 특성과 최근 발생 경향을 고려한 예방교육이 필요하게 되었다. 사이버폭력으로부터 학생 자신과 친구를 적극적으로 방어하기 위한 예방교육으로 어울림 프로그램 교육과정 기반의 교사용 교재와 동영상 프로그램을 구성하였다. 기본 6대 역량에 사이버 자기조절 역량과 인터넷 윤리의식 및 활용 역량을 추가하여 8대 역량으로 구성되었으며 그 내용을 살펴보면 [그림 10-3]과 같다.

사이버어울림 기본 프로그램 8대 역량

사이버 공감
타인의 경험을 자신의 것처럼 이해하고 느끼고 표현하는 것을 포괄하는 복합적인 과정

사이버 의사소통
언어적 · 비언어적 수단을 사용하여 자신들의 생각, 관점, 느낌, 메시지를 전달하며 서로를 이해하고 영향을 미치는 과정으로 인간관계를 지속, 발전시키는 필수적인 수단

사이버 자기존중감
자신의 장점이나 좋은 점에 대하여 자부심이나 효능감을 느껴 자신을 인정하고 소중하게 대우함으로써 긍정적 자아를 형성하는 과정과 결과

인터넷 윤리의식 및 활용
사이버 공간에서 네티즌으로서 인터넷을 올바르게 사용하기 위해 요청되는 바람직한 가치관 및 윤리관

사이버 자기조절
자신이 처한 상황에서 스스로가 주인의식을 가지고 옳음과 그름, 좋고 나쁨의 판단기준에 따라 자신의 충동적이고 일시적인 욕구를 정도에 넘지 아니하도록 알맞게 조정하여 행동할 수 있는 의지와 태도

사이버 감정 조절
주어진 상황에서 필요한 감정을 정확하게 인식하여 표현하며, 알맞게 조절하여 표출할 수 있는 태도

사이버상의 갈등 관리 및 문제해결
사이버 공간에서 갈등이 발생하는 원인과 유형을 인식하고, 사이버상의 갈등 상황에서 중재 기술과 행동 요령을 알고 실천할 수 있는 태도

사이버폭력 인식 및 대처
다양한 사이버폭력의 개념과 유형을 인식하고, 각 유형의 발생 원인과 결과의 심각성을 이해하고 사이버폭력이 발생하였을 때 올바르게 대처할 수 있는 인지적 · 정의적 · 행동적 영향

그림 10-3 사이버어울림 프로그램 8대 역량

출처: 한국청소년정책연구원 학교폭력예방교육지원센터(2022). 어울림 프로그램으로 열어가는 학교폭력예방교육 안내서-초등학교용(개정판). 세종: 한국청소년정책연구원.

3) 어울림 프로그램의 활용

(1) 어울림 프로그램 운영

어울림 프로그램은 담임교사 및 교과교사 주도로 운영되며 프로그램 운영은 구체적인 학교폭력 사례를 활용하고 학교폭력의 경향성 및 원인 등을 반영하여 학교폭력 예방을 위해 도움이 되는 내용을 선택하여 실시한다.

각 역량을 포함하여 다양한 방법을 통한 프로그램을 운영하며 역할극, 게임 등을 활용한 체험 활동 방법을 활용한다. 6개 영역을 중심으로 필요한 역량을 2~3개 선정하여 지도하고, 사이버폭력 예방을 위한 사이버 어울림 프로그램(8대 역량)을 1개 영역 이상 운영하도록 해야 한다. 학교폭력 가·피해 우려가 높은 관심군 학생이 속해 있는 학급에서는 어울림 심층 프로그램을 활용하도록 한다.

프로그램 운영 시 사이버폭력 예방을 위한 8개의 역량의 향상뿐만 아니라 정보통신기기, 정보통신망을 이용한 사이버 공간 및 사이버폭력의 특성을 반영한 교육적 요소를 적용하여 운영한다.

참고로 어울림 프로그램은 학교에서 운영하는 프로그램으로 「초·중등교육법」 제2조에 따라 개인이 활용하기는 어려우며 학교 소속 교원으로 교육청에서 안내받은 계정으로만 이용이 가능하다.

(2) 어울림 프로그램 구성

이 프로그램은 학생들의 발달 단계를 고려하여 초등 저학년용(1~2학년), 초등 중학년용(3~4학년), 초등 고학년용(5~6학년), 중학생용, 고등학생용으로 급별로 개발되었다.

학생용 기본 프로그램은 학생을 대상으로 학교폭력 예방을 위해 필요한 핵심 역량을 강화·심화할 수 있는 내용으로 6개 역량별 3차시로 총 90차시로 구성되어 있다.

심층 프로그램은 학교폭력 가·피해 우려가 높은 관심군 학생이 소속된 학급문화 전반의 긍정적 변화를 통해 학교폭력 예방의 근본적이고 지속적인 변화를 위해 개발되었다. 4가지 학교폭력 유형별(신체 · 물리적 폭력 문제, 언어폭력 문제, 따돌림 문제, 사이버폭력 문제) 32차시의 교육자료로 구성되어 있으며 학생 발달 단계에 맞는 프로그램을 제공한다.

(3) 학부모 어울림 프로그램

단위학교에서 학부모 교육을 위해 교사가 활용할 수 있는 자료로 '자녀의 학교폭력 예방 역량 함양'에 대한 학부모의 이해와 지원 강화에 초점을 두어 6개 역량별 총 48차시로 구성하였다.

또, 학부모 원격 콘텐츠는 자녀관계 개선을 위한 어울림 프로그램으로 공감 및 의사소통, 감정조절, 자기존중감, 자녀의 감정을 읽는 대화기술 감정코칭하기, 학교폭력 인식과 대처 및 갈등해결로 구성되어 있으며 학부모가 직접 연수를 받을 수 있다.

2. 교사 지원

교사는 학교폭력 사안 발생이 시작되면 일상적인 교육 활동과는 전혀 다른 상황에 직면해야 한다. 이들은 대부분은 학교폭력과 관련된 경험이 거의 없기 때문에 처음 접하는 다양한 심리적인 어려움을 경험한다. 이들이 호소하는 심리적 어려움을 구체적으로 제시하면 다음과 같다.

1) 교사의 심리적 어려움

(1) 충격과 혼란

사안이 발생하면 교사는 책임 추궁과 지도력 부재 등에 대한 직접적이고 간접적인 비난을 받는 것에 혼란스러워한다. 무엇보다 사안에 관해 학교 안에서 일어난 일이므로 교사가 전적으로 책임지라는 냉정한 반응과 비난을 홀로 감당해야 하는 것이 큰 부담이 된다. 이 과정에서 교사는 누구에게도 적절한 도움을 받지 못한 채 새로운 학년이 되어 학급이 바뀌기를 외로이 기다려야 한다.

또한, 교사가 사소하게 인식하고 있는 사건을 폭력으로 정하여 어린 학생을 가해자로 만드는 상황에서 심리적인 부조화를 경험하기도 하며, 때로는 사건의 전말을 파악해 가는 과정에서 피해학생이 가해자였거나 가해학생이 오히려 피해자였다는 것을 알게 되는 순간 교사는 스스로의 판단에 대해 혼란스러워하는 경험을 한다.

(2) 학부모 추궁 및 위협에 억눌리는 답답함

피해자와 가해자 학부모 모두 사안이 발생하고 나면 학생들을 잘 관리하지 못한 것에 대해 교사를 비난한다. 또한 사안을 자세히 알지 못하고 중재에 제때 나서지 못한 교사의 지도력에 서슴지 않고 의심하는 모습을 보이며 질책하고 담임을 원망하며 모든 것의 책임을 학교로 돌리려는 학보모의 행동에 답답하고 두려움을 느낀다. 반면 학부모들의 질책 속에서도 그동안 그들이 얼마나 힘들었을까 하는 미안한 마음 때문에 교사 자신을 적극 변호하여 대응하기 어려운 면도 있다. 학부모들은 표면에 드러나지 않는 자신들의 비하인드 스토리를 교사에게 계속해서 들려주지만 시시각각 변하는 감정으로 호소하는 그들의 태도에 교사는 지치고 소진된다.

(3) 자신감의 상실 및 권위의 상실, 낙인의 두려움

교사는 학교폭력 사안의 발생을 미연에 방지하지 못했던 것에 대해 자괴감을 느낀다. 자신이 알지 못하는 사이에 사건이 진행되고 발생했기 때문에 자신의 학급 운영 능력을 의심하며 자신감을 상실해 간다. 또한 학생들 사이에서 일어났던 순간순간의 감정 찌꺼기를 자주 풀어 줘야 함을 알지 못해서 생겨난 일인 것을 뒤늦게 알아차리게 되었을 때 자신의 관리 소홀이지 않나 하는 마음에 스스로를 책망하게 된다. 동시에 동료교사나 관리자로부터 무능한 교사라는 이야기를 듣게 될까 봐 사건 초기에 관리자에게 사안을 보고하는 것을 꺼리게 되는 경향이 있다.

(4) 외로움과 우울

교사가 자체 해결해야 하는 사안처리 경우에는 사안 조사 및 학부모와 협의를 대부분 암묵적으로 공유된 방법을 통해 홀로 처리하는 경우가 있어 왔다. 주변 동료교사로부터 조언을 듣거나 학교에 배포된 책자를 참고하여 학부모와 대화를 이어 가지만 이런 과정에서 학부모로부터의 비난이나 의심 등을 오롯이 담당 교사 혼자 감내해야 하는 경우가 많다. 이런 경우 교사가 공식적으로 도움을 받을 수 있는 경로에 대한 정보가 거의 없는 형편이므로 이들은 사안처리 과정 안에서 더욱 외롭고 우울함을 느낀다.

(5) 법적 처벌의 범위에 대한 불안

학교폭력 관련 법률의 개정 이후 교사 자체 해결이 어려운 사안은 학폭위에서 처리하며 사후 조처는 화해중재위원회를 중심으로 이행되고 있다. 그러나 사안을 해결하는 과정에서 합의 결과가 좋지 않고 서로 주장하는 바가 다를 때, 이로 인해 책임의 소재를 낱낱이 밝히는 등의 상황이 오면 교사는 자신도 어떤 법적인 처벌을 받게 되지는 않을까 불안해한다. 예로 자신이 학교폭력 사안을 처리절차에 맞지 않게 진행한 부분이 있었는지, 지금 하는 자신의 행동이 매뉴얼에 맞는 것인지 사안이 종결될 때까지 계속된 불안감을 느낀다.

(6) 현장을 고려하지 않은 법 적용에 대해 억울함

사안처리 가이드북에 따라 학교폭력을 처리하다 보면 현장에서는 매뉴얼과는 다르게 사안이 진행되는 경우가 종종 있는데 이는 현장을 고려하지 않은 법 적용의 문제로 볼 수 있다. 예를 들어, 언어폭력으로 인해 학교폭력 사안처리를 진행할 때, 언어폭력의 경중의 기준과 학부모 사이의 합의점이 모두 제각각이기 때문에 이를 처리하는 교사의 입장에서는 기준을 잡는 데 상당한 어려움을 겪는다. 부모의 잣대가 이렇게 다른데 법 해석이 어디까지인지 일선의 교사가 이를 파악하는 데는 명백한 한계가 있으며 교사가 어디까지 개입해야 하는지의 경계에 대한 모호함이 있다. 이런 애로점이 있음에도 학부모들은 이를 제대로 파악하고 있지 못하는 교사를 업무소홀 등의 책임으로 떠미는 상황이 자주 발생하며, 이런 경우 교사는 법의 부작용을 현장에서 감당해야 하는 억울함이 있다.

2) 교사 지원 시스템 자원

학교폭력 사안이 종료되고 난 후에 학교와 교육청에서는 관련 학생들이 정상적인 학교생활을 할 수 있도록 지원한다. 학교는 학교폭력과 관련된 당사자들이 겪고 있는 심리적인 어려움을 완화시키기 위해 다양한 도움을 제공해야 한다. 수업 등 교육 활동 중 폭행이나 모욕 등의 교육 활동 침해행위로 피해를 입은 교원에 대하여 적절한 치유의 기회를 제공하고, 교육 활동을 침해한 학생에게는 특별교육이나 상담 등을 통하여 학교생활에 적응할 수 있도록 하는 제도적 장치를 마련하는 등의 내용으로 「교원지위향상을 위한 특별법」이 개정(2016. 2. 3. 공포, 8. 4. 시행)됨에 따라, 교육활동 침해행위의 구체적 유형 및 교원치유지원센터의 지정 요건 등 법률에서 위임된 사항과 그 시행에 필요한 사항을 정하고 있다.

학교폭력 사안과 관련된 학생과 교사, 학부모의 정서 상태를 평가하고 그에 따른 상담 서비스를 제공하는 것은 회복에서 필수적인 과정이다. 최근 교권침해행위가 지속적으로 증가하는 상황에서 다양한 심리적 어려움을 겪는 교사가 늘고 있음을 인지하고 교권 회복을 돕고자 2023년 9월 '교원의 지위 향상 및 교육 활동 보호를 위한 특별법'이 개정 중에 있으며 다양한 지원 시스템이 도입될 예정이다. 현재 교사들을 지원하는 시스템은 다음과 같다.

(1) 예방 프로그램 연수

학교폭력 사안을 경험한 많은 교사들은 다음에 학급 담임을 맡은 경우 학기 초부터 학급운영의 방침을 명시하며 학교폭력 예방 프로그램(어울림 프로그램)을 적극적으로 계획하여 실천한다. 또한 교우관계 관찰 및 원활한 의사소통 방법 등에 관한 적극적인 학교폭력 예방에 주력하여 대처한다. 최근 개설되고 있는 교사 출신 변호사가 진행하는 학교폭력 관련 연수를 듣는 것을 추천한다. 교사는 학교폭력 사건의 예방부터 사후처리까지 전체적인 흐름을 이해하고 학교폭력 사건의 법률적인 대처방법을 알아야 한다. 또한 피해학생, 가해학생 그리고 목격학생까지 학교폭력 사건 당사자들의 마음을 공감하고 당사자별 대처방법을 숙지해야 한다. 일선에서 교사들은 학생과 학부모를 돕고 싶은 마음에 학교폭력 관련 사안을 처리할 때 경계를 짓기 어려워하는 경향이 있다. 법적으로 교사가 보호받을 수 있는 부분을 정확히 알고 학교폭력 관련 사안을 처리하게 되면 교사는 스스로를 보호하고 도울 수 있을 것이다.

(2) 상담연수

해마다 어떤 학생과 학부모를 만날지 모르는 상황에서 교사들은 학교폭력 사안이 일어나는 것이 복불복이라는 생각을 많이 하고 있다(방기연, 2011). 학교폭력 사건을 감당했던 다수의 교사들은 학교폭력 처리과정에서 있었던 다양한 심리적 어려움을 극복하기 위해 상담연수 및 동호회 활동에 참여하고 있다. 이처럼 교사들은 직무 관련 연수나 교원치유센터 등에서 개인 심리상담을 통해 자기 치유와 학교폭력 예방 및 미래 성장을 준비하는 차원에서 다양한 연수에 참여할 수 있다.

(3) 교육활동보호센터(구 교원치유지원센터)-상담치유 지원

교육부는 2017년부터 교육활동보호센터(구 교원치유지원센터)를 17개 시·도 교육청으로 확대·운영하고 있으며 교원치유지원센터는 교원의 교육 활동을 종합적으로 보호·지원하기 위하여 교육청별로 구축·운영하는 센터

그림 10-4　교육(지원)청 통합지원체제 체계도

로, 교육 활동 침해 예방부터 침해 발생 시 지원, 사후 관리까지 단계별로 지원하고 있다. 이와 관련하여 교권침해 피해교원 등에 치유 서비스를 지원한다.

또, 최근에는 시·도 교육청별 '(가칭)학교폭력예방·지원센터'를 설치하여 사안처리, 피해회복·관계개선 법률 서비스 등을 통합 지원하고 있다. 나아가 교육청에 학교전담경찰관(SPO) 등으로 사안처리 컨설팅 지원단을 구성하여 운영하고 있다.

현재 실시되고 있는 교원치유 프로그램과 구체적인 내용을 살펴보면, 전문가의 강의, 심리치료, 법률지원, 직무연수의 분리운영, 자연에서의 심신치유 명상 프로그램, 문화예술체험 프로그램 등으로 운영되거나 다양한 분야의 치유 프로그램을 개설하여 교사들이 선택할 수 있도록 운영하고 있다.

상담 신청은 교사가 직접 교육청이나 학교에 의뢰하거나 교육활동보호센터로 전화·방문 혹은 시·도 교육청 메신저로 신청이 가능하다. 또한 업무포털시스템을 이용하여 공문으로도 접수가 가능하며 시·도 교육청 홈페이지 교육활동보호센터로 온라인 접수를 할 수 있다. [그림 10-5]는 교육활동보호센터 중 활발한 활동을 하고 있는 에듀힐링센터(대전시교육청)를 예시로 하여 교사가 지원받을 수 있는 방법을 나타냈다. 또한 이 지원 방법을 통해 학교폭력과 관련된 학생, 학부모, 교사가 원하는 경우 함께 상담 받을 수 있는 시스템을 전문적으로 구축하고 있다.

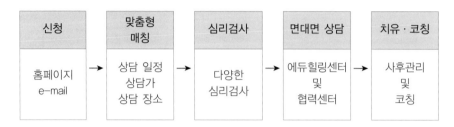

그림 10-5   맞춤형 원스톱 힐링 시스템-대전 에듀힐링센터

또한 각 지역의 교육활동보호센터에서는 교직생활로 인해 발생하는 다양한 스트레스에 의한 부적응 및 심리적 어려움으로 의료적·법적 개입이 필요한 교사들에게 전문의의 상담 및 변호사 자문 등을 전문적으로 지원한다.

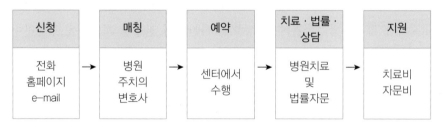

그림 10-6   교권침해 상담 치료·법률 맞춤형 원스톱 서비스(대전 에듀힐링센터)

(4) 학교의 조기감지 및 대응체계 강화

학교는 학교-경찰 간 학교폭력 정보 공유체계를 구축하여 조기감지 대응체계를 강화하고 있으며, SNS 등을 활용한 사이버폭력 감지 앱 활용을 제고하고 있다. 또한 학교장과 책임교사의 긴급한 요청 시 교육(지원)청 별로 '사안처리 컨설팅 지원단'을 운영하여 학교폭력에 신속 대응하고 해결을 돕고 있다.

또한, 교원의 정당한 생활지도 불응 시 교육 활동 침해행위로 규정할 수 있도록 교권을 강화하고 있으며, 수석교사의 교육 활동에 교과지도뿐만 아니라 가해·피해학생의 관계 회복을 지원할 수 있도록 지도 역량을 키우고 있다. 교권 보호 측면에서는 학교폭력 사안처리 과정에서 고의·중대한 과실이 없는 경우 교원의 민·형사상 책임을 면제하도록 법적 근거를 마련하고 있다.

(5) 교권침해 대응 직통전화 '1395'

교육부와 과학기술정보통신부는 2023년 8월 교권침해 신고 상담 전화 '1395'를 사용하기로 합의하였다. 교육부와 과기정통부는 교원이 악성민원, 형사고발, 우울감 등 다양한 위기 상황에서 즉시 도움을 요청할 수 있는 통합 시스템을 구축하여 교원만이 사용할 수 있는 직통전화를 구축하였다. 이를 통해 교원이 더 이상 악성민원 등 교권 침해 상황을 혼자 감당하지 않고 즉시 도움을 받을 수 있을 것으로 기대된다.

- 학교폭력 사안처리 절차와 관련된 〈글상자 10-1〉 교사의 사례를 읽어보고, 내가 해당 교사라면 시스템 자원을 어떻게 활용하여 스스로를 도울 수 있을지 생각해 보자.

> **글상자 10-1》　학교폭력 관련 교사 사례**
>
> **사례: 우리 반 학부모가 무서워요.**
> --
> 　저는 초등학교 교사 생활한 지 6년이 조금 넘었고 올해 4학년 담임을 하고 있습니다. 우리 반에는 3명 정도 덩치가 또래보다 조금 큰 남자아이들이 있고 다른 아이들은 평균적입니다. 3월부터 남자아이들끼리 쉬는 시간이면 모여서 서로 부둥켜안고 번쩍 들어 올리거나 바닥을 구르기도 하며 다양한 신체놀이를 즐겼습니다. 학기가 시작되고 4주 정도 지난 어느 날, 경호 아버지가 위 세 명의 아이들이 자주 경호를 괴롭힌다고 전화를 했습니다. 저는 깜짝 놀라 언제, 어떻게 그 아이들이 경호를 괴롭혔는지 아버지에게 확인을 했고 다음 날 학급 아이들 전체를 대상으로 학교폭력 예방교육을 했습니다. 당일 방과 후 세 명의 아이들을 따로 불러 상황 확인을 했더니

화장실이나 복도에서 조금씩 어깨를 치고 다녔다고 했습니다. 세 명은 제가 보는 자리에서 앞으로 경호에게 그러지 않겠다는 약속을 하고 화해를 했습니다. 이렇게 친구들과 가벼운 다툼과 화해로 일이 끝나는구나 생각도 잠시, 약 2주 후 다시 아버지가 전화를 했습니다. 아버지 말에 따르면 세 명의 아이들의 태도가 첫 번째 전화 후에도 별로 달라지지 않았고 선생님 몰래 점심시간에 은근한 폭력을 행사하고 있다고 했습니다. 저의 대처가 마음에 안 드셨는지 아이 간의 사과는 어떻게 했는지, 예방교육은 어떻게 했는지 자세히 물어 왔습니다. 그런 후 아이들을 지도하는 선생님의 훌륭한 인품에 감사한다는 말과 함께 학교폭력 사안처리 절차에 따라 학교폭력자치위원회를 열어 달라고 요청해서 바로 학교폭력자치위원회 담당 선생님께 알렸습니다. 며칠 후 학교폭력자치위원회가 열렸고 경호 아버지와 다른 가해학생들의 학부모님들이 모였습니다. 그 자리에서 경호 아버지는 지금까지 경호에게 있었던 일과 관련된 대화를 녹음 · 편집하여 자료로 제출했습니다. 그날에서야 저는 경호 아버지가 세 명의 아이들이 경호를 괴롭힌다고 말한 순간부터 얼마 전까지 녹음기를 경호 가방에 넣어 보낸 것을 알게 되었습니다. 저와의 전화 대화 내용도 녹취한 후 일부분을 편집해서 제출했습니다. 경호 아버지는 친절하게 전화에 응대했고 자초지종을 물어올 때도 흥분하지 않고 차분하셨습니다. 이런 모습에 저는 안도감을 느껴 학교에서 발생한 일에 대해 경호 편이 되어 경호 아버지에게 위로의 마음을 전달했었는데 정말 당황스럽고 배신감마저 느꼈습니다. 학교폭력 처리는 절차에 따라 진행되었고 아이들은 그에 따른 처분을 받았습니다. 이 일이 있고 나서 경호 아버지는 학교에 별다른 볼일 없이 학교에 와 저희 학급 창문에 자주 얼굴을 비쳤습니다. 저는 지금도 경호가 녹음기를 들고 학교에 등교하는지 불안해서 한 마디 한 마디가 조심스럽고 힘듭니다.

3. 학부모 지원

학교폭력이 발생되면 사안처리를 해결하고 학교폭력이 더 커지지 않도록 신속하게 처리하는 방안은 다수인 반면 학교폭력 관련 학부모들이 겪는 심리적 고통과 상처는 상대적으로 덜 중요하게 여겨져 왔다. 학교폭력 사안이 종결된 후에도 학교폭력으로 인한 후유증을 감당해야 하는 학부모들은 상당한 심리적 어려움을 겪는데 이들이 겪는 심리적 어려움을 구체적으로 살펴보면 다음과 같다.

1) 학부모의 심리적 어려움

(1) 당황스러움

자녀의 학교폭력 피해 사실을 뒤늦게 알게 되는 경우가 많은 학부모들은 학교폭력 사실을 숨기고자 했던 자녀들로 인해 속상함과 당황스러움을 경험한다. 또한 자녀의 학교폭력 피해 사실에 대해 타인의 언질을 통해 알게 될 때가 있는데 이런 상황에서 당혹스러워한다.

(2) 자녀의 부족함을 생각함

학교폭력을 경험하게 된 후 학부모들은 자기 자녀가 학교폭력의 원인을 제공한 것은 아닌지 생각하고 염려한다. 자녀의 학업성적이 낮거나, 자녀의 성격적인 문제 또는 의사소통의 어려움 등을 원인으로 꼽으며 자녀의 부족한 점이 무엇인지 찾아보고 고민한다.

(3) 자책

자녀의 학교폭력피해의 원인이 부모인 자신에게도 있는 것은 아닌가 반추한다. 자신의 양육방식이 잘못된 것은 아닌지, 자녀에 대한 이해 부족으로 인해 자녀가 학교폭력을 겪은 것은 아닌가 하는 죄책감을 느낀다. 또한 지나간 시간 동안 자녀가 보였던 작은 학교폭력 피해 징후를 놓친 것이나 학교에 가기 싫어했던 상황 등을 제대로 파악하지 못하고 자녀를 혼냈던 일, 학교폭력 피해 처리 과정에서 부모로서 자녀를 위해 의견을 제대로 피력하지 못한 것 등을 떠올리며 자책한다.

(4) 억울함과 분노

학교폭력을 해결하기 위한 과정에서 담임교사가 사안의 원인을 자신의 자녀로 두는 것에 대해 분노를 느끼며 학교와 교사가 학교폭력 해결에 적극적으로 나서지 않는 모습에서 서운함과 억울함을 경험한다. 또한 자녀를 괴롭힌 가해 학생에 대한 분노와 적개심 등을 토로하고 행동으로 표출하며 직접 가해 학생을 응징하고 싶어 하는 경우도 종종 있다. 최근에는 담임교사나 관련 교사에게 법적인 제재를 가하려고 하는 경우도 늘고 있다.

(5) 배신감

학교폭력 사안이 학교폭력 피해 당사자를 도와주고 걱정해 주기보다 주변인들에게는 단순한 흥밋거리, 소문으로 다루어지는 것에 대해 섭섭함을 느끼며 이야기를 부풀려 주변에 퍼뜨리는 사람들에게 심한 배신감을 갖는다.

(6) 안타깝고 애가 탐

학부모들은 학교폭력의 피해로 인해 외출 시 옷 하나 제대로 골라 입을 수 없을 정도로 위축되어 있는 자녀의 행동을 보면 안타깝다. 자녀의 사소한 일에도 예민하게 반응하게 되며 자녀를 어떻게 도와주어야 할지 알 수 없어 애타고 어쩔 줄 모른다.

(7) 불안함

자녀가 학교에서 현재 진행되고 있는 학교폭력 사안으로 인해 학급에서 어려움을 겪고 있는 것은 아닌지 걱정이 한다. 학교폭력 사안처리가 끝난 후에는 또 다른 학교폭력 사안에 다시 연루될까 두렵고 불안함을 느낀다.

(8) 경제적 어려움

가해자 쪽이 사과나 혐의를 인정하지 않거나 가해학생 가족이 자녀에 대한 관심이 없어 합의가 어려울 경우, 피해학생의 가족들은 치료비 등의 부담을 떠안아야 하는 경우가 종종 있다. 이런 경우 피해보상에 대한 명확한 기준과 근거가 없으므로 자녀 치료에 대한 경제적 부담을 져야 하는 어려움이 있다.

2) 학부모 지원 시스템 자원

(1) 관계 회복을 위한 담임교사의 지원

학교폭력 사안처리를 거치면서 부모는 담임교사로부터 지지와 위로를 받고 싶어 한다. 교사는 학교폭력은 학교생활에서 있을 수 있는 일이고 아이들 사이의 사소한 싸움으로 성장 과정에서 일어날 수 있는 일이라 생각하지만 관련된 학부모는 학교폭력을 처리하는 전반적인 과정에서 담임교사로부터 적극적인 개입과 위로를 받고 싶어 한다. 교사가 부모의 이야기를 적극적으로 경청하고 공감하는 모습을 보이는 것은 학교폭력과 관련된 학부모들을 안심시킨다. 반면, 교사가 거리를 두고 소통하는 과정에서 소극적인 태도를 보이면 학부모는 교사가 자신을 존중하지 않았다고 생각하며 상처받는다. 따라서 담임교사의 공감적이고 수용적인 태도는 학부모의 심리적 어려움 해소에 도움을 준다.

(2) 학교 상담교사

학교폭력으로 받은 정신적 · 심리적 충격으로부터 회복할 수 있도록 학교 내의 전문 상담교사에게 심리상담 및 조언을 받을 수 있다. 학교폭력 사안처리 과정을 부모와 함께 지켜보고 직접적으로 이해해 줄 수 있는 위치에 있는 학교 상담교사의 심리적 지지와 매뉴얼에 대한 안내는 학부모를 안정시킨다.

(3) 교육청 지원 프로그램 및 지역사회 지원 시스템

학교폭력을 경험하고 있는 학부모들은 이를 어떻게 대처해야 할지 몰라서 지역사회 상담기관을 찾는 경우도 있으며, 학교에서 학교폭력 사건을 처리하는 과정에서 가해자의 처벌 차원에서 상담을 의뢰하기도 한다. 학교 내에서 이루어지는 상담 활동에 부담을 느껴 학교 외부, 즉 지역사회 기관의 도움을 받고 싶은 경우 Wee 센터, CYS-Net, 정신건강증진센터, 건강가정지원센터, 학교폭력 SOS 지원단 등의 외부 기관을 통하여 지원 받을 수 있다. 지역사회와의 연계된 지원 프로그램은 학교와 지역 교육청의 상황에 따라 정도의 차이를 보인다. 현재 이루어지고 있는 기관에서 제공하는 서비스 내용은 다음과 같다.

① Wee Center(학생생활지원단)
교육부에서 지원하는 Wee Center는 교육부 주관으로 전국 시 · 도 31개 지역 교육청에서 시행되고 있는 국정과제의 일환으로, 단위학교에서 지도하기 어려운 위기학생의 체계적인 관리 및 지도를 위해 교육청 차원에서 지역사회의 인적 · 물적 인프라를 활용하여 진단-상담-치료가 가능한 원스톱 상담 및 치유 프로그램을 운영하는 학생안전망 서비스 기관이지만 이곳에서는 위기학생과 관련된 학부모의 심리상담에 관한 지원도 함께하고 있다.

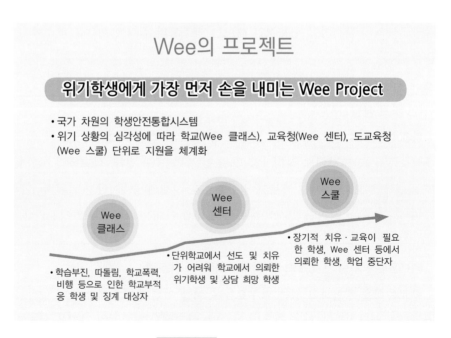

그림 10-7   Wee Center

② **CYS-Net(지역사회 청소년 통합지원체계)**

여성가족부에서 운영하는 CYS-net은 지역사회 내의 활용 가능한 모든 인적·물적 자원을 연계해 위기청소년을 효과적으로 돕기 위한 청소년 지원 네트워크다. 이는 지역사회의 모든 시민과 기관, 단체가 서로 주체가 되어 위기청소년을 발견하고 구조하고 치료하는 데 참여함으로써 지역 내 청소년들이 건강한 민주시민으로 성장하도록 지원하기 위해 협력하는 연계망으로 도움을 필요로 하는 위기청소년들에게 맞춤형 서비스를 다양한 연계기관과의 협

그림 10-8   CYS-Net

력을 통해 통합적으로 지원하는 것을 주 목적으로 하지만 역시 학교 밖 학교폭력 개입 지원체계로 학교의 한계점을 극복하기 위해 관련 학부모들에 관한 지원도 병행하고 있다. 전화로 1388을 연결하면 즉시 도움을 받을 수 있으며 가족이 함께 지원받을 수도 있다.

③ 정신건강증진센터

정신건강증진센터는 과거 정신보건센터에서 명칭이 바뀐 시설로 보통 해당 구 보건소에서 관리하고 있으며, 대개 위탁 운영하는 병·의원이 있다. 해당 지역민의 정신건강 증진을 위한 각종 사업을 하는데 상담 업무, 병·의원 안내 및 연계 서비스, 사례관리, 자살예방사업, 아동·청소년 및 성인의 정신건강관리 등 각 시설 및 지자체의 사정에 맞추어 사업이 이루어지고 있다. 거주하는 지역의 정신건강증진센터 홈페이지를 참고하여 양식에 맞게 도움을 신청하면 지원받을 수 있다.

④ 건강가정지원센터

건강가정지원센터는 가족문제의 예방과 해결을 위한 가족돌봄나눔사업, 생애주기별 가족교육사업, 가족상담사업, 가족친화문화조성사업, 정보 제공 및 지역사회 네트워크 사업을 추진하고 있다. 일반가족은 물론 한부모가족, 조손가족, 다문화가족, 일탈청소년가족, 군인가족, 수용자가족, 맞벌이가족, 이혼전후가족 등의 다양한 가족 지원을 위한 상담, 교육 및 문화 프로그램이 결합된 맞춤형 통합 서비스를 제공한다. 또한 취약가족과 위기가족을 위한 취약·위기가족 지원사업, 미혼모부자가족 지원사업 등을 통해 다양한 가족사업을 수행한다.

⑤ 학교안전공제회

학교안전공제회는 학교폭력과 관련하여 학생이 심리상담과 치료 및 요양이 필요한 경우 학부모가 직접 청구하여 경제적 도움을 받는 방법이 있다. 공제급여 청구는 온라인과 오프라인 모두 가능하며 공제급여 청구 메뉴에 접속하여 각종 서식에 맞게 순차적으로 청구서 작성 후 구비 서류를 업로드하면 해당 지역 학교안전공제회에서 내용을 검토 후 학부모에게 개별적으로 지급 관련 통보를 한다. 학교안전 공제 이외에 개별적으로 가입한 생명, 손해보험이 있다면 항목에 따라 추가 청구가 가능하다.

〈글상자 10-2〉의 학교폭력 피해를 입은 사례를 읽어 보고 내가 해당 사례의 담임교사라면 학부모에게 어떤 시스템적 접근을 안내할 수 있는지 생각해 보자.

글상자 10-2   학교폭력 피해를 입은 학부모 사례

사례: 학교폭력 사안 조사 과정이 너무 비인간적이에요

중학교 2학년이 된 딸 지혜는 작년에 같은 반 윤주로부터 가벼운 언어적 괴롭힘, 예를 들면 '니가 이쁘다고 생각하니? 돼지는 뭐라고 생각해? 뚱뚱한 ○' 등과 같은 외모를 비하하는 말을 들었습니다. 괴롭히는 정도가 견디기 힘들어 담임 선생님과 이런 저런 상담도 했었습니다. 그때는 담임 선생님의 따뜻한 다독임과 윤주의 괴롭힘이 잠시 멈춘 것처럼 느껴져 지난 학년을 잘 마무리했습니다. 새 학년이 되어 서로가 다른 반으로 배정되어 안심하고 생활하던 어느 날, 윤주가 SNS에 딸아이에 대해 나쁜 말과 부정적인 감정을 드러내는 글을 올렸다고 합니다. 같은 채팅방에 있던 다른 친구로부터 이 말을 전해 듣고 극도로 불안해하며 잠도 제대로 못 자고 몇 날 며칠을 우울하게 보내는 것이 이상해 제가 캐묻자 딸아이가 현재 겪고 있는 일을 말해 주었습니다. 작년에 이어 비슷한 일이 반복되자 현재 담임 선생님께 의논 후 학교에 이 사안을 신고하였습니다. 그런데 신고 과정에서 학교폭력 담당 선생님이 저희 딸아이를 불러 작년에 있었던 일들에 대해 꼬치꼬치 물었고, 윤주가 언제 어떤 상황에서 너에게 무슨 행동을 했는지 등 정확한 사실을 적으라고 하셨답니다. 그러곤 학교폭력 담당 선생님은 대뜸 애들이 뒤에서 그런 거지 지금까지 직접적으로 네가 피해 본 건 없는 것 같다고 말씀해서 아이는 마음의 상처를 입은 것 같습니다. 학교폭력을 신고하면 선생님들의 진행방법이 우리 아이에게 했던 것처럼 범죄자 취조하듯이 진행하는 것이 맞는지 궁금하면서 한편으로 담임 선생님과 학교폭력 담당자 선생님들의 태도에 화가 납니다.

실습

에듀넷 도란도란에서는 사용자 정보(학생, 학부모, 교사)에 알맞은 학교폭력 관련 도움 기관 정보를 사용자에 맞게 아래와 같은 형태로 제공하고 있어 대상에 맞는 적절한 도움을 간편하게 받을 수 있는 이점이 있다. 에듀넷-t-clear 홈페이지 접속 후, 지역을 선택하고 학생, 학부모, 교사 여부 선택하면 지원받을 수 있는 센터 등이 표시된다. 해당 센터를 클릭하면 간편하게 지원센터와 연결된다.

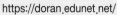
https://doran.edunet.net/

도란도란 학교폭력예방교육
바로가기 QR

에듀넷 도란도란을 방문한 후, 교재에 나오는 〈글상자 10-1〉, 〈글상자 10-2〉의 사례 또는 〈글상자 10-3〉 사례에 해당하는 사용자 정보를 활용하여 도움 받을 수 있는 기관을 찾아보자. 실제로 연결할 수 있는 지원센터 정보를 얻어 어떻게 교사, 학부모, 학생을 도울 수 있는지 생각해 보자.

> **글상자 10-3** 〉 **학교폭력 관련 학생상담 및 지원**
>
> 저는 서울에 있는 중학교에 다니고 있는 2학년 여학생입니다. 최근 며칠 동안 우리 반 여자애들 중 3명이 쉬는 시간에 제 짝인 태희를 따로 불러 복도로 데리고 나가거나 매점을 가곤 합니다. 이 아이들과 함께 나갔다가 돌아올 때면 태희의 표정이 안 좋아 보였습니다. 무슨 일이 있었는지 느낌으로는 알겠는데 제가 중간에서 태희에게 할 수 있는 일은 무엇인지 궁금합니다. 그런데, 괜히 나서서 태희를 돕다가 저까지 3명의 아이들에게 찍히게 되는 것이 두렵기도 하고……. 이런 여러 가지 생각에 요즘 머리가 너무 복잡합니다. 도와주세요.

주요 용어

어울림 프로그램, 교육활동보호센터, 1395, Wee Center, CYS-Net, 정신건강증진센터, 건강가정지원센터, 학교안전공제회, 에듀힐링센터, 교원치유지원센터

제4부

학교폭력 상담

제 **11** 장

학생상담 이론

학습목표

- 학생생활지도를 위한 상담이론의 흐름을 열거할 수 있다.
- 정신분석적 상담이론의 개념을 기초로 학교폭력 관련 학생에 대해 설명할 수 있다.
- 행동적 상담이론의 개념을 기초로 학교폭력 관련 학생에 대해 설명할 수 있다.
- 인본적 상담이론의 개념을 기초로 학교폭력 관련 학생에 대해 설명할 수 있다.
- 인지적 상담이론의 개념을 기초로 학교폭력 관련 학생에 대해 설명할 수 있다.
- 해결중심 상담이론의 개념을 기초로 학교폭력 관련 학생에 대해 설명할 수 있다.

학습흐름

늦은 밤, 잠 못 드는 아이들

"초밥을 만들 때도 생선을 고르잖아. 그런 고등
학교에 다니는 썩은 학생들에게 좋은 교육 같은
건 절대 불가능해"라는 동료 교사의 말에 반발하
여 일본의 야간 고등학교 교사로 변화가 밤거리를
돌며 방황하는 수천 명의 아이들에게 새 삶을 찾
아준 미즈타니 오사무 선생이 쓴 『늦은 밤, 잠 못
드는 아이들』이라는 책에서 발췌한 내용을 읽고
학교폭력 관련 학생들을 상담하기 위한 교사가 갖추어야 하는 인간관 혹은
학생의 문제를 바라보는 시각에 대해 조별로 논의해 보자.

"왜 그러니? 괜찮아? 힘들었지? 정말 잘했구나. 어제까지의 일은 괜찮단다. 앞
으로의 일을 나랑 같이 생각해 보자. 내일 또 함께 고민하자꾸나. 내일 또 많이 이
야기하자꾸나. 내일 또 많이 웃자꾸나."

나는 결코 뛰어난 교육자는 아니다. 정말 약하디 약한 평범한 인간에 불과하
다. 하지만 아이들의 신음소리와 비명을 들어주는 일이라면 누구보다 잘할 자신
이 있다. 사람을 사람으로서 있는 그대로 받아들이고 손을 내밀어 주는 일이라면
나도 할 수 있다. 아이 옆에 계속 있어 주면서 "우리, 사람을 믿어 보자!" 하고 다
시 일어설 수 있는 계기를 만들어 주는 일이라면 해낼 자신이 있다. 단, 한 명의 어
른이라도 아이 곁에서 "난 너를 걱정하고 있단다"라는 메시지를 전할 수 있다면
그것만으로도 충분하다.

1. 학생생활지도 및 상담의 이해

학교에서 교사의 주요 직무 혹은 역할을 크게 교과지도와 생활지도로 나누어 설명한다. 학생들의 학업과 교과 수업에 초점을 두는 교과지도와 달리 생활지도는 교과지도 이외에 학생이 학교생활에 잘 적응하고 또래를 포함한 주변 사람들과 원만한 인간관계를 토대로 자신의 목표에 따라 성취해 나갈 수 있도록 지도하는 데 관련된 모든 활동이라고 할 수 있다. 이 절에서는 교사의 학생생활지도의 개념과 활동에 대해 살펴보고, 특히 상담이 학교폭력 문제를 이해하고 해결하는 데 도움이 될 수 있는 이론적 기초 지식을 제공하고자 한다.

1) 생활지도의 개념

생활지도라는 용어는 미국의 가이던스(guidance)에서 유래되었는데 이는 "학생들의 학업, 진로, 인성 등의 영역에서 발달, 의사결정, 문제해결 등의 과정을 돕는 전문적인 활동"(Shertzer & Stone, 1980)으로 정의된다. 미국의 가이던스가 우리나라에 소개된 1945년 이후 우리나라에서 학생의 생활지도는 교과지도(학업지도)와 더불어 학교 교육의 중요한 부분이자 교사의 중요한 업무로 다루어졌다. 초창기 생활지도는 학생들에게 예절과 인성을 교육하고, 문제가 있는 부적응 학생을 교정하는 활동으로서의 의미가 강조되었으나 점차 시대와 학교급에 따라 그 의미가 변화되면서 발전해 왔다. 일반적으로 교사의 생활지도에는 다음과 같은 다양한 활동이 포함된다.

- 학생조사 활동: 생활지도를 위한 가장 기초적인 활동으로서 학생들을 개별적으로 이해하는 데 필요한 기초적인 자료를 조사, 수집하는 활동
- 정보 활동: 정보 활동이란 학생들이 환경에의 적응이나, 문제해결을 위한 의사결정을 할 때 필요한 교육적 · 직업적 · 사회적 정보를 수집하여 제

공하는 활동

- **정치 활동(placement):** 정치 활동이란 직업, 학교, 교육과정, 교과목, 특별
  활동, 부업 또는 그 밖의 활동을 선택하여 그 활동에 종사하도록 함으로
  써 개인이 성장과 발달을 이루도록 돕는 활동
- **자문 활동(consultation):** 자문 활동이란 생활지도를 위하여 활동하고 있는
  사람이 생활지도의 과정에서 직면한 문제들을 효과적으로 해결할 수 있
  도록 전문적 조언이나 협조를 하는 것
- **조정 활동(coordination):** 조정은 두 사람의 전문가나 두 조직 이상의 전문
  기관이 동일한 문제의 해결을 위하여 공동으로 노력하는 것
- **심리교육:** 심리교육이란 자아의 내면세계와 자신의 행동을 객관적으로
  이해하도록 하여 개인을 심리적으로 발달시키고자 하는 교육
- **추수 활동(追隨活動):** 추수 활동이란 생활지도를 받은 학생들이 어느 정도
  적응하고 개선되었는지를 알아보고 계속 지도하는 활동인 동시에, 그 결
  과를 근거로 새로운 생활지도 계획을 수립하는 활동이다.

이러한 학생생활지도 활동은 학교폭력 사안의 발생이나 처리, 예방을 위해
서도 중요한 의미를 지닌다. 예를 들어, 학교폭력 문제 사안이 발생한 경우 학
생들의 개인적 · 가족적 자료를 조사하고(학생조사 활동) 학교폭력 문제를 원
만히 해결하기 위해 다양한 관련 전문가들을 소집하여 조정할 수 있으며(조정
활동), 관련 학생들의 학부모나 교과 담당교사에게 자문할 수도 있고(자문 활
동), 무엇보다 이러한 학교폭력 문제를 예방하기 위한 사전 예방 교육을 실시
하고(심리교육) 사안이 처리된 후 추수 활동을 통해(추수 활동) 학생들이 보다
학교생활을 원만히 할 수 있도록 조력할 수 있다. 즉, 학교폭력과 관련된 교사
의 다양한 활동들은 학생의 생활지도 차원에서 이해해 볼 수 있다.

2) 학생생활지도와 학교상담

우리나라의 생활지도의 발전사를 살펴보면, 앞서 언급했듯이 1945년 이후 미국의 가이던스 개념이 학교교육에 도입되면서 1950년대 교도교사 연수과정을 통해 학교 교사들을 대상으로 생활지도 교육이 처음으로 시작되었다. 이후 1980년대에 들어서 '상담'에 대한 사회적 인식이 높아지면서 특히 사회적으로 민주적이고 인격적인 훈육을 통한 학생지도를 요구하기 시작했고 그 결과, 학교 내에서 상담의 필요성이 높아지기 시작했다. 이러한 학교 내에서의 상담의 필요성에 대한 높은 인식은 결국 2000년대 이후 학생생활지도와 상담을 담당하는 전문상담교사 제도와 Wee 프로젝트를 통한 학교상담 체계화가 본격적으로 진행되어 오늘날 학교에서의 생활지도는 학교상담 체계와 함께 이해되고 있다. 즉, 최근 학생의 생활지도는 점차 학교상담의 관점에서 이해되고 있다고 할 수 있다.

학교상담이라는 것은 흔히 우리나라 초·중등 교육기관에서 그 학생들을 대상으로 그들의 성장과 발달을 조력하고 바람직한 변화를 이룰 수 있도록 해 주는 활동을 의미한다. 오늘날 학생생활지도(guidance)가 점차 학교상담(school counseling)의 개념으로 이해된다는 것은 교사의 생활지도가 상담의 원리를 반영하여 이루어질수록 학생에게 보다 인격적이고 성장지향적인 생활지도가 가능하며 또한 궁극적으로 더욱 효과적인 생활지도가 가능할 것이라는 최근 교육적 철학을 반영하는 것이다. 즉, 오늘날 학생생활지도는 상담의 원리에 기초하여 이루어지고 있고, 학생들의 학교폭력 문제 역시 상담의 원리에 기초한 학생생활지도의 측면에서 다루어질 때 보다 성장지향적이며, 궁극적으로 바람직한 변화를 이끌 수 있다. 학생들의 문제를 적절히 이해하고 학교폭력 문제를 효과적으로 다루기 위해 교사들은 상담의 다양한 이론들이 제시하고 있는 인간관과 효과적인 인간 변화에 대한 지식을 이해할 필요가 있다. 이하에서는 학생생활지도와 상담의 이론적 기초가 되는 주요 상담이론들을 크게 정신분석적 관점, 행동적 관점, 인본적 관점, 인지적 관점, 해결중심 관점에서 살펴볼 것이다.

2. 정신분석적 관점 상담

1) 인간을 움직이는 힘, 추동

인간의 성격 발달과 정신병리에 대한 가장 종합적이고 체계적인 이론을 제시한 지크문트 프로이트(Sigmund Freud)가 제시한 정신분석적 심리치료는 인간에게 행동을 추진하고 방향 짓는 동기인 추동(drive)이 성격의 발달과 행동을 이해하는 데 매우 중요한 개념이라고 보았다. 추동은 크게 삶에 대한 추동(Eros)과 죽음에 대한 추동(Tanatos)으로 구분되는데, 전자는 리비도를 통해 인간의 생존을 위한 식욕·성욕 등과 같은 생물학적 욕구를 채우는 데 기여하고, 후자는 개인의 공격성으로 표출되어 타인이나 대상을 파괴하고 정복하도록 하는 추동이라고 하였다.

Sigmund Freud
(1856~1939)

한편, 프로이트는 지형학적 모형(topographical model)을 통해 인간의 정신세계를 서술했다([그림 11-1]). 의식은 우리가 자각할 수 있는 정신의 부분으로서, 예를 들어 배고픔을 아는 것은 의식의 영역이다. 무의식은 전혀 의식할 수 없는 부분으로 정신의 가장 큰 부분을 차지하며, 무의식에 존재하는 정보는 일반적으로 인간이 전혀 의식할 수 없다. 예를 들어, 어린 시절에 충격적인 장면을 목격하거나 가까운 사람의 갑작스러운 죽음과 같은 심리적으로 견디기 어려운 사건을 경험하게 되면 사람들은 종종 그러한 고통스러운 경험을 기억하지 못하게 되는데 이 경우 그러한 경험이 무의식에 억압되어 의식으로 떠올릴 수 없어진 것이라고 본다.

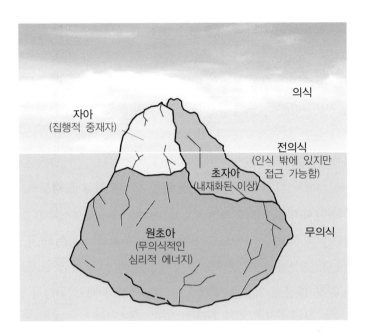

그림 11-1   정신의 지형학적 모형과 성격의 구조에 대한 빙산 비유

2) 성격의 구조와 발달

　프로이트는 인간의 성격이 의식과 전의식, 무의식으로 구성된 정신세계를 기초로 발달한다고 보았다. 인간의 성격은 크게 원초아(id), 자아(ego), 초자아(superego)의 세 가지로 구성되는데, 원초아는 성격의 가장 원시적인 부분이며, 신체적 욕구 만족과 관련되어 있다. 원초아는 쾌락 원리에 따라 작동하기 때문에 예를 들어 용변이 보고 싶을 때 그러한 욕구를 즉시 처리하고자 하는 성격의 구조라고 할 수 있다. 자아는 인간 성격의 집행자로서 현실 원리에 따라 작용한다. 원초아의 충동이 사회적 현실과 갈등을 일으킬 수 있다면 이를 조정하는 역할을 한다. 따라서 자아가 발달하는 2~3세 이후에는 용변을 보고 싶더라도 그 즉시 해소하기보다는 그러한 행동이 문제를 일으킬 수 있는 상황이라면 원초아의 충동을 회피하거나 유보하게 된다. 초자아는 인간 성격의 사회적 구성 요소로 개인의 양심과 개인이 추구하고자 하는 자아 이상에

의해 작동하고 도덕의 원리에 의해 움직인다. 초자아는 5세 무렵에 부모와의 동일시 기제와 더불어 발달하게 된다. 초자아는 종종 양심이라고 불리는데, 옳고 그름에 따라 죄책감을 불러일으킨다. 어떤 학생들은 초자아가 설정한 낮은 도덕적 기준 때문에 친구를 때리고도 죄책감을 경험하지 않고, 어떤 학생은 초자아가 높은 도덕적 기준을 설정함에 따라 친구에게 거절하는 말을 해 놓고 죄책감을 느낄 수도 있다.

프로이트는 이러한 성격의 구조는 생의 초기 5년 이내에 생물학적이고 성적인 욕구와 사회의 요구 사이에서 갈등을 처리하면서 형성된다고 믿었다. 이러한 성격 발달의 핵심은 리비도가 신체의 특정 부위에서 충분한 욕구의 충족을 경험했는지 여부에 달려 있다고 보았기 때문에 성격 발달 단계의 명칭을 신체의 각 부분 명칭에 기초해 명명했다. 프로이트가 제시한 성격 발달 단계를 구체적으로 살펴보면 다음과 같다.

- 구강기(0~1세): 이 시기 개인의 리비도는 입, 혀, 입술 등 구강에 집중되어 있으므로 먹는 행동을 통해 만족과 쾌감을 얻는다. 어머니에 의한 쾌감 추구의 시기로 이 시기에 만족을 못하면 항문기로 넘어가지 못하고 고착되어 빠는 것에 집착하게 된다. 예를 들어, 이후 손가락 빨기, 과음, 과식, 과도한 흡연, 수다, 손톱 깨물기 등의 현상이 나타날 수 있다.
- 항문기(2~3세): 이 시기 동안 개인의 성적 관심은 항문 부위에 모아지며 대소변을 통해 쾌락을 느낀다. 이 시기에는 배설물에 관심과 흥미를 갖게 되고 배변 훈련을 받게 되는데 조급하거나 억압적인 배변 훈련을 받게 되면 성인이 되어서도 항문기 고착 현상이 나타난다. 프로이트는 항문 보유형 성격의 경우에 지나치게 깨끗한 것을 추구하는 결벽증과 무엇이든지 아끼고 보유하려는 인색함이 나타나고, 잔인하며 공격적인 성격을 갖게 된다고 보았다.
- 남근기(3~6세): 이 시기는 리비도를 성기에 집중시켜 성기를 가지고 놀며 쾌락을 느낀다. 이때 심리적 변화가 크게 일어나는데 남아는 오이디푸스

콤플렉스(oedipus complex)를 경험하게 되고, 여아는 엘렉트라 콤플렉스(electra complex)를 겪게 된다. 남아는 거세 불안(castration anxiety)을 유발시킬 수 있고, 여아는 남근을 선망(penis envy)하게 된다. 그러나 결국 개인은 자기 부모와 동일시함으로써 적절한 역할을 습득해 양심이나 자아 이상을 발달시켜 나간다.

- 잠복기(6~12세): 다른 단계에 비해 평온한 시기로 성적 욕구가 억압되어 성적 충동 등이 잠재되어 있는 시기다. 반면 지적 탐색이 활발하게 이루어지면서 지적인 활동에 에너지를 집중시킨다.
- 생식기(12세 이후): 앞 단계에 잠복되어 있던 성 에너지가 무의식에서 의식의 세계로 나오게 된다. 더 이상 이성 부모에 대한 애정을 불가능한 것으로 인식하고 부모로부터 독립 욕구를 갖게 되며 신체적 · 생리적 능력 역시 갖추게 되는 시기로서 다른 이성을 찾기 시작한다. 이 시기를 순조롭게 넘긴 청소년은 이타적인 사람으로 성숙하게 된다.

3) 정신분석적 학생상담

프로이트를 주축으로 하는 정신분석학자들의 이러한 정신구조 및 인간 발달에 대한 관점은 학교폭력 관련 학생들을 이해하는 데 다양한 시사점을 제공해 준다. 인간에게 있어 이성적이고 합리적인 측면이 강조되던 시기에 추동이론을 통해 인간의 생물학적 욕구와 공격적인 욕구가 기본적으로 모든 인간에게 존재하는 자연스러운 측면이며, 이러한 인간의 감성적인 측면은 인간을 움직이는 힘인 동시에 적절히 운영되지 않을 경우 다양한 문제행동으로 나타날 수 있음을 제시하였다. 이는 종종 학교폭력 관련 학생들의 공격성이나 자살과 같은 자기파괴적 행동에 대해 이해하기 어려운 교사들에게 이러한 욕구 자체를 부정하기보다는 학생들의 문제행동을 일으키던 추동을 보다 긍정적인 방향으로 해소될 수 있도록 조력할 필요가 있음을 시사해 준다.

또한 인간의 정신세계를 이해하기 위해서는 겉으로 나타나는 의식이나 행동뿐만 아니라 그 기저에서 드러나지 않지만 숨겨진 무의식적 소망에 관심을 기울임으로써 보다 깊이 있는 학생 이해가 가능함을 시사해 준다. 이러한 무의식적 소망은 생애 초기 부모의 양육과 개인의 욕구 충족 사이에서 발생하는 다양한 경험 속에서 형성되는 성격 구조의 영향을 받기 때문에 학생들의 어린 시절 경험과 가정의 양육, 그리고 무의식적 소망에 대한 관심을 기울일 필요가 있다.

글상자 11-1   학교폭력 사례에 대한 정신분석적 접근

고등학교 1학년에 다니던 온순하고 착한 인상의 남학생인 ○○은 수업 시간에 산만하고 지각과 결석을 하는 등 학교생활에 불성실하여 성적은 바닥이었으나 성격적으로 낙천적이고 내성적인 편이라 큰 문제없이 학교를 다니고 있었다. 부모님이 ○○가 초등학교에 들어가기 전부터 이혼하셔서 ○○는 이제 아버지에 대한 기억도 잘 나지 않는다. 어머니와 단둘이 살고 있는 ○○는 어려서부터 항상 혼자였고, 마음을 나눌 수 있는 친구도 없었다.

고등학교 학생이 된 ○○는 같은 반에서 평소 아무 이유 없이 때리고 괴롭히던 △△ 때문에 스트레스를 받기 시작하면서 점점 신경질이 늘어만 갔다. 어느 날 친구들 앞에서 △△에게 주먹과 발로 심하게 폭행을 당해 수치스러운 나머지 가출을 하였다. 그리고 어느 날, 학교로 돌아가 △△를 흉기로 살해하였다.

상식적으로 이해하기 어려운 극단적인 폭력행위를 한 가해자 ○○는 자신과 환경에 대한 비관적이고 자기비하적인 생각을 갖고 있다. 어린 시절 부모의 갈등 상황에서 자신이 아버지를 닮았다고 비난하는 어머니의 말 속에서 부정적인 자기 이미지를 형성했을 것으로 보인다. 또한 부모의 이혼으로 인해 상처를 받은 ○○에게 어렵게 혼자 가정을 꾸려 나가는 어머니는 깊은 관심을 갖고 정서적으로 돌보아 주기 어려웠다. 이러한 어머니에 대한 억압된 분노를 ○○는 표현하지도 정화하지도 못했던 것으로 보인다. 즉, 생애 초기 미흡한 애착의 형성과 구조적으로 결손된 가정 속에서 충분한 정서적 돌봄의 부족했던 ○○의 억압된 분노가 폭력 행위로 이어지는 데 있어 ○○를 더욱 취약하게 만들었을 것으로 보인다.

3. 행동적 관점의 학생상담

1) 행동주의 심리학적 인간관

　행동적 상담이론은 행동주의 학습이론에 기초를 두고 있다. 학습을 경험과 연습에 의한 인간행동의 변화로 정의하고 다양한 학습의 원리를 제안했던 손다이크(Thorndike), 왓슨(Watson), 스키너(Skinner), 밴듀라(Bandura) 등의 학습이론가들의 덕분에 인간의 부적응적 행동의 원인을 부적응 행동의 '학습'으로 규정하고 '재학습'시키는 것을 목표로 하는 행동적 상담이론이 발전하였다. 흔히 행동치료, 행동수정, 행동주의적 상담 등의 다양한 명칭으로 불리는 행동적 관점의 대표적인 상담자는 월피(Wolpe), 메켄바움(Meichenbaum), 라자루스(Lazarus) 등이 있다.

John Broadus
Watson(1878~1958)

　행동주의적 접근은 인간에 대한 성선설이나 성악설을 믿지 않으며 조건형성과 강화의 학습법칙에 의해 인간을 선하게도 악하게도 만들 수 있다는 입장을 갖고 있다. 인간행동을 결정하는 데 환경적 사건들이 무엇보다도 중요하다고 강조하고, 특히 인간이 조건형성의 산물이라고 보며 모든 인간학습의

Burrhus Frederic Skinner
(1904~1990)

기본적 유형으로서 자극-반응의 패러다임을 주장하면서 앞서 살펴본, 정신분석적 입장의 성악설적 인간관이나 이후 등장하는 인본주의적 접근의 성선설적 인간관과 구별되는 '백지설적 인간관'을 갖고 있다고 볼 수 있다.

2) 인간의 변화 원리, 조건화

행동적 상담이론은 인간을 이해한다는 것은 곧 그들의 관찰 가능한 행동을 통해서 가능하다고 본다. 즉, 외부의 자극(Stimulus)과 인간의 반응(Response)과의 관계를 통해 학습을 설명하는 데 자극과 반응이 연합되는 과정을 바라보는 관점에 따라 고전적 조건화와 조작적 조건화라는 두 가지 접근으로 나뉜다. 먼저, 고전적 조건화에서는 이미 존재하는 자극-반응의 연결에 새로운 자극이 추가되어 그 반응을 일으키는 자극들이 추가되는 것에 초점을 두고 있다. 반면, 조작적 조건화에서는 유기체가 하는 우연한 반응들 중 유기체에게 도움이 되는 반응이 선택적으로 남게 되는 것에 초점을 두고 있다. 즉, 고전적 조건화는 어떤 자극이 그 반응을 일으키는가에, 조작적 조건화는 어떤 반응이 어떤 자극을 받는가에 의해 학습이 일어난다고 보고 있고, 두 가지 모두 인간의 행동을 설명하는 중요한 기제다. 어느 측면이든 학습은 새로운 자극과 새로운 반응의 연결, 즉 유기체가 이전과는 다른 새로운 행동을 하게 되는 것, 즉 '행동의 변화'를 일컫는다.

흔히 리틀 알버트 실험으로 알려져 있는 왓슨과 레이너(Watson & Rayner, 1920)의 실험은 공포나 분노 반응을 거의 보인 적 없는 아기 알버트가 끔찍할 정도로 큰 소리와 흰쥐를 연합시키는 과정(고전적 조건화)을 통해 흰쥐에 대한 공포 반응이 형성되는 것을 실험으로 증명한 바 있다. 즉, 공포를 포함한 인간의 정서 반응은 이러한 고전적 조건화의 원리에 따라 형성된다고 보았다.

한편, 유기체는 주어진 자극에 수동적으로 반응만 하는 것이 아니라, 환경에 적응하기 위해 어떤 반응을 해 보게 되는데, 이러한 능동적 행동을 통해 학습이 이루어지는 경우가 더 많다. 유기체가 환경을 조작하기 위해 수행하는 행동들 중에는 환경을 효과적으로 다루어 유기체가 적응하는 데 도움이 되는 행동이 있는데, 유기체는 이러한 효과적인 행동을 반복할 가능성이 있고, 이렇게 지속되는 행동이 바로 학습에 의해 습득된 행동이라고 할 수 있다. 스키너(Skinner)는 이러한 학습의 과정을 조작적 조건화라고 명명하였다.

　　이러한 두 가지 조건화의 원리는 인간의 행동(Behavior)을 결국 선행자극 (Antecedent)과 후속결과(Consequence)의 연결고리로서 설명할 수 있게 해 주 었는데 선행자극이란 어떤 행동에 앞서 일어난 사건으로서 후속행동에 영향 을 주는 사건을 말한다. 후속결과는 어떤 행동에 뒤따라 일어나는 사건 혹은 행동을 말한다. 이러한 선행자극, 행동, 결과의 연결은 행동적 상담이론의 기 초가 되는 A-B-C 분석을 가능하게 하였고, 특히 강화를 통한 행동의 빈도를 증가시키는 방법이 학교현장과 상담 현장에서 효과적으로 활용되고 있다.

3) ABC 응용행동분석

　　앞서 살펴보았듯이 행동적 상담이론에서는 인간의 행동을 선행자극-행 동-후속결과의 연속선상에서 설명한다. 학생의 문제행동도 이러한 연결고리 를 분석하고 적적할 자극 변화를 통해 행동을 변화시킬 수 있다. 예컨대, 친구 를 자꾸 때리는 영철이의 행동(B)은 주변에 자신이 생각하기에 자기보다 약 하다고 생각하는 친구(A1)가 있거나 자기를 쳐다보면서 웃는 친구(A2)가 있 을 때이다. 이때 영철이는 때리는 행동(B)을 통해 친구들이 자신을 무서워하 거나(C1), 멀리 피하는 경우(C2), 영철이가 이 결과에 대해 만족하고 좋아할수 록 영철이의 친구 때리기 행동(B)은 증가할 것이다. 그렇지만 영철이가 친구 를 때리는 행동(B)을 했을 때 담임선생님이 영철이를 혼내거나(C3), 영철이가 좋아하는 여자친구가 영철이에게 싫은 내색(C4)을 하는 경우, 영철이가 이 결 과에 대해 싫어한다면 영철이의 문제행동(B)은 점차 줄어들 것으로 예상할 수 있다. 또 다른 방법으로 영철이의 때리는 행동이 발생하는 선행사건을 변화시 킬 수도 있는데, 예를 들어 민우의 행동을 변화시키기 위해서 선행자극인 영

그림 11-2 행동적 상담이론의 ABC 분석

철이가 만만하게 보는 친구나 주변에서 영철이를 쳐다보고 웃는 친구들을 바꿀 수도 있을 것이다. 하지만 일반적으로 선행자극이 명확하지 않을 경우가 많기 때문에 C를 통한 변화를 자주 활용하게 된다.

글상자 11-2 행동적 접근의 상담 사례

특수학급에 있는 민우(중 1, 남)는 친구들에게 싸움을 걸고 신체적 폭력을 행사하여 상담교사에게 의뢰되었다. 상담교사는 민우를 면담한 후 응용행동분석 절차를 적용하여 민우의 문제행동을 수정하기로 하고 다음과 같은 과정으로 진행하였다.

상담교사는 민우의 표적행동을 공격행동으로 정하고, 친구들에게 사사건건 싸움을 걸고 신체적 폭력을 행사하는 것을 주 표적행동으로 정하였다. 이후 상담교사는 일주일 동안 매일 점심시간에 민우의 공격행동(싸움 걸기, 신체적 폭력)을 관찰하여 발생 횟수를 표에 기록하였다. 그 결과 민우의 공격행동은 평균 4.5회로 나타났다. 따라서 상담교사는 향후 2주일 안에 민우의 공격행동을 평균 1회로 감소시키는 것을 목표로 정하였다. 이후 상담교사는 민우가 공격행동을 하는 대신에 자신의 요구를 말로 표현하면 스티커를 주기로 약속하였다. 첫 일주일 동안 민우의 공격행동이 매일 2회 이하 발생하면 스티커를 2장씩 주고, 일주일 동안 10장을 모으면 도서교환권을 주기로 계약서를 작성하고 서명하였다. 지속적으로 민우의 긍정적인 행동에 대해 강화를 주자 민우의 긍정적인 반응이 증가함에 따라 문제행동은 점차 감소하기 시작하여 목표치에 도달할 때까지 문제행동의 수정은 계속되었다.

---

4. 인본적 관점의 학생상담

1) 인본주의 심리학적 인간관

인본주의 심리학적 인간관은 인간은 기본적으로 선하고 성장하고자 하는 본성을 가지고 있다고 가정한다. 로저스(Rogers)는 인본주의적 인간관에 기초를 두고 인간은 성장을 촉진하는 존경과 신뢰의 분위기만 갖추어지면 건설적인 방향으로 변화하고 발전할 수 있다는 생각을 바탕으로 인간중심상담을 발

전시켰다. 즉, 인간은 신뢰할 수 있고 개인의 자원을 바탕으로 자기이해와 자
기주도적 능력을 기초로 건설적인 변화를 일으킬 수 있으며, 효율적이고 생산
적인 삶을 영위할 수 있다고 믿었다. 즉, 인본적 관점에서의 학생상담은 학생
이 합목적적이고, 건설적이며 현실적인 존재인 동시에 아주 신뢰할 만한 선한
존재라는 가정 속에서 이루어진다.

2) 인간중심상담

인간중심상담은 로저스가 인본적 인간관에 기초
하여 개발한 상담이론이다. 로저스는 개인을 유기
체로 기술했는데, 유기체란 사상, 행동 및 신체적
존재 모두를 포함하는 전체로서의 개인을 의미한
다. 또한 이러한 유기체의 주관적 경험의 세계를 현
상적 장이라고 하는데 이러한 현상적 장에서 분화,
발달하면서 성격을 구성하게 되는 것이 바로 자기
(self)라 하였다.

Carl Ransom Rogers
(1902~1987)

로저스는 유기체의 경험을 중시하면서 인간은
이러한 경험을 통해 본성적으로 자기를 보전, 유지하고 향상시켜서 마침내 자
기를 실현하고자 하는 성향, 즉 자기실현 경향성을 갖는다고 하였다. 자기실
현 경향성이란 사람이나 동물 등 살아 있는 모든 것에서 볼 수 있는 것으로 로
저스는 '생의 집착', '생의 추진력'이라고 표현하였다. 로저스는 '실현화 경향
성'이 바로 인간을 인간답게 성장할 수 있도록 하는 원동력으로서 적절한 환
경적 조건이 주어지면 유기체는 스스로 전인적이고 통합된 방향으로 발전할
수 있다고 하였다. 하지만 종종 부모의 양육태도에 따라 '가치의 조건화'가 형
성되면 유기체는 실현화 경향성을 발휘하기 어려워진다. 가치의 조건화란 현
재의 자기 모습이나 자기가 원하는 미래를 위해 노력하면서 자신에게 의미 있
는 가치를 추구하기보다 타인의 기대에 따라 행동함으로써 칭찬과 인정을 받

는 것을 가치로 받아들이는 상황을 말한다. 즉, 인간은 선천적으로 실현화 경
향성을 갖고 태어나지만 가치의 조건화 때문에 실현화 경향성이 방해받음으
로써 다양한 심리적 어려움을 경험한다고 하였다.

따라서 문제 학생의 긍정적인 변화와 당면한 문제를 해결하기 위해서는 우
선적으로 유기체의 지혜를 신뢰하는 다음과 같은 인간중심적 태도가 가장 선
행되어야 한다고 하였다.

- 일치성: 학생의 문제를 상담하는 상담자의 가장 기본이 되는 태도로서
  학생과 상담을 하면서 상담자가 상담관계 속에서 순간순간 경험하는(지
  금-여기) 자신의 감정이나 태도를 있는 그대로 진솔하게 인정하고 개방
  하는 것을 의미한다. 이러한 상담자의 진솔한 태도를 통해 학생은 상담
  자와 인간적으로 동등한 위치에서 자신의 성장을 위한 준비를 시작할 수
  있다.
- 무조건적 긍정적 존중: 학생을 존중하며 조건을 달지 않고 따뜻하게 수용
  하는 상담자의 태도를 의미하는 것으로 가치의 조건화에 의해 성장을 방
  해받은 학생에게 자기 자신에 대한 믿음, 즉 자신의 감정이나 생각을 신
  뢰할 수 있고 자신을 가치 있는 사람으로 바라볼 수 있도록 해 준다. 단,
  무조건적이라는 것은 학생의 모든 행동을 조건 없이 받아 준다는 의미가
  아니라 그들이 자신만의 신념과 감정을 가질 권리를 승인한다는 의미라
  할 수 있다.
- 공감적 이해: 공감이란 자신의 관점과 가치관에 영향을 받지 않고 상대방
  의 세계로 들어가는 것을 의미한다(Rogers, 1975). 즉, 학생이 주관적으로
  경험하는 사적 세계를 정확하고 민감하게 이해하는 것을 의미한다. 공
  감은 깊은 수준의 대화를 통해서 마음의 문을 열 수 있는 힘을 부여한다.
  진정한 공감은 학생의 단어에 가깝게 따라가면서 감정에 대한 진정한 반
  응과 학생에 대한 인간적 존중을 지속적으로 표현하는 것이다.

인본적 접근의 상담 사례

영희는 고등학교 2학년 여학생이다. 초등학교 때 친구들로부터 따돌림을 당한 이후로 마음에 맞는 친구를 사귀지 못하고 외롭게 학교생활을 하고 있었다. 담임교사는 영희가 우울과 불안이 심하고, 부정적인 생각이 많으며, 학교생활에 의욕이 없어 보이는 점이 걱정되어 전문상담교사에게 영희를 의뢰하였다. 이러한 영희의 문제에 대해 전문상담교사는 다음과 같이 가설을 수립하고 인간중심상담을 진행하였다.

"대부분 청소년들의 우울과 불안은 외부의 기대와 그 기대에 부응하지 못하는 자신의 모습 간의 불일치에 의해 발생된다. 영희의 경우도 자신이 생각하는 이상적 자기의 모습과 현실적 모습 간의 격차가 커지면서 성장 동기가 방해받은 것으로 보인다. 따라서 영희가 자신이 생각하는 이상적 모습과 현실적 모습 간의 격차를 줄여 나갈 수 있도록 상담자는 무조건적 존중의 태도로 영희의 어려움을 공감적으로 이해할 필요가 있다."

5. 인지적 관점의 학생상담

1) 인지주의 심리학적 인간관

인지주의 심리학은 행동주의자들이 설명한 자극과 반응 사이에 개인의 인지적 과정이 개입하는 과정을 그 내용과 과정으로 설명하기 시작했다. 그간 행동주의 심리학자들이 설명하지 못한 (사실 설명해야한다고 생각하지도 않았던) 정신과정에 대한 다양한 연구가 진행되었다. 즉, 신념, 그리고 사람들이 자신의 삶에서 발생하는 사건들에 대해 떠올리는 내적 이미지(Holden, 2001)에 대한 다양한 연구가 진행되었다. 인지적 접근은 상담에서 인간의 이러

Albert Ellis
(1913~2007)

Aaron Temkin Beck
(1921~2021)

한 인지적 과정이 정신건강과 행동에 미치는 영향에 초점을 두고 인지적 과정을 변화시키면서 여러 가지 심리장애를 치료하는 다양한 상담이론과 기법을 통칭하는 것이다.

인지적 접근은 인간에게 있어서 인지, 정서, 행동이 유의미하게 상호작용하고, 상호 인과관계를 가진다고 보았다. 또한 사건 자체보다 사건을 어떻게 생각하는가의 신념 체계가 감정이나 행동에 영향을 미친다고 본다. 인간은 합리적 사고와 동시에 비합리적 사고의 잠재성을 가지고 태어나는데, 합리적 신념은 자신을 성숙하게 하지만, 비합리적 신념은 성숙을 방해하고 자신을 파괴할 수 있다는 측면에서 인간의 심리장애에 접근한다.

2) 엘리스의 합리적 정서행동치료(REBT)

인지적 상담이론의 대표적인 상담자인 엘리스는 합리적 정서행동치료 (Rational emotive behavior therapy)를 통해 인간 이해를 위해 인지의 중요성을 강조하였다. 인간은 사고에 있어 합리성과 비합리성을 동시에 갖고 태어난다고 보았다. 특히, 비합리적 사고를 비합리적 결과를 만드는데 이러한 비합리적인 사고는 '당위성'의 특징을 지닌다. 인간의 심리장애(정서장애)의 원인은 이러한 당위성에 기초한 자신과 타인과 상황(조건)에 대한 신념에 근거한다고 하였다. 이러한 비합리적인 신념이 지닌 당위성을 정리하면 다음과 같다.

- 자신에 대한 당위성: 모든 측면에서 철저하게 능력 있고 적절하고 성취적이어야 한다. 타인의 문제로 자신이 당황하거나 속상해야 한다. 문제의 완전한 해결책이 항상 있고 그것을 꼭 찾아야 한다.
- 타인에 대한 당위성: 다른 사람에게 의지해야 하고 의지할 만한 누군가가

있어야 한다. 알고 있는 모든 사람들로부터 인정받고 사랑받아야 한다. 악한 사람은 악함 때문에 비난받고 처벌받아야 한다.

- 조건에 대한 당위성: 일이 원하는 대로 되지 않으면 끔찍하고 파국이다. 불행은 외적인 사건에서 비롯되고 사람들은 슬픔과 장애를 통제할 능력이 없다. 두려운 일이 있으면 걱정하고 그 일이 일어날 가능성을 계속 생각해야 한다. 어려움이나 자기 책임감에 직면하기보다는 피하는 것이 용이하다. 과거사가 현재 행동의 중요한 결정 요인이며, 미래에도 유사한 영향을 미칠 것이다.

이러한 당위성을 지닌 비합리적 신념의 영향에 대해 예를 들어 보면, 시험을 앞둔 학생이 시험 그 자체에 대해 불안해한다기보다는 '이 시험을 망치면 인생 끝이다'라든가 '이 시험을 못 보면 난 정말 무능한 인간이 된다'라는 비합리적인 당위적 신념 때문에 일반적인 불안보다 더 큰 불안 반응을 일으키거나 심한 우울에 빠지는 것과 같은 비합리적 결과가 초래될 수 있다고 보았다. 이를 엘리스는 ABC 모델로 설명하였다. 즉, A는 활성화된 사건(Activating events)을 의미하고, B는 활성화된 사건에 대한 개인의 신념(Belief), C는 신념에서 비롯된 결과(Consequences)를 의미한다.

따라서 이러한 비합리적인 신념을 '논박(Disputing)'을 통해 합리적인 신념으로 변화시키면 개인의 비합리적 신념으로 인한 비합리적 결과가 합리적 결과로 변화될 수 있다는 가정하에 다음과 같은 ABCDE 상담 모형을 제안하였다. 따라서 REBT의 경우 내담자의 인지 과정을 관찰하고 인지와 정서, 행동과의 관계를 인식 후, 부적응적 인지를 보다 현실적인 건강한 해석으로 대치함으로써 개인의 부적응적 문제를 해결하려는 목표를 지니는 상담이론이라고 할 수 있다.

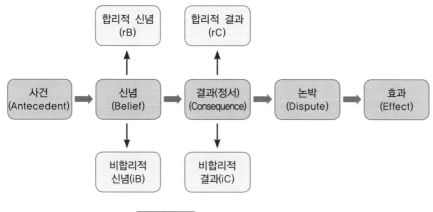

그림 11-3 ABCDE 상담 모형

> ### 글상자 11-4 〉 인지적 접근의 상담 사례
>
> **상담교사:** 지난 한 주 동안 친구관계에서 불안을 느꼈던 경우를 떠올려 볼까요?
>
> **주희:** 화장실을 가려고 복도를 지나가는데 반대편에서 저를 향해 오는 친구와 눈이 마주쳤어요. 그 순간 숨을 제대로 쉴 수가 없었어요.
>
> **상담교사:** 그때 어떤 느낌이었어요?
>
> **주희:** 두려웠어요.
>
> **상담교사:** 바로 그때 마음속에 어떤 생각이 스쳐 갔나요?
>
> **주희:** '저 친구도 나를 싫어하겠지. 또 나를 괴롭히면 어떡하지?'라는 생각을 했던 것 같아요.
>
> **상담교사:** 그 친구가 주희를 싫어한다고 생각하니 두려운 마음이 들었겠군요. 우리는 지금 비합리적인 신념을 탐색하고 있어요. 비합리적 생각은 심사숙고하거나 합리적으로 판단한 결과가 아니고, '~을 해야만 한다'는 생각을 기본으로 하고 있어요. 이러한 비합리적인 생각으로 인해 주희가 갖게 되는 비합리적인 결과, 즉 불필요하게 두렵거나 너무 심하게 두려움을 느낄 수 있어요. 그러나 우리들은 이러한 비합리적인 사고를 생각하기보다는 그 결과에 뒤따르는 감정과 생리적인 반응만 인식하게 되지요.

6. 해결중심 관점의 학생상담

1) 해결중심상담의 기본 원리

해결중심상담은 1970년대 후반 단기가족상담센터에서 활동하는 드 세이저(De Shazer)와 동료들을 중심으로 보급된 단기상담치료 기법이다. 문제의 진단이나 제거에 초점을 맞춘 전통적인 치료 모델과는 다르게 상담의 초점을 문제의 원인을 파악하고 이해하는 것에 두기보다 내담자가 이미 가지고 있는 강점과 자원을 활용하는 것과 변화시킬 수 없는 과거보다는 문제의 해결에 두고 있는 것이 특색이다. 해결중심상담의 기본 원리를 정리하면 다음과 같다.

Steve De Shazer
(1940~2005)

- 병리적인 것 대신에 건강한 것에 초점을 둔다. 내담자가 자신의 문제보다는 문제를 다루는 데 성공하거나 성공하게 된 구체적인 방법에 초점을 두는 것이다. 가령 내담자가 "이번 주도 계속 우울했어요."라고 한다면 '조금이나마 기분이 괜찮았거나 우울하지 않았던 날'을 생각해 볼 수 있게 하는 것이다.
- 내담자의 자원과 건강한 면, 강점을 발견하여 상담에 활용한다. 내담자가 원하는 목표나 결과를 얻기 위해서는 이미 가지고 있는 자원, 기술, 믿음, 동기, 행동, 사회적 관계망, 환경, 개인적 특성들을 상담에 활용한다.
- 탈이론적이고 비규범적이며, 내담자의 견해를 존중한다. 내담자의 행동에 대하여 기존의 이론적 틀에 맞추어 내담자를 진단하거나 평가하지 않는다.

- 변화는 불가피하게 계속 일어난다. 해결중심상담에서는 항상 문제가 발생하지 않았던 예외적인 상황을 탐색하는 것을 중요하게 생각한다. 왜냐하면 이러한 작은 변화가 또 다른 변화를 이끌어 낼 수 있는 실마리가 될 수 있으며, 이러한 예외를 증가시킴으로써 큰 변화를 이끌어 낼 수 있다고 본다.
- 현재와 미래에 초점을 둔다. 해결중심상담에서는 문제가 발생한 과거와 원인에 초점을 맞추기보다는 현재 상태와 앞으로 어떻게 해결되기를 원하는지에 대해 일차적으로 초점을 맞춘다. 가령, 지금 내담자가 발표 상황을 불안해하는 것을 해결하기 위해서 상담에 왔다고 가정해 봅시다. 현재 불안감을 느끼는 정도를 4점이라면 앞으로 몇 점이 되길 원하는지, 그 점수가 되었을 때는 지금과 무엇이 달라져 있을지에 대해 이야기를 나눔으로써 현재의 상태와 앞으로 변화되길 원하는 모습을 구체적으로 탐색하고 내담자가 '이 상황에서 무엇이 달라지길 원하는지'와 같은 현재와 미래의 적응하는 모습에 일차적인 관심을 둘 수 있도록 하는 것이다.
- 상담자와 내담자와의 협력 관계를 중요시한다. 해결중심상담에서는 내담자를 스스로의 문제에 해결책을 이미 가지고 있는 전문가로 간주한다. 따라서 상담자는 해결 방안을 발견하고 구축하기 위해 내담자와 함께 협력하는 것이 무엇보다 중요하며 이를 위해서는 '알지 못함의 자세,' 즉 내담자를 변화시킨다는 생각보다는 내담자의 행동이나 말을 좀 더 알고 싶어 하는 자세를 보이는 것이 필요하다.

2) 해결중심상담의 기법

해결중심상담에서는 단기간 동안 내담자의 문제를 해결할 수 있는 방안을 '해결중심적 대화'를 통해 마련해야 하기 때문에 적절한 질문 기법이 무엇보다 중요하다. 상담자는 해결에 초점을 둔 다음과 같은 다양한 질문 기법을 활용할 수 있다. 이러한 질문 기법은 내담자가 지금 상황에서 무엇이 달라지기 원하는지에 대해서 구체적으로 탐색하게 하여 내담자가 문제에 대한 무기력감보다는 해결하고자 하는 의지를 가질 수 있도록 도울 수 있고 내담자가 원하는 해결책을 구체화하는 과정을 통해 이를 해결하기 위한 대처 방안과 자원을 이미 스스로가 가지고 있음을 인식할 수 있도록 도울 수 있다.

- 상담 전 변화에 대한 질문: "제 경험으로는 처음 상담을 신청하고 상담을 하러 오기까지의 시간 사이에 고민하던 상황이 조금 나아진 사람들도 있었습니다. 혹시 그런 변화를 경험해 보았나요?"
- 예외 질문: "당신이 혹시 우울하지 않았던 날은 언제인가요?", "문제가 조금이라도 나아진 때에 대해서 말씀해 주세요.", "정말 힘들었던 때와 지금의 차이점은 무엇인가요?"
- 기적 질문: "밤에 잠을 자는 사이에 기적이 일어나서 지금 고민하고 있는 문제가 완전히 해결되었다고 상상하여 봅시다. 그러나 당신은 잠을 자고 있었기에 기적이 일어났는지를 모릅니다. 만약 아침에 일어나서 문제가 해결되었다는 것을 무엇을 보면 알 수 있을까요? 혹은 기적이 일어나 문제가 해결되었다는 것을 당신의 친구(주변 사람)는 당신의 어떤 점이 달라진 것을 보고 알 수 있을까요?"
- 척도 질문: "1부터 10까지 척도에서 1은 그 문제가 가장 심각한 때이고, 10은 문제가 해결된 상태라고 한다면 지금 당신의 상태는 몇 점인가요?", "3점에서 4점으로 올라가면 무엇이 달라져 있을까요?", "내가 어떻게 하고 있으면 내가 원하는 7점이구나를 알 수 있을까요?"
- 대처 질문: "당신은 그 어려운 상황 속에서도 어떻게 지금까지 견딜 수 있었나요?", "정말 힘들었을 텐데 어떻게 해서 상황이 더 나빠지지 않을 수 있었나요?"

글상자 11-5 ▶ 해결중심 접근 상담 사례

고등학교 1학년에 재학 중인 지민이는 1학년이 되면서 교우관계에서 어려움을 느끼고 있다. 친구들 사이에서 '좋은 모습만 보여 줘야 한다', '모든 사람들에게 미움을 받으면 안 된다'라는 생각에 사로잡히면서 늘 좋은 모습만 보이려고 애를 쓰게 되고 이로 인해 극도로 우울감을 느끼고 있다. 최근에는 커터칼로 손목을 긋는 방식으로 자해를 시작하여 이를 본 담임 선생님이 놀라 상담실에 가도록 권유하였고, 지민이는 일주일 정도 고민을 하다가 상담실에 방문하게 되었다.

상담교사는 지민이가 겪고 있는 우울감을 줄이는 것을 상담목표로 생각하고 이러한 우울감과 관련된 지민이의 경험에 대해서 구체적으로 탐색하고자 하였다. 그러기 위해서 상담 첫 회기에서 해결중심적 접근에서 활용하는 다양한 질문들을 통해서 상담목표를 구체화하기 위한 상담을 진행하였다.

상담교사: 지민이가 우울감으로 인해 많이 힘들었을 것 같아. 지민이는 상담을 통해 이러한 우울감이 어떻게 되었으면 좋겠는지 이야기해 볼 수 있겠니?

지민: 우울감이 줄었으면 좋겠어요.

상담교사: 그래. 우울감이 줄었으면 좋겠구나. 그럼 지민이가 지금 우울감이 어느 정도인지 점수로 표현해 볼 수 있을까? 가령 우울감이 해소되어 문제가 해결된 상태를 10점, 우울감이 정말 심해서 힘든 상태를 1점이라고 한다면 지금 지민이의 우울감은 몇 점 정도로 표현할 수 있을까?

지민: 지금은 한 3점 정도인 것 같아요.

상담교사: 지금의 우울감 정도는 3점 정도구나. 2점이 아니라 3점이라고 표현한 것은 어떤 이유에서인지 말해 볼 수 있을까?

지민: 전에는 자해를 참을 수가 없었거든요. 그래도 지금은 자해를 하고 싶을 때 조금은 참을 수 있어요.

상담교사: 그렇구나. 지민이가 정말 스스로 노력하고 있는 게 느껴져. 그럼 지민이는 상담을 하고 나서 정말 변화가 일어난다면 이러한 우울감이 해소되는 상태가 몇 점 정도 되었으면 좋겠니?

지민: 한 5점만 되었으면 좋겠어요.

상담교사: 5점. 좋은 목표다. 그런데 5점이면 지금과 무엇이 다를 것 같니?

지민: 음…… 지금은 사실 참고 있는 거지. 수시로 다른 친구들이 나를 싫어하는 것 같고, 저도 제 자신이 너무 싫거든요. 그래서 너무 우울한데, 5점 정도 되면 제가 덜 싫을 것 같아요.

상담교사: 지민이는 스스로를 덜 싫어하고, 스스로에 대해서 좀 더 편안한 마음을 가지고 싶구나. 혹시 지민이가 스스로가 덜 밉고, 편안하게 느껴 본 적도 있니?

지민: 며칠 전에 그랬던 적이 있었던 것 같아요. 그때는 저랑 어렸을 때부터 친했던 친구를 만났었는데 그 친구와도 너무나 편안하게 있었고 그날은 제가 좀 덜 싫었던 것 같아요.

실습 ▶

다음 학생의 사례를 읽고 다음의 질문에 답해 봅시다. 그러고 나서 5~6명씩 조를 이루어 자신이 작성한 내용을 바탕으로 토론해 봅시다.

중학교 1학년인 종호는 학교폭력 문제로 부모와 함께 상담을 받게 되었다.

종호는 초등학교 때부터 수업 시간에 집중하지 못하거나 숙제를 하지 않고, 지각이나 싸움도 많이 하였다. 중학교에 올라와서도 문제행동이 계속되어 교사의 지적을 자주 받게 되었는데, 종호는 교사에게 반항하기도 하였다.

최근 종호가 친구를 때려 크게 다치게 하여 피해자 부모가 피해보상과 처벌을 요구하는 사건이 발생하였다. 학교폭력대책자치위원회에서 양자 간에 합의를 하도록 조정하면서 종호에게 교내 봉사활동 및 상담을 받도록 하였다.

종호는 사업 실패 후 잦은 음주와 폭력행동을 보이는 아버지와, 그런 아버지를 운명이라 여기며 참고 사는 어머니, 보통 수준의 학업 성적을 보이며 친구들과도 잘 지내는 누나와 함께 살고 있다. 아버지는 아들의 학업 성적이 좋지 않거나 학교에서 문제가 있게 되면 종호에게 심한 욕설과 구타를 한다. 종호는 아버지가 혼내면 초등학교 때와 달리 아버지에게 대든다.

1. 이 장에서 배운 다양한 이론적 개념들을 활용하여 종호가 보이는 공격적 행동이 왜 발생되었는지에 대해 다양한 시각으로 기술해 봅시다.

2. 위에서 작성한 다양한 이론적 개념 중에서 당신이 생각하는 가장 중요한 원인은 무엇인지 생각해 봅시다.

주요 용어

상담, 생활지도, 자문활동, 조정활동, 학교상담, 프로이트, 추동, 리비도, 성격, 무의식, 성격 발달 단계, 학습, 조건화, ABC 응용행동분석, 로저스, 실현화 경향성, 공감, 엘리스, ABC 모델, 비합리적인 신념, 논박, 드 세이저, 해결중심상담

읽을거리

◆ 미즈타니 오사무 저, 김현희 역, 『늦은 밤 잠 못 드는 아이들』 에이지21, 2005.
◆ SBS 스페셜 제작팀, 『학교의 눈물』 프롬북스, 2013.

제 **12** 장

피해학생과
가해학생 상담

 학교폭력 사안을 처리하는 데 있어 법에 근거한 절차와 책무는 명료하다. 처리절차에 따라 폭력사실을 조사하고 가·피해 여부에 따라 적절한 징계를 받도록 하고 있다. 물론 이러한 과정을 준수하는 것도 중요하지만, 학교, 교사, 부모가 학교폭력 문제를 다루는 데 있어 어떤 방식으로 어떻게 접근하는 것이 효과적인지에 대해서 숙고해 볼 필요가 있다. 피해자와 가해자, 그리고 간접적으로 사건에 관련되어 있는 주변인들은 징계와 처벌만으로는 온전히 해소되지 않는 문제를 여전히 지니게 되기 때문이다. 신고접수에서 전담기구 사안조사를 거쳐 자치위원회가 개최되기까지 피해자와 가해자로 분리되고 관련 학생들은 위화감에 휩싸이며 서로를 불신하고 좀처럼 가까워질 수 없는 관계에 머물게 된다. 이러한 학교폭력 대책의 응보적 관점의 한계를 지적하며 한국청소년정책연구원(2012)은 학교폭력의 근본적 해결을 위해 '회복적 정의 모형'을 제안하였다. 이 모형은 피해자의 고통을 치유하고 학교폭력 당사자 간의 이해와 합의를 도모하여 깨어진 관계를 회복하는 데 중점을 두고 있다. 회복적 정의에 기초한 가해학생 상담의 목표는 자신의 행동에 대해 반성하고 사과하도록 하며 더 나아가 폭력성의 원인을 밝히고 개선시키는 것이다. 그리고 피해학생 상담은 심리적·신체적으로 치유되고 한 집단의 구성원으로 회복하며 폭력 사건을 용서할 수 있도록 돕는 것이다. 이 과정에서 교사는 각 대상에 적절한 상담을 제공하는 것이 필요하며 때로는 중재자로서 갈등을 조정하는 데 앞장서고, 교육자로서 관계 회복을 위한 구체적 가이드라인을 제시할 필요가 있다. 일방적인 비난과 강요가 아닌 상호 간의 이해를 바탕으로 보다 성장할 수 있는 대화를 경험하도록 격려해야 한다.

글상자 12-1 학교폭력 상담의 기본 원리

- 학교폭력 상담은 '인간은 기본적인 가치와 존엄성을 인정받아야 한다'는 기본적인 가정에서 출발한다.
- 학교폭력 상담의 목표는 사건 처리가 아닌 근본적인 해결 방안 혹은 피해자와 가

해자 등 관련된 사람 간의 관계 회복과 발전을 모색하는 것이다.
- 학교폭력이 발생한 후 이루어지는 상담도 문제의 확대 혹은 재발을 방지하기 위한 예방적인 측면의 상담이 동시에 이루어져야 한다.
- 학교폭력의 상담은 그 원인, 종류와 특성, 상황적 조건 등 여러 가지 요소를 고려하여 종합적으로 파악하고 개별적인 상담이 이루어져야 한다.
- 학교폭력의 경우 신속하게 대처해야 하고, 중립적이며, 지속적인 상담이 요구되고 가능한 한 구체적으로 자료화하여 위기상담 및 대처에서 객관적인 근거로 활용할 수 있어야 한다.
- 아무리 사소한 폭력도 단기적 혹은 장기적인 상담이 필요하다.
- 학교폭력 상담은 가해자와 피해자, 그리고 부모와 교사, 동조자와 방관자를 비롯한 모든 주변 사람을 대상으로 이루어져야 한다.
- 유치원, 초등학교, 중학교 등 학교급 간 연계하여 상담을 하여야 한다.

출처: 송재홍 외(2017).

1. 피해학생의 이해

　학교폭력 피해를 당한 아이들은 인지, 정서, 행동적으로 어려움을 겪기 쉽다. 무엇보다 문제인 것은 피해경험이 앞으로의 대인관계와 학교적응에 악영향을 미칠 수 있다는 점이다. 피해학생들은 우울, 불안, 혹은 정서적으로 둔마되는 등 여러 정서 조절상의 어려움을 겪을 수 있다. 또한, 자신과 타인, 세상에 대해 부정적인 신념이 형성되어 상황에 적절한 사고 판단을 하지 못하게 되기도 한다. 특히, 대인관계에서 과하게 예민해지고 작은 행동에도 극단적인 사고를 하는 경향이 있다. 심한 경우 임상적 증상을 보이는 경우도 있는데, DSM-5-TR의 진단기준을 참고하였을 때 학교폭력 피해학생이 종종 경험할 수 있는 것으로는 다음과 같은 것이 있다.

1) 외상성 스트레스 장애

폭력을 경험한 것은 어떠한 형태든지 피해자에게 강한 스트레스를 안겨 준다. 물론 전문가의 도움 없이 스스로 자연스럽게 회복하는 학생들도 있는가 하면 폭력에 장기간 노출되었거나 심각한 폭력을 경험한 학생들의 경우 지속적인 부적응적 반응을 보이기도 한다. 일반적으로 보일 수 있는 증상에는 회피행동, 외상의 재경험, 정서적 고통과 부정적 사고 및 기능 손상, 과각성, 정서적 마비가 있다. 학교폭력 피해학생의 특성과 보다 연관지어 보면 다음과 같은 증상을 생각해 볼 수 있다.

표 12-1 학교폭력 피해학생 외상성 스트레스 장애 증상

회피	• 폭력을 당했던 장소(학교, 학급)에 가는 것을 매우 싫어한다. • 학교나 학생, 가해자를 연상시키는 어떠한 것이든 회피한다.
외상의 재경험	• 소외받았던 순간, 폭행당했던 기억이 침습적으로 떠오른다. • 순간적으로 폭력을 당했던 순간으로 돌아간 것 같은 경험을 한다. • 폭력을 당했던 때가 혹은 이를 암시하는 내용이 자주 악몽으로 나타난다.
정서적 고통과 부정적 사고 및 기능 손상	• 예민하고 불안하며 초조해 보인다. • 슬프고 우울한 기색이 역력하다. • 갑작스럽게 분노를 표출하거나 무단결석, 공기물 파손, 싸움 등의 행동을 한다. • 자신을 때리거나 몸에 상처를 내는 자해행동을 한다. • 나를 도와줄 수 있는 사람은 아무도 없다고 믿는다. • 자신을 하찮고 능력 없는 존재로 평가한다.
과각성	• 자신의 주변에 사람이 가까이만 와도 깜짝 놀란다. • 신경과민으로 수면 및 집중이 어렵다. • 조금만 큰 소리가 나도 굉장히 두려워한다.
정서적 마비	• 어떠한 사건에도 감정을 잘 느끼지 못한다. • 표정의 변화가 거의 없다. • 비현실적으로 자신을 느끼는 병리적 해리 증상이 나타난다.

2) 사회불안장애

피해학생들이 보일 수 있는 대표적으로 증상으로 사회불안증을 들 수 있다. 사회불안증이란 사회적으로 상호작용하는 것에 대해 과도하게 두려움을 느끼는 것을 말한다. 이들은 사회적 상황에서 신체적으로 심박수가 빨라지고 근육이 수축되는 등 과한 긴장 상태에 빠지게 되고 견디기 힘들 정도의 두려움을 느낀다. 학급에서 발표를 한다거나 팀작업으로 의견을 나누는 자리, 데이트 하는 것 등 사람들과 만나고 교류하는 것에서 적응의 어려움을 겪는다. 이러한 증상 이면에는 다른 사람들이 자신을 또 거절할지 모른다는 걱정, 스스로에 대해 매기는 평가절하, 모두 자신을 비웃고 있을 것이라는 확신 등의 생각이 존재한다. 따라서 동료들과 더 가까워지지 못하고 폭력행동이 중단되더라도 여전히 홀로 남게 되는 악순환을 반복하기도 한다. 누군가 먼저 말을 걸어도 얼어붙어 아무 말도 하지 못하기도 하고, 말을 하더라도 자주 얼굴이 빨개지며 더듬는다. 그리고 주변 사람들의 눈치를 계속 살피며 안절부절못하는 모습을 볼 수도 있다.

3) 우울증

피해학생에게 불안과 함께 자주 발견되는 기분장애는 우울장애다. 친구가 적고 또래집단에 잘 적응하지 못하며 사회적 기술이 부족한 청소년은 우울증 가능성이 매우 높다(Schwartz et al., 2008). 우울증을 겪는 청소년은 장기간 처지는 기분이 지속되고 갑작스럽게 눈물이 쏟아지고 평소에 즐겁게 하던 활동조차 흥미를 잃고 삶에 대한 무력감, 무동기감을 느낀다. 평소보다 말과 행동의 속도가 더욱 느리고 너무 많은 시간 잠을 자기도 한다. 체중이 급격하게 변하고 식사량이 급작스럽게 많아지거나 적어진다. 외모가 정돈되지 않은 상태로 방치된 느낌이 있고 효율적으로 학업을 수행해 내지 못한다. 자주 멍해지고 무언가에 집중하는 것이 어렵다. 자기상, 자신의 미래에 대해 부정적으로 평가하고 이로 인해 무망감에 자주 **빠**진다. 자신감이 낮고 학교폭력 사건을 곱씹으며 자신의 무능함을 확인한다. 혹은 잘못한 일에 대해 죄책감을 느끼기도 한다. 우울 증상을 보이는 청소년은 죽음이나 자살에 대한 반복적인 사고를 할 가능성이 높기 때문에 위험하다.

4) 인터넷 중독

현실 속에서 친구들과 원만한 관계를 형성하지 못한 피해학생들은 인터넷이라는 가상환경에 빠져들기 쉽다. 사이버 공간은 상상만으로 가능했던 자신의 모습을 만들고 실험해 볼 수 있는 곳이기도 하고, 현실에 존재하지 않은 친구들을 마음껏 만날 수 있기 때문이다. 게임, SNS, 메신저 등의 온라인 환경은 많은 청소년들로 하여금 자신이 원하는 사람들을 쉽게 만나고 언제든 헤어지기 용이하도록 한다. 또, 실제 학교에서 겪는 스트레스를 순간적으로 잊을 수 있는 도피처의 역할을 하기도 한다. 게임을 하거나 유머글을 읽으며 학업 및 친구관계에서 겪는 어려움들로부터 피할 수 있고 즐거움을 느낄 수 있다. 즉, 현실과 달리 가상공간에는 유능감, 즐거움, 소속감, 친밀감이 존재하는 것이다. 인터넷에 접속하면 무시받기만 했던 자신에게 찬사를 보내는 존재가 있고, 가상일지라도 자신의 이야기를 할 수 있는 친구가 있으며, 모든 고통을 잊고 몰입할 수 있는 게임이 있다. 따라서 학교폭력 피해 청소년들은 학교와 친구, 부모로부터 충족되지 않은 여러 욕구를 만족시키기 위해 인터넷을 더욱 의존적으로 사용할 수 있다.

2. 피해학생 상담

피해학생과 상담할 때 상담자의 태도는 기본적으로 어떠해야 할까. 피해의 양상과 과정이 어떠하였든 이들이 경험한 정서적 고통은 실재하는 것이다.

상담자는 이를 진심으로 이해하고 읽어 주려 노력해야 한다. 친구들과 어울리지 못해서, 괴롭힘을 당하면서 겪는 외로움, 고독감, 위축됨 등을 공감하고 위로해야 한다. 그리고 피해학생을 적극적으로 보호하려는 자세를 취하여 피해학생이 안심하고 상담자에게 도움을 청할 수 있는 안전한 분위기를 조성하는 것이 필요하다. 이를 위해서 민감한 상담 내용이 외부에 세어 나가지 않도록 최선의 노력을 기울이고, 어떠한 이야기든 허용될 수 있고 편견 또는 조건 없이 경청할 것이라는 메시지를 전달하는 것이 좋다. 하지만 무조건적 존중이 피해학생의 모든 말과 행동을 수용하고 동의하는 것은 의미하는 것은 아니다. 피해학생에게 실질적으로 도움이 되기 위해서는 정확한 상황과 맥락, 폭력과 관련된 증거들을 객관적으로 파악해야 한다. 피해학생으로부터 폭력이라 판단되는 상황에 대해 설명해 줄 것을 요구하고 무리가 되지 않는 범위에서 학교폭력이 발생하게 된 전반적인 맥락을 구체화시켜야 한다. 감정에 심하게 동요되지 않고 중립적인 위치에서 상황을 파악하려는 노력은 일정한 절차에 의거하여 학교폭력 사안을 투명하게 처리하기 위해서도 필요하다. 또한, 사안을 처리하는 것에서 더 나아가 피해학생이 학교생활에 적응해 나갈 수 있도록 돕는 방향의 상담을 진행해야 한다. 친구들로부터 소외받고 괴롭힘당한 사실은 변함이 없지만 앞으로는 다른 미래가 있을 수 있고 문제를 해결하고 개선시킬 능력을 가진 자신을 발견하도록 지지하고 격려한다. 그리고 이를 지속적으로 확인하여 다시 상태가 악화되었을 때 빠르게 개입할 수 있도록 주의를 기울이는 것이 필요하다.

　담임교사의 경우 학교폭력 사안의 경중을 판단하여 자체적으로 해결할 수 있다. 정신적 · 신체적 피해를 입었다고 볼 객관적인 증거가 없고, 교사가 사안을 파악한 후 3일 이내 가해 학생이 잘못을 인정하고 화해를 요청했고 피해학생이 수긍하였을 시에는 학교폭력 전담기구에서 사안이 종결되기도 한다. 이러한 담임교사가 자체적으로 해결할 수 있는 정도의 사안을 발견하였을 때와 담임교사가 자체적으로 해결할 수 없는, 학교폭력위원회의 소집까지 연결되어야 하는 사안의 경우, 그리고 학교폭력위원회의 결정으로 끝나지 않고 법적 분쟁이 계속될 경우는 각각 피해학생의 고통의 범위와 깊이가 다르기 때문에 이에 맞게 상담도 다소 변화가 필요하다. 학교폭력의 심각도와 교사가 발견하는 시점을 초기, 심화, 사후지도로 나누고 각 단계별로 교사가 상담적으로 개입할 수 있는 구체적인 방안을 생각해 보면 다음과 같다. 이 장에서 제시한 단계는 초기라고 해서 교사가 가볍게 대처할 수 있음을 의미하는 것은 아니다. 단, 개입의 시점별로 보다 주의를 기울여야 할 점을 강조하기 위한 분류이므로 이에 대한 해석에 주의를 기울이길 바란다.

1) 초기

초기 단계란 학교폭력 사실이 지속적으로 행해지지 않은, 상대방을 괴롭히려는 의도 없이 학생 간 의견충돌에서 발생한 마찰이나 일시적으로 관계가 소원해진 상태를 말한다. 이 단계에서 많은 교사는 사소한 다툼 정도로 치부하거나 학생들이 스스로 해결할 거라 방임하기도 한다. 많은 청소년들 간 다툼 가운데에는 자연스럽게 회복되기도 하지만 작은 갈등이 계기가 되어 큰 폭력으로 이어지기도 한다. 그렇기 때문에 이 시기에 학생들이 정서적 갈등을 해소하고 보다 적응적으로 문제에 대처할 수 있도록 돕는 것은 중요하다.

첫째, 신체적·언어적 폭력이 진행되던 중이라면 이를 중단시키는 것이 가장 필요하다. 특히, 물리적 폭행이 가해졌다면 피해학생에게 외상이 있는지 외상이 없더라도 신체적 불편감을 느끼는 부분은 없는지 확인해야 한다. 그리고 전문적인 치료가 필요한 부분은 보건교사, 담당교사의 도움을 받도록 한다.

둘째, 피해학생이 충분히 자신의 감정과 생각을 털어놓을 수 있는 기회를 제공한다. 교사가 발견한 것은 어떤 한 장면이지만 피해학생의 내면에서는 계속 부딪쳐 온 문제일 수 있다. 현재상황이 어떻게 발생하게 되었다고 생각하는지, 가해학생에 대해 어떻게 느끼는지, 피해학생이 의도하고 바랐던 것은 무엇인지 성찰해 보고 말이나 글로 표현해 보면서 보다 침착하게 상황을 인지할 수 있도록 한다. 이 과정에서 피해학생의 말을 경청하고 표현되는 감정에 공감적으로 반응할 수 있다. 예를 들어, '○○가 참 외로웠구나', '○○이 말을 듣고 속이 상한 거였네', '○○이와 잘 지내고 싶은데 어떻게 할지 몰라 답답했겠다' 등의 반응을 통해 피해학생이 교사를 더욱 신뢰하고 진솔해지도록 할 수 있다.

셋째, 피해학생과 함께 현재 갈등의 원인을 파악하고, 대화의 단서를 포착하여, 솔직하게 자신의 마음을 전달해 보는 연습을 하도록 한다. 친구들과 관계가 멀어지게 된 데에는 다양한 이유가 있을 수 있다. 가해학생이 일방적으로 괴롭히는 경우도 있지만, 피해학생이 문제 촉발에 기여하는 면이 있을 수 있다. '어떤 점 때문에 자꾸 ○○이와 다투는 걸까', '○○과 특히 사이가 좋지 않은데 무슨 일이 있었니'와 같은 질문을 하여 문제의 원인을 탐색한다. 질문에 답을 생각하면서 가해자를 무조건 비난하기도 하고 자신이 실수한 행동을 찾아내기도 한다. 하지만 상대방에게 날이 선 채로 공격적으로 화를 내는 것도 아니고 모든 원인은 자신에게 있다는 자책적인 것도 아닌 적절하게 자신의 마음을 표현할 수 있도록 연습시켜야 한다. '네가 나를 싫어하는 것 같아서 속이 상했어', '갑자기 소리를 지르니까 너무 당황스럽고 나도 화가 났어', '생각해 보니 내가 그 때 말을 끊는 게 아니었는데 미안해', '욕 대신에 다른 말을 했으면 더 좋았을 텐데 내가 실수했어' 등 분노, 서운함, 미안함 등을 담담하게 표현하는 방법을 알 수 있도록 한다.

넷째, 가해학생과 마주하여 회복적 대화를 하도록 촉진한다. 서로가 상대방의 이야기를 충분히 듣고 교사의 중재하에 문제를 각각의 관점에서 이해하고 가해학생에게 가졌던 부정적 정서를 해소할 수 있도록 한다. 단, 피해학생뿐만 아니라 가해학생 역시 충분히 소통할 준비가 된 후에 실시하는 것이 적절하다.

2) 심화

심화 단계는 초기 단계보다 학교폭력 피해가 상습적으로 발생하였고 고의성이 다분히 밝혀진 경우에 해당한다. 따라서 학교폭력전담기구를 거쳐 학교폭력위원회의 개최까지 연결되는 경우가 많다. 이 단계에서 피해학생은 초기 단계에 비해 심리적 외상의 정도가 깊을 수 있기 때문에 회복까지 오랜 시간과 노력이 요구된다. 피해학생이 언어적·신체적·정서적 폭행 경험으로부터 벗어나 회복하기 위해서는 사건에 대해 대안적인 귀인을 할 수 있는 능력, 관련된 여러 가지 감정을 자각할 수 있는 능력, 그리고 당시 사건과 분리시켜 각각의 상황에 적절하게 사고와 감정을 연결시키는 능력이 필요하다(Doherr et al., 1999).

외상적 피해자들의 치유를 위해 허먼(Herman, 1997)이 제시한 3단계와 이은아(2015)가 제시한 단계별 기법은 다음과 같다.

첫째, 피해학생이 안전감을 느낄 수 있도록 물리적 환경을 조정한다. 폭력이 발생한 장소, 심한 수치심을 느꼈던 장면, 가해자들과 마주쳐야 하는 상황들과 거리를 둘 수 있도록 해야 한다. 독립적인 상담 공간에서 상담을 실시하는 것이 좋고 필요시 학교 밖의 연계기관들의 도움을 받는 것도 좋다. 그리고 피해학생의 신변과 심리적 안전을 위해 교사로서 어떤 노력을 할 것인지 안내하는 것이 필요하다. 어떤 제도가 있고 선택할 수 있는 대안들은 무엇이 있는지, 특히 보복과 관련하여 교사가 어떻게 피해학생을 보호할 것인지에 대해서도 알리는 것이 적절하다. 심화 단계에서 발견한 피해학생들은 쉽게 교사나 상담자를 믿지 못할 가능성이 높다. 여전히 무언가 행동을 취하기 두려워하고 자신이 한 이야기가 유출되어 폭력으로 돌아올 것이라 걱정한다. 따라서 충분히 피해학생과 작업동맹을 형성하는 것이 중요하다. 상담 초반에는 상담실을 심리적 안전지대로 느낄 수 있게끔 위협적이지 않고 지지적인 상담을 이어 가야 한다. 상담자를 보다 지지적으로 느끼게 하기 위해 경청, 기다려 주기, 재진술하기, 요약하기, 공감적 반응하기 등의 상담기술이 요구된다.

둘째, 외상적 사건을 떠올리고 재경험할 수 있도록 한다. 어느 정도 상담실은 안전하게 느낀다면 충격적이었던 과거의 경험을 차츰 기억하게 한다. 예를 들어, 교복 입은 학생들이 자신에게 다가왔을 때 어떤 기분이었고, 어떤 말을 하였을 때 상처를 받았으며, 당시에 어떻게 대처하였는지 등을 구체화한다. 마치 다시 그 장면이 머릿속에서 재생되듯이 생생하게 느끼는 것이 필요하다. 이 과정에서 피해학생은 급격히 감정이 격화될 수도 있고 회상하는 것을 힘들어할 수도 있다. 이때는 중단하거나 잠시 심호흡을 함께 해 보며 정서를 조절할 수 있도록 안내하는 것이 필요하다. 학교폭력 사건을 회상하는 것은 당시 공포 반응으로 얼어붙어 정당한 대처를 하지 못한 당시의 경험을 다시 조명하고 두려움, 수치심, 분노의 당시 감정을 안전한 환경 가운데 타당화하여 외상 기억을 처리하고 통합하기 위함이다. 자신이 가치가 없고 능력이 부족해서 폭력을 당한 것이 아니라 가해자가 옳지 못한 행동을 하였고, 이 문제를 해결하도록 도와주고 보호해 줄 사람이 있음을 깨닫도록 하는 것이다. 이를 위해 상담에서는 신체자각 훈련, 가해학생에게 하고 싶은 말 역할극으로 해 보기, 안전하게 분노 표출하기, 감정의 쓰레기통 등의 기법을 실행해 볼 수 있다.

셋째, 일상생활 또는 학급으로 복귀하기 위한 준비를 한다. 기본적인 수면, 식사, 학업이 가능한 상태로 돌아가고 긍정적 정서를 되찾으려는 시도들을 한다. 학교폭력 사건을 과거의 한 에피소드로 처리하고 이와 분리시켜 다른 상황을 받아들이도록 하는 것이다. 외상적 경험에 고착되어 있던 것에서 미래에 초점을 맞춰 외상 사건에는 어떻게 의미 부여하고 앞으로는 어떤 의미를 찾으며 살아갈 것인가에 대해 피해학생과 함께 나눌 필요가 있다. 또한, 피해학생이 학급의 친구들과 관계를 회복하기 위해서 대인관계 기술을 안내해 줄 수도 있다. 자기주장 훈련, 나-전달법(I-Message), 대화기술 등을 직접적으로 소개해 줄 수도 있고 연습해 보도록 역할극을 시연해 볼 수도 있다. 그리고 이를 직접 실험하고 시도해 봄으로써 지속적으로 점검하고 새로운 전략을 구축해 나가도록 한다. 이러한 대인관계 기술 습득은 피해학생의 사회성의 부족함을 확인시키는 방식이 아니라 보다 성장하고 사람, 세상과의 연결감을 되찾도록 하는 지지적인 방식으로 진행되어야 한다. 이와 같은 과정을 통해 임파워먼트를 체험하고 자기 자신과 타인, 세상을 보는 관점을 통합적으로 변화시켜 갈 수 있도록 도와야 한다.

3) 사후지도

사후지도 단계는 학교폭력의 처리 절차에 따라 어느 정도 사안이 마무리되고 피해학생이 안정되어 가면서 잠정적으로 모든 문제가 해결된 듯 보이는 단계이다. 피해학생이 원만한 대인관계를 회복하였고 학교생활에서의 과업들을 수행하는 데 어려움을 덜 느끼는 것을 확인할 수 있다. 하지만 언제든 급격한 스트레스 상황이 닥쳤을 때 예전의 역기능적인 사고패턴이 재발(relapse)할 수 있다. 예를 들어, 피해학생이 다시 친구를 사귀고 함께 어울려 놀다가도 작은 다툼에 크게 좌절하고 '역시 사람은 믿을 수 없어'라며 사회적 상황을 회피할 수 있다. 이 단계에서 교사는 재발의 과정을 자연스럽게 받아들이고 후퇴와 진보를 반복하는 것이 중요함을 기억해야 한다. 앞선 상담에서 새롭게 알게 된 것들을 다시금 떠올리고 적용시키고 때론 수정하기도 하며 부정적 상황 또한 받아들이고 극복하는 데 노력을 기울이도록 격려해야 한다. 또, 경우에 따라서는 학교폭력 사건보다 정서행동 발달상의 문제가 더 근본적이고 시급할 수 있다. 이때에는 심리상담기관, 전문의료기관, 사회복지센터 등과 연계하여 보다 장기적인 치료를 받을 수 있도록 해야 한다.

3. 가해학생의 이해

많은 가해학생들은 학교폭력 사안의 심각성과 해악에 대해 잘 알지 못한다. 이는 타인조망을 취하는 능력이 미성숙하기 때문인데 그래서 가해자로 몰리는 상황에 분노하고 처벌받는 것에 대해 억울해한다. 그들에게 모든 가해행동은 나름대로 이유가 있다. 상대방이 직간접적으로 잘못하였거나 자신을 무시해서, 원하는 것을 해 주지 않았기 때문에 그에 응당하는 대가를 치렀다고 생각한다. 대부분 단편적이거나 순간의 감정을 통제하지 못해 우발적인 공격으로 연결되는 것이다. 이러한 폭력은 주변 친구들로부터 힘을 가진 존재로 인정받으면서 더욱 정당화되고 강화되는 경향이 있다.

하지만 모든 가해 청소년이 흔히 생각하는 적대적 반항장애나 품행 장애, 반사회성 성격장애 등의 임상적 증상을 동반하는 것은 아니다. 같은 집단폭행 상황이라도 각각의 역동이 다양하여 가해자 내에서도 몇 가지 유형을 분류해 볼 수 있다. 이미영과 장은진(2015)의 연구에서는 가해학생의 성격 특성과 맥락 특성을 중심으로 사회적으로 조건화된 동조형, 정서적 취약형, 반사회적 성격형으로 분류하였다. 각각을 보다 자세히 살펴보면 다음과 같다.

사회적으로 조건화된 동조형은 함께 어울리는 또래들과 비슷해지기 위해 다른 사람을 위협하고 공격하는 데 동참하는 경우다. 이 유형에게 가장 영향력 있는 존재는 함께 지내는 친구들이다. 또래집단에 소속되고 주변 사람들로부터 인정받으려는 욕구가 강한 유형으로 폭력성이 있는 또래집단과 가까이 지내게 되면, 폭력에 대해 옳지 못하다는 생각이 있음에도 불구하고 그 자리에 함께하지 않으면 의리가 없는 사람으로 취급받거나 배신이라고 여겨져 폭력을 행사하기도 하고 분위기에 휩쓸려 같이 때리게 되기도 한다. 이 유형의 가해학생들에게 꼭 가족구조의 결함이 있는 것은 아니지만 가정 내에서의 경험이 긍정적이지 않고 무관심하거나 과도하게 간섭을 받아 그 빈자리를 비행 친구들과 어울리며 충족시키려 한다. 처리 과정에서도 부모, 교사, 경찰로부터 이해받기를 기대하지만 '문제아', '비행 청소년'으로 낙인되면서 오히려 비행집단으로부터 위로받고 인정받게 되고 다시 집단폭력 상황과 가까이 머물게 되는 악순환이 반복된다.

정서적 취약형은 불안정한 정서를 많이 느낀다. 친구들과 표면적으로는 잘 지내는 것 같지만 이면에는 자신을 싫어하는 것 아닐지, 무시하는 것은 아닐지 생각하는 양가적인 면이 있어 불안함을 많이 느낀다. 감정의 기복이 심하고 우울감, 불안, 외로움 등의 부적절감을 경험한다. 과거의 사건을 반추해 보고 부정적 상상을 하며 사소한 일에도 잠재적인 걱정을 한다. 관계에서 불편해지는 것을 잘 견디지 못하고 예민해지며 비약적인 사고를 하는 경향이 있다. 이렇게 스트레스가 쌓이게 되고 감정을 건드리는 사건이 발생하면 우발적으로 자신의 감정을 폭력적으로 표출하며 해소하려 한다. 이 유형의 가족 배경을 살펴보면 부모와의 정서적 거리감이 상당하고 비일관적인 부모의 양육 태도로 정서적으로 불안정해지기 쉬운 것을 알 수 있었다. 가정 내의 폭력 경험이 있기도 하고 학교폭력 피해를 당해 본 경우도 많다. 이와 같이 관계상에서 외면 받고 폭력당한 경험은 정서적으로 쉽게 취약하게 하며 폭력에 대해 접근 또는 회피하는 복잡한 마음을 갖게 한다.

반사회적 성격형은 충동성과 공격성이 높고 타인에 대한 공감 능력이 현저하게 낮으며 내면화된 분노가 있다. 폭력, 싸움에 대해 동경하고 우두머리가 되는 능력 중의 하나라고 생각한다. 금품갈취, 절도, 폭행, 가출, 약물 남용 등 비행행동을 서슴지 않고 사회적 규범을 어기고 이를 주도하면서 영웅이 된 듯한 느낌을 갖는다. 자극추구적인 가해자의 성향은 위협적인 행동을 즐기도록 하기 때문이다. 장기적인 결과를 고려하지 못하고 순간의 필요에 의해 쉽게 폭력을 행사한다. 폭력 사건에 대해 죄책감을 느끼지 못하고 각종 폭력과 비행 자체를 즐긴다는 점이 이 유형의 특징이다. 반사회적 성격형은 어릴 적부터 심각한 가족 간 갈등과 폭력 상황에 장기적으로 노출된 경우가 많다. 폭력을 행사한 대상에 대한 깊은 분노감이 내재화되어 있고, 이러한 분노를 무분별하게 표출하며 자신의 삶에 자포자기식 태도로 행동한다. 자신 역시 폭력으로 자신을 방어하고 약자를 비웃으며 힘을 과시하려는 강한 욕구가 있다. 이 유형은 DSM-5-TR에 제시된 품행 장애 또는 반항성 장애 증상을 보이기 쉽다.

1) 품행 장애

품행 장애(Conduct disorder)인 청소년은 자신의 이익과 선호에 따라 타인의 권리를 침해하는 것에 거리낌이 없다. 정해진 규범을 자주 무시하고 단지 재미있어서 또는 필요해서 의도적으로 누군가를 괴롭히고 공격하며 잔인한 행동을 한다. 품행 장애인 청소년은 타인과의 갈등이 매우 빈번하게 발생하고 다른 학생을 괴롭히고 협박하거나 몸싸움을 벌이곤 한다. 그럼에도 불구하고 죄책감을 느끼지 못하고 냉담하다. 따라서 교사에게 거짓말을 하거나 동료 학생들을 교묘하게 이용하여 이득 취하기, 무단결석하기 등 규칙을 위반하는 부정행위를 자주 보일 수 있다. 이와 같이 품행 장애 학생의 반사회적 행동 패턴에 기초하여 고려하였을 때, 학교폭력뿐만 아니라 절도, 공공기물 파손, 강도, 살인, 성폭행 등과 같은 각종 중범죄와 연관될 가능성이 역시 높다. 보통 남자 청소년에게서 더 자주 나타나지만 여자 청소년 역시 가출, 물질사용, 성매매로 타나날 수 있다.

2) 반항성 장애

반항성 장애(Oppositional defiant disorder)는 흔히 부모, 교사와 같은 권위자에 대한 반항이 두드러진다. 매사에 부정적이고 저항하는 것을 볼 수 있다. 권위자와의 논쟁을 종종 벌이고 지시를 거절하며 쉽게 화내고 짜증을 부리는 경향이 있다. 타인의 실수를 비난하고 원망하며 악의적인 방식으로 행동하곤 한다. 타인에게 모든 책임과 탓을 돌리려하는 패턴을 보이고 이에 따라 거짓말, 공격성, 무단결석과 같이 품행 장애의 비행행동이 나타날 수 있다. 일반적으로 품행 장애보다는 이른 나이에 발병하고 아동 청소년의 1~11%가 반항성 장애를 경험하는 것으로 추정된다(신성만 외, 2016).

4. 가해학생 상담

가해학생을 상담하면서 교사는 자칫 감정적으로 임할 수 있다. 반성의 기미가 보이지 않고 교사에게도 반항적이며 여전히 피해학생을 헐뜯기 바쁜 모습을 보며 부정적 생각이 앞설 수 있다. 하지만 여기서 분명히 해야 할 점은 교사가 엄격해져야 하는 것은 가해학생의 인격이 아닌 행동 자체다. 교사가 감정적으로 격앙되어 소리를 지르거나 체벌을 사용하는 것은 또 다른 폭력을 양산하게 되니 특히 경계해야 한다. 그렇다면 앞과 같은 특징을 가진 가해학생을 상담할 때 교사는 어떤 태도와 자세를 취해야 할까. 기본적인 원리는 피해학생 상담과 마찬가지다. 먼저 가해학생과 라포를 형성하는 것부터 시작해야 한다. 많은 가해학생은 처음 상담을 시작할 때 자신의 행동을 변명하고 정당화시키려 한다. 자신이 가해자가 되었다는 것을 아는 순간부터 위협감을 느끼기 때문이다. 교사가 자신을 탓하고 꾸짖을 것이라 예상한다. 이러한 상황에서는 사실적인 정보를 얻기 어려우며 진솔한 대화를 나누기 어렵다. 긴장되어 있고 방어적인 가해학생의 마음을 한층 안정시키는 것이 필요하다. 상담의 목적이 가해학생 문제의 이해 및 해결에 있다는 점을 구조화시켜 언급해야 한다. 가해자일지라도 어떤 상황과 맥락 가운데 폭력을 하게 되었는지 경청해야 하고 구체적으로 파악해야 한다. 그리고 화를 낸 것이 자체가 아니라 화를 표출하는 방식에 대한 내용에 초점을 두어 상담을 진행해야 한다. 분노, 수치심, 슬픔 등은 자연스럽게 발생하는 감정일 뿐 이를 조절하지 못하거나 반응적으로 대처하였을 때 문제가 발생하는 것이다. 가해학생들이 느꼈던 감정 자체를 부정하는 방식은 효과적이지 못하다. 단, 그것이 폭력적인 방법으로 발현되어서는 안 된다는 점을 분명히 알려야 한다. 폭력적인 행동에 대해서 어떻게 규제를 하고 있고 어떤 대가가 따르는지 알도록 해야 한다. 마지막으로, 가해학생의 문제행동을 소거하고 적응적 기제의 발달을 도와야 한다. 문제를 문제로 낙인찍고 마치는 것이 아니라 해법을 도모해야 한다. 전인적인 성격의 변화를 이루기까지는 많은 시간과 노력이 소요된다. 그럼에도 불구하고 근본적인 문제가 개선될 수 있도록 작은 노력들을 지속적으로 기울이는 것은 실제로 도움이 된다. 한 개인이 가진 취약점을 알고 이를 조절하며 사회 속에서 어우러질 수 있도록 격려하고 지지해야 한다.

1) 초기

초기 단계에서 가해학생들은 일시적으로 상대방에게 놀림, 장난, 욕설을 하

여 다툼을 만들기도 하고 이전과 달리 일방적으로 거리를 두어 상대방에게 소
외감을 주기도 한다. 특히, 청소년기에는 통합적인 사고가 어려워 작은 행동
에 불만을 갖기 시작하면 전적으로 '나쁜' 대상으로 생각하여 갑자기 홱 돌아
서버리거나 서로가 서로를 헐뜯는 경우가 많이 발생하다. 편 가르기를 자주
하고 자신의 편을 들어주지 않거나 마음에 맞지 않으면 이간질을 하고 분열을
조장하기도 한다. 대신 필요하거나 자신의 편이라고 생각하는 대상은 전적으
로 '좋은' 친구로 생각하여 높은 친밀감을 표현한다. 특히, 여자 청소년 집단에
서는 이와 같은 정서적인 폭력과 갈등이 종종 발생한다. 전반적으로 상담을
진행하는 데 있어 교사는 위협적이지 않아야 하고 가해학생을 진심으로 이해
하고자 해야 하며, 문제해결에 협조적이어야 한다.

초기에 가해학생을 상담할 때 혹시라도 가해행동이 집단성을 띠지 않도록
분산시킬 필요가 있다. 폭력에 가담하는 것이 의리를 지키는 것이거나 감정을
표현하는 수단이 되어서는 안 된다는 점을 강조하여 지도해야 한다. 만약 단
체로 조정이 필요한 일이 있다면 중재할 수 있는 교사, 상담자, 선도위원 등의
도움을 받도록 한다.

교사는 가해학생들이 피해학생이 받을 수 있는 정신적 고통과 외로움을 생
생하게 깨닫도록 할 필요가 있다. 초기 단계의 가해학생들은 자신의 행동이
학교폭력의 일종임을 간과하고 우발적으로 행동하는 경향이 있다. 타인의 입
장에서 사고하는 능력이 미성숙하기 때문이다. 따라서 교사는 가급적 '예', '아
니요' 식의 답을 유도하는 폐쇄형 질문보다는 타인조망의 사고를 촉진하는 개
방형 질문을 하는 것이 더 적절할 것이다. 예를 들어, "갑자기 같이 다니던 친
구들이 나만 빼고 이동수업을 간 거야. 어떤 느낌일 것 같아?", "○○이한테
불만이 많구나. ○○이는 너에게 어떤 마음일까?"와 같은 질문을 할 수 있다.

그리고 상대방이 가진 단점뿐만 아니라 장점에 대해서도 함께 떠올려 보도
록 할 수 있다. 이를 위해서는 먼저 화나고 복수하고 싶은 마음을 진정시키는
작업이 선행되어야 한다. 정서적으로 흥분되어 있고 대상을 보는 관점이 부
정적이고 경직되어 있으면 통합적으로 피해학생을 볼 수 없기 때문이다. 보다

유연한 사고를 할 수 있도록 정보를 제공할 수도 있고, 질문을 할 수 있다. "사람은 누구나 잘 모르고 실수하기도 하기도 해. 선생님도, ○○이도, 너도 그럴수 있지", "○○이가 참 좋았던 적은 어떤 때였니?", "○○이가 싫어하는 행동을 하지 않은 적은 없었니?"와 같이 갈등을 대하는 데 있어 다른 국면을 생각해 보도록 촉진시킬 수 있다.

대안적인 행동을 취하도록 도움을 주는 것 역시 필요하다. 상대방의 행동으로 인해 느꼈던 감정과 자신이 바라는 상황을 적절히 전달하는 방법을 가해학생과 함께 구안해 볼 수도 있고, 생각과 감정을 표현하는 방법들을 직접적으로 제시하고 가해학생이 선택하여 연습해 보는 방법도 있다.

2) 심화

심화 단계는 폭행 사실이 객관적으로 증명되고 상습적으로 가해행위를 하였으며 그 의도가 착취적인 경우로, 이러한 가해학생들은 심각한 경우 피해학생에게 죄책감을 잘 느끼지 못하고 징계, 교육 프로그램에 크게 반응하지 않는다. 가해학생들에 대한 교육 프로그램의 효과가 한계를 갖는 이유는 매우 낮은 변화 동기다. 권위자로부터 어떠한 간섭도 받고 싶어 하지 않고 성찰적 반성이 어렵다.

이와 같은 가해학생들에게 보호 요인이 되는 것은 가족의 기대와 교사의 관심이다. 가해학생을 문제학생으로만 보는 것이 아니라 자신의 목소리를 가진 한 인격체로 존중하고 이들을 이해하고자 진심으로 노력하는 모습을 보이는 것이 필요하다. 겉으로 드러난 행동에만 초점을 두게 되면 무책임하고 잔인하게 사는 학생들이라는 생각에 쉽사리 접근하기 어렵다. 또, 교사에게 반항적이고 방어적으로 행동하기 때문에 포기하고 싶은 생각이 들기도 한다. 하지만 이들에게도 감정이 있으며 공격적이고 충동적인 선택을 할 수밖에 없는 여러 상황맥락적 요인들이 있다. 교사는 먼저 가해학생의 가족환경, 친구관계, 기초적 생활수준, 행동 발달 특성 등을 종합적으로 파악하여 가해학생을 온전한 개인으로 이해하기 위한 노력을 기울일 필요가 있다. 상담 작업이 실시되기까지 상호 간 신뢰관계를 구축하기 위해 오랜 시간 가해학생의 이야기를 진지하게 경청하고 여러 상황들 가운데 느꼈을 마음을 알아주어야 한다. 그리고 가족들이 학교폭력 사안에 대해 대처하는 방식은 가해학생에게 가장 큰 영향을 미치므로 부모 연계 프로그램을 적극 활용할 필요가 있다.

　변화동기를 북돋기 위해서는 폭력행동에 대한 문제의식이 작게나마 생길 수 있도록 개입하는 것이 중요하다. 폭력행동에 따라 발생할 수 있는 결과들을 고려해 보는 작업은 의미 있을 수 있다. 긍정적이라고 생각되는 결과와 부정적인 결과를 나열하고 이를 비교해 보도록 하는 것이다. 또, 이들에게 상담을 계속 받는 것은 지루하고 피하고 싶은 일 중의 하나이므로 상담을 받지 않기 위해서는 무엇이 필요한지 함께 탐색해 볼 수 있다. 궁극적으로는 우발적 폭력을 자제할 때 자신이 원하는 것들(간섭받지 않는 것, 상담을 그만하는 것, 혼나지 않는 것)을 얻을 수 있다는 것을 깨닫게 된다.

　가해학생 스스로 변화에 대한 필요성이 동기화되면 동시에 문제의 심각성에 대해서도 함께 이야기를 나누어야 한다. 특히, 피해학생이 겪을 수 있는 심각한 수준의 고통을 돌아보게 하고 작은 행동 하나가 일으킬 파장에 대해 성찰해 보도록 한다. 인지적으로 아는 것을 넘어서 마음속 깊은 곳에 있는 양심과 죄책감을 끌어올릴 수 있도록 해야 한다. 자신의 가족이 무기력하게 맞고 있을 때, 힘과 권력이 있다는 이유로 나의 소중한 사람들이 고통을 받는다면 나는 어떤 기분이 들지, 그리고 당사자가 된다면 무엇을 원할지 생각해 보는 활동을 할 수 있다. 이때 가해학생에게 피해학생의 고통을 가장 생생하게 느낄 수 있는 방안은 무엇일지 개개인의 특성에 맞게 구안하는 것이 필요하다.

　여기서 더 나아가자면, 가해학생이 이렇게 쉽게 자존심이 상하는 기분이 들고 무분별하게 폭력을 행사하는 근본적인 역동을 분석해 볼 수 있다. 정신분석적 관점에 의하면 유아기 부모로부터 충분한 돌봄과 공감, 지지를 받지 못하였을 때 병리적 자기애를 발달시킬 수 있다. 견고한 자존감을 구축하지 못하여 타인의 사소한 언행에 참을 수 없는 격한 분노감을 느끼기도 하고 또는 약한 대상을 착취하며 허울된 자기상을 만들고자 하는 것이다. 다시 말해 정서 조절의 어려움의 근원을 밝히는 것은 현재 역기능적인 행동패턴을 자각하게 하며 과거 발달적으로 중요한 사건들에 고착되어 있는 자신을 발견하도록 도울 수 있다. 이러한 통찰은 자신의 폭력행동을 새로운 시각으로 바라보도록 하고 자신이 진정 원하는 것과 보다 접촉할 수 있는 계기를 마련해 준다. 이때 교사는 가해학생의 욕구를 분명히 하고 삶을 이전과 다른 발전적인 방향으로 재구조화(reframing)하고, 이제까지의 과오를 수용하고 뉘우칠 수 있도록 지지하고 격려해야 한다.

그리고 이 모든 상담 과정 동안 교사는 하나의 모델이 되어야 한다. 상대방과 진심으로 소통하는 방법, 자신의 이야기뿐만 아니라 상대방의 이야기를 듣는 방법, 누군가 자신을 있는 그대로 수용해 주는 느낌 등을 가해학생이 체득할 수 있도록 한다. 상담 장면에서 새롭게 알게 된 점들을 활용하여 구체적인 행동수정 계획을 세워 볼 수도 있고 교사가 특정 상황과 대상이 되어 함께 실행연습을 해 볼 수 있다.

3) 사후지도

학교폭력위원회의 결정에 따라 가해학생이 처분을 받고 학교폭력 사안에 대해 잘못한 부분은 인정하고 사과함으로써 일단락된다. 하지만 여전히 가해학생 주변에는 위험 요소들이 잠재해 있기 때문에 지속적으로 이를 점검하는 것이 효과적이다. 예를 들어, 여전히 어울릴 수 있는 친구들이 비행집단이라는 점, 강압적이거나 무관심한 부모님, 입시 위주의 풍토 속에서 학교에 적응하기 어려움, 경제적 빈곤 등 가해학생이 다시 폭력을 저지르는 것을 막기 위해서는 이 모든 유혹을 뿌리칠 수 있는 강한 의지와 조절력이 요구된다. 교사가 주요한 지지 체계로서 앞서 세운 결심을 다잡고 담담히 실천해 갈 수 있도록 주기적으로 환기시키는 것이 좋다. 또 정서적·성격적 문제가 깊은 경우에는 보다 장기적으로 상담 및 치료를 받아 볼 수 있도록 다른 자원 체계와 연계시키는 것도 필요하다.

5. 방관학생의 이해

학교폭력 관련자에는 가해자와 피해자뿐만 아니라 주변인도 포함된다. 주변인에는 학교폭력을 목격하면서 가해자에 동조하는 동조자와 가해행동을 더 부추기는 간접적인 역할을 하는 강화자, 자신과 별개의 문제로 생각하여 무시하는 방관자, 적극적으로 피해자를 도와주고 가해행동을 막으려하는 방어자가 포함된다(Salmivalli, 19996). 이 절에서는 주변인 중에서도 사실상 많은 학생들이 속하기 쉬운 방관자에 대해서 살펴보도록 하겠다.

대부분의 학생은 피해 사실을 목격해도 모른 척하기 쉽다. 방관자는 학교폭력과 별개의 대상이라고 생각하는 경향이 있는데 사실은 방관자도 직간접적으로 학교폭력에 가담하는 주요한 역할을 한다. 가해행동을 눈감아 줌으로써 폭력이 용인되는 분위기를 조장할 수 있으며 암묵적으로 가해자에게 힘을 실어 주어 더욱 피해자를 위축되게 만든다. 또한, 방관자 역시 폭력적인 분위기 가운데 부정적 정서와 심리적 스트레스를 느끼기도 하고 대인관계 회의감으로 학교적응에 어려움을 겪는 2차적 피해를 겪기도 한다.

적극적으로 폭력을 거부하지 못하는 방관자의 특성을 살펴보면 다음과 같다. 학교폭력 방관 가능성을 예측할 수 있는 요인으로는 분노 조절, 불안, 학교폭력 가해 정도를 들 수 있다. 분노 억제를 자주 할수록, 불안도가 높을수록, 학교폭력 가해 정도가 높을수록 방관 가능성이 높아진다. 특히, 고등학생보다 중학생이 가장 방관적으로 대처한다(배미희, 최중진, 김청송, 2016). 즉, 방관자는 학교폭력 상황에서 억압적 대처를 하는 것으로 보인다. 하지만 그럼에도 불구하고 가해자에 대한 분노와 걱정스러움을 느끼기도 하고, 피해자에 대한 미안함과 안쓰러움이 있기도 하다. 자신과 같은 방관자들을 보면서 동질감을 느끼지만 행동하지 않는 양심이라는 생각에 불만스러워한다(이신애, 김희정, 2013).

이들이 이와 같이 방어자로 나서지 못하고 내적 갈등을 겪는 데에는 몇 가지 이유가 있다. 교사에게 사실을 알리거나 비밀스럽게 신고를 하였더라도 밝혀졌을 때 자신에게 불이익이 올까 봐 염려하기 때문이다. 마치 내부 고발자가 되어 배척당할까 봐, 피해자를 챙기다가 자신이 공격받을까 봐 도움을 제공할 수 없다. 가해자가 가진 힘에 대한 두려움이 있는 것으로 보이며 피해자와 같은 약자가 되는 것에 불안감이 있다. 방관자 중 일부는 자신이 일이 아닌 이상 개입해도 소용이 없기 때문에 무관심하기를 선택하기도 하고 학교폭력 피해경험이 있어 무기력한 태도를 취하기도 한다. 결론적으로 자신은 제3자이기 때문에 개입할 만한 권한이 없다고 합리화시키는 모습을 보이는 유형이다. 몇몇 학생들은 교사의 대처방법을 믿지 못하고 형식적인 처리절차에 참여하면서 번거로워질 것 같아 행동을 취하지 않는다. 가해학생이 제대로 처벌을 받지 않거나 교사의 개입만으로는 상황이 변하지 않는 것을 보며 불만을 느끼는 것으로 보인다. 때문에 위험한 상황을 지켜보면서 직접 나서지도 못하고 누군가의 도움을 요청하기도 망설여져 포기하게 된다. 그리고 피해자가 폭력을 당할 만하다고 생각하여 방관하는 학생들도 있다. 폭력에 허용적인 태도를 가진 방관자 유형으로 자칫 가해자로 전환되기 쉬운 유형이다. 피해자가 평소 잘난 척하던 아이였기 때문에, 자신과도 사이가 좋지 않았기 때문에, 피해를 당하는 데 이유가 타당하다고 생각해서 폭력을 방임한다. 혹은 피해자가 자신에게 너무 의지하여 마치 자신이 책임져야 할 것 같아 폭력에 맞서야 한다는 것을 알면서도 부담을 느껴 행동하지 못한다(김화숙, 신경일, 2015; 이신애, 김희정, 2013).

6. 방관학생 집단상담 프로그램

방관학생은 학교폭력이 발생하는 즉시 가해학생을 말려 줄 수 있고 장기적으로 학교폭력 근절 분위기를 유지시키는 중요한 주체다. 방관자들이 방어자로서 기능해 준다면 아무리 힘이 세고 공격적인 가해자라도 멈칫하게 되고 상황에 맞추어 자신의 행동을 조절하게 된다. 피해학생은 혼자가 아니라는 생각을 하게 되며 폭력을 거부하는 것에 지지를 받고 어떻게 행동해야 할지 배우게 되며, 행동을 취할 용기를 얻게 된다. 그렇다면 어떻게 방어자들은 학교폭력에 직접적으로 목소리를 낼 수 있을까. 남미애와 홍봉선(2013)의 연구에 따르면 방관자, 방어자, 동조자 등 주변인으로 전락하는 데 가장 큰 영향을 미치는 요인은 학교문화였다. 각자 일만 잘하면 되고 타인의 고통에 간섭할 이유는 없다는 개인주의적 문화를 가진 학교에서는 방관자의 역할이 높아지고, 친인권적인 학급 또는 학교문화는 폭력에 동조하지 않고 단호하게 대처하도록 돕는다. 그 밖에도 방어행동에 대한 자기효능감, 피해자에 대한 공감 능력, 인권 감수성과 같은 개인적 요인들은 방어자 역할로 전환하거나 강화하는 데 긍정적인 영향을 미친다. 폭력을 중단시키고 양심에 맞게 행동한 것에 스스로 옳은 일을 했다는 확신을 느끼는 학생일수록, 피해자의 고통을 함께 느끼고 이해할수록, 모든 사람은 존중받을 권리가 있다는 기본적 신념을 가지고 있고 그렇지 못한 상황을 분별해 낼 수 있는 능력이 높을수록 방어자가 될 가능성이 높은 것이다. 다음은 방관자의 역할은 축소시키고 보다 많은 학생들이 방어자의 역할을 수행하도록 촉진하기 위해 각 학급에서 실행해 볼 수 있는 활동 예시다. 각 학급의 특수성을 고려하여 적절히 수정·보완하여 사용할 수 있을 것이다.

1) 주의집중하며 타인의 말에 경청하기

- 5초 편견 그림 그리기
- 듣는 이의 태도 때문에 속상했던 경험 나누기
- 말 전하기 게임
- 경청 게임하기
- 느낌 나누기

도입 활동으로 교사가 공통된 그림을 한 편 보여 준 후 각자 그림을 기억하여 그려 보도록 한다. 똑같이 그렸는지 짝과 자신의 것을 확인했을 때 제각각인 그림을 확인할 수 있다. 이는 같은 것을 보았지만 서로 다르게 해석하고 받아들일 수 있음을 밝혀내는 동시에 말하는 것은 더욱 서로 잘못된 이해를 하기 쉬움을 느끼게 한다. 이러한 이해를 바탕으로 말 전하기 게임과 경청 게임을 진행할 수 있다. 분단별 첫 번째 앉은 학생에게 교사가 속담 카드를 보여 주고 귓속말로 분단의 맨 끝 사람까지 정확하고 빠르게 전달하는 게임이다. 경청 게임은 교사의 지시대로 그림을 그리고 짝과 비교한 후, 다음은 돌아가며 짝의 지시대로 그림을 그리는 것이다. 메모 없이 귀 기울여 상대방의 말을 잘 듣고 기억하여 그림을 그리도록 하는 활동이다. 마지막으로, 경청을 하면서 어려웠던 점, 잘하기 위해서 필요한 점, 경청의 좋은 점 등을 나누고 가장 경청을 잘하였던 학생을 강화하면서 활동을 마무리한다(이연희, 2015).

2) 따돌림 친구와 의사소통 기르기

- 벽 뚫기 게임하기
- 집단 따돌림 역할극하기
- 따돌림 당하는 친구 돕는 대화 역할극하기

도입 활동으로 모둠별로 1~2명을 제외하고 서로 팔짱을 끼고 원을 만들어 다른 학생들이 원 안으로 들어오지 못하도록 방어하는 벽 뚫기 게임을 한다. 술래가 되어 원 안으로 들어오지 못하였을 때 기분을 이야기하며 상대방으로부터 거부받고 소외되는 느낌을 유추해 볼 수 있도록 한다. 이어서 집단 따돌림 역할극에서는 4~5명의 학생이 각각 가해자, 피해자, 방관자로 배역을 나누고 배역에 맞는 연기를 한다. 각 역할을 돌아가면서 해 볼 수도 있겠다. 그리고 각 역할을 하면서 느꼈던 점을 모둠원끼리 나누어 보며 타인조망의 능력을 보다 넓힐 수 있도록 한다. 마지막으로, 따돌림 당하는 친구를 도울 수 있

는 방안을 모둠별로 구안해 내고 회의한 결과를 역할극으로 시연해 보도록 한
다(이연희, 2015). 이와 같은 활동은 각 학급의 문화에 맞고 학생들이 실천할
수 있는 방법들을 찾아내도록 하며 실제 역할극을 통해 실행 가능성을 높일
수 있다.

3) 행복나무 프로그램

표 12-2　행복나무 프로그램의 주요 내용

회기	주제 및 세부 내용	괴롭힘 내용
1	미키/미니의 점심시간	점심시간에 강제로 반찬을 뺏거나 억지로 먹이는 상황
2	툭툭 치지 말아요!	고의적으로 신체를 툭툭 건드리는 상황
3	나 잡아 봐라!	잡기놀이에서 특정 학생만 소외시키는 상황
4	미운 말, 아픈 말	고함을 지르거나 욕설, 협박의 말 등 언어적 폭력을 하는 상황
5	험담 쪽지는 이제 그만!	쪽지에 특정인에 대한 험담을 적어 돌리는 상황
6	500원만 빌려 줘	돈을 습관적으로 갈취하는 상황
7	내 친구가 맞고 있어요!	신체적으로 약자인 학생이 일방적으로 맞고 있는 상황
8	곰 발바닥! 곰 발바닥!	신체적 약점을 놀리고 괴롭히는 상황
9	휴대전화 욕설! 안 돼요!	메신저, SNS, 인터넷 게시판 등을 이용하여 사이버 괴롭힘을 하는 상황
10	심부름 좀 해 줄래?	요청을 가장하여 강제로 일을 시키고 괴롭히는 상황

　행복나무 프로그램은 학교폭력 유형별로 10가지 상황을 가정하고 각 상황
을 회기별로 역할극, 토론을 통해 스스로 다짐하고 학급의 규칙을 만들어 가
는 프로그램이다(법무부, 2012). 폭력을 효과적으로 감소시키기 위해서는 대화
적 접근방식을 벗어나 활동과 기술 중심의 접근을 취해야 한다는 점을 강조하
며 각 회기별로 구체적 상황을 설정하고 실질적인 대처 방안을 고민해 보도록
하고 있다. 회기별로 상황 설명(5분), 역할극(10분), 토론(15분), 정리(10분)의
4단계로 구성되었으며, 행복나무라는 활동 자료에 학급 규칙, 자신의 다짐 등

을 나뭇잎에 적어서 모으고 이를 지속적으로 관리하는 데 모든 학급원이 참여하도록 한다.

> **글상자 12-2   학교의 법칙? 정글의 법칙! 약육강식**
>
> 중학교 2학년인 동훈이는 요즘 고민이 많다. 자신이 어떤 이야기만 하면 몇몇 친구들이 핀잔을 주기 일쑤고, 특히 성민이라는 친구는 조그만 행동에도 과하게 소리를 버럭 지르며 심한 욕을 한다. 체육시간이 되면 경기를 핑계 삼아 신체적 접촉이 더욱 과해진다. 어깨를 세게 치고 지나가기도 하고 공이 갑자기 날아와 맞기도 한다. 동훈이는 학교 나가기가 두렵고 자신을 마치 벌레보듯 대하는 친구들을 마주할 자신이 없다. 성민이는 동훈이가 맞을 만하다고 생각한다. 혼자 잘난 척, 착한 척 다 하면서 날 무시했기 때문이다. 잘못했으면 맞아도 된다고 배워 왔고 오히려 내가 세다는 것을 보여 줄 수 있는 기회가 되기도 하다. 내 말 한 마디에 움츠러드는 동훈이의 모습을 보면 더 강해진 것 같은 기분이다. 이러한 폭력을 자주 목격하는 혜빈이는 동훈이가 딱하면서도 평소에 자꾸 친구들을 평가적으로 가르치려 하는 동훈이의 행동이 마음에 들지 않았기 때문에 쌤통이라는 생각도 든다. 더군다나 성민이는 잘생기고 키도 크고 힘도 센 아이이기 때문에 반박하기 어렵다. 소문에 의하면 잘나가는 학교 선배들하고도 친하고 술, 담배도 곧잘 한다고 한다. 동훈이를 소외시키는 분위기는 점차 심각해져 가고, 성민이의 강압적인 행동에 불만을 가지면서도 힘에 눌려 암묵적으로 동조하는 학생들도 점차 늘어가고 있다.

> **실습**
>
> 1. 정서적으로 불안정한 상태의 피해학생과 상담을 진행하려고 한다. 어떻게 라포(rapport)를 형성할 수 있겠는가. 피해학생과 상담관계를 형성할 수 있는 방안을 생각해 보자.
>
> 2. 상담자에게도 역시 공격적이고 비아냥대는 가해학생과 상담을 진행하려고 한다. 어떻게 라포(rapport)를 형성할 수 있겠는가. 가해학생과 상담관계를 형성할 수 있는 방안을 생각해 보자.

3-1. 〈글상자 12-2〉의 사례에서 피해자인 '동훈이'가 학교폭력 사건으로 인해 어떠한 심리적 어려움을 겪을지 추론해 보자.

3-2. 〈글상자 12-2〉의 사례에서 가해자인 '성민이'의 가해행동의 기제 및 원인을 추론해 보자.

3-3. 〈글상자 12-2〉의 사례에서 방관자인 '혜빈이'와 상담을 실시할 경우, 어떠한 방향으로 상담을 진행할 수 있을지 고민해 보고 역할극을 한다.

주요 용어

피해학생, 가해학생, 방관자, 주변인, 가해자 유형, 방관자 특성, 피해학생 상담, 가해학생 상담, 비밀 보장, 라포 형성, 정서 조절, 학교 적응, 재발 방지, 상담자 태도, 상담 시 유의 사항

제 **13** 장

학교폭력 상담 프로그램 실제

학습목표

- 학교폭력 상담에서 예방적 차원의 중요성을 알 수 있다.
- 학교폭력 상담에서 예방의 세 가지 차원을 알 수 있다.
- 학교폭력 예방에 있어 교사의 역할을 설명할 수 있다.
- 학교폭력의 예방을 위해, 위험 요소 및 보호 요소를 이해할 수 있다.
- 학교폭력 상담을 위한 예방 프로그램에 대해 이해할 수 있다.
- 학교폭력 상담에서 예방 프로그램을 실제로 고안해 낼 수 있다.

학습흐름

1. 학교폭력 상담에서의 예방적 차원
   1) 3가지 예방적 차원
   2) 학교폭력 예방에서 교사의 역할
   3) 학교폭력의 위험 요소 및 보호 요소

2. 학교폭력 상담 프로그램
3. 학교폭력 상담에서 예방을 위한 통합적 접근

1. 학교폭력 상담에서의 예방적 차원

1) 3가지 예방적 차원

학교폭력 상담을 위해서는 예방적 차원에서 상담이 이루어지는 과정이 필요하다. 예방에는 1차 예방, 2차 예방, 3차 예방의 세 가지 차원이 있다. 1차 예방(Primary prevention)은 질병이 일어나기 전에 예방하는 것이다. 이는 질병을 유발하는 위험에 노출되지 않도록 방지하고, 정신건강에 해로울 수 있는 요인을 변경하고, 위험 요인에 노출될 경우 감당할 수 있는 내적인 힘을 길러 줌으로써 정신건강적인 문제가 발생하는 것을 예방한다. 이를 학교폭력에 적용시키면, 1차 예방은 학교폭력이 일어나기 전에, 위험 요인을 감지하여, 학교폭력이 발생하는 것을 예방하는 것이다. 학생 간의 갈등의 해결 과정에 있어서의 분노 표출이 학교폭력을 일으키는 요인 중 하나라고 여기는 경우, 학생들에게 의사소통 방법이나 분노 조절에 대한 프로그램을 실시하는 것이 그 예다.

2차 예방(Secondary Prevention)은 이미 발생한 질병에 대해 초기에 개입함으로써 문제가 커지는 것을 막기 위한 것이다. 이는 문제를 최대한 빨리 감지하고 치료하여 진전을 중단 또는 늦추고, 재발 방지를 위한 적응기제를 개발하여, 원래의 건강 상태로 되돌리고 장기적인 문제를 예방하는 것이다. 학교폭력의 2차 예방은 학교폭력이 일어난 것을 감지하였을 때, 이미 인지한 사건의 영향력을 최소화하거나 학교폭력이 더욱 심각한 형태의 폭력으로 발전되거나 재발하지 않도록 하는 것이다. 인지한 사건에 대해서 가해자 피해자를 명확히 하고, 문제의 원인에 대해 시스템적인 접근을 하여, 같은 문제가 다시 일어나지 않도록 하는 노력을 포함한다.

3차 예방(Tertiary Prevention)은 지속되는 질병의 계속되는 역기능을 최소화하기 위한 것이다. 이를 위해 기능적인 역할을 높이고, 삶의 질을 향상시키기 위해 장기간 관리하도록 돕는 것이다. 만성 우울증을 가지고 있다면, 우울증을 가지고서 잘 생활하기 위한 전략을 지원하고, 증세가 회복되었을 때 새로운 일자리를 찾도록 직업 재활 훈련을 하는 것이 그 예다. 이를 학교폭력에 적용하면, 3차 예방은 이미 지속되어 온 학교폭력의 영향을 완화하기 위해, 학교폭력 피해자 및 가해자가 자기 기능을 되찾아, 학교폭력의 피해 및 영향을 줄이기 위한 장기간의 도움을 제공하는 것을 말한다.

2) 학교폭력 예방에서 교사의 역할

학교폭력 예방에 있어 교사의 역할이 특히 중요한데, 학교폭력이 일어나기 전에, 학교폭력의 징후들을 감지하는 것은 학교폭력 1차 예방에서 특히 중요하다. 교사는 학생들이 학급, 동아리, 혹은 소그룹 안에서 어떠한 역동을 나타내는지 살펴볼 필요가 있다. 굳이 직접적인 갈등이나 싸움이 감지되지 않았다 하더라도, 어떤 학생이 다른 학생들에 비해 더 많은 파워를 가지고 있고, 어떤 학생이 주로 리드에 따르는 역할을 하는지와 같은, 집단 안에서의 역동을 살펴본다면, 학교폭력의 징후들을 감지하는 것뿐만 아니라, 시스템적인 측면에서 학교폭력의 원인을 파악할 수 있다. 시스템적인 측면에서 학교폭력을 바라본다면, 학교폭력은 단순히 가해자와 피해자의 문제가 아니라 학교폭력의 징후 혹은 학교폭력 장면을 보고도 지나친 방관자 및 교사들도, 학교폭력을 가능하게 한 시스템의 일부로 볼 수 있다.

3) 학교폭력의 위험 요소 및 보호 요소

예방적 차원에서 상담 개입이 이루어지기 위해서는 학급 내에서의 역동을 관찰한 후, 학교폭력을 일으킬 수 있는 위험 및 보호 요소를 파악하여야 한다. 학교폭력의 위험 요소 및 보호 요소로 알려져 있는 것들은 주로 다음과 같다 (Department of Health and Human Service, 2001; Resnick, Ireland, & Borowsky, 2004; Losel & Farrington, 2012).

(1) 개인 위험 요소
- 폭력을 경험한 이력(history)
- 주의력 결핍, 과다 활동 또는 학습장애
- 초기 공격적 행동의 이력(history)
- 마약, 주류 또는 담배 관련 문제
- 낮은 IQ
- 행동 제어의 어려움
- 사회인지 또는 정보처리 능력의 결함
- 높은 정서적 문제
- 정서적 문제를 치료받은 경험
- 반사회적인 신념과 태도
- 가족의 폭력과 갈등에 대한 노출

(2) 가족 위험 요소
- 권위주의적인 육아 태도
- 가혹하고, 느슨하거나 일관성 없는 징계 관행
- 낮은 학부모 참여
- 부모 또는 보호자에게 낮은 감정적 애착
- 낮은 학부모 교육 및 수입
- 부모의 알코올 남용 또는 범죄
- 역기능적인(Dysfunctional) 가족 기능
- 자녀 감독 부족

(3) 또래 및 사회적 위험 요소
- 비행 청소년과 어울림
- 갱단 참여
- 친구들에 의한 사회적 거부

- 열악한 학업 성적
- 학교생활에 대한 낮은 참여

(4) 지역사회 위험 요소

- 경제적 기회 감소
- 고농도의 빈민층
- 높은 수준의 가정 가정불화(disruption)
- 낮은 수준의 지역사회 참여
- 이탈행동에 대한 편협한(intolerant) 태도
- 높은 IQ
- 고등 학점 평균(학업성취도가 높은 지표)
- 긍정적인 사회적 지향
- 고도로 발달된 사회적 기술/역량
- 현실적인 계획을 세울 수 있는 역량
- 신앙

(5) 가족 보호 요소

- 가족 또는 가족 외의 성인과의 커넥션
- 부모와 문제를 논의할 수 있는 능력
- 학교 성적에 대한 부모의 기대치
- 학부모와 자주 공유하는 활동
- 깨어났을 때, 학교에서 집에 도착했을 때, 저녁 시간에 식사를 할 때 또는
- 잠자리에 들 때 적어도 한 가지 활동 동안 부모의 일관된 함께 함(presence)
- 사회 활동 참여
- 문제를 다룰 때 부모의 도움

(6) 또래 및 사회적 보호 요소

- 가깝고 사회지향적인 친구들과의 정서적 관계
- 학교에 대한 헌신(학교에 대한 투자와 학교에서 잘하는 것)
- 일탈행동을 하지 않는 학생들과의 긴밀한 관계
- 반사회적 행동을 용납하지 않는 또래(peer) 그룹의 일월
- 봉사(prosocial) 활동에 참여

(7) 학교생활 보호 요소

- 집중적인 감독
- 명확한 행동 규칙
- 공격적 행동에 대한 일관적인 부적인 강화
- 부모와 교사의 관여

학교폭력의 위험 요소와 보호 요소를 파악한 이후에는, 위험 요인은 줄이고 보호 요인은 강화하는 학교 기반 예방 프로그램을 시행하는 예방 전략을 세울 수 있다.

2. 학교폭력 상담 프로그램

〈표 13-1〉에서 보는 것처럼, 다양한 학교폭력 예방을 위한 상담 프로그램들이 개발되고 시행되어 왔다. 프로그램의 내용은 직접적으로 학교폭력을 다루지 않더라도, 자기감정에 대한 인식 및 감정 조절의 전략을 훈련한다든지, 긍정적인 사회적 기술, 문제해결 및 갈등해결 능력을 배울 수도 있다. 단순히 정보를 전달하는 것이 아니라, 학생들의 인식 및 태도를 변화시키는 활동들을 포함한다. 예를 들어, 또래 갈등해결 방법을 목표로 하는 학교폭력 예방 프로그램은 모델링, 토론, 비디오테이프 및 롤플레이 등 다양한 교육 접근 방

식을 구현함으로써, 단순히 갈등 해소의 이상적인 방법에 대해 강의를 하는 것이 아니라, 학생들이 실제로 갈등 해소 방법을 경험하고 연습할 수 있도록 하는 것이다. 이러한 프로그램의 예로서, 배려증진 프로그램과 나-전달법에 대해 〈표 13-2〉와 〈글상자 13-1〉에 각각 소개하였다. 학교폭력 예방 프로그램을 시행 전에, 교사는 학생들의 태도 변화를 촉구하는 데 효과적으로 영향을 줄 수 있는 교육을 제공하기 위해 적절하게 훈련 받아야 한다. 이러한 학교 기반 예방 프로그램을 제공하는 경우 학생들의 공격성과 폭력의 비율이 현저히 낮아진다는 연구 결과들이 보고되어 있다(Centers for Disease Control and Prevention, 2007).

표 13-1   학교폭력상담에서 예방 프로그램의 현황

유형	특징	프로그램 종류
신변 안전과 학교환경 안전 프로그램 (Security-related or environmental programs)	학교 내·외의 환경에 각종 안전 시설을 증가시키고 학생 개인에 대한 신변 확인과 소지품 검사 등을 강화하는 시스템. 폭력은 무기나 폭력을 일으킬 수 있는 기회를 줄이면 줄어든다는 가정하에 이루어지는 방식	Environmental Design Program(Wallis & Ford, 1980)
학생행동과 교실 통제 프로그램 (Behavioral and classroom management techniques)	각종 뉴스레터나 자료, 방송을 통해서 교내에서의 생활규칙과 그에 따른 상·벌에 대해서 알려서 학생들의 행동을 수정하도록 하는 방식	- Assertive Discipline Program(Allan, 1983) - Good Behavior Game (Dolan et al., 1993)
공격, 파괴, 반사회적 행동의 재구성 프로그램 (Separation of aggressive, disruptive, or antisocial students)	공격적·파괴적·반사회적 행동을 하는 아동들에게는 특별한 도움과 사회적·개인적 기술이 필요하다는 전제하에 학생의 특성에 맞게 대인관계 훈련이나 직업 재교육 훈련, 행동수정 훈련 등을 받게 하는 방식	Instructional Program(Hulley, 1995)

대인관계기술 훈련 프로그램 (Interpersonal skills training)	학교 중심적 폭력방지 프로그램 중에서 가장 넓은 영역을 차지하는 것으로 다양한 대인관계 훈련과 사회기술 훈련을 받게 하는 방식	- Knowledge-Based Programs - Conflict Resolution Programs - Violence Prevention Curriculum for Adolescents (Prothrow-Stith, 1987)
분노 조절이나 자기 통제 훈련 (Anger management or self control training)	자신의 분노를 인식하고 통제할 수 있도록 분노로 인해 야기되는 공격적인 행동과 그 결과에 대해 이해할 수 있도록 도와주고 자신의 감정과 행동을 조정할 수 있는 구체적인 자기통제 기술을 훈련시키는 방식	- Anger Coping Program (Lochman, Lampron, Gemmer, & Harris, 1987)
심리치료와 상담 (Therapeutical counseling services)	문제행동에 대한 가장 전통적인 개입 방식으로 문제나 부적응 행동을 보이는 아동들에게 일대일이나 그룹 상담을 실시하는 방식	- Behavioral Counseling Program(Reynolds Cooper, 1995) - Client-Centered Therapy (Bruyere, 1975)
또래상담 프로그램 (Peer mediation programs)	같은 또래의 학생들을 훈련시켜서 대인관계에 문제가 있는 학생들의 중재자로서 돕도록 하는 방식	Teaching Students to be Peacemakers(Johnson & Johnson, 1991)
학업수행 능력 증진 프로그램 (Academic and educational services)	낮은 성적과 학업 능력은 자존감을 저하시키고 폭력과 공격성의 주요인이 되므로 학업 능력의 향상을 돕는 방식	Mastery Learning(Dolan et al., 1993)
다중 모형 (Multi-model programs)	앞에서 언급한 여러 가지 프로그램과 요소들을 함께 활용하여 효과를 높이는 방식	Gottfredson's Project PATHE (Gottfredson, 1986)

자료 출처: 김혜진(2002), p. 28; Wilson(2000), pp. 6-13.

표 13-2 학교폭력 예방을 위한 배려증진 프로그램 개발

구성 영역	회기	프로그램 회기명	목표
조망수용 및 조망전환	1	이제 우리 함께 해요.	1. 프로그램 제목 조각을 전지에 함께 이어 붙이며, 조망에 대한 인식을 체득하고 본 프로그램의 의미와 목표를 이해한다. 2. 프로그램의 진행 과정 규칙을 이해한다.
	2	다르다고 틀린 것은 아니에요.	1. 보는 사람에 따라 달리 보이는 그림 등을 통해 같은 자극에 대해서도 서로 다르게 볼 수 있다는 것을 인식한다. 2. 자신이 보는 것이 언제나 정답이 아니라는 것을 인지한다. 3. 우리가 서로 다른 것을 보더라도 틀린 것이 아니며, 상대편의 입장에서 생각해 볼 수 있다.
공감	9	알아줘서 고마워	1. 상황에 따라 다양한 감정을 느끼며, 동일한 상황이라도 나와 상대방이 다른 감정을 느낄 수 있다는 것을 인식한다. 2. 역할 수용을 통해 친구의 마음을 이해하고 표현해 봄으로써 공감표현 방법을 익힌다. 3. 공감을 표현함으로써 서로 이해받는 경험을 하게 되며 정서적 접촉과 만남을 경험한다.
	12	I'm a movie star!	1. 영화 속 인물들이 겪는 갈등과 어려움을 대리경험함으로써, 학급 내에서 어려움을 겪는 친구들의 감정을 공감할 수 있다. 2. 영화 속 갈등 상황을 재구성하여 해결안을 찾아봄으로써, 서로의 차이점을 수용하고 다양성을 인정하게 되며, 타인에 대한 배려동기를 촉진한다.
배려몰입 촉진 활동 및 동기전환	3	배려맨 1	1. 학급친구의 배려맨이 되어 배려 활동을 하는 방법을 이해한다. 2. 배려받는 친구는 이에 표현을 함으로써 배려를 서로 주고받을 줄 안다. 3. 배려를 주고받는 과정에서 배려의 소중함과 즐거움을 경험하며 배려 욕구를 증진한다.

	6	끼리끼리 공놀이	1. '따돌림'을 가상으로 경험할 수 있는 괴롭힘, 피해/가해 게임 활동을 통해 다른 사람의 고통스러운 감정을 자신의 것으로 경험하며 이러한 경험에 동반되는 감정, 생각, 의미를 명확하게 인식한다. 2. 이를 통해 일산의 괴롭힘 행동을 돌아보고, 배려행동 증진 동기를 높인다.
배려몰입 촉진 활동 및 동기전환	7	5 No Yes	1. 배려행동을 하는 데 걸림돌이 되는 5가지 행동과 디딤돌이 되는 5가지 행동이 무엇인지 이해한다. 2. 걸림돌이 되는 행동을 줄이고 디딤돌이 되는 행동을 늘려서 배려심을 증진한다.
	8	잠깐-참-그럼-좋아!	1. 배려행동을 하는 데 걸림돌이 되는 5-No 행동을 5-Yes 행동으로 변화시키기 위한 자기대화법이 무엇인지 이해한다. 2. 잠깐-참-그럼-좋아! 기법을 활용하여 걸림돌이 되는 행동을 줄이고 디딤돌이 되는 행동을 늘려서 배려심을 증진한다.
	13	배려맨 3	1. 친구들의 배려맨이 되어 직접 배려행동을 실천한다. 2. 배려맨으로부터 받은 여러 가지 배려행동을 돌아보고, 받는 친구로서 배려맨의 행동에 대해 표현했던 활동들을 돌아보면서 배려를 주고받는 행동의 즐거움과 값진 의미를 깨닫는다.
	14	마음나눔 시상식	1. 배려맨이 그동안 자신에게 보여 주었던 배려행동에 대한 고마움을 상장을 통해 표현함으로써 배려맨과 나눔맨의 배려를 주고받는 행동을 강화한다. 2. 배려맨이 아니더라도 배려를 보여 준 친구들에게 고마움을 표시하는 기회를 가짐으로써 배려행동에 대한 기쁨을 주고받는 과정을 경험하도록 돕는다. 3. 칭찬받을 만한 자신의 배려-나눔 행동들을 찾아보고 스스로 상장을 줌으로써 배려하는 자신의 모습을 명료화하는 기회를 갖는다. 4. 그동안 프로그램을 통해 자신에 대해 새롭게 느낀 점, 변화된 점, 앞으로의 결의 등을 확인하고 다지는 시간을 갖는다.

출처: 한국청소년상담원(2008).

글상자 13-1 나-전달법

'나-전달법'은 'I-Message'라고도 하며, 자신의 감정을 상황과 함께 상대방에게 전달하는 말하는 방식이다.

나-전달법의 개념

'나-전달법'은 상대방을 비난하지 않고, 문제되는 상황을 구체적이고 객관적으로 표현함으로써 그 행동이 나에게 미친 영향을 상대방에게 전달하는 표현법이다.

너-전달법

'나-전달법'과 반대되는 개념으로 상대방에 대해 비난하는 입장에서 말하는 방법이다. 약속에 지각한 친구에게 "너 왜 늦었어?"라고 말하는 것은 대표적인 '너-전달법'이다. 반면, 약속에 지각한 친구에게 "네가 늦어 내가 불안하고 초조했어."라고 말하는 것은 '나-전달법'이다.

'너-전달법'은 의사소통에 걸림돌이 되는 대표적인 방법이다. '너-전달법'을 사용할 경우 문제가 해결되기보다는 더욱 악화될 수 있다.

나-전달법으로 말하는 방법

① 상대방의 행동에 대해 있는 그대로 이야기하기
  ➡ 네가 어제 나에게 바보, 멍청이라고 놀렸잖아.
② 그때의 나의 느낌을 이야기하기
  ➡ 그래서 나는 마음이 아프고 속상했어.
③ 그 이유 및 원하는 사항을 이야기하기
  ➡ 네가 나를 놀리지 않았으면 좋겠어.
    네가 계속 나를 놀리면 선생님에게 이야기할 수밖에 없어.

나-전달법의 이점

① 상대방을 비난하지 않고 말할 수 있다.
② 위협적으로 말하지 않기 때문에 상대방이 나의 말에 더 경청할 수 있다.
③ 상대방이 한 행동으로 내가 느낀 감정이 무엇인지 분명하게 전달할 수 있다.
④ 내가 원하는 것이 무엇인지 상대방에게 분명한 정보를 제공할 수 있다.

출처: 박종효 외(2012). 집단따돌림 예방 프로그램 개발. 교육과학기술부, 한국교육개발원.

학교 기반 예방 프로그램은 학교 또는 학년 수준별로 최적화하여 제공될 수 있다. 학교폭력 예방 프로그램의 개발에 있어 중요한 점은 대상 학생을 이해하는 것이다. 같은 학교 안에서도 학급별로도 분위기에 큰 차이가 있을 수 있는 만큼, 획일적인 학교폭력 예방 프로그램을 설계하기보다는, 주어진 환경에서 가장 적합하다고 여겨지는 방향으로 내용을 구성하는 것이 필요하다. 대상 학생들을 이해하면 프로그램의 구성을 그들에 맞게 최적화할 수 있다. 학교의 위치가 교육열이 강한 지역인지 아닌지, 맡고 있는 학급이 학교 내에서 우수한 학생들을 위한 특별반인지 등의 상황에 맞추어, 청중에게 적합한 메시지를 맞춤 설계할 수 있다. 또한 프로그램의 내용이 대상 학생들에게 적절한 재료인지, 자료 및 프레젠테이션 스타일이 연령에 맞는지도 고려할 필요가 있다. 또한, 학교폭력 예방 프로그램은 학교 밖에서도 제공될 수 있는데, 학부모를 대상으로 자녀들과의 소통 혹은 학교폭력의 징후들을 감지하는 법에 대해서 교육하거나 비행 청소년들을 대상으로 적응적으로 학교 또는 사회에 복귀할 수 있도록 도울 수 있다.

프로그램의 개발 후에는 어떻게 시행할 것인지에 대해서도 생각할 필요가 있다. 학교폭력 예방 프로그램을 교과시간 이외의 시간에 제공할 것인지 아니면 수업 커리큘럼의 일부로 포함시킬 것인지, 1회성으로 끝나는 프로그램을 제공할 것인지 아니면 학기 내내 시행할 것인지에 대해서도 고려하여, 가장 효과적이고 시행 가능한 방법이 무엇인지 생각해야 한다. 교과과정에는 제한된 수의 커리큘럼과 시수가 있기 때문에, 각 커리큘럼을 주의 깊게 검토하여, 제안하는 것이 필요하다. 〈표 13-3〉에는 교과목과 연계된 학교폭력 예방 프로그램들의 예시가 제시되어 있다. 〈표 13-3〉에서 보는 것처럼, 교과목별로 학교폭력 예방과 관련된 내용들을 포함시켜, 교과시간에 예방교육을 실시할 수 있다. 미술시간에 실시할 수 있는 친구 자랑 광고 만들기 활동지는 〈글상자 13-2〉에서 볼 수 있다.

표 13-3   교과목과 연계한 학교폭력 상담을 위한 예방 프로그램

교과목	활동
미술	• 원예 활동(토피어리 만들기, 식물 심기-공릉초등학교에서 시행) • 친구 캐릭터 그리기(목천초등학교) • 친구 자랑 광고 만들기(용마초등학교)
체육	• 스포츠를 통한 예절교육 • 스포츠 바우처 사업의 확대 시행(태권도, 축구, 수영, 탁구, 검도 등 스포츠 종목에 직접 참여토록 하여 여가선용 및 관람 스포츠, 참여 스포츠 체험의 기회를 제공) • 스포츠클럽 운영 • 무용 활동
국어	• 학교폭력 예방 도서를 읽고 독서 토론하기(화성월문초등학교) • 부탁하는 글쓰기(목천초등학교) • 바른 언어 사용교육
음악	• 학교폭력 율동 및 노래 배우기(해피콘서트 영상 참고)(목천초등학교)
도덕	• 너희가 있어 행복해(친구 사이의 문제 지혜롭게 해결하기)(목천초등학교) • 함께하는 인터넷세상, 정보사회에서 올바른 생활(깊게 생각하고 바르게 행동해요)(목천초등학교) • 인권을 존중하는 세상(인권 존중 실천하기)(목천초등학교) • 갈등으로 풀어 가는 세상(평화로운 갈등 해결의 길, 또래 중재로 갈등 해결하기)(목천초등학교)

표 13-4   정情 나눔

시간 확보	운영 형태	운영 내용
쉬는 시간, 점심 시간, 자치 활동 시간 등	학생 ↔ 학생	• 학생 상호간 서로의 고민 나누기 • 주요 사안은 교사와 상담
쉬는 시간, 점심 시간 방과 후 시간 등	학생(개인) ↔ 교사	• 학생 개인 고민 상담 및 해결 방안 찾기
학급 회의 시간, 조·종례 시간, 자치 활동 시간 등	학생(그룹) ↔ 교사	• 학생 개인·집단별 고민 나누고 해결 방안 찾기

출처: 경상북도 문경교육지원청(2016). 현장중심 학교폭력 근절 대책.

또한, 학교폭력 예방을 위한 노력은 특정한 프로그램을 개발하여 시행하는 것이 아니라, 생활지도에서 시작할 수 있다. 경상북도 문경교육지원청이 제시한 2016 현장 중심 학교폭력 근절 대책에 나와 있는 정(情) 나눔 시간(〈표 13-4〉)처럼, 쉬는 시간, 조례, 종례 시간 등을 활용하여 학생들의 고민이나 고충을 들어주고 해결해 주는 시간을 가질 수 있다. 강원도의 삼척전가공업고등학교에서는 기존의 학생부 대신에 '사랑의 온실'이라는 공간을 마련하여, 학생들이 잘못을 했을 때 가야만 하는 거부감 있는 공간이 아니라, 인격적인 대우를 받는 분위기를 조성하였다. 또한, 등교 시간에 음악을 들려주어, 남학교의 거센 분위기를 완화하고 정서적 안정을 줄 수 있도록 하였다. 미국에서 실시

되고 있는, Mixing it up이라는 프로그램은 점심 시간에 편이 갈리는 현상이 극명하게 드러나는 만큼, 평소에 같이 밥을 먹지 않던 친구들과 섞여서 밥을 먹도록 하는 날을 정하는 것이다(Teachingtolerance.org). 이러한 노력들은 일상적인 생활지도에서부터 학교폭력 예방이 시작될 수 있음을 보여 준다.

3. 학교폭력 상담에서 예방을 위한 통합적 접근

학교폭력 상담에서 효과적인 예방을 위해 지속적인 계획과 노력이 필요하다. 학교의 안전 유지를 위해서는, 학교 안전을 증진시키는 효과적인 학교폭력 상담을 위한 예방 프로그램이 필요하다. 또한, 학교폭력 예방을 위해서는, 학생, 학부모 및 교사가 이를 심각한 문제임을 인식해야 한다. 그러한 인식과 학교, 학부모 및 지역사회 구성원의 지속적인 협력을 통해 학교폭력을 줄이고 학교 분위기를 개선할 수 있다. 그러한 노력을 통해서만이, 안전한 학교환경을 조성할 수 있다.

실습

1. 3~4명이 한 조가 된다.

2. 학교 현장에서 학교폭력에 노출되기 쉬운 위험집단을 선정한다.

3. 선정한 위험집단이 가지고 있는 학교에서 느끼는 장벽, 안전감, 소속감에 대해 분석한다.

4. 분석 결과를 바탕으로, 학교폭력 상담을 위한 예방 프로그램의 제안서를 작성한다.

5. 제안서에 포함될 내용은 아래를 포함한다.

6. 예방교육을 실행할 대상

- 예방교육을 실행할 장소와 기간

- 예방교육의 내용

- 예방교육의 효과성을 검증할 수 있는 방법

- 기대효과

주요 용어

학교폭력 예방의 세 가지 차원, 1차 예방, 2차 예방, 3차 예방,
학교폭력 예방을 위한 상담 프로그램

제 **14** 장

창의적 상담 매체를
활용한 학교폭력 상담

학습목표

- 다양한 창의적 상담 매체 및 도구에 대해 열거할 수 있다.
- 창의적 상담 매체로서 영화의 효용성과 이를 활용한 학교폭력 상담 활동을 학습한다.
- 창의적 상담 매체로서 사진의 효용성과 이를 활용한 학교폭력 상담 활동을 학습한다.
- 창의적 상담 매체로서 저널의 효용성과 이를 활용한 학교폭력 상담 활동을 학습한다.
- 창의적 상담 매체로서 독서의 효용성과 이를 활용한 학교폭력 상담 활동을 학습한다.

학습흐름

1. 영화를 활용한 학교폭력 상담
   1) 개관
   2) 영화를 활용한 상담 접근
   3) 프로그램 활동의 실제
2. 사진을 활용한 학교폭력 상담
   1) 개관
   2) 사진을 활용한 상담 기법
   3) 프로그램 활동의 실제
3. 저널을 활용한 학교폭력 상담
   1) 개관
   2) 저널을 활용한 상담 기법
   3) 프로그램 활동의 실제
4. 독서를 활용한 학교폭력 상담
   1) 개관
   2) 독서를 활용한 상담 과정
   3) 프로그램 활동의 실제

생각해 볼
거리

내가 '방과 후 옥상'에 올라간다면……

영화 〈방과후 옥상〉

"너, 오늘 나랑 붙는다! 방과 후 옥상이다!
도망가도 죽는다! 안 나와도 죽는다! 어차
피 넌 죽는다!"

학교 왕따였던 남궁달은 전학과 함께 새
로운 학교에서 다시 시작해 보려고 노력한
다. 그러나 실수로 학교 일진에게 시비를
걸게 되는 바람에 어려움에 처하게 된다.
이때 친구가 교내 일진들에게 볼모로 잡히

는 상황이 발생하는데, 일진은 남궁달이 친구를 직접 때릴 수 있다면 남궁달
만 특별히 편의를 봐 주겠다는 제의를 한다.

"내가 만약 영화의 주인공이라면 어떤 선택을 할 수 있을까?"
"위협적인 상황에서 친구를 구할 것인가? 아니면 나의 안전을 먼저 생각할 것인가?"

학교 폭력에 대한 영화를 보면서 우리는 복잡하고 다양한 감정을 간접적으로 경험
하면서 이에 대한 우리의 생각과 의견을 자연스럽게 나누어 볼 수 있다.
이처럼 영화나 영상, 사진, 책 등과 같은 다양한 창의적인 매체들이 상담에서 효과
적으로 활용될 수 있는데 이 장에서는 여러 가지 창의적 상담 매체를 활용하여 학
교폭력 상담을 효과적으로 운영할 수 있는 다양한 방법들을 살펴보고자 한다.

1. 영화를 활용한 학교폭력 상담

오늘날 아동 및 청소년들에게 취미를 물으면 상당수가 영상 보기를 이야기한다. 1895년 뤼미에르 형제가 영화를 발명한 이래 100여 년간 영화는 눈부시게 발전했고, 우리를 웃게 만들기도, 또는 울게 만들기도 하는 영화는 연령에 상관없이 모두에게 사랑받는 대중매체가 되었다. 영화가 우리의 삶에 너무나 보편적으로 스며들어 있기 때문에 종종 영화가 가지는 강력한 치유적 효과를 인식하지 못하는 경우가 있다. 하지만 영상, 대사, 사건, 음악 등 영화의 다양한 요소는 관객으로 하여금 스크린에서 일어나는 것을 마치 자신의 경험처럼 몰입하게 만들고, 깊은 공감과 이해를 바탕으로 내적 경험 세계를 확장시킬 수 있다는 특징이 있어(방미나, 곽현주, 2021) 영화는 학교상담에서도 효과적인 상담 매체로서 자주 활용된다. 이 장에서는 영화를 활용한 상담을 개관하고 학교폭력 상담에 효과적으로 활용할 수 있는 기법과 실제 적용에 대해 살펴보고자 한다.

1) 개관

영국의 영화 제작자 비번 키드론은 영화는 20세기 가장 위대한 예술 양식으로서 함께 이야기하는 경험을 제공해 주고 추억과 세계관을 확립시켜 주기 때문에 책 읽기를 권하듯 좋은 영화 보기를 권해야 한다고 하였다. 영화는 그 자체로서 심리치료적 특성을 갖는데, 영화는 놀이적 특성을 갖고 있고 다양한 심리적 은유와 상징을 포함하고 있으며, 우리 주변에서 일어날 만한 이야기를 전달해 준다. 이러한 영화의 치료적 특성은 상담자와 내담자가 영화를 매개로 함께 문제를 해결해 나가기 위해 노력하는 과정인 영화치료의 근간이 된다.

영화치료(cinema therapy)란 영화 및 영상 매체를 상담과 심리치료에 활용하는 모든 방법을 지칭하는 것이며, 상담자-내담자-영화 간의 상호작용을 통해 자신의 문제를 깨닫고 대안적인 해결방법을 습득하거나 영화를 통해 내면의 마음을 발견하고 숨겨진 자아를 찾아 재현하는 것을 말한다(김은하 외, 2021; 심영섭, 2011). 영화치료의 종류는 영화를 사용하는 방식에 따라 감상영화치료와 표현영화치료로 나누어 볼 수 있다. 전자는 주어진 영화를 감상하고 토론하며 자신의 문제를 들여다보고 대안적 문제해결 방식을 습득하는 치료 방법이고, 후자는 수동적으로 영화를 감상하는 데 그치지 않고 내담자가 주체적으로 영상 매체를 활용하여 자신의 감정과 일상을 표현하는 과정에서 스스로를 이해하고 변화를 촉진하는 적극적인 방식이다(공호진, 2019; 심영섭, 2011).

최근 상담이나 심리치료에서 다양한 예술 매체를 적용하는 예술치료가 활발하게 시도되고 있는데, 1990년대 들어 우리나라에 소개되기 시작한 영화치료는 최근 영상 매체의 보편성과 휴대성을 기반으로 상담 현장에서 더욱 각광받고 있다. 특히, 상당한 시간을 유튜브, 틱톡 등의 영상을 관람하며 시간을 보내는 청소년에게 영상 매체란 가장 익숙하고 흥미로운 매체이기 때문에, 영상 매체가 가지는 놀이적인 속성을 활용하면 청소년으로 하여금 활동에 적극적으로 참여하도록 동기를 높이는 효과가 있다(강다해, 김세경, 천성문, 2012). 학교에서 청소년들을 위한 영화 활용 상담은 다음과 같은 장점을 갖는다.

첫째, 영화의 놀이적인 특성으로 인해 다수의 학생들이 영화를 좋아하기 때문에 좀 더 쉽게 학생들의 관심을 이끌어 낼 수 있다. 영화의 시각적이고 청각적인 요소는 다양한 감각을 자극하고, 아동과 같이 문자에 익숙지 않은 다양한 학생에게도 쉽고 편하게 접근할 수 있는 유용한 도구가 된다.

둘째, 영화는 상담자와 내담자가 영화를 보는 경험을 공유함으로써 공감대를 형성하고 치료적 관계를 견고하게 하도록 돕는다. 학교상담자나 교사가 학생들과 함께 공통의 관심사를 주제로 한 영화를 감상하면서 서로의 감정과 이야기를 공유함으로써 유대감을 느낄 수 있게 해 준다. 그래서 상담 초기에 학생과 함께 상담목표와 계획을 수립하고 라포를 형성하는 데 많은 도움을 준다. 특히, 학교폭력 예방을 위한 집단 상담이나 교육에 영화를 활용하게 되면 대인관계에 대해 자연스럽게 논의하고 연습할 수 있으며 집단원들 간의 응집력도 높아질 수 있다.

셋째, 영화의 스토리는 내담자의 인지적·정서적 통찰을 촉진시킬 수 있다. 영화를 보면서 내담자는 정서적 카타르시스를 경험하면서 노출하기 꺼리는 주제에 대해 개방적으로 이야기할 수 있는 기회를 얻는다. 또한 자신의 문제와 유사한 어려움을 겪고 있는 주인공을 통해 자신만이 그 문제를 안고 있는 것이 아님을 알게 되면서 위로와 지지를 받을 수 있다. 학교폭력 상담에서 정서적으로 고통받고 있는 피해학생의 경우 이러한 어려움을 표현하고 위로받을 수 있는 기회를 제공받을 수 있고 문제를 해결해 나가는 주인공을 통해 어려움을 헤쳐 나가는 용기를 얻을 수도 있다.

2) 영화를 활용한 상담 접근

영화를 활용한 상담에서 일반적으로 많이 활용되는 것은 상호작용적 영화치료(interactive cinema therapy) 기법이다. 상호작용적 영화치료는 상담자와 내담자가 영화를 매개로 상호작용을 하면서 촉진적 상담관계를 기반으로 상담하는 영화치료 방법이다. 상호작용적 영화치료는 '어떤 영화를 누구에게 어떻게 보여 줄 것인가?'에 대해 상담자의 전문적 지식을 기초로 내담자가 치유적으로 영화를 관람할 수 있도록 조력하는 데서부터 시작한다. 치유적 관람은 영화를 줄거리나 주인공의 액션 중심으로 흥미 위주의 관람을 하는 오락적 관점과 달리 영화 속 인물들과 그들의 관계를 중심으로 자신을 돌아보고 통찰하려는 관점으로 관람하는 방법을 말한다.

상호작용적 영화치료는 세부적으로 지시적 접근, 정화적 접근, 연상적 접근 방법으로 나눌 수 있는데 각 접근법을 구체적으로 살펴보면 다음과 같다.

(1) 지시적 접근

지시적 접근(perspective way)은 영화를 교육적·지시적 목적으로 활용하는 것으로 관찰학습이나 대리학습의 도구로 영화를 활용하는 접근이다. 지시적 접근에서 영화는 등장인물의 행동을 통하여 본보기를 제시하고, 새로운 정보를 제공하며, 내담자가 스스로 영화 속 인물에 대한 행동을 평가할 수 있게 만든다. 즉, 영화는 교훈을 제공하고 모델학습이 이루어질 수 있도록 하는 도구가 되는데 이때 영화 속 모델은 내담자가 본받을 만한 좋은 모델이 될 수도 있고 내담자에게 잘못된 방법의 사례를 교육할 수 있는 나쁜 모델일 수도 있다. 내담자는 영화 속 모델들의 문제해결 방식을 관찰하고 자신의 문제해결 방식과 비교해 보면서 자신의 문제를 돌아보고 극복하는 긍정적인 특성을 개발할 수 있다.

이러한 지시적 접근은 상호작용적 영화치료의 세 가지 접근 중 가장 이해하기 쉽고 활용도가 높다. 특히, 영화를 상담에 활용하는 목적이 교훈적인 내용을 전달하고자 하거나 구체적인 내용을 교육하려는 것일 때 학교상담에서 활용도가 높은 접근법이다. 또한 지시적 접근으로 영화를 본다는 것 자체가 내담자의 흥미를 불러일으키고 놀이에 참여하는 것처럼 부담 없이 영화를 보는 가운데 학습이 이루어질 수 있다는 장점이 있다. 마지막으로, 지시적 접근은 영화 속 등장인물들을 통해 내담자가 자신과 주변 사람들과의 관계에 대해 성찰해 보고 상담에서 대인관계에 대한 인지적·정서적 통찰을 직접적으로 다룰 수 있다는 장점이 있다.

지시적 접근을 위한 영화를 선택할 때는 내담자와 유사한 인물이 등장하는 영화를 선택하는 것이 좋다. 나이, 성별, 교육수준, 가치 등이 유사할 때 내담자는 등장인물과 동일시하고 영화에 몰입할 수 있다. 특히, 영화 속 인물이 내담자에게 의미 있는 모델이 될 수 있는 영화를 선택할 필요가 있는데, 의미 있는 모델이란 좋은 모델과 나쁜 모델 둘 다를 포함하는 것으로, 내담자는 자신의 문제해결에 도움이 되는 긍정적인 해결책을 제시해 주는 좋은 모델과 문제해결에 도움이 되지 않는 행동을 하는 나쁜 모델 둘 다를 통해 학습할 수 있다. 또한 영화를 선택할 때는 내담자의 발달수준, 흥미 등을 고려하여 내담자가 이해하기 쉽고 재미있게 보고 즐길 만한 영화를 선택하는 것이 좋다. 자

첫 교훈적인 내용을 지루하게 담고 있는 어려운 줄거리의 영화를 선택하게 되면 내담자가 흥미를 잃고 상담의 효과가 낮아질 수 있기 때문이다. 결론적으로 지시적 접근을 위한 영화는 목적에 맞는 교육적인 요소를 담고 있는지, 내담자와 유사한 등장인물이나 문제해결을 위한 매력적인 역할 모델이 등장하는지, 내담자가 재미있게 보고 즐길 만한 영화인지, 내담자의 반응이 어느 정도 예측 가능한지 등을 고려해서 선택한다.

(2) 정화적 접근

정화 혹은 카타르시스는 고대 그리스 시대에 왜곡된 감정을 닦아내어 심리적 외상을 치유하는 힘을 설명하면서 사용되기 시작했는데 심리학에서는 억압된 감정이나 놀란 감정을 방출하는 것을 의미한다. 정화적 접근(cathartic way)은 영화를 보면서 웃음, 울음, 분노, 두려움 등 다양한 감정을 경험하고 그동안 표현하지 못해 왔던 다양한 감정을 방출함으로써 감정적인 정화와 정서적 고양 상태를 경험하도록 하는 접근법이다. 즉, 정화적 접근으로 영화를 활용한 상담을 하게 되면 내담자는 정서적 승화, 심리적 위로, 대리 만족을 통해 심리적으로 치유적 경험을 할 수 있다.

우리는 영화를 보면서 주인공에게 감정이입을 하기도 하고 영화 속 다양한 상황에 몰입하여 울기도 하고 답답해하기도 하고 통쾌해지는 경험을 하기도 한다. 이는 영화가 2시간 정도 시간 내에 풍부한 정서를 느낄 수 있도록 스토리, 캐릭터, 음악 등 다양한 장치를 배열하기 때문이다. 영화를 통해 상담자와 함께 다양한 정서 경험을 하면서 내담자는 상담자에게 좀 더 친밀감을 느끼고 자신의 정서에 대해 좀 더 개방적으로 표현하고 나눌 수 있게 된다. 또한 상담자는 내담자의 정서를 정확히 공감하고 그 이유에 대해 함께 이야기 나누면서 내담자의 정서에 대한 깊이 있는 작업을 할 수 있다는 장점이 있다.

정화적 접근을 위한 영화를 선택할 때에는 내담자가 영화에 집중하고 상담자가 목표로 한 정서를 잘 불러일으킬 수 있는 영화를 선정하는 것이 중요하다. 이를 위해 상담자들은 일반적으로 어떤 장르의 영화가 어떤 정서를 환기

시키는 데 유리한가에 대한 지식을 갖추어야 한다. 한 영화 속에는 다양한 정서가 담겨 있지만 일반적으로 기쁨의 정서와 관련된 코미디 장르나 슬픔의 정서와 관련된 멜로 장르, 특정 주제에 관련하여 분노의 정서를 다루는 영화들이 존재하는데 이러한 영화들에게 대해 상담자들이 미리 관람하여 정보를 갖고 있어야 한다. 일반적으로 정화적 접근을 위한 영화는 풍부한 감정과 정서가 배어 있는 내용의 영화인지, 삶의 실존적인 고통과 의미, 깊은 감동과 정서적 승화를 주는 영화인지, 보고 나면 정서적 고양감을 일으킬 수 있는 영화인지 등을 고려해서 선택한다.

(3) 연상적 접근

연상적 접근(evocative way)은 영화를 하나의 꿈이나 투사된 무의식의 내용이라고 가정하고 접근하는 방식이다. 영화에는 인간이 꿈꾸는 모든 것을 담을 수 있는데 이러한 인간의 무의식적 소망이나 우리 사회의 숨겨진 욕망이 담겨진 영화를 보면서 사람들은 깊은 감동을 받기도 하고 때로는 당황하거나 불편해지기도 한다. 영화에 대한 정서적 반응과 연상적 기억을 이해함으로써 우리는 무의식적 내면세계를 이해할 수 있는 기회를 제공받는다.

연상적 접근에서 내담자는 영화를 통해 어린 시절의 기억을 쉽게 떠올리기도 하고, 그때 자신이 느꼈던 감정을 재경험하거나 어린 시절 상처받거나 억압되었던 자신의 내면을 들여다볼 수 있다는 장점이 있다. 영화 속에서 강렬하게 기억에 남는 사건이나 맘에 들었던 장소나 인물, 외면하고 싶은 대상이나 장소 등에 대해 자유롭게 연상되는 내용을 탐색하면서 내담자의 마음속을 함께 탐색해 볼 수 있다. 또한 연상적 접근을 하더라도 실제 학교상담 장면에서는 자연스럽게 지시적 접근이나 정화적 접근이 통합되어 사용되는 경우가 많다.

연상적 접근을 위한 영화를 선택할 때는 영화가 내담자의 무의식적 욕망을 반영하는 거울로서 내담자의 무의식을 탐구하는 데 유용한 영화를 선택한다. 이는 객관적인 기준이 있는 것이 아니라 내담자가 영화에서 어떤 영향을 받는지가 기준이 된다. 즉, 원칙적으로 연상적 접근에 적절한 영화는 정해져 있지 않지만, 내담자의 주 호소문제를 충분히 고려하여 내담자가 여러 번 보았다는 영화, 잊혀지지 않는 영화나 장면들, 가족의 갈등이나 양가감정 등을 다룬 영화, 내담자의 어린 시절을 떠올릴 수 있게 하거나 강한 정서와 감동을 주는 영화, 강렬한 시청각적 자극이 있는 영화 등이 연상적 접근을 위한 영화로서 고려해 볼 수 있다.

3) 프로그램 활동의 실제

학교상담에서 영화를 활용한 집단 프로그램을 실시하게 되면 여러 명이 함께 영화를 공유하고 각자의 관점에서 해석하고 서로 간의 다른 생각과 감정을 나누는 과정에서 세상을 바라보는 시각이 넓어지고 자신의 관계패턴을 성찰할 수 있는 유익한 시간이 된다. 특히, 학교폭력에 대한 예방적 관점에서 학생들은 학교폭력에 대한 올바른 이해를 기초로 폭력에 대한 정서를 다루고 상황별 대처방법을 습득하며 건강한 대인관계를 형성하는 것이 중요한데 이러한 목표에 적합하도록 앞서 살펴본 영화치료의 지시적 · 정화적 · 연상적 접근이 효과적으로 적용될 수 있다.

영화를 활용한 집단상담 프로그램을 운영하는 초기에는 집단원들 간에 신뢰로운 분위기와 라포를 형성하는 데 도움을 주는 영화를 선택하는 것이 좋고, 집단이 어느 정도 진행이 되면 영화를 통해 집단원들을 관찰하고 집단원들이 상호작용 속에서 자신을 잘 표현할 수 있는 영화를 선정하는 것이 좋다. 또한 집단이 마무리되어 가는 후기에는 구체적인 해결책을 논의하고 일상에 적용할 수 있도록 촉진적인 영화를 함께 관람하면서 집단원 스스로 종결을 준비할 수 있도록 할 필요가 있다. 학교폭력 예방을 위한 집단상담 프로그램에서 영화를 활용하는 실제 활동들을 몇 가지 소개하고자 한다.

활동 **필름 매트릭스를 통한 친구관계 살펴보기**

필름 매트릭스란 영화 속 캐릭터를 동일시와 투사 정도에 따라 평가하고 사분면에 배치하는 영화치료의 기법으로서 특정한 영화를 본 직후나 기억나는 영화를 다시 생각하면서 필름 매트릭스를 사용할 수 있다(〈표 14-1〉 참조). 필름 매트릭스는 사분면 각각에 영화 속 가장 인상 깊었던 캐릭터를 적고 각 캐릭터들의 특성을 분석하면서 자신을 돌아볼 수 있는 기법이다.

학교폭력 예방을 위한 영화 활용 집단 활동을 위해 친구관계나 학교폭력 문제 등을 다룬 적절한 영화를 한 편 혹은 수 편 보고 난 후 각 학생들은 〈표 14-1〉과 같은 필름 매트릭스를 작성하고 집단원들끼리 자신의 매트릭스에 대한 내용을 공유하면서 대인관계에 대한 다양한 시각을 경험하고 타인을 배려하면서 소통하려는 마음을 가질 수 있다. 각 사분면에 적게 되는 캐릭터를 좀 더 자세히 설명하면 다음과 같다.

- 사분면 I: 가장 좋아하면서 이해도 되는 등장인물을 적고, 이 인물을 선택했던 이유도 적는다. 마치 자신이 행동하고 느끼고 세계를 바라보는 것과 같은 인물을 적어 봄으로써 잠재적으로 자신이 지각하는 장점을 탐색하는 자료가 될 수 있다.
- 사분면 II: 그럴 수 있겠다고 이해는 되지만 전반적으로 마음에 들지 않았던 등장인물을 적고, 이 인물을 선택했던 이유도 적는다. 내가 인정할 수 없는 방식의 성격을 가지고 있거나 행동하는 인물을 적어 봄으로써 잠재적으로 자신이 지각하는 단점을 탐색하는 자료가 될 수 있다.
- 사분면 III: 이해는 되지 않지만 혹은 나와 맞지는 않지만 등장인물의 성격이나 관계를 맺는 방식 때문에 좋아하거나 존경하게 된 인물을 적고, 이 인물을 선택했던 이유도 적는다. 이 캐릭터의 특징은 비록 눈치 채지 못하고 있지만 내가 무의식적으로 갖고 있는 장점을 탐색하는 자료가 될 수 있다.
- 사분면 IV: 자신이 거의 이해할 수도 없고 부정적 감정을 느끼는 등장인물을

적고, 이 인물을 선택했던 이유도 적는다. 영화를 보는 내내 마음이 불편해 지는 인물을 적어 봄으로써 내가 무의식적으로 갖고 있는 투사된 단점, 분 석심리학에서 이야기하는 그림자 자아를 탐색하는 자료가 될 수 있다.

표 14-1   필름 매트릭스

캐릭터	가장 좋아하는	가장 싫어하는
완전히 또는 어느 정도 이해되는	I	II
전혀 또는 별로 이해되지 않는	III	IV

글상자 14-1   학교에서 친구관계를 다룰 수 있는 영화, 〈샬롯의 거미줄〉

　　1952년 동화 작가 엘윈 브룩스 화이트가 지은 『샬롯의 거미줄(Charlotte's Web)』을 원작으로 하여 2006년 게리 위닉 감독이 실사와 애니메이션이 혼합된 영화로 제작하였다. 주인공 아기 돼지와 다양한 동물들 간의 관계를 중심으로 학교상담에서 친구관계나 성격에 대해 이야기를 나눌 수 있는 지시적 접근의 영화로서 자주 활용된 영화다.

[어느 봄, 비바람 치던 밤에 세상에 태어난 새끼 돼지 윌버. 너무 조그맣다는 이유로 윌버는 곧장 죽을 위험에 처하지만, 농장의 철부지 어린 딸 펀(다코타 패닝)의 도움으로 삼촌네 농장에서 다른 동물들과 함께 지내게 된다. 친구를 사귀고 싶어 하는 윌버의 바람과는 달리 동물들은 자기네끼리 무슨 비밀을 감춘 듯 윌버를 멀리 대한다. 그때 어디선가 들려오는 다정한 목소리. 그 목소리의 주인공은 농장 천장에 사는 거미 샬롯으로, 샬롯은 윌버의 친구가 되어 주기로 약속한다. 그러나 윌버는 여물통 밑에 사는 까칠한 쥐 템플턴으로부터 지금까지 동물들이 감춰 왔던 충격적인 비밀을 듣게 되는데……].

2. 사진을 활용한 학교폭력 상담

휴대전화에 카메라가 탑재되면서부터 우리는 아침에 일어나서 잠들기 전까지 다양한 사진을 직접 손쉽게 찍고 접할 수 있는 시대에 살게 되었다. 고성능 카메라 사양을 갖춘 스마트폰이 초등학생부터 고등학생까지 널리 보급되면서 학교 현장에서 스마트폰을 통해 손쉽게 사진을 찍고 감상하는 것이 가능해졌다. 이러한 대중성과 편의성을 지닌 사진 매체는 학교상담에서도 효과적으로 활용되고 있는데 이 장에서는 사진을 활용한 상담을 개관하고 학교폭력 상담에 효과적으로 활용할 수 있는 기법과 적용에 대해 살펴보고자 한다.

1) 개관

사진, 포토그래피(photography)의 어원은 그리스어 'photos(빛)'과 'graphos(그리다)'의 합성어로서, 즉 '빛으로 그리다' 혹은 '빛으로 그린 그림'이라는 뜻이다(소희정 외, 2021). 포토그래피라는 용어는 1839년 영국의 천문학자이자 수학자인 허셸(J. Herschel)에 의해 처음으로 사용되었는데(박종한, 이여신, 2017), 우리나라에서는 1863년 중국에 사신으로 갔던 이의익이 러시아인 사진관에서 초상사진을 촬영한 후 이를 사진이라고 지칭하면서 우리나라에서 처음으로 사진이라는 용어가 사용되었다(최인진, 1999).

사진은 카메라를 이용하여 필름이라는 2차원적 화면 위에 빛을 조정하여 과학적 방법으로 만든 평면 영상으로서 의사 전달을 하는 시각적 언어(visual language)의 일종이다. 사진 안에 표현된 내용에서 나타나는 사진의 주요 특징으로서의 기록성, 현장성, 우연성, 고립성을 자세히 살펴보면 다음과 같다.

- 기록성: 사진은 현실에 존재하는 것을 찍는 것이며 사진에 찍힌 것은 하나의 기록으로 남게 된다.

- **현장성**: 사진 이미지에 찍힌 현장에는 반드시 사진을 찍은 사람이 존재한다.
- **우연성**: 사진을 찍는 사람이 어떤 의도를 갖고 있더라도 사진에 찍히는 그 순간과 그 순간에 벌어지는 일까지 모두 조작하기 어렵기 때문에 결과적으로 사진에는 우연적인 것들이 찍히게 된다.
- **고립성**: 사진은 시공간의 고립된 단면을 보여 주는데, 즉 사진에 찍힌 이미지는 어느 한순간의 특정 장면을 사진 프레임 안에 포착함으로써 연속적인 시공간을 사진이라는 단면으로 고립시킨다.

　사진의 고유한 특성을 활용하여 개인의 심리적 치유를 조력하는 방법은 1839년 사진이 발명된 이후로 다양한 장면에서 꾸준히 발전되어 왔는데, 사진의 대중화가 이루어진 1970년대 이후부터 사진치료라는 용어를 통해 본격적으로 상담 분야에 활용되었다. 사진치료(phototherapy)는 사진 이미지(photo image)를 상담에서 활용하는 것으로(선혜연, 오정희, 2015), 상담에서 사진을 찍고, 보고, 조작하고, 제시 및 해석하는 활동을 말한다(Fryrear & Krauss, 1983). 사진을 학교상담에서 활용할 때 유용한 점은 우선 사진을 찍고 보기 위해 특별한 능력이나 훈련이 필요하지 않다는 점이다. 특히, 최근 스마트폰 보급이 확대되면서 사진을 찍고 수집하는 것은 학생들에게 매우 익숙한 일상이 되었고 사진의 접근성은 더욱 높아졌다. 또한 사진이 학교상담에서 유용한 도구로 활용되는 것은 사진의 치료적 특성 때문이다. 사진은 언어로 소통하기 어려운 학생이나 아동들에게 효과적인 소통의 도구가 될 수 있고, 이들의 정서나 갈등을 사진을 통해 창의적으로 표현할 수 있다는 측면에서 효율적으로 활용될 수 있다(Star & Cox, 2008). 사진은 감상과 표현을 동시에 할 수 있는 도구이기 때문에 상담 시간을 단축할 수 있을 뿐 아니라 학생의 표현에 대해 상담자가 즉각적으로 피드백을 제공할 수 있다는 장점도 있다. 사진치료사인 주디 와이저(Judy Wesier)는 사진 속 자신의 이미지를 살펴보면서 자기를 직면할 수 있다고 했는데, 학교폭력으로 인해 상처를 가진 학생이 사진으로 자신의 내면을 들여다보고 표현하면서 상담자와 상호작용하는 과정을 통해 치유적인 경험을 할 수 있다.

2) 사진을 활용한 상담 기법

비교적 최근에 등장한 심리치료의 방법으로서 사진을 활용한 상담 기법은 지난 50여 년간의 짧은 역사를 갖고 있지만 많은 사진치료사들을 통해 꾸준히 개발되어 널리 사용되고 있다. 대표적인 사진치료사로는 캐나다의 주디 와이저(Judy Weiser), 핀란드의 울라 할콜라(Ulla Halkolra), 영국의 로지 마틴(Rosy Martin) 등이 있다. 주요 사진치료 기법 중에서 학교상담에서 학생들을 대상으로 효과적으로 활용될 수 있는 몇 가지를 소개하면 다음과 같다.

- 자화상 기법: 자화상은 내담자가 자신의 감정이 담긴 얼굴을 찍은 사진으로서 흔히 셀피(selfie) 혹은 셀카(셀프 카메라)라고 하는 사진을 가지고 작업하는 방법이다. 자화상은 자기 자신 혹은 자신을 대표한다고 느끼는 그 무엇에 대한 사진으로서 내담자는 자화상을 찍거나 보면서 타인의 시선이나 기대로부터 자유롭게 자신을 표현하고 자신의 모습을 직면할 수 있는 경험을 하게 된다.
- 투사적 사진 기법: 심리검사 중 로르샤흐 검사나 집-나무-사람 검사(HTP)와 같은 투사적 검사처럼 특정 사진에 대한 내담자의 투사된 반응을 분석하면서 내담자의 지각과 인지, 소망과 같은 내면세계를 탐색하기 위한 방법이다. 내담자는 다양한 사진들 중에서 자신의 마음을 끄는 사진을 선택하여 그 사진에 대한 이야기와 마음이 끌렸던 이유를 상담자와 함께 이야기하면서 자신의 내면을 탐색해 나갈 수 있다.
- 상징적 사진 기법: 사진은 보는 사람의 마음과 연관되어 있기 때문에 상징적이고 연상적인 방법으로 사용될 수 있다. 울라 할콜라는 사람들의 일상생활과 연관된 자연이나 장소, 사물의 요소를 상징적인 이미지로 구성

한 스펙트로(SPECTRO) 카드를 구성하여 각 사진들의 상징적인 이미지를 통해 개인에게 의미 있는 것을 직면하고 표현할 수 있도록 하는 사진치료 기법을 발전시켰다. 특히, 스펙트로 비전 카드는 자연물에 대한 컬러 사진으로서 사진 속 대상에 대한 연상 작용을 통해 감정을 상징적으로 표현할 수 있도록 해 준다.

- 재연치료 기법: 로지 마틴이 1983년 조 스펜스(Jo Spence)와 함께 발전시킨 기법으로서 사진을 적극적으로 재현하면서 의도적으로 자기 인식을 높이고 자신에 대한 재구성된 이미지를 만들어 내는 기법이다. 예를 들어, 되고 싶은 이상적인 나, 기억에 남은 과거의 나와 같은 주제를 갖고 해당하는 주제에 맞게 사진을 찍고, 찍은 사진에 대해 상담자와 함께 이야기를 나누면서 자신의 다중 정체성을 탐색하고 스스로 재구성할 수 있다.

- 사진가계도: 가족치료가인 보웬(M. Bowen)의 가계도를 사진 활용 가계도로 발전시킨 로돌포 드 베르나르트(Rodolfo de Bernart)는 이탈리아 정신과 전문의로서 내담자들이 가져온 가족사진으로 작업을 하였다. 그는 가족사진이 가족만의 특별함과 언어적으로 표현하지 않아도 알 수 있는 정보와 가족의 역사가 담겨 있다고 하였다. 사진가계도를 통해 내담자가 자신의 가족 관계를 탐색하고 스스로 이해할 수 있으며 가족 간의 관계 및 정서 등을 확인할 수 있다.

사진을 활용한 상담 프로그램 운영 시 필요한 사진은 학교상담자나 교사가 준비한 사진을 활용할 수도 있고, 학생이 수집한 사진을 활용할 수도 있다. 또한 상담 프로그램을 진행하면서 사진을 직접 찍거나, 찍은 사진을 오리고 붙이는 등의 사진을 재구성할 수도 있는데 상담 프로그램이 운영되는 학교 환경이나 참여하는 학생들의 특성에 따라 다양한 방식으로 응용할 수 있다.

비록 사진이 상담의 도구로 유용한 점이 있지만 모든 학생들에게 사진을 활용하는 것이 유익한 것은 아니다. 학생이 인지적으로 사진을 보고, 찍고, 해석하는 활동 등을 이해할 수 있는 능력이 있어야 하고, 이를 충분히 즐길 수 있어야 한다. 따라서 학교상담자나 교사는 학생들의 사진에 대한 흥미나 준비도를 미리 확인하고 프로그램을 계획해야 한다. 또한 사진을 활용한 상담 프로그램을 운영할 때는 사진을 해석하는 데 초점을 두기보다 사진으로 질문하고, 학생이 사진을 통해 자신의 내면을 이해할 수 있도록 조력하는 것에 초점을 두고 진행할 필요가 있다.

3) 프로그램 활동의 실제

최근 사진을 활용한 다양한 상담 프로그램이 개발되어 아동 및 청소년들의 심리적 성장 및 치유에 효과적으로 활용되고 있다. 가정폭력에 노출된 아동을 위한 사진치료 프로그램을 통해 아동은 자기가 경험한 것을 자연스럽게 표현하고 자신이 현재 느끼는 감정을 잘 표현할 수 있게 되기도 하고(강희숙 외, 2009), 방과 후 학교의 취약아동들(노대겸, 2015)과 중학생들(최정화, 2008)의 자아존중감을 향상시킨 것으로 나타났다. 학교폭력 예방을 위한 집단상담 프로그램에서 사진을 활용할 수 있는 활동들을 몇 가지 소개하고자 한다.

활동 1   사진으로 자기소개하기 //////

자신을 소개할 수 있는 사진 한 장을 선택하여 사진으로 자기를 소개하는 활동이다. 자기를 소개하는 사진으로는 자신이 찍힌 사진도 좋고, 자신이 찍은 사진도 가능하며, 소셜미디어의 프로필 사진이나 신분증(학생증, 여권 등) 사진도 가능하다. 또한 인쇄된 사진도 가능하고 휴대전화에 보관된 디지털 사진도 가능하다.

활동 방법으로는 한 명이 사진을 보여 주면서 '이 사진이 언제, 어디서, 무엇을, 누가 찍은 사진인지, 그리고 왜 자기를 소개하기 위해 이 사진을 선택했는지'에 대해 설명하면 다른 사람들이 사진을 보고 그 사진에 대한 이야기를 듣고 궁금한 것을 질문하면서 서로에 대해 알아가는 시간을 가질 수 있다. 보통 두 명씩 짝을 지어 할 수도 있고, 3~5명 정도의 소집단으로 진행할 수도 있다.

사진으로 자기소개를 하면 상황이나 인물, 사건이 있는 사진 속의 스토리를 통해 서로에 대해 생생하게 이야기 나눌 수 있고, 소개하는 사람의 흥미, 상황, 성격, 대인 관계 등과 같은 다양한 측면에 대해 이해할 수 있으며, 듣는 사람도 사진을 보면서 좀 더 몰입하여 경청하는 것이 가능하다는 장점이 있다.

사진으로 자기소개를 하고 난 후 다음과 같은 질문을 통해 자신의 사진에 대해 좀 더 심도 있는 탐색을 할 수 있는 기회를 제공하기도 한다.

- 사진에서 마음에 드는 것은 무엇인가요?
- 이 사진에 제목을 붙인다면?
- 사진이 말을 할 수 있다면 무슨 말을 할 것 같은가요?
- 사진에서 빠져 있는 것이 무언인가요?
- 당신은 이 사진을 누구에게 주고 싶은가요? 혹은 누구에게 절대로 주고 싶지 않나요?

이 사진은 소셜미디어의 제 프로필 사진입니다. 중간고사를 앞두고 일요일에 도서관에서 공부를 하다가 돌아오는 길에 저녁노을이 너무 아름다워서 사진을 찍었습니다.

저를 소개하는 사진으로 이 사진을 선택한 이유는 요즘 공부 스트레스가 너무 심해서 기분이 우울했는데 아름다운 노을 사진으로 위로를 받은 느낌이 들었던 그 날을 기억하고 싶었고, 최근 저의 상황을 잘 표현해 주는 사진이라는 생각이 들었기 때문입니다.

활동 2 **동물 친구 동심원**

　동심원이란 중심이 같은 모든 원을 일컫는 용어인데 1/4 동심원이 그려진 도화지에 자신과 친구들을 상징할 수 있는 동물 사진을 가지고 친구관계의 심리적 거리를 동심원 내의 물리적 거리로 표현하면서 자신의 친구관계를 살펴볼 수 있는 활동이다.

　우선 동심원의 중앙에 자신을 상징하는 동물 사진을 붙이고 자신의 주변 친구들을 떠올려 보면서 그 친구들과 유사한 동물 사진을 자신을 기준으로 첫 번째 동심원에는 매우 가까운 관계의 동물 친구 사진을 놓고, 두 번째 동심원에는 친밀한 관계지만 비밀을 완전히 공유할 수는 없는 동물 친구 사진을, 세 번째 동심원에는 알고 지내지만 친밀하다고 느껴지는 않는 동물 친구 사진을, 마지막 네 번째 동심원에는 가볍게 알고 지내는 사이인 동물 친구 사진을 놓는다([그림 14-1] 참조). 그리고 나서 각 동물 사진 아래 그 사람의 특징을 형용사로 세 가지 표현한다. 예를 들어, 자신을 상징하는 동물 사진 아래 '귀여운 아기 호랑이 같은', '저돌적인', '화가 나면 무서운'이라고 적고 다른 동물 친구들의 사진 아래에도 그들의 특징을 적어 본다.

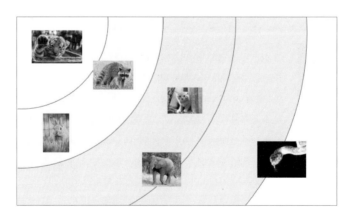

그림 14-1 **동물 친구 동심원**

동물 친구 동심원을 다 마치고 나서 내담자는 자신에게 가까운 친구들의 공통점은 무엇인지, 자신과 친하지 않은 사람들은 어떤 특성이 있는지에 대해 동심원의 동물 사진들과 특성을 읽어 보면서 통찰할 수 있다.

이 활동은 개인적으로도 할 수 있지만 짝과 함께 혹은 모둠을 이루어 해 보면서 친구들 간에 대인관계 특성에 대해 비교해 보고 서로의 차이점을 이해하고 수용할 수 있는 기회를 제공해 줄 수도 있다.

활동 3   집단 포토스토리 //////

스토리텔링은 '이야기'를 의미하는 스토리(story)와 '말하기'란 의미의 영어 텔링(telling)의 합성어로서 포토스토리는 사진을 통해 스토리텔링을 하는 활동이다. 포토스토리는 개인적으로 작업할 수도 있지만 집단적으로 여러 학생들이 하나의 스토리텔링을 만들어 가면서 협력과 사회성을 연습할 수 있다. 이러한 집단 포토스토리텔링 활동을 통해 개별 학생은 집단 속에서 자기표현을 하면서 다른 사람들과의 협력을 통해 문제해결을 경험할 수도 있다.

우선 집단 포토스토리에 참여하는 학생들 수의 다섯 배 정도 되는 수의 사진들을 테이블에 펼쳐 놓으면 학생들이 각자 마음에 드는 사진을 두 장씩 가져가고, 다섯 명 정도로 구성된 모둠에서 각자 수집한 두 장의 사진을 갖고 둘러앉는다. 이후 학생들은 사진을 토대로 학교상담자 혹은 교사가 제시한 주제에 해당하는 이야기를 만들어 본다. 예를 들어, '도움을 청하는 준비자세' 혹은 '괴롭힘에서 벗어나는 방법'과 같은 학교폭력에 관한 건설적인 논의가 필요한 주제를 제안하면 학생들은 자신들이 수집해 온 10여 장의 사진에 각각 하나의 문장을 붙여 가면서 사진으로 이어 말하기를 한다. 즉, 한 학생이 자신의 사진 한 장을 책상에 올려놓으면서 이야기를 만들면 그다음 학생이 앞서 제시된 사진 옆에 자신의 사진을 한 장 놓으면서 이야기를 이어 간다. 스토리텔링을 할 때는 다음과 같은 규칙에 따라 진행한다.

- 사진을 제시하는 순서는 정하지 않고 자신의 이야기가 적절히 이어질 수 있다고 생각하는 학생이 자발적으로 이야기를 만들어 나간다.
- 한 사진당 1~2개의 문장으로만 이야기를 만들 수 있다.
- 일단 한번 제시된(놓여진) 사진은 다시 회수하거나 이야기를 다시 만들지 않다.
- 다른 친구가 이야기를 만들 때 절대로 끼어들거나 비판하지 않으며 어떤 내용이든지 그대로 받아서 이야기를 만든다.
- 모둠원의 사진이 다 사용되면 스토리텔링을 마친다.

이렇게 다 완성된 집단 포토스토리는 녹음기나 휴대전화의 녹음 기능을 통해 녹음을 할 수 있고 완성된 포토스토리 연속 사진은 사진으로 남길 수 있다.

| 학교에 가려고 기차에 오르던 순간이었어요. | 학교에서 내내 공부할 생각에 마음이 답답해졌어요. | 지난 여름방학에 다녀온 바다가 생각났어요. | 새장에 갇힌 기분이 드는데……. | 그래, 점심 시간에 친구들과 이런 마음을 이야기해 봐야겠다. |

3. 저널을 활용한 학교폭력 상담

글쓰기는 언제 어디서나 스스로에 대해서 표현할 수 있는 좋은 매체다. 특히, 저널은 '언제라도 나를 지도하고, 내게 정면으로 맞서고, 비평해 주고 위로할 준비가 되어 있는 영원한 친구'(Adams, 1998)이다. 이러한 저널의 효과를 단편적으로 보여 주는 영화가 실화를 바탕으로 한 〈프리덤 라이터스(Freedom Writers)〉다. 이 영화에는 인종 차별 및 학교폭력이 난무하던 학교에 처음 발령받은 신규 국어교사 에린 그루웰과 차별과 폭력으로 상처 입은 학생들이 등장한다. 교사 에린 그루웰은 학생들 각자에게 노트 한 권을 쥐어 주며 스스로의 삶에 대한 글을 쓰게 한다. 학생들은 자신의 삶을 노트 한 권에 솔직하게 써 내려가기 시작하고 그것을 통하여 스스로의 삶에서 감추거나 방치해 두었던 삶의 장면들을 하나하나 직면하면서 성장해 가는 모습들을 보여 준다. 이 영화 속에 등장하는 학생들에게 있어 글쓰기는 스스로의 삶을 들여다보고 자신의 삶을 표현하게 하는 하나의 매개체가 된다. 이 장에서는 저널을 활용한 상담을 개관하고 학교폭력 상담에 효과적으로 활용할 수 있는 실제 적용에 대해서 살펴보고자 한다.

1) 개관

저널치료란 심리 · 정서 · 육체적 치유를 촉진하기 위해 성찰적 글쓰기나 과정으로 글쓰기를 의도적으로 사용하는 것을 의미한다(Adams, 1990). 저널치료에서의 '저널'은 우리말로 일기라고 번역할 수 있지만 일기보다 우리의 깊은 내면의 여정을 기록하는 글에 가깝다. 프로고프(Progoff, 1980)는 '집중 저널 워크숍(Intensive Journal Workshop)'을 통해서 일기와는 다른 저널이 가진 표현적 글쓰기의 효과를 강조한 바 있다. 그는 일기는 단순히 삶의 사건을 연대기적으로 기록한 것인 반면, 저널쓰기는 저널을 쓰는 기록자들이 자신을 더 깊이 이해하고 체험할 수 있다고 하였다. 심리적 외상을 연구해 온 페네베이커(Pennebaker, 2004)는 20여 년 동안 수천 명을 대상으로 다양한 실험연구를 통해 표현적 글쓰기가 정신적 건강뿐 아니라 면역 체계에도 긍정적 영향을 미친다는 것을 검증하기도 하였다. 그가 주장한 것은 '우리를 고통스럽게 하는 것은 과거의 상처가 아니라 그것을 표현할 수 없는 그 자체'에 있다고 강조하면서 자기 고백 같은 표현적 글쓰기의 효과성을 임상적으로 증명하였다. 이후 애덤스(Adams, 1990)는 이러한 표현적 글쓰기를 보완하여 다양한 저널치료 기법들을 개발하였고 이러한 기법들을 토대로 한 저널치료를 대중화시켰다. 저널은 자신의 생각과 감정들을 종이 위에 털어놓음으로써 자신이 가지고 있는 고민이나 문제를 '외현화'하도록 돕고 이를 통해 자신의 생각과 감정들과 거리를 유지한 채 객관적으로 바라볼 수 있도록 하는 효과가 있다. 뿐만 아니라 개인의 심리적 외상, 과거의 감정 혹은 현재의 감정들을 글로 표현하게 함으로써 카타르시스를 느끼게 하거나 감정을 정화시키는 데도 효과적이다. 따라서 학교폭력을 예방하고 중재하는 상담에서 말로 표현하기 힘들어하거나 대화를 꺼려 하는 학생들에게 저널치료는 학생들이 자신의 삶, 고민, 문제 등을 객관적으로 바라보고 그 과정 속에서 겪어낸 여러 감정들과 생각들을 정화시키는 데 효과적일 수 있다.

2) 저널을 활용한 상담 기법

애덤스의 저널치료에서 소개된 여러 가지 기법들은 매우 다양하고 여러 가지 주제에 적용하기 좋게 설계되어 있으며, 특히 짧은 시간 안에 쉽게 쓸 수 있도록 구조화되어 있는 것이 특색이다. 그가 고안한 대표적 기법으로는 스프링보드, 인물 묘사, 클러스터 기법, 보내지 않는 편지, 관점의 변화, 꿈과 심상 기법 등이 있다.

표 14-2 **Adams의 저널을 활용한 상담 기법**

기법	방법과 효과
스프링보드	주제 문장으로 "내가 원하는 것은 무엇이지?"와 같은 질문으로 표현하는 기법으로 정서적 반응을 일으키고 사고의 반응을 촉진하여 자유롭게 써 내려갈 수 있도록 한 기법
5분간 전력질주	누구나 쉽게 낼 수 있는 5분의 시간을 활용하여 저널을 쓰는 기법. 마음이 심란하거나 시간이 별로 없을 때, 해야 할 일 등이 많을 때, 뭔가 명확하게 집중할 필요가 있을 때 유용한 기법
인물 묘사	다른 사람 또는 자기 자신을 묘사하는 것으로 누군가와 갈등관계에 있거나 누군가와 어떤 모습으로 만나게 될지 미리 생각해 보거나 자신의 다양한 부분을 알고 싶어 할 경우에 사용할 수 있는 기법

클러스터 기법	자신의 수많은 정보들을 재빠르게 접할 수 있도록 도와주는 기법으로 '마인드 맵' 또는 '웹 기법'이라고도 불림. 연상 작용을 토대로 한 기법이기 때문에 자신의 잠재의식이 표면화되도록 도와줌
가나다 시 짓기	한 가지 주제를 선정하여 가나다를 첫 글자로 써내려 가는 기법. 예기치 않은 결과와 창의력을 극대화하게 하는 기법
순간포착	자신의 삶의 영광과 고뇌, 평온함과 슬픔, 기쁨과 고통을 산문으로 기록하여 이를 기념하고 음미할 수 있게 함 순간포착은 동결된 한 순간으로 카메라의 셔터가 영원 속의 한순간을 필름에 포착하듯이 감격과 감동의 순간을 보존할 수 있게 함
대화 기법	자신과 다른 사람, 혹은 다른 무엇과의 상호작용이라는 형식으로 자기 자신은 두 대화자의 역할을 맡게 됨. 저널에서의 대화는 말 대신 글로 표현하도록 함. 이 기법은 사람, 사건과 상황, 일, 신체, 사회, 감정, 물건, 잠재 인격과 상징, 저항과 방해 요소, 내면의 지혜 등과의 대화에 활용할 수 있음
목록 쓰기	어떤 주제에 대해서 100가지 목록을 만들도록 하는 기법. 생각을 정리하거나 패턴이나 문제점 발견하기, 마음속을 살피기 위한 용도로 유용함. 100가지 목록을 작성해 봄으로써 대처해야 하는 가장 중요한 문제에 대한 본질을 꿰뚫어 볼 수 있게 함
징검다리	징검다리 목록을 12~15개 정도로 제한하여 현재 자신이 살고 있는 인생의 맥락에서 볼 때 중요한 의미를 지닌 사건들을 선택하여 그 영향력을 파악할 수 있도록 하는 방법
보내지 않는 편지	카타르시스, 완성, 그리고 명확성을 위산 수단으로 위협적이지 않은 지극히 안전한 환경 속에서 자신의 의견과 내면의 느낌, 적대감, 분개, 사랑, 의견 충돌 같은 감정을 터놓고 나눌 수 있도록 함
관점의 변화	자신의 인생에서 가 보지 않았던 길의 가능성을 탐색할 수 있게 하는 저널 기법으로 전망을 통해 미래 또는 과거의 발걸음을 내딛을 수 있으며 새로운 관점을 시도할 수 있는 기법

이후 애덤스(1998)는 문장 완성하기, 5분간 전력질주, 가나다 시 짓기, 시 짓기, 자유로운 글쓰기 기법과 같은 몇 가지 기법을 추가하여 다양한 기법들을 체계적으로 구조화하여 [그림 14-2]와 같이 저널 사다리로 기법을 활용할 수 있도록 하였다. [그림 14-2]를 살펴보면 1단계는 구체적이고, 저널 기법을 활

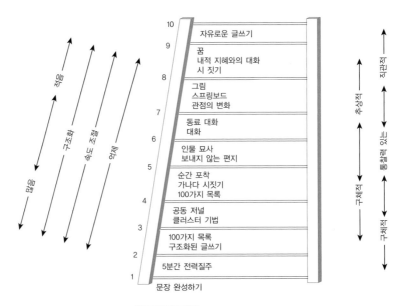

그림 14-2 **저널 사다리**

출처: Adams, K. (1998). 저널치료의 실제. 서울: 학지사.

용하기 위한 구체적인 안내를 미리 제공한다면 1단계에서 10단계로 갈수록
기법의 내용들이 추상적으로 변화되고 직관적으로 저널을 쓰도록 하는 기법
으로 배치되어 있다. 이러한 기법들을 활용하여 학교폭력 예방 및 중재를 위
한 활동으로 다양하게 활용할 수 있다.

3) 프로그램 활동의 실제

애덤스의 다양한 기법 등을 활용한 기법들은 짧은 시간 동안 자신의 내면
을 성찰하고 자가 치료를 할 수 있다는 강점이 있다. 아동 및 청소년을 대상
으로 저널쓰기 프로그램을 활용했던 예는 다양하게 있다(김호정, 2009; 박태진,
2010; 이명희, 2013; 이태실, 2009). 그중 학교폭력 예방 차원에서 활용할 수 있
는 기법 중 하나가 '두려움 목록 쓰기'다. 우리는 내면에 저마다 다양한 두려
움을 가지고 있다. 특히, 청소년기에 해당하는 학생들은 관계, 자아, 능력, 진

로 등 다양한 영역에서 두려움을 느끼고 있을 수 있다. 이러한 두려움이 해소되지 않고 쌓이거나 이를 적절하게 처리하지 못하면 우울, 불안, 학교 부적응, 관계 갈등으로 이어질 수 있다. 특히, 청소년기의 학생들은 타인의 시선이나 평가에 대해서 많이 의식하고 자기를 쳐다보는 것에 대한 두려움이 커질 수 있는 시기이므로 이러한 두려움에 대해서 함께 이야기 나누며 자신의 두려움의 실체를 직면하여 각자의 핵심적인 두려움이 무엇인지에 대해서 성찰해 보고 저마다 가지고 있는 두려움들을 함께 공유하고 공감하는 작업이 무엇보다 필요하다. 이러한 '두려움 목록 쓰기'를 통해서 학생들은 자신의 두려움에 대해서 타인과 진솔하게 나누면서 이러한 두려움이 '나 혼자만의 감정이 아니라 다른 사람도 이러한 두려움을 가지고 있구나'를 몸소 체험하게 되고 자신의 감정을 직면할 수 있는 용기를 가질 수 있다. 이러한 두려움 목록 쓰기는 애덤스가 제시한 여러 기법 중 100가지 목록 쓰기, 문장 완성, 대화하기 기법과 관련되어 있다. 이 기법은 두려움이라는 주제 외에도 청소년기와 관련된 다양한 주제(공부할 때 나를 방해하는 것들, 나의 소확행, 대학에 가면 하고 싶은 일, 나의 버킷리스트), 다양한 감정(소외감, 분노, 행복)들을 적절하게 바꾸어 활용해 볼 수 있다.

활동   **두려움 목록 쓰기** ///////

■ 도입

• 오늘은 감정 중에 '두려움' 대해서 함께 이야기할 것이라고 안내하고 '두려움'이라는 감정과 관련해서 떠오르는 기억, 생각, 느낌들을 물어본다. 이때 두려움이라는 감정은 누구에게나 있으며 이러한 감정은 자연스러우며 이를 회피하지 않고 직면하는 것이 중요함을 안내할 수 있다.

• 저널쓰기에 관한 주의 사항을 안내한다.

- 가능한 멈추지 않고 빠르게 작성하는 것이 좋다.
- 글씨체, 내용, 맞춤법에 상관없이 떠오르는 대로 편하고 자유롭게 쓴다.
- 생각이 안 날 때는 같은 내용을 반복해도 괜찮다.
- 논리적이지 않아도 괜찮다.

■ 전개

활동 1 두려움에 관한 나의 20가지 목록 작성하기

• 누구에게나 두려움은 있다. 나의 두려움은 어떤 것들이 있는지 자신의 두려움을 진실 되게 바라보고 목록을 써 보도록 한다. 목록은 1번부터 시작하여 번호를 붙이면서 쓸 수 있도록 한다. 될 수 있는 대로 20가지 이상의 목록을 작성하도록 하며 이때 시간은 제한하지 않고 작성하도록 해도 되고 약 10분 정도의 시간을 안내해도 좋다.

• 목록을 다 작성한 후 각자 자신의 목록을 읽어 보며 '주제'를 찾아 비슷한 것끼리 묶어 보도록 한다. 이때 비슷한 주제끼리는 색깔 펜을 활용하여 묶는 것이 도움이 된다. 가령 '시험이나 평가에 대한 두려움', '다른 사람에게 거절당하는 것에 대한 두려움', '건강에 대한 두려움' 등과 같이 분류한 주제에 이름을 붙여 보도록 한다.

• 비슷한 주제별로 묶은 뒤 집단원들과 함께 자신이 적은 목록에서 나온 주제들에 대해서 이야기를 나눌 수 있도록 한다. 이때 두려움에 관해서 표현하고 싶지 않아 하거나 힘들어하는 집단원이 있을 수 있으므로 꼭 발표하지 않아도 되니 다른 사람들의 이야기를 편안하게 들을 수 있도록 격려한다.

활동 2 나의 두려움 직면하기

• 목록에서 가장 강한 느낌을 주거나 회피하고 싶은 두려움을 선택하여 그

두려움에 새로운 이름을 붙이고 대화를 하도록 한다. 가령, '건강', '평가', '거절에 대한 두려움', '무능력' 등의 주제가 나왔다면 그중에서 자신이 가장 회피하고 싶거나 강한 느낌이 드는 두려움을 '나에 대한 평가'일 경우 이를 선택하여 이 두려움에 새로운 이름인 '평판'이라고 이름을 붙이고 '평판'이라는 두려움과 대화를 해 보도록 한다.

• 대화를 하고 나서 그러한 두려움을 느끼는 나를 위로하는 글을 써 보도록 한다.

• 집단원들과 활동 2를 하고 난 뒤의 생각과 느낌을 나누도록 한다.

■ 종결

• 조원들과 두려움의 목록 만들기 활동을 하고 난 뒤의 생각과 느낌을 나누도록 한다.

• 시간이 부족하거나 길게 표현하는 것을 어려워하는 집단원이 있을 경우 지금 현재 마음을 감정단어 2~3가지로 표현하게 해 보아도 좋다.

글상자 14-2 〉 두려움 목록 쓰기 활동지

활동 1　나의 두려움에 대한 20가지 목록 작성하기

누구에게나 두려움은 있습니다. 내가 두려워하는 것에 대하여 20가지 이상 빠르게 써 보도록 합니다. 목록은 1번부터 번호를 붙이면서 씁니다.

활동 2 나의 두려움 직면하기

1. 주제 중 강력한 느낌을 주는 두려움은 무엇인가요? 그 두려움에 새로운 이름을 붙여 보세요.

> 나에게 강렬한 느낌을 주는 두려움을 나는 (   )이라고 부르겠다.

2. 새롭게 이름을 붙인 두려움과 대화를 나누어 보세요.

> (   )야!

3. 평소 이러한 두려움을 느낀 나를 떠올리며 위로하는 편지를 써 보세요.

---

4. 독서를 활용한 학교폭력 상담

책은 교육적 목적으로 교육 활동에 일찍부터 활용되어 왔을 뿐 아니라 읽기만 해도 카타르시스가 되고 문제해결에 도움을 받을 수 있는 좋은 매체이기에 책이 가지고 있는 치유적 힘을 효율적으로 활용한 상담이나 심리치료가 일찍부터 보급되어 왔다. 예를 들어, 서양의 경우 16세기 환자들에게 문제의 원인과 관계되는 적절한 문학작품을 약과 같이 처방하기도 하였으며 19세기 미국이나 영국 병원에서는 성서나 종교에 관련된 책을 환자에게 읽게 하다가 점차 오락적인 요소가 가미된 책도 읽게 하면서 환자를 위한 병원도서관이 크게 발달하였다고 한다(정운채, 2007). 이처럼 치유적인 힘을 가진 독서는 학교상담에서도 효과적인 상담 매체로서 자주 활용되고 있다. 이 장에서는 독서를 활용한 상담을 개관하고 학교폭력 상담에서 독서를 어떻게 활용할 수 있는지 독서를 활용한 상담 과정과 실제 적용에 대해 살펴보고자 한다.

1) 개관

독서치료(bibliontherapy)는 'biblion(책, 문학)'과 'therapeia(도움이 되다, 의학적으로 돕다)'라는 그리스어에서 유래된 말로 책을 읽음으로써 치료가 되고 도움을 받는다는 의미를 내포하고 있다. 즉, 참여자가 다양한 독서치료 자료를 매개로 하여 구체적인 활동과 상호작용을 통해 자신의 적응과 성장 및 당면한 문제를 해결하는 데 도움을 얻는 것이다. 독서치료의 3대 요소는 상담자, 내담자, 텍스트로, 독서치료는 이 3대 요소를 통해 이루어지는 치료다. 즉, 책이라는 매개체를 통해 상담자와 내담자가 만나 책에 관한 치료적 대화를 나누고 이를 통해 내담자가 직면한 심리적 문제를 치료하는 것을 말한다.

독서치료의 목적은 크게 네 가지로 구분하여 설명할 수 있다. 첫째, 책을 읽는 참여자 개인에 대한 통찰과 자기이해를 증진시킬 수 있다. 둘째, 책을 통해 정서적인 카타르시스를 경험할 수 있다. 셋째, 자신의 개인의 문제를 해결하도록 도와줄 수 있다. 즉, 문학작품을 통해서 혼자서는 미처 생각하지 못했던 주제나 문제에 대한 해결책을 확인할 수 있다. 넷째, 책에 나오는 등장인물을 관찰하거나 동일시함으로써 다른 사람에게 하는 행동이나 타인과의 상호작용하는 방식을 변화시킬 수 있다.

독서치료가 가지고 있는 치료적 기제로는 동일시, 카타르시스, 통찰이 있다(김현희 외, 2010). 첫째, 동일시는 특정 인물의 태도나 감정, 행동을 마치 자기 자신의 체험인 것처럼 느끼고 그 태도, 감정, 행동을 자기의 것으로 받아들여

그와 같이 행동하는 것을 의미한다. 둘째, 카타르시스는 책 속의 등장인물의
감정, 사고, 성격, 태도 등에 대한 감상을 글이나 말로 표현해 가는 과정을 통
해서 의식적인 억제나 억압이 약해지면서 현실 생활 중의 직접적인 표현 형태
로 바뀌어 나가는 것을 말한다. 카타르시스는 감정 정화라고도 하는데 문학작
품을 읽으면서 독자는 자신의 내면에 쌓여 있는 욕구불만, 갈등, 정서 등을 언
어나 행동으로 표출시켜 정서를 발산시키는 것을 말한다. 마지막으로, 통찰은
자기 자신이나 자기 문제에 대하여 올바른 객관적 인식을 갖는 것을 의미한
다. 독자는 자기와 비슷한 등장인물이 문제에 봉착해 해결해 가는 과정을 간
접적으로 경험하면서 자기 자신이 어떻게 느끼고 행동하는 것이 좋은지를 인
지적으로 이해하고 통찰하게 된다. 이와 같은 세 가지 치료 원리는 학교폭력
문제에 봉착한 학생들뿐 아니라 학교폭력 상황과 관련된 직접적인 문제를 겪
고 있는 않는 학생들에게도 자신의 정서, 행동, 사고에 대해서 돌아볼 수 있도
록 하는 효과를 가질 수 있다. 즉, 독서치료는 학생들이 자신과 비슷한 문제나
성격, 정서를 지니고 있는 등장인물과의 동일시를 통해서 자신의 정서와 성
격, 행동에 대해서 돌아보게 할 수 있고 책을 읽고 이와 관련된 활동들을 하는
과정에서 미처 자각하지 못한 감정이나 욕구 등을 표출할 수 있는 기회를 가
질 수 있다.

2) 독서를 활용한 상담 과정

독서를 활용한 상담 과정은 크게 준비 단계, 자료 선택, 자료 제시, 이해 조
성, 추후 활동과 평가와 같이 5단계로 이루어진다(김현희 외, 2010). 교육 활동
이나 상담에서 문학작품을 활용할 때는 이와 같은 5단계를 유념해서 활동을
진행하면 도움이 될 수 있다. 첫째, 준비 단계는 상담자가 내담자와 상담관계,
즉 라포를 형성하고 내담자가 지닌 문제가 무엇인지 명료화하는 단계를 의미
한다. 가령, 내담자가 학교폭력과 관련한 피해학생이라면 그 문제와 관련해서
겪고 있는 어려움이 무엇인지 구체적으로 탐색하고 그 문제와 관련해서 상담

자와 함께 이야기를 나누게 될 것이라고 준비시키는 단계다. 둘째, 자료 선택 단계에서는 내담자의 문제와 관련된 적절한 책을 선정하는 단계다. 독서치료에 있어서 적절한 도서의 선택은 개입에 있어서 가장 중요하다고 할 수 있다. 그러기 위해서는 내담자가 고민하고 있는 문제와 관련된 책을 선정하되 내담자의 독서 연령을 고려하는 것이 좋다. 가령 내담자가 정서를 인식하고 표현하는 것을 어려워한다면 감정이나 정서와 관련된 주제에 관한 책을 선정하는 것이 좋다. 셋째, 자료 제시 단계에서는 내담자의 흥미를 고조시킬 수 있는 방법으로 책을 소개한다. 책을 좋아하는 내담자라면 쉽게 독서치료를 진행시킬 수 있지만 그렇지 못할 경우는 동기부여 과정이 무엇보다 중요하다. 만약 책의 제목, 내용과 관련해서 내담자가 정서적으로 격한 반응을 보일 경우는 독서 활동을 적절하게 조정하며 진행하는 것이 좋다. 상담자가 그룹이나 집단상담 형식으로 독서치료를 진행할 경우에는 책을 제시할 때 집단원들이 돌아가면서 책을 읽거나 한 문장씩 교대로 읽기, 역할 정해서 읽기 등 다양한 방식으로 책을 읽게 하는 것이 좋다. 넷째, 이해 조성 단계에서는 책의 이해를 돕는 단계로 본격적인 독서 활동을 하는 단계다. 책을 읽고 나서 상담자는 '관련 질문'을 통해 내담자가 작품 속 등장인물이나 상황에 자신을 동일시하고 이를 통해 카타르시스 및 통찰을 경험할 수 있도록 한다. 이를 위해 책의 내용과 관련해서 토의를 하거나 역할극, 쓰기 활동, 미술 활동, 극화 활동 등 다양한 활동을 통해 등장인물의 문제와 해결 과정을 경험하게 할 수 있다. 마지막 추후 활동 및 평가 단계에서는 내담자가 위의 네 단계를 통해 경험한 바를 실제 행동에 옮길 수 있도록 격려하는 단계다. 가령, 학교폭력 상황에서 방관자와 관련된 독서 활동을 진행한 경우, 마지막 활동으로는 앞으로 이런 상황에서 어떻게 하면 좋을지에 대해서 이야기를 나누고 서약서를 쓰게 한다거나 자신이 어떻게 행동할 것인지에 대해서 다짐을 해 보는 활동을 진행할 수 있다.

표 14-3 독서를 활용한 상담 과정

순서	단계명	유의점
1단계	준비 단계	• 내담자와 신뢰관계 형성 • 내담자의 문제 명료화
2단계	자료 선택	• 내담자의 독서 수준과 흥미에 맞는 문학작품 선정
3단계	자료 제시	• 내담자의 흥미를 촉진시키는 방법으로 책을 제시 • 책에 대해서 정서적으로 격한 반응을 보이거나 심각한 걱정거리를 보이면 조정하고 완화시킴 • 그룹으로 진행 시, 책을 읽을 때는 참여자들이 돌아가면서 몇 문단씩 읽거나, 한 문장씩 교대로 읽기, 몇 명이 역할을 맡아 읽기 등 다양한 방식으로 읽게 할 수 있음
4단계	이해 조성	• 책을 읽은 후 발문을 통해 상호작용을 함 • 역할극, 글쓰기, 미술 활동, 극화 활동 등을 할 수 있음
5단계	추후 활동과 평가	• 내담자가 적절한 추후 활동을 할 수 있도록 격려 • 이후 합리적인 계획으로 발전시킬 수 있도록 도움 주기

3) 프로그램 활동의 실제

독서치료에서 활용할 수 있는 다양한 책의 종류 중 그림책은 5~30분 내에 읽을 수 있을 만큼 짧아서 독서에 대한 부담을 줄일 수 있고, 학생들이 긴 글을 읽기 힘들어하거나 읽고 오지 못한 경우 즉석에서 읽을 수 있다는 장점이 있다. 또한 교실에서 실물 화상기, 프로젝션 TV 등을 이용하여 프레젠테이션하기에 용이하다. 또한 가독성이 뛰어나 남녀노소 누구나 읽을 수 있으며 듣기, 보기, 읽기, 말하기의 통합적 독서 활동을 진행할 수 있어 좀 더 감정을 이입하거나 자신의 경험을 활성화하는 데 좋은 매체다. 이 중 『보이지 않는 아이』라는 그림책은 학교에서 일어나는 다양한 문제 중 '대인관계', '따돌림', '왕따', '존재감', '소외된 경험', '친구와 관계 맺기' 등과 관련해서 이야기 나눌 수 있는 좋은 동화책이다. 특히, 이 그림책에는 여러 인물들이 나오는데, 소외당하는 아이, 친구를 소외시키는 아이, 따돌림 당하거나 소외당한 친구를 챙기는 아이 등 다양한 인물이 등장한다. 이러한 등장인물을 통해 학급에서 일어날 수 있는 따돌림이나 왕따와 같은 학교폭력 상황과 연관시켜 생각해 볼 수 있고, 친구와 관계 맺는 어려움 등과 같은 그림책에 등장하는 다양한 인물들의 입장에서의 감정이나 생각, 경험 등을 간접적으로 경험하며 이야기해 볼 수 있다. 본 그림책을 활용하여 독서치료 5단계 과정을 적용하여 학생들과 함께 활동해 볼 수 있는 활동안을 제시하면 다음과 같다.

> **글상자 14-3** 소외된 경험과 관련해서 다룰 수 있는 그림책,『보이지 않는 아이』
>
>
>
> 저자: 트루지 루드위그
> 출판사: 책과 콩나무
> 책 소개: 학생들이 가장 두려워하는 것은 친구들 사이에서 따돌림을 당하거나 왕따가 되는 것이다. 친구들 사이에서 존재감이 없어서 투명인간 취급을 받는 브라이언이 친구를 사귀며 자존감을 회복해 가는 과정을 그린 그림 동화책으로 누군가에게 소외된 경험, 누군가를 소외시켜 본 경험 등 다양한 입장에서 이야기를 나누기에 좋은 내용을 담고 있다.

활동 명	나와 너의 존재 느끼기			
대상	초 2~6학년, 중, 고등학교			
소요 시간	50분	준비물	테이블, 동화책, 도화지, 색연필이나 크레파스, 포스트잇(심화 활동 시)	
회기 목표	• 타인의 감정을 이해할 수 있다. • 나의 감정을 바르게 인식하고 적절하게 표현할 수 있다. • 나의 감정을 위로할 수 있는 말을 찾을 수 있다.			
활동 단계	세부 활동명	세부 활동 내용		소요시간
도입	'보이지 않는 아이' 함께 읽기	• 동화책의 표지와 제목을 읽으면서 어떤 느낌인지 나눔 • '보이지 않는 아이'란 제목은 어떤 아이를 의미하는 것 같은지 이야기 나눔 • 교사가 동화책을 찬찬히 읽어 주고 집단원은 그림을 함께 감상하며 동화책 내용을 들음		15분

전개	'브라이언'의 마음 알아보기	• 동화책의 내용에 대해서 간단한 질문과 답을 주고받음
		  – 인상 깊거나 와 닿는 부분이 있나요?
		  – 늘 혼자 있는 아이에게 관심을 보인 적이 있나요?
		  – '놀림을 받는 것'과 '투명인간이 되는 것 중 어떤 것이 더 힘들까'에 대해서 각자의 의견을 나누어 볼까요?
				10분

	'브라이언'과 비슷한 나의 상황 떠올려 보고 표현하기	• '브라이언'처럼 다른 친구들 이야기에 혼자만 끼지 못하거나 초대받지 못한 경험 혹은 그런 친구를 본 적이 있는지 떠올려 보고 그때의 상황을 함께 이야기 나눔 • 그때의 상황 한 장면을 그림으로 그려 보도록 함(또는 만들기로 표현해 봐도 됨) • 내가 그린 그림이나 작품을 다른 집단원들에게 발표해 보고 그림 및 작품에 제목을 붙이도록 함		20분
	그때의 친구를 지지하고 격려할 수 있는 말 찾아보기 [심화 활동]	• 그때 그 상황 속에서 정말 친구가 듣고 싶었던 말, 혹은 그때의 친구를 공감해 주고 알아주는 말을 떠올려 보고 포스트잇에 적어 보도록 함 • 1명씩 돌아가며 포스트잇에 적은 내용을 발표하고 이를 친구의 작품에 붙이도록 함		20분
종결	추후 활동 및 소감 나누기	• 브라이언과 같은 상황이거나 브라이언과 같은 친구를 본다면 어떤 도움을 줄 수 있을지 이야기 나눔 • 오늘 활동에서 새롭게 알게 된 것을 떠올려 보고 나눔		5분

실습

1. 3~4명이 한 조가 된다.

2. 이번 장에서 제시한 창의적 매체를 활용한 다양한 활동 중에서 하나의 활동을 골라서 같은 조끼리 실습해 본다.

3. 활동을 실습하고 난 뒤 학교 현장에서 활용할 때 좋은 점, 보완할 점, 느낀 점 등을 나눈다.

주요 용어

창의적 상담 매체, 학교폭력 상담, 영화치료, 지시적 접근, 정화적 접근, 연상적 접근, 사진치료, 스토링텔링, 저널치료, 독서치료, 학교폭력 상담 활동

부록

제5장

● 청소년 스마트 미디어 중독 자가진단 검사(한국정보화진흥원, 2014)

번호	문항	전혀 그렇지 않다	그렇지 않다	그렇다	매우 그렇다
1	스마트폰이 옆에 있으면 다른 일에 집중할 수 없다.				
2	평소 스마트폰을 사용할 생각에 다른 일에 집중할 수 없다.				
3	스마트폰 생각이 머리에서 떠나지 않아 힘들다.				
4	스마트폰이 없는 내 삶은 생각할 수도 없다.				
5	스마트폰 게임과 SNS에 대한 생각이 하루 종일 나를 지배하고 있다.				
6	스마트폰 메신저에 바로바로 답장을 해야 하기 때문에 다른 일을 할 수 없다.				
7	스마트폰 알림 소리가 들리면 하던 일을 중지하고 스마트폰을 살펴본다.				
8	아침에 눈을 뜨자마자 스마트폰에 접속하지 않으면 불안하다.				
9	확인하지 못한 문자나 알림이 있을까 봐 수시로 스마트폰을 꺼내 확인한다.				
10	일 또는 공부를 하고 있을 때는 스마트폰 알림 소리가 들려도 스마트폰을 잘 열어 보지 않는다.				
11	스마트폰을 사용하는 데 방해를 받으면 나도 모르게 폭력적이 된다.				
12	스마트폰을 사용하지 못할 때 날카로워지고 예민해진다.				
13	스마트폰을 사용하지 못하게 하면 화가 난다.				
14	스마트폰을 오랫동안 사용하지 못하면 초조하고 불안해진다.				
15	스마트폰 사용을 제재하는 부모님(혹은 주변 사람들)에게 화가 난다.				
16	요즘 들어 스마트폰을 그만 사용하라는 말을 자주 듣는다.				
17	스마트폰 사용 시간이 점점 늘어나는 것 같다.				
18	생각보다 스마트폰을 더 많이 사용하게 되어 다른 일을 하는 데에 지장이 있다.				

19	스마트폰 게임을 하다가 한 번만 더 해야지 하고 마음을 먹지만 결국 오랜 시간 동안 하게 된다.				
20	스마트폰 게임을 원래 계획했던 만큼만 하고 그만둔다.				
21	스마트폰을 더 하고 싶어서 어른들에게 자주 거짓말을 한다.				
22	밤늦게까지 스마트폰을 사용하느라 잠이 부족하다.				
23	스마트폰을 오래 사용해서 손목이 아프다.				
24	스마트폰을 많이 사용해서 학교 성적이 떨어졌다.				
25	스마트폰 게임 아이템을 구입하기 위해서 돈을 훔친 적이 있다.				
26	스마트폰 앱(메신저 등)으로 친구랑 주로 이야기하다 보니 실제 관계에서는 멀어진다.				
27	스마트폰에 집중하느라 옆에 있는 친구에게 소홀해져서 싸운 적이 있다.				
28	데이터 한도 초과로 부모님 스마트폰을 사용하다가 자주 혼이 난다.				
29	앱이나 아이템을 구입하느라 지출한 비용이 많아 가족과 갈등을 겪은 적이 있다.				
30	친구들 또는 가족과 함께 있을 때는 스마트폰 사용을 조절한다.				

● 청소년 스마트 미디어 중독 자가진단 검사 채점표(한국정보화진흥원, 2014)

채점 방법	[1단계] 문항별	전혀 그렇지 않다: 1점, 그렇지 않다: 2점, 그렇다: 3점, 매우 그렇다: 4점 ※ 단, 문항 10번, 20번, 30번은 다음과 같이 역채점 실시 〈전혀 그렇지 않다: 4점, 그렇지 않다: 3점, 그렇다: 2점, 매우 그렇다: 1점〉
	[2단계] 총점 및 요인별	총 점 ▶ ① 역문항(10번, 20번, 30번)을 제외한 27문항 합계 요인별 ▶ ② 금단(11, 12, 13, 14, 15번) 합계 ③ 내성(16, 17, 18, 19번) 합계 ④ 문제(21, 22, 23, 24, 25번) 합계
	[3단계] 역문항-순문항 짝계산	※ 앞에서 계산한 역문항 값에서 짝을 이루는 문항 값을 뺀 후 절댓값을 구하여 합산한다. | 10번(역)-7번 | + | 20번(역)-18번 | + | 30번(역)-27번 | 이 6점 이상인 경우 → 검사에 성실하게 응답하지 않았을 가능성이 높으므로 검사 재실시를 권고
고위험 사용자군		총 점 ▶ ① 79점 이상 요인별 ▶ ② 금단 16점 이상 ③ 내성 14점 이상 ④ 문제 15점 이상
		판정: ①에 해당하거나, ②~④ 모두 해당되는 경우
		스마트 미디어 사용으로 인하여 일상생활에서 심각한 문제를 보이면서 내성 및 금단 현상이 나타난다. 스마트 미디어로 이루어지는 대인관계가 대부분이며, 비도덕적 행위와 막연한 긍정적 기대가 있고 특정 앱이나 기능에 집착하는 특성을 보이기도 한다. 현실 생활에서도 습관적으로 사용하게 되며 스마트 미디어 없이는 한순간도 견디기 힘들다고 느낀다. 따라서 스마트 미디어 사용으로 인하여 학업이나 대인관계를 제대로 수행할 수 없으며 자신이 스마트 미디어 중독이라고 느낀다. 또한, 심리적으로 불안정감 및 대인관계 곤란감, 우울한 기분 등이 흔하며, 성격적으로 자기조절에 심각한 어려움을 보이며 무계획적인 충동성도 높은 편이다. 현실세계에서 사회적 관계에 문제가 있으며, 외로움을 느끼는 경우도 많다. ▷ 스마트 미디어 중독 경향성이 매우 높으므로 관련 기관의 전문적 지원과 도움이 요청된다.
		총 점 ▶ ① 73점 이상~78점 이하 요인별 ▶ ② 금단 14점 이상 ③ 내성 13점 이상 ④ 문제 14점 이상

잠재적 위험 사용자군	판정: ①~④ 중 한 가지라도 해당되는 경우
	고위험사용자군에 비해 경미한 수준이지만 일상생활에서 문제를 보이며, 다른 활동보다 스마트 미디어 사용에 집착을 보이며, 사용 시간이 점점 늘어나게 된다. 학업에 어려움이 나타날 수 있으며, 심리적 불안정감을 보이지만 절반 정도는 자신이 아무 문제가 없다고 느낀다. 다분히 계획적이지 못하고 자기 조절에 어려움을 보이며 자신감도 낮게 된다. ▷ 스마트 미디어 과다 사용의 위험을 깨닫고 스스로 조절하고 계획적인 사용을 하도록 노력한다. 스마트 미디어 중독에 대한 주의가 요망된다.
일반 사용자군	총 점 ▶ ① 72점 이하 요인별 ▶ ② 금단 13점 이하 ③ 내성 12점 이하 ④ 문제 13점 이하
	판정: ①~④ 모두 해당되는 경우
	대부분이 스마트 미디어 중독문제가 없다고 느낀다. 심리적 정서문제나 성격적 특성에서도 특이한 문제를 보이지 않으며, 자기 행동을 관리한다고 생각한다. 주변 사람들과의 대인관계에서도 자신이 충분한 지원을 얻을 수 있다고 느끼며, 심각한 외로움이나 곤란감을 느끼지 않는다. ▷ 때때로 스마트 미디어의 건전한 활용에 대하여 자기 점검을 지속적으로 수행한다.

제8장

● 학생 정서 · 행동 발달 선별검사지(AMPQ-Ⅲ)

다음은 청소년 여러분의 성격 및 정서 · 행동을 묻는 설문입니다. 이 검사에는 옳거나 그른 답이 없으므로 자신의 의견을 있는 그대로 솔직하게 대답하시면 됩니다. 다음 각 문항을 읽고, 최근 자신의 모습에 해당된다고 생각하는 곳에 ○표 해 주십시오.

지난 3개월간 나는……

1. 좋은 점이 많은 사람이다.
2. 기발한 생각이 자주 떠오른다.
3. 한번 하겠다고 마음먹은 일은 끝까지 한다.
4. 공동의 문제를 해결하기 위해 친구들과 함께 적극적으로 나선다.
5. 어떤 일을 할 때 상대방의 감정을 고려하여 행동한다.
6. 상상력이 풍부하다는 말을 듣는다.
7. 해야 할 일에 끝까지 집중한다.
8. 우리 반이 좋다.
9. 다른 사람들과 친하게 지내는 것이 중요하다.
10. 신중히 생각한 후에 말하고 행동한다.
11. 소중한 존재다.
12. 새로운 것을 배우고 경험하는 것을 좋아한다.
13. 다른 사람의 의견을 귀 기울여 듣는다.
14. 지금의 나 자신에 대해 만족한다.
15. 내 자신이 자랑스럽다.
16. 친구들과의 모임을 잘 만든다.
17. 어떤 일을 할 때 미리 계획을 세운다.
18. 친구들과 어떤 일을 함께 하는 것을 좋아한다.
19. 우리 반에는 나의 마음을 알아 주는 친구가 있다.
20. 친구들 사이에서 리더 역할을 한다.

지난 3개월간 나는……

21. 친구들의 감정과 기분에 공감을 잘한다.
22. 다른 사람의 기분을 잘 알아차린다.
23. 학교행사나 활동에 적극적으로 참여한다.
24. 호기심이 많고, 탐구하는 것을 좋아한다.
25. 이유 없이 기분이 며칠간 들뜬 적이 있다.
26. 뚜렷한 이유 없이 여기저기 자주 아프다(예: 두통, 복통, 구토, 메스꺼움, 어지러움 등).

지난 한 달간 나는……

27. 다른 아이로부터 따돌림이나 무시를 당한 적이 있어 힘들다.

지난 3개월간 나는……

28. 인터넷, 게임, 스마트폰 과다 사용으로 일상생활에 어려움이 있다(예: 부모와의 갈등, 학교생활에 지장 등).

29. 이유 없이 감정기복이 심하다.

30. 가만히 앉아 있지 못하거나 손발을 계속 움직인다.

31. 단시간에 폭식을 하고 토한 적이 있다.

32. 모든 것이 귀찮고 재미가 없다.

33. 수업 시간, 공부, 오랜 책 읽기 등에 잘 집중하지 못한다.

34. 심각한 규칙 위반을 하게 된다.

35. 괜한 걱정을 미리 한다.

36. 긴장을 많이 해서 일을 망친다.

37. 잠들기 어렵거나 자주 깨서 힘들다.

38. 원치 않는 생각이나 장면이 자꾸 떠올라 괴롭다.

39. 남들이 듣지 못하는 말이나 소리가 들린 적이 있다.

40. 수업 시간에 배우는 내용을 전반적으로 이해하기 어렵다.

41. 이전에 겪었던 힘든 일들(사건·사고, 가까운 사람과의 이별 또는 사망 등)을 잊지 못하여 힘들다.

42. 하루도 빠짐없이 책을 10권 이상 읽는다.

43. 사람들과 있을 때 긴장을 많이 한다.

44. 기다리지 못하고 생각보다 행동이 앞선다.

45. 남들이 내 생각을 다 알고 있는 것 같다.

지난 3개월간 나는……

46. 특정 행동을 반복하게 되어 힘들다(예: 손 씻기, 확인하기, 숫자 세기 등).

47. 자해를 한 적이 있다.

48. 어른들이 이래라 저래라 하면 짜증이 난다.

49. 한 번도 거짓말을 한 적이 없다.

50. 화를 참지 못해 문제를 일으킨 적이 있다.

지난 한 달간 나는……

51. 다른 아이로부터 놀림이나 괴롭힘(언어폭력, 사이버폭력, 신체적 폭력)을 당하여 힘들다.

지난 3개월간 나는……

52. 남들이 나에 대해 수군거리는 것 같다.

53. 죽고 싶다는 생각이 든다.

54. 이유 없이 우울하거나 짜증이 난다.

55. 부모님이나 선생님의 지시에 반항적이거나 대든다.

56. 남들이 나를 감시하거나 해칠 것 같다.

57. 구체적으로 자살 계획을 세운 적이 있다.

58. 전반적으로 신체적 건강은 좋은 편이다.   예   아니요

59. 전반적으로 정서적 건강은 좋은 편이다.   예   아니요

지금까지 나는……

60. 한 번이라도 심각하게 자살을 시도한 적이 있다.   예   아니요

61. 전문가에게 상담을 받아 본 경험이 있다.   예   아니요

지금 나는……

62. 이 검사에 있는 그대로 성실히 응답하고 있다.

63. 본 설문 결과에 따라 전문 상담 등의 지원을 받아 볼 의향이 있다.   예   아니요

● 요인별 문항 및 절단점

구분			점수 범위	문항	절단점
성격 특성	내적	성실성	0~12	3, 7, 10, 17	-
		자존감	0~12	1, 11, 14, 15	-
		개방성	0~12	2, 6, 12, 24	-
	외적	타인 이해	0~12	5, 13, 21, 22	-
		공동체의식	0~12	8, 9, 18, 19	-
		사회적 주도성	0~12	4, 16, 20, 23	-
위험 문항		학교폭력 피해	0~6	27, 51	2점
		자살	0~6	53, 57	2점
요인	정서 행동 특성	심리적 부담	0~30	27, 31, 34, 47, 51, 52, 53, 55, 56, 57	중 1 남학생 6점/여학생 7점 고 1 남학생 7점/여학생 7점
		기분문제	0~21	26, 29, 32, 35, 48, 53, 54	중 1 남학생 10점/여학생 11점 고 1 남학생 10점/여학생 11점
		불안문제	0~27	35, 36, 37, 38, 39, 41, 43, 44, 45	중 1 남학생 13점/여학생 11점 고 1 남학생 13점/여학생 11점
		자기 통제 부진	0~24	28, 30, 32, 33, 34, 40, 48, 55	중 1 남학생 10점/여학생 10점 고 1 남학생 11점/여학생 10점
기타			-	58, 59, 61, 63	-

● 결과 판정 기준

판정 기준	결과 판정			점수범위
정서행동 문제 총점	일반 관리	중 1	남	31~36점
			여	33~38점
		고 1	남	33~38점
			여	31~36점
	우선 관리	중 1	남	37점 이상
			여	39점 이상
		고 1	남	39점 이상
			여	37점 이상
문항 53, 57 점수 총점	우선관리 (자살위기)			2점 이상 ※ 자살면담 결과 중간 위험 이상이거나, 　　AMPQ Ⅲ 60번 문항에 '예'라고 응답한 경우 　　즉각 조치
문항 27, 51 점수 총점	학교폭력 피해			2점 이상

참고문헌

강다해, 김세경, 천성문(2012). 영화를 활용한 집단상담이 학교부적응 고등학생의 자아존중감, 대인관계 및 학교적응에 미치는 효과. 교육치료연구, 4(2), 21-38.

강희숙, 황상희, 진관훈, 문영주(2009). 가정폭력노출아동의 사진활동작업 경험. 한국가족복지학, 25, 121-145.

경상북도 문경교육지원청(2016). 2016 현장중심 학교폭력 근절 대책.

공호진(2019). 초등학교 고학년의 진로자기효능감 증진을 위한 영화치료활용 집단상담 프로그램 개발. 한국교원대학교 교육대학원 석사학위논문.

곽영길(2009). 사이버상 권리침해 실태 및 대응방안. 한국자치행정학보, 23(1), 477-498.

관계부처 합동(2023). 학교폭력 근절 종합대책.

교육부(2012). 2012년 제1차 학교폭력 실태조사 결과.

교육부(2016a). 2016년 1차 학교폭력 실태조사 결과.

교육부(2016b). 2016년 2차 학교폭력 실태조사 결과.

교육부(2017). 학생정서·행동특성검사 및 관리 매뉴얼.

교육부(2019). 학교폭력 사안처리 가이드북.

교육부(2022). 2022년 1차 학교폭력 실태조사 결과 발표.

교육부, 이화여자대학교 학교폭력예방연구소(2020). 학교폭력 사안처리 가이드북.

김경은(2013). 청소년의 사이버폭력에 영향을 미치는 위험요인: 비행친구의 매개효과를 중심으로. 미래청소년학회지, 10(4), 133-159.

김경준, 이호균, 서여정, 김광혁, 김형욱, 윤상석, 방병식, 이석구(2014). 한국 아동·
　　청소년 인권실태 연구 IV: 한국의 유엔아동권리위원회 국가보고서 권고사항 이행실태.
　　세종: 한국청소년정책연구원.

김기정(1995). 자아의 발달. 서울: 문음사.

김동일, 정여주(2005). 청소년 인터넷 중독 모형 분석. 상담학연구, 6(4), 1313.

김동일, 정여주, 김병관, 전호성, 이윤희(2015). 청소년 스마트폰 중독 자가진단 척도
　　개발 및 타당화. 상담학연구, 17(3), 319-335.

김동일, 정여주, 이윤희(2013). 스마트 미디어 중독 개념 및 특성 분석 델파이 연구.
　　아시아교육연구, 14(4), 49-71.

김상현, 이재경, 강혜원, 조윤희, 임도희, 지영복, 박윤숙, 오한기, 최명갑, 이지은
　　(2017). 소통과 나눔을 통한 사이버폭력 예방 지도자료. 국립중앙도서관 연계자
　　료. 대전: 대전광역시교육청.

김은하, 김은지, 방미나, 배정우, 소희정, 이승수, 이혜경, 조원국, 주순희(2021). 영화
　　치료의 기초: 이해와 활용(2판). 서울: 박영story.

김종운(2016). 학교현장에 맞춘 학교폭력의 예방과 대책. 서울: 학지사.

김지영(2020). 온라인그루밍성범죄의 실태와 대책: 신상정보등록대상자를 중심으로.
　　치안정책연구, 34(2), 41-77.

김창대 역(2006). 상담 및 심리치료의 기본기법. 서울: 학지사.

김한민, 김기문(2018). 온라인 게시판에서 익명성과 악성댓글 사이의 관계 연구: 합
　　리화와 도덕성의 매개적 역할을 중심으로. 대한경영학회지, 31(6), 1095-1115.

김한별(2013). 방과 후 무용 프로그램이 초등학생의 학교폭력에 미치는 효과. 전주교
　　육대학교 교육대학원 석사학위논문.

김현욱, 안세근(2013). 학교폭력 가해자 심리와 가해자 유형에 관한 연구. 학습자중심
　　교과교육연구, 13(5), 19-40.

김현희 외(2010). 독서치료의 실제. 서울: 학지사.

김혜진(2002). 학교폭력 예방 프로그램의 개발과 그 효과-학교폭력에 대한 태도와
　　사회적, 심리적 학교환경지각. 전남대학교 대학원 석사학위논문.

김호정(2009). 저널쓰기를 활용한 초등학생 도덕성 발달 향상 방안: 자아존중감과 자
　　아정체감 중심으로. 경인교육대학교 대학원 석사학위논문.

김화숙, 신경일(2015). 중학생 학교폭력 방관자 이해: Q방법론을 중심으로. 사회과학
　　연구, 31(4), 359-377.

남미애, 홍봉선(2015). 학교폭력 주변인 역할에 영향을 미치는 요인. 한국아동복지학,
　　50.

남중웅(2012). 학교폭력 방지를 위한 체육의 역할 제고. 한국콘텐츠학회논문지, 12(7), 368-377.

노대겸(2015). 사진치료가 취약아동의 자아존중감에 미치는 영향. 대전대학교 경영행정대학원 석사학위논문.

대전광역시 교육청(2017). 2017년 에듀힐링센터 운영 계획.

두경희, 김계현, 정여주(2012). 사이버폭력 연구의 동향과 과제: 사이버 폭력의 정의 및 유형을 중심으로. 상담학연구, 13(4), 1581-1607.

류성진(2013). 청소년들의 사이버 폭력과 오프라인 폭력 경험에 관한 연구. 한국언론학보, 57(5), 297-324.

문용린, 김준호, 임영식, 곽금주, 최지영, 박병식, 박효정, 이규미, 정규원, 김충식, 이정희, 신순갑, 진태원, 장현우, 박종효, 장맹배, 강주현, 이유미, 이주연, 박명진(2006). 학교폭력 예방과 상담. 서울: 학지사.

박명진(2006). '학교폭력 예방을 위한 실제적 지침서'. 학교폭력 예방과 상담. 서울: 학지사.

박무원(2011). 사이버 폭력에 대한 형법적 대응. 안암법학, 35(35), 143-182.

박정선, 황성현(2010). 청소년 가출행위에 영향을 미치는 가출충동 변인의 매개효과 연구. 청소년학연구, 17(10), 1-21.

박종한, 이여신(2017). 사진으로 들어간 사람들. 예문당.

박종효, 진석언, 최지영, 곽윤정(2012). 집단따돌림 예방 프로그램 개발. 교육과학기술부, 한국교육개발원.

박지영, 배진경, 원서현(2023). 아동·청소년 대상 정보통신기술(ICT) 기반 국내 건강관련 중재연구의 주제범위 문헌고찰. 한국보건간호학회지, 37(1), 5-24.

박태진(2010). 청소년기 자아의 치료와 정체성을 찾는 저널 쓰기 연구: 저널도구 '대화' 쓰기의 사례를 중심으로. 작문연구, 11, 9-44.

박현수, 박성훈, 정혜원(2009). 청소년 비행에 있어 낙인의 효과에 대한 경험적 연구: 비공식 낙인을 중심으로. 한국청소년연구, 20(1), 227-251.

방기연(2011). 학교폭력 사건에 대한 교사의 인식과 경험에 대한 질적 연구. 상담학연구, 12(5), 1753-1778.

방기연, 이규미(2009). 학급 내 집단 괴롭힘에 대한 담임교사의 경험과 개입과정에 대한 연구. 한국심리학회지: 일반, 28(1), 167-188.

방미나, 곽현주(2021). 영화치료에 대한 국내 연구동향 및 관련 변인에 대한 메타분석. 인문사회 21, 12(4), 3141-3154.

배규한, 김민, 김영인, 김진호, 김호영, 문성호, 박진규, 송병국, 이춘화, 조아미, 조혜영, 최창욱, 한상철, 황진구(2008). 청소년학개론. 경기: 교육과학사.

배미희, 유제민, 김청송(2015). 학교폭력 예방 프로그램이 폭력방관 청소년의 교우관계에 미치는 효과: 억압적 대처와 정서적 공감의 반복측정 효과검증. 청소년학연구, 22(7), 469-490.

법무부(2012). 해외 사례 분석을 통한 학교폭력 예방 교사용 매뉴얼 개발.

선혜연, 오정희(2015). 사진이미지를 활용한 상담의 개입전략에 대한 탐색적 고찰: 내담자의 치료적 변화를 중심으로. 교육연구논총, 36(2), 75-100.

성동규, 김도희, 이윤석, 임성원(2006). 청소년의 사이버폭력 유발요인에 관한 연구: 개인성향 · 사이버폭력 피해경험 · 윤리 의식을 중심으로. 사이버커뮤니케이션학보, 19(19), 79-129.

소원현, 김하균(2019). 사이버공간에서 심리사회적요인 및 이용자태도와 온라인 활동을 매개로 한 사이버폭력에 관한 연구. 예술인문사회 융합 멀티미디어 논문지, 9(5), 137-146.

소희정, 한경은, 김문희, 신혜경, 이지혜, 정윤경(2021). 사진치료의 모든 것. ㈜피아이메이트.

송재홍, 김광수, 박성희, 안이환, 오익수, 은혁기, 정종진, 조붕환, 홍종관, 황매향(2016). 학교폭력의 예방과 상담-이론과 실제-. 서울: 학지사.

송종규(2005). 고등학교 학생들의 인터넷 이용과 사이버폭력에 관한 연구. 안양대학교 경영행정대학원 석사학위논문.

신성만, 권선중, 송원영, 임영진, 장문선, 정여주, 조현주, 최윤경(2016). 이상심리학. 서울: 박학사.

심영섭(2011). 영화치료의 이론과 실제. 서울: 학지사.

엘레나 마르텔로조(2018). 아동 · 청소년을 노리는 위험한 손길 온라인 그루밍 성범죄(탁틴내일 역). 서울: 한울림.

오인수(2010). 괴롭힘을 목격한 주변인의 행동에 영향을 미치는 심리적 요인: 공감과 공격성을 중심으로. 초등교육연구, 23(1), 45-63.

오인수(2014). 다문화가정 학생의 학교 괴롭힘 피해 경험과 심리 문제의 관계: 심리적 안녕감의 매개효과를 중심으로. 아시아교육연구, 15(4), 219-238.

유상미, 김미량(2011). 사이버 폭력의 원인에 대한 구조모델의 제시와 검증. 한국컴퓨터교육학회논문지, 14(1), 23-33.

유형근, 정연홍, 이덕기, 남순임(2014). 예비교사를 위한 학교폭력의 예방과 대처. 서울: 학지사.

윤태현(2017). 학교폭력예방 및 대책의 실효성 제고 방안: 학교폭력예방 및 대책에 관한 법률 검토를 중심으로. 한양대학교 대학원 박사학위논문.

이규미, 지승희, 오인수, 송미경, 장재홍, 정제영, 조용선, 이정윤, 유형근, 이은경, 고경희, 오혜영, 이유미, 김승혜, 최희영(2014). 학교폭력 예방의 이론과 실제. 서울: 학지사.

이명희(2013). 수능 직전 고3학생을 위한 진로저널 프로그램에 관한 실행연구. 한국기술교육대학교 대학원 박사학위논문.

이미영, 장은진(2015). 학교폭력 가해자가 경험한 학교폭력 맥락에 관한 질적 연구. 한국심리학회지: 발달, 28(3), 115-140.

이병환(2010). 학교폭력 대처를 위한 지역유관기관의 지원체제 정립과 활성화 방안. 교육문화연구, 16(2), 45-73.

이성식(2006). 사이버 언어폭력의 원인과 방지대책. 형사정책, 18(2), 421-440.

이성식, 성승현, 신지민, 임형연(2022). 사이버폭력에서 중화의 작용과 그 설명요인들. 한국범죄학, 16(2), 71-86.

이신애, 김희정(2013). 여중생의 집단따돌림 방관경험과 해결방안 인식에 관한 질적 연구. 학습자중심교과교육연구, 13(6), 507-538.

이연희(2015). 비폭력 의사소통 훈련 프로그램이 집단따돌림에 대한 방관자적 태도와 학급응집력에 미치는 효과. 서울교육대학교 대학원 석사학위논문.

이완희, 황성현, 이창한, 문준섭(2017). 한국 청소년비행학. 경기: 피앤씨미디어.

이요바(2022). n번방 사건 이후 디지털 성범죄 실태와 과제. 부산여성가족 Brief, 55, 1-4.

이은아(2015). 트라우마 상담 모형: 단계별 치유 기제 및 기법에 대한 이해를 중심으로. 상담학연구, 16(3), 581-602.

이준복(2022). 디지털 성범죄 근절을 위한 N번방 방지법의 한계점 및 개선방향에 관한 연구. 경찰학연구, 22(1), 159-186.

이태실(2009). 저널치료에 기초한 학급단위의 일기쓰기 프로그램이 초등학생의 자아개념과 학교적응에 미치는 효과. 계명대학교 대학원 석사학위논문.

정민수, 이동성(2014). 한 초등학교 교사의 학교폭력과 관련한 역할 갈등에 대한 자문화기술지. 교육혁신연구, 24, 141-162.

정여주(2016). 청소년 사이버폭력 문제와 상담. 한국연구재단연구 보고서.

정여주(2021). 청소년 사이버폭력 문제와 상담. 서울: 학지사.

정여주, 김동일(2012). 청소년의 사이버폭력 피해경험과 정서조절. 상담학연구, 13(2), 645-663.

정여주, 김한별, 전아영(2016). 청소년 사이버폭력 피해 척도개발 및 타당화. 열린교육

연구, 24(3), 95-116.

정여주, 두경회(2014). 청소년 사이버폭력의 원인, 결과, 개입에 대한 연구 동향: 예방 상담학적 관점에서. 청소년학연구, 21(8), 373-405.

정여주, 신윤정(2020). 청소년 사이버폭력 가해척도 개발 및 타당화. 학습자중심교과교 육연구, 20(23), 1453-1473.

정완(2005). 사이버폭력의 피해실태와 대응방안. 피해자학연구, 13(2), 329-359.

정운채(2007). 문학치료의 이론적 기초. 서울: 문학과 치료.

정제영, 이승연, 오인수, 강태훈, 류성창(2013). 주변인 대상 학교폭력 예방교육 프로 그램 개발 연구. 교육과학연구, 44(2), 119-143.

정지원(2014). 학교폭력을 유발하는 메커니즘: 놀이 하위문화와 패거리 효과를 중심 으로. 연세대학교 대학원 박사학위논문.

정철호(2009). 인터넷상의 명예훼손에 관한 소고. 스포츠엔터테인먼트와 법, 12(4), 367-394.

정현주(2015). 학교폭력 관련기관들의 학교폭력 문제해결을 위한 연계경험 연 구-CYSNet·학교·Wee 프로젝트를 중심으로-. 학교사회복지, 32, 247-279.

정혜숙, 김이선, 이택연, 마경희, 최윤정, 박건표, 동제연, 황정미, 이은아(2016). 2015년 전국다문화가족실태조사 분석. 여성가족부.

조아라, 이정윤(2010). 사이버공간에서의 악성댓글 사용에 대한 탐색적 연구. Korea Journal, 18(2), 117-131.

조정실, 차명호(2010). 폭력 없는 평화로운 학교 만들기: 학교폭력, 화해로 이끄는 절차와 대 처기술 가이드북. 서울: 학지사.

지지은, 이숙향(2015). 갈등해결전략 사용과 학교폭력에 대한 태도 및 장애학생 수용 태도에 미치는 영향. 지적장애연구, 17(1), 319-348.

천정웅(2000). 청소년 사이버일탈의 특성과 유형에 관한 연구. 청소년학연구, 7(2), 97-116.

최명희, 김진숙(2016). 학교폭력 처리과정에서의 교사경험: 질적 메타종합 연구. 상담 학연구, 17(5), 441-464.

최인진(1999). 한국사진사 1631~1945. 서울: 눈빛.

최정화(2008). 사진활동 집단상담 프로그램이 중학생의 자아존중감에 미치는 영향. 상담심리연구, 8(1), 91-113.

최준혁(2021). 청소년성보호법 개정을 통한 그루밍처벌에서의 쟁점. 비교형사법연구, 23(2), 177-208.

하은혜, 정여주, 김한별(2016). 청소년 사이버폭력 가해 척도개발 및 타당화. 한국상담학회 학술대회 논문집, 773-773.

한국교육개발원(2017). 2017년 교원치유지원센터 권역별 운영계획.

한국정보화진흥원(2021). *Survey on the internet usage*. 대구: National Information Society Agency.

한국청소년상담원(2008). 학교폭력예방을 위한 배려증진 프로그램 개발. 한국청소년상담원. 한국청소년정책연구원 연구보고서, 1-269.

한국청소년상담원(2009). 전국 청소년 위기상황 실태조사.

한국청소년정책연구원 학교폭력예방교육지원센터(2022). 어울림 프로그램으로 열어가는 학교폭력 예방교육 안내서-초등학교용(개정판). 세종: 한국청소년정책연구원.

한국청소년정책연구원(2012). 학교폭력 및 학교문화에 대한 학부모 · 교사 인식조사 연구.

홍나미, 박재연(2014). 학교폭력 피해청소년과 가족 대상 실천적 지원방안 연구-포커스 그룹 인터뷰를 중심으로. 청소년복지연구, 16(2), 55-81.

홍태경, 유준혁(2011). 성별과 연령에 따른 청소년 비행 요인의 비교 분석. 한국치안행정논집, 8(3), 113-138.

황성현, 이창한, 이강훈, 이완희, 한우재(2015). 한국범죄심리학. 경기: 피앤씨미디어.

Abrams, D., Rutland, A., Cameron, L., & Ferrell, J. (2007). Older but wilier: Ingroup accountability and the development of subjective group dynamics. *Developmental Psychology, 43*(1), 134-148.

Adams, K. (1990). *Journal to the self*. 강은주, 이봉희 공역(2006). 저널치료. 서울: 학지사.

Adams, K. (1998). *The way of the journal: A journal therapy workbook for healing* (2nd ed.). 강은주, 이봉희, 이영식 공역(2006). 저널치료의 실제. 서울: 학지사.

APA (2017). Bullying. downloaded from http://www.apa.org/topics/bullying/index.aspx in 31th July, 2017.

Baht, G. S., Hunter, G. K., & Goldberg, H. A. (2008). Bone sialoprotein-collagen interaction promotes hydroxyapatite nucleation. *Matrix Biology, 27*(7), 600-608.

Bouchard, T. J., Lykken, D. T., McGue, M., Segal, N. L., & Tellegen, A. (1990). Sources of Human Psychological Difference: The Minnesota Study of Twins Reared Apart. *Science, 250*, 223-228.

Byrne, B., & Gavin, D. (1996). The Shavelson Model revisited: Testing for the structure of academic self-concept across pre, early, and late adolescents. *Journal of Educational Psychology, 88*(2), 215–228.

Cadoret, R. J., Cain, C. A., & Crowe, R. R. (1983). Evidence for gene-environment interaction in the development of adolescent antisocial behavior. *Behavior Genetics, 13*(3), 301–310.

Calvete, E., Orue, I., Estévez, A., Villardón, L., & Padilla, P. (2010). Cyberbullying in adolescents: Modalities and aggressors' profile. *Computers in Human Behavior, 26*(5), 1128–1135.

Cambridge Dictionary (2017).

Cappadocia, M. C., Pepler, D., Cummings, J. G., & Craig, W. (2012). Individual Motivations and Characteristics Associated with Bystander intervention during bullying episodes among children and youth. *Canadian Journal of School Psychology, 27*(3), 201–216.

Centers for Disease Control and Prevention. The effectiveness of universal school-based programs for the prevention of violent and aggressive behavior: a report on recommendations of the Task Force on Community Preventive Services. MMWR 2007;56(RR-7):1–12. Available from www.cdc.gov/mmwr/PDF/rr/rr5607.pdf.

Chandler, M. J. (1987). The Othello effect: Essay on the emergence and eclipse of skeptical doubt. *Human Development, 30*, 137–159.

Darley, J. M., & Latané, B. (1968). Bystander intervention in emergencies: Diffusion of responsibility. *Journal of Personality and Social Psychology, 8*, 377–383.

Department of Health and Human Services (DHHS). Youth violence: a report of the Surgeon General [online]; 2001. Available from: URL: www.surgeongeneral.gov/library/youthviolence/toc.html.

Dilmac, B. (2009). Psychological needs as a predictor of cyber bullying: A preliminary report on college students. *Educational Sciences: Theory and Practice, 9*(3), 1307–1325.

Diverse Teams at Work, Gardenswartz & Rowe *Internal Dimensions and External Dimensions are adapted form Marilyn Loden and Julie Rosener, Workforce America; Business One Irwin, 1991 http://colormagazine.com/?option=com_

content&view=article&id=219%3Ath.

Dugdale, R. L. (1877). *The Jukes: A Study in Crime, Pauperism, Disease and Heredity* (6th ed.). New York: G. P. Putnam's.

Durlak, J. A., Weissberg, R. P., Dymnicki, A. B., Taylor, R. D., & Schellinger, K. B. (2011). The impact of enhancing students' social and emotional learning: A meta-analysis of school-based universal interventions. *Child Development, 82*, 405-432. http://dx.doi.org/10.1111/j.1467-8624.2010.01564.x.

Farrington, D. P. (1993). Understanding and preventing bullying. In M. Tony (Ed.), *Crime and justice* (Vol. 17, pp. 381-458). Chicago: University of Chicago Press.

Fryrear, J., & Krauss, D. (1983). *Phototherapy introduction and overview, Phototherapy in mental health*. Springfield, IL: Charles Thomas.

Garmezy, N. (1985). Stress-resistant children: The search for protective factors. In J. E. Stevenson (Ed.), *Recent research in development psycho pathology* (pp. 265-305). New York: Pergamon.

Gesell, A. (1928). *Infancy and human growth*. New York: Macmillan.

Giedd, J. N., Blumenthal, J., Jeffries, N. O., Castellanos, F. X., Lui, H., Zijdenbos, A., Paus, T., Evans, A. C., & Rapoport, J. L. (1999). Brain development during childhood and adolescence: A longitudinal MRI study. *Nature Neuroscience, 2*(10), 861-863.

Goleman, D. (1995). *Emotional Intelligence*. New York: Bantam Books.

Gottfredson, M. R., & Hirschi, T. (1990). *A general theory of crime*. Stanford: Stanford University Press.

Gradinger, P., Strohmeier, D., & Spiel, C. (2009). Traditional bullying and cyberbullying: Identification of risk groups for adjustment problems. *Zeitschrift für Psychologie/Journal of Psychology, 217*(4), 205-213.

Greenberg, L. S., & Johnson, S. M. (1988). *Emotionally Focused Therapy for Couples*. New York: Guilford Press.

Hartjen, C. A., & Priyadarsini, S. (2003). Gender, peers, and delinquency: A study of boys and girls in rural France. *Youth and Society, 34*, 387-414.

Herman, J. L. (1997). *Trauma and Recovery: The Aftermath of Violence from Domestic Abuse to Political Terror*. New York: Basic Books.

Hill, C., & O'Brien, K. (1999). 상담의 기술(주은선 역). 서울: 학지사.

Holden, C. (2001). "Behavioral" addictions: Do they exist? *Science*, *294*, 980–982.

Huang, Y. Y., & Chou, C. (2010). An analysis of multiple factors of cyberbullying among junior high school students in Taiwan. *Computers in human behavior*, *26*(6), 1581–1590.

Hurlock, E. B. (1973). *Adolescent development*. New York: McGraw-Hill.

Jensen, A. R. (1969). How much can we boost IQ and scholastic achievement?. *Harvard Educational Review*, *39*, 1–123.

Katzer, C., Fetchenhauer, D., & Belschak, F. (2009). Cyberbullying: Who are the victims? A comparison of victimization in Internet chatrooms and victimization in school. *Journal of media Psychology*, *21*(1), 25–36.

König, A., Gollwitzer, M., & Steffgen, G. (2010). Cyberbullying as an act of revenge?. *Journal of Psychologists and Counsellors in Schools*, *20*(2), 210–224.

Kowalski, R. M., & Limber, S. P. (2007). Electronic Bullying Among Middle School Students. *Journal of Adolescent Health*, *41*, S22–S30.

Lange, J. (1931). *Crime as Destiny: A Study of Criminal Twins*. G. Allen & Unwin Ltd.

Law, D. M., Shapka, J. D., Hymel, S., Olson, B. F., & Waterhouse, T. (2012). The changing face of bullying: An empirical comparison between traditional and internet bullying and victimization. *Computers in human behavior*, *28*(1), 226–232.

Li, Q. (2007). Bullying in the new playground: Research into cyberbullying and cyber victimisation. *Australasian Journal of Educational Technology*, *23*(4).

Loden, M., & Rosener, J. B. (1991). *Workforce America: Managing Employee Diversity as a Vital Resource*. Homewood, IL: Business One Irwin.

Losel, F., & Farrington, D P. (2012). Direct protective and buffering protective factors in the development of youth violence. *American Journal of Preventive Medicine*, *43*(2), S8–S23.

Marcia, J. (1980). Identity in adolescence. In J. Adelson (Ed.), *Handbook of adolescent psychology*. New York: Wiley.

McAlinden, A. M. (2006). 'Setting 'Em Up': Personal, familial and institutional grooming in the sexual abuse of children. *Social & Legal Studies*, *15*(3),

339-362.

McAllister, G., & Irvine, J. J. (2002). The role of empathy in teaching culturally diverse students: A qualitative study of teachers' beliefs. *Teaching and Learning, 53,* 433-443.

McCabe, K. A., & Martin, G. M. (2005). *School violence, the media, and criminal justice response.* NY: Peter Lang.

Milgram, S. (1963). Behavioral study of obedience. *Journal of Abnormal and Social Psychology, 67,* 371-378.

Mishna, F., Cook, C., Gadalla, T., Daciuk, J., & Solomon, S. (2010). Cyber bullying behaviors among middle and high school students. *American journal of orthopsychiatry, 80*(3), 362-374.

Mura, G., Topcu, C., Erdur-Baker, O., & Diamantini, D. (2011). An international study of cyber bullying perception and diffusion among adolescents. *Procedia-Social and Behavioral Sciences, 15,* 3805-3809.

O'Moore, A. M. (1989). Bullying in Britain and Ireland: an Overview. In E. Roland & E. Munthe (Eds.), *Bullying: An International Perspective.* London: David Fulton Publishers.

Olweus, D. (1978). *Aggression in the schools: Bullies and whipping boys.* Washington, DC: Hemisphere.

Olweus, D. (1989). *Bully/Victim Questionnaire.* University of Bergen. Norway.

Olweus, D. (1991). Victimization among school children. In R. Baenninger (Ed.), *Targets of Violence and Aggression.* Elsevier Science Publishers: North-Holland.

Olweus, D. (1993). *Bullying at school: What we know and what we can do.* Oxford: Blackwell.

Ortega, R., Elipe, P., Mora-Merchán, J. A., Calmaestra, J., & Vega, E. (2009). The emotional impact on victims of traditional bullying and cyberbullying: A study of Spanish adolescents. *Zeitschrift für Psychologie/Journal of Psychology, 217*(4), 197-204.

Patchin, J. W., & Hinduja, S. (2015). Measuring cyberbullying: Implications for research. *Aggression and Violent Behavior, 23,* 69-74.

Pennebaker, J. W. (2004). *Witting to Heal: A Guided Journal for Recovering from Trauma & Emotional Upheaval,* 이봉희 역(2007). 글쓰기치료. 서울: 학

지사.

Progoff, L. (1980). *The Practice of Process Meditation*. USA: Dialogue House.

Reeckman, B., & Cannard, L. (2009). Cyberbullying: a TAFE perspective. *Youth Studies Australia, 28*(2), 41-49.

Reis, O., & Youniss, J. (2004). Patterns in identity change and development in relationships with mothers and friends. *Journal of Adolescent, 19*, 31-44.

Resnick, M. D., Ireland, M., & Borowsky, I. (2004). Youth violence perpetration: what protects? What predicts? Findings from the National Longitudinal Study of Adolescent Health. *Journal of Adolescent Health, 35*, 424.e1-e10.

Riviere, J. (1952). On the genesis of psychical conflict in earliest infancy. In M. Klein, P. Heimann, S. Isaacs, & J. Riviere (Eds.), *Developments in Psychoanalysis* (pp. 37-66). London: Hogarth.

Rogers, C. R. (1975). Empathic: An unappreciated way of being. *The Counseling Psychologist, 5*(2), 2-10.

Roland, E. (1989). Bullying: The Scandinavian research tradition. In D. P. Tattum & D. A. Lane (Eds.), *Bullying in School*. Stoke-on Trent: Trentham Books.

Rothbart, M. K., & Bates, J. E. (1998). Temperament. In N. Eisnberg (Ed.), *Handbook of child psychology: Vol. 3. Social, emotional, and personality development* (5th ed., pp. 105-176). New York: Wiley.

Rutter, M. (1979). *Fifteen thousand hours: Secondary schools and their effects on children*. Harvard University Press.

Salmivalli, C., Lagerspetz, K., Bjorkqvist, K., Osterman, K., & Kaukiainen, A. (1996). Bullying as a group process: Participant roles and their relations to social status within the group. *Aggressive Behavior, 22*(1), 1-15.

Schartz, D. R., & Gorman, A. D., Duong, M. T., & Nakamoto, J. (2008). Peer relationships and academic achievement as interacting predictors fo depressive symptoms during middle childhood. *Journal of Abnormal Psychology, 117*, 289-299.

Scherzer, B., & Stone, S. C. (1980). *Fundamentals of counseling* (3rd ed.). Boston: Houghton Mifflin Company.

Siegel, L. J., & Welsh, B. C. (2014). *Juvenile Delinquency: Theory, Practice, and Law* (12th ed.). Wadsworth Publishing.

Smith, L. M., Euliss, Jr, N. H., Wilcox, D. A., & Brinson, M. M. (2008). Wetland management case histories; consequences of a static view and application of the geomorphic/time variable paradigm. *Wetlands, 28*, 563-77.

Smith, P. K. (2019). Research on cyberbullying: strengths and limitations. *Narratives in research and interventions on cyberbullying among young people*, 9-27.

Star, K. L., & Cox, J. A. (2008). The use of phototherapy in couples and family counseling. *Journal of Creativity in Mental Health, 3*(4), 373-382.

Stephenson, P., & Smith, D. (1989). The role of early aggressive behavior in frequency, seriousness and types of later crime. *Journal of Consulting and Clinical Psychology, 57*, 710-718.

Sutton, J., Smith, P. K., & Swettenhan, J. (1999). Social cognition and bullying: Social inadequacy or skilled manipulation? *Developmental Psychology, 17*(3), 435-450.

Thomas, M. R. (2006). *Violence in america's schools: Understanding prevention, and responses.* Westport, CT: Praeger Publishers.

Tokunaga, R. S. (2010). Following you home from school: A critical review and synthesis of research on cyberbullying victimization. *Computers in human behavior, 26*(3), 277-287.

Triplett, R. A., & Jarjoura, G. R. (1994). Theoretical and empirical specification of a model of informal labeling. *The Journal of Quantitative Criminology, 10*(3), 241-276.

Twemlow, S. W., Fonagy, P., & Sacco, F. C. (2004). The role of the bystander in the social architecture of bullying and violence in schools and communities. *Annals of the New York Academy of Sciences, 1036*, 215-232.

Vogels, E. A., Gelles-Watnick, R., & Massarat, N. (2022). Teens, social media and technology 2022.

Walberg, H. J. (1984). Improving the productivity of America's schools. *Educational Leadership, 41*, 19-27.

Walker, L. J. (1980). Cognitive and perspective taking prerequisities of moral development. *Child Development, 51*, 131-139.

Watson, J. B., & Rayner, R. (1920). Conditioned emotional reaction, *Journal of Experimental Psychology, 3*, 1-14.

Willard, N. E. (2007). *Cyberbullying and cyberthreats: Responding to the challenge of online social aggression, threats, and distress*. Research Press.

Wilson, S. J. (2000). *Effectiveness of school violence prevention programs: Application of a mean change approach to meta-analysis*. Vanderbilt University.

Wolak, J., Mitchell, K., & Finkelhor, D. (2007). Unwanted and wanted exposure to online pornography in a national sample of youth Internet users. *Pediatrics*, *119*(2), 247-257.

Ybarra, M. L., & Mitchell, K. J. (2004). Online aggressor/targets, aggressors, and targets: A comparison of associated youth characteristics. *Journal of child Psychology and Psychiatry*, *45*(7), 1308-1316.

법제처(2023). 「학교폭력예방 및 대책에 관한 법률」.
법제처(2023). 「학교폭력예방 및 대책에 관한 법률 시행령」.

국가법령정보센터 〈http://law.go.kr〉
농촌진흥청(네이버 블로그-원예치유 프로그램으로 학교폭력 예방해요) 〈http://blog.naver.com/rda2448?Redirect=Log&logNo=220985131393〉
여성가족부 http://www.mogef.go.kr/mp/pcd.mp_pcd_s001d.do?mid=plc503
질병관리청 http://kdca.go.kr/yhs/home/jsp
학교폭력예방연구지원센터 〈http://stopbullying.kedi.re.kr/newsletter/v1508/2015vol02_newsletter_field01.html〉
http://dx.doi.org/10.1111/j.1467-8624.2010.01564.x
Teachingtolerance.org

찾아보기

✐ **인명**

✎ 내용

저자 소개

정여주(Chung, Yeoju)

　서울대학교 교육학과 교육상담 전공 박사
　현 한국교원대학교 교육학과 상담심리 전공 교수
　상담심리전문가, 수련감독전문가

선혜연(Seon, Hyeyon)

　서울대학교 교육학과 교육상담 전공 박사
　현 한국교원대학교 교육학과 상담심리 전공 교수
　상담심리전문가

신윤정(Shin, Yun-Jeong)

　미국 퍼듀대학교 교육대학 상담심리 전공 박사
　현 서울대학교 교육학과 상담전공 교수
　Licensed Psychologist, 상담심리전문가, 수련감독전문가

이지연(Lee, Ji-yeon)

　미국 퍼듀대학교 교육대학 상담심리 전공 박사
　현 한국외국어대학교 교육대학원 상담심리 교수
　Licensed Psychologist, 상담심리전문가

오정희(Oh, Jung-Hee)

  한국교원대학교 교육학과 상담심리 전공 박사
  현 가온심리상담연구소 소장
    상담심리전문가

김옥미(Kim, Ok-Mi)

  한국교원대학교 교육학과 상담심리 전공 박사
  현 세종시 도담초등학교 교사
    수련감독전문가, 전문상담교사 1급

윤서연(Yoon, Seoyeon)

  한국교원대학교 교육학과 상담심리 전공 박사
  현 한국교원대학교 KNUE심리상담센터 상담사
    상담심리전문가, 수련감독전문가

박은경(Park, Eun Kyung)

  한국교원대학교 교육학과 상담심리 전공 박사
  현 릴라심리상담연구소 소장
    상담심리전문가, 수련감독전문가, 전문상담교사 1급, 초등 정교사 1급

학교폭력 예방 및 학생의 이해(2판)
School Violence Prevention and Student Understanding (2nd ed.)

2018년 7월 30일 1판 1쇄 발행
2023년 8월 10일 1판 9쇄 발행
2024년 2월 28일 2판 1쇄 발행

지은이 • 정여주 · 선혜연 · 신윤정 · 이지연 · 오정희 · 김옥미 · 윤서연 · 박은경
펴낸이 • 김진환
펴낸곳 • (주) **학지사**
　　　　04031 서울특별시 마포구 양화로 15길 20 마인드월드빌딩
대표전화 • 02)330-5114　　　팩스 02)324-2345
등록번호 • 제313-2006-000265호

홈페이지 • http://www.hakjisa.co.kr
인스타그램 • https://www.instagram.com/hakjisabook

ISBN 978-89-997-3073-3 93370

정가 22,000원

출판미디어기업 **학지사**

간호보건의학출판 **학지사메디컬** www.hakjisamd.co.kr
심리검사연구소 **인싸이트** www.inpsyt.co.kr
학술논문서비스 **뉴논문** www.newnonmun.com
교육연수원 **카운피아** www.counpia.com
대학교재전자책플랫폼 **캠퍼스북** www.campusbook.co.kr